Fortsetzung am Ende des Buches

Droemer
Knaur®

Marianne Mehling (Hg.)

KNAURS KULTURFÜHRER IN FARBE MITTELAMERIKA

Die Welt der Maya

Über 300 farbige Fotos und Grundrisse
sowie 3 Seiten Karten

Droemer Knaur

Mit diesem Kulturführer unternimmt der Autor den Versuch, nicht nur die bedeutendsten Bauwerke der Maya – hoffentlich ohne allzuviel Fachchinesisch – zu erläutern, sondern auch die lebendige Kultur der Nachfahren dieses Volks zu beschreiben. Reisen durch Südmexiko und Mittelamerika mögen heute nicht mehr ganz so abenteuerlich sein wie zu den Zeiten von Stephens und Catherwood, auf einige Widrigkeiten muß man aber auch heute noch gefaßt sein. Das können ein Guerillaüberfall oder sintflutartige Regenfälle während eines Wirbelsturms sein. Mit beiden hatte der Autor und Fotograf im Sommer 1996 zu kämpfen, bevor er diesen Kulturführer abschließen konnte. Der Aufstand der Zapatisten in Chiapas, die nach wie vor krisenhafte, von Gewalt geprägte politische Situation in Guatemala und die teilweise besorgniserregende Kriminalität durften nicht unerwähnt bleiben; von einer Reise in die faszinierende Welt der Maya sollte dies jedoch niemanden abhalten, denn alles in allem ist Mittelamerika für Touristen auch nicht gefährlicher als New York oder Bangkok. Mehr Sorge bereitete dem Autor die Tatsache, daß sich die Erkenntnisse der Archäologen mittlerweile fast täglich ändern und sich dabei oftmals widersprechen. Allein in Yucatán sind bereits 1500 Ruinenstätten registriert, im guatemaltekischen Petén schlummern ebenfalls noch unzählige Tempel, Pyramiden und Gräber, und im Süden von Belize hat man 1996 neue aufsehenerregende archäologische Entdeckungen gemacht. Doch selbst so berühmte Mayastädte wie Tikal oder Copán sind bis heute nur zu einem Bruchteil ausgegraben. Aus diesem Grund ist hoffentlich verständlich, warum sich dieser Führer auf die häufig aufgesuchten Zeugnisse der Mayakunst beschränkt hat, diese aber aufgrund ihrer Europäern oft so wenig vertrauten Geschichte um so ausführlicher beschreibt. Wie schrieb doch der spanische Konquistador Hernán Cortés vor bald 500 Jahren an Kaiser Karl V. : »... alle Einzelheiten und Dinge berichten zu wollen, das würde heißen, sich gleichsam in die Unendlichkeit begeben zu wollen ...«

Wie in den übrigen Bänden der Reihe stehen auch hier die Farbabbildungen gleichrangig neben dem Text. Von mehr als 140 beschriebenen Orten werden Mayabauten, Kirchen, Klöster, Paläste und Museen vorgestellt. Die einzelnen Sehenswürdigkeiten sind jeweils fett gedruckt. 17 Kastentexte vertiefen die Informationen zur Kultur, Geschichte und aktuellen politischen und wirtschaftlichen Situation der Maya. Über 300 farbige Bilder und Skizzen sowie drei Seiten Karten illustrieren den Text. Analog zu den Vorgängerbänden sind die Artikel alphabetisch nach Orten geordnet, zunächst nach Hauptorten und unter »Umgebung« jeweils nach Nebenorten. Hinweise, wie man die Stätten mit öffentlichen Verkehrsmitteln erreicht, sowie ausgewählte Hotel- und Restauranttips – ein Novum dieser Reihe – erleichtern die Reiseplanung, die Warnhinweise ersparen hoffentlich manch böse Überraschung. Die Brücke zwischen den Orten, die geographisch benachbart sind, jedoch durch das Alphabet getrennt werden, schlägt der Kartenteil auf den Seiten 354 bis 356. Er führt alle behandelten Orte auf. Große Punkte kennzeichnen einen Hauptort, kleine Punkte in der gleichen Farbe im Umkreis die dazugehörigen Umgebungsorte. Verschiedene Farben verdeutlichen, zu welchem Hauptort die betreffenden Umgebungsorte gehören. Bei jedem Ort sind im Kopf des Artikels Einwohnerzahl, Höhe und ein Verweis auf die betreffende Karte (z. B. Tikal, S.355 □ D3 = Seite 355, Planquadrat D3) angegeben. Im Anhang befinden sich eine Beschreibung der wichtigsten Mayaschätze, die im Museo Nacional de Antropología e Historia in Mexiko-Stadt zu sehen sind, eine Übersicht »Fiestas und Märkte in Guatemala und Südmexiko«, ein Fachwortregister, Hinweise über weiterführende Literatur, ein Register aller beschriebenen Orte und eine Liste der verwendeten Abkürzungen.

Chichén Itzá, Caracol und Pirámide de Kukulkán ▷

Verzeichnis der Kastentexte

Über Religionen, Mythologie, kulturelle Eigenheiten, historische Persönlichkeiten und andere Besonderheiten informieren die folgenden Kastentexte und Übersichten:

Antigua Guatemala, Arco de Santa Catalina ▷

ZEITTAFEL

1200–400 v.Chr.: Blüte der Olmeken-Kultur an der Golfküste.
1100 v.Chr.: Erste Siedler im Tal von Copán.

MITTLERE PRÄKLASSIK

900 v.Chr.: Reich ausgestattete Gräber im Tal von Copán.
600 v.Chr.: Erste Siedlungen in Tikal.

SPÄTE PRÄKLASSIK

300 v.Chr.: Beginn der späten Präklassik.
200 v.Chr.: Im Süden frühe Monumente aus Izapa mit Motiven aus der Mythologie des *Popol Vuh*.
100 v.Chr.: Erste Tempel mit plastischem Dekor im nördlichen Tiefland. Im Süden tauchen die ersten skulptierten und datierten Monumente auf. Erste Schriftzeugnisse der Maya. Bildung des Königtums.
50 v.Chr.: Bau von *Estructura 5C–2* (Cerros, Belize), *Acrópolis Norte* (Tikal) und *Grupo H* (Uaxactún).
50 n.Chr.: Die präklassischen Zentren von El Mirador und Cerros werden aufgegeben.

FRÜHKLASSIK

120: Ältester Gegenstand mit entziffertem Datum.
160: Copán wird eine politische Größe.
199: Erste datierte Stele.
219: Yax-Moch-Xoc gründet die Herrscherdynastie von Tikal.
292: *Estela 29*, ältestes Monument von Tikal.
320: Dynastiegründer Yat-Balam besteigt den Thron von Yaxchilán.
328: *Estela 9*, ältestes Monument in Uaxactún.
376: Groß-Jaguar-Tatze feiert ein Katun-Ende in Tikal.
378: Rauch-Frosch aus Tikal erobert Uaxactún. Erstmals dokumentieren die Maya einen Eroberungskrieg (Tlaloc-Venus-Kriegsführung), der nicht lediglich der Einbringung von Gefangenen dient, die geopfert werden sollen.
379: Schnute besteigt den Thron von Tikal, vermutlich unter der Ägide von Rauch-Frosch.
426: Mutmaßliches Datum der Thronbesteigung Sturmhimmels von Tikal.
426: Dynastiegründer Yax-K'uk-Mo' von Copán feiert ein Figurinenzepter-Ritual.
431: Dynastiegründer Bahlum-Kuk besteigt den Thron von Palenque.
439: *Estela 31* berichtet von einem Blutopfer Sturmhimmels in Tikal.
475: Kan-Eber herrscht in Tikal.
488: Jaguartatze-Schädel regiert in Tikal.
514: Die *Acrópolis Norte* in Tikal wird überbaut.
537: Vermutliche Thronbesteigung von Zweifach-Vogel in Tikal.
553: Herr-Wasser besteigt den Thron von Caracol (Belize).
556: Caracol führt »Beilkrieg« gegen Tikal.
557: Letzte Inschrift in Tikal vor der Eroberung durch Caracol.

SPÄTKLASSIK

599: Der älteste Sohn von Herr-Wasser wird König von Caracol.
603: Geburt Pacals von Palenque.
612: Frau Zac-Kuk, Mutter von Pacal, besteigt den Thron von Palenque.
615: Pacal besteigt den Thron von Palenque.
615: Frühestes Datum aus Bonampak *(Monumento 2)*.
618: Herr Kan II wird König von Caracol.
626: Caracol überfällt erstmals Naranjo.
627: Erneuter Überfall Caracols auf Naranjo.
628: Rauch-Imix-Gott K besteigt den Thron von Copán.
631: Caracol führt einen »Sternenkrieg« gegen Naranjo.
635: Geburt Chan-Bahlums, Sohn von König Pacal von Palenque.
636: Caracol führt zweiten »Sternenkrieg« gegen Naranjo.
647: Pacal von Palenque weiht seinen ersten Tempel.
647: Geburt Schild-Jaguars von Yaxchilán.
652: Rauch-Imix-Gott K von Copán stellt Stelen im Tal von Copán auf.
675: Pacal beginnt in Palenque mit dem Bau des Inschriftentempels.
681: Schild-Jaguar besteigt den Thron von Yaxchilán.
682: Ah-Cacau wird Herrscher von Tikal.
683: Tod Pacals von Palenque.

Sonnengottmaske aus Campeche, MNA

684: Chan-Bahlum wird Herrscher Palenques.
690: Chan-Bahlum weiht die Kreuzgruppe von Palenque.
692: Ah-Cacau errichtet in Tikal seine erste Stele und erbaut die erste Zwillingspyramidengruppe seit der Niederlage Tikals gegen Caracol.
695: Achtzehn-Kaninchen besteigt den Thron von Copán.
695: Ah-Cacau von Tikal nimmt Jaguartatze von Calakmul gefangen.
702: Tod Chan-Bahlums von Palenque.
709: Geburt Vogel-Jaguars, des Sohnes Schild-Jaguars von Yaxchilán.
709: Frau Xoc, Gemahlin von Schild-Jaguar, bringt ein Blutopfer dar, indem sie sich eine Dornenschnur durch die Zunge zieht.
709: Frau Abendstern, Mutter von Vogel-Jaguar, führt in Yaxchilán gemeinsam mit Schild-Jaguar ein Bündel-Ritual aus.
715: Achtzehn-Kaninchen von Copán weiht Tempel 22.
723: Frau Xoc, Gemahlin von Schild-Jaguar, weiht den Bildschmuck von Tempel 23 in Yaxchilán.
726: Frau Xoc und Schild-Jaguar von Yaxchilán weihen Tempel 23.
734: Der Sohn von Ah-Cacau wird König von Tikal.
736: Schild-Jaguar von Yaxchilán zelebriert eine Klappenstab-Zeremonie.
738: Achtzehn-Kaninchen von Copán gerät in die Gefangenschaft von Cauac-Himmel und wird in Quiriguá geopfert.
738: Rauch-Affe besteigt den Thron von Copán.
741: Schild-Jaguar von Yaxchilán führt gemeinsam mit seinem Sohn Vogel-Jaguar die Klappenstab-Zeremonie durch.
741: Vogel-Jaguar, Frau Abendstern, Frau Groß-Schädel-Null und Herr Groß-Schädel-Null zelebrieren in Yaxchilán gemeinsam eine rituelle Blutentnahme.
742: Tod Schild-Jaguars von Yaxchilán.
744: Vogel-Jaguar von Yaxchilán tritt in einem rituellen Ballspiel auf.
749: Tod Rauch-Affes von Copán.
749: Vogel-Jaguar von Yaxchilán nimmt an einer Katun-Feier im benachbarten Piedras Negras teil.

Puuc-Skulptur aus Oxkintoc, MNA

751: Tod von Frau Abendstern, der Mutter Vogel-Jaguars von Yaxchilán.
752: Thronbesteigung Vogel-Jaguars von Yaxchilán.
763: Yax-Pac, der Sohn der Frau aus Palenque, besteigt den Thron von Copán.
766: Yax-Pac von Copán stellt auf der Großen Plaza *Altar G3* auf.
769: Yax-Pac weiht *Templo 11* von Copán.
773: Yax-Pac weiht den Hochtempel von *Estructura 11*.
775: Yax-Pac weiht *Altar Q*, der die Dynastie von Copán verzeichnet.
780: Letzte, nicht zukunftsbezogene Datumsinschrift in Cobá.
792: Vermutliches Datum der Wandmalereien von Bonampak.
799: Letztes in Palenque inschriftlich erwähntes Datum.
800: Yax-Pac von Copán und sein Bruder stellen auf der Großen Plaza den *Altar G1* auf.
801: Yax-Pac von Copán weiht *Templo 18*.
808: Letztes in Yaxchilán inschriftlich erwähntes Datum.

ENDKLASSIK

810: Yax-Pac von Copán nimmt in Quiriguá ein Aussä-Ritual vor; mögliches Exil des Herrschers.
820: *Estela 11* in Copán verklärt Yax-Pac zum vergöttlichten Ahnen.
822: U-Cit-Tok besteigt den Thron von Copán, kurze Zeit darauf bricht die Zentralgewalt zusammen. Der letzte Altar von Copán bleibt unvollendet.
842: Datum der auf einer Säule des Hohepriestertempels in Chichén-Itzá dargestellten Gefangennahmeszene.
859: Letztes in Caracol inschriftlich erwähntes Datum.
862: Weihedatum des Palasts in Labná.
869: Letztes in Tikal inschriftlich erwähntes Datum.
869: In Chichén Itzá protokolliertes Blutopfer.
870: Weihe der Casa Colorada in Chichén Itzá.
881: Weihe des *Templo de los quatro dinteles* in Chichén Itzá.
898: Letztes in Chichén Itzá inschriftlich erwähntes Datum.
901: Datum auf der Spielfeldmarkierung in Uxmal.
909: Letztes Monument mit Datierung in der Langen Zählung (in Toniná).

POSTKLASSIK

1200: Chichén Itzá wird aufgegeben.
1250: Gründung Mayapáns.
1451: Untergang Mayapáns.

KOLONIALZEIT

1502: Auf seiner vierten Reise begegnet Kolumbus in der Bucht von Honduras einem Handelsschiff der Maya.
1511: Aguilar und Guerrero erleiden Schiffbruch an der Ostküste Yucatáns. Aguilar erlernt die Maya-Sprache und leistet Hernán Cortés später wertvolle Übersetzerdienste, während Guerrero gegen die spanischen Konquistadoren kämpfen wird.
1517: Hernández de Córdoba erkundet die Ostküste Yucatáns.
1518: Juan de Grijalva erkundet den Golf von Mexiko von Yucatán bis Veracruz.

Türsturz 47 aus Yaxchilán, MNA ▷

Männliche Figur aus Jaina, MNA

1519: Hernán Cortés landet auf der Insel Cozumel, wo er Naum-Pat begegnet.
1521: Die Spanier erobern die Aztekenhauptstadt Tenochtitlán
1524: Die ersten Missionare landen in Veracruz. In den folgenden Jahrzehnten christianisieren sie Millionen von Indígenas.
1524: Pedro de Alvarado unterwirft die Mayastämme von Guatemala und gründet die erste Hauptstadt.
1525: Cortés trifft auf seinem Zug durch das Maya-Land nach Honduras in Tayasal, der Hauptstadt der Itzá, mit König Can-Ek zusammen.
1528: Eroberung von Chiapas durch Diego de Mazariegos im Auftrag von Cortés; Gründung von San Cristóbal.
1529: Vergeblicher Versuch Montejos des Älteren, eine Kolonie in Yucatán zu gründen. Abzug der Spanier nach der Schlacht von Aké.
1532: Chiapas wird dem Generalkapitanat Guatemala unterstellt.
1541: Tod von Pedro de Alvarado; Gründung von Antigua.
1542: Erfolgreiche Kolonisierung Yucatáns mit der Gründung von Mérida, Valladolid und Bacalar durch Montejo den Jüngeren und dessen Neffen. Yucatán, Chiapas, Guatemala, Honduras und Nicaragua werden zur *Audiencia de Confines* zusammengefaßt und von Guatemala aus verwaltet.
1542: Kaiser Karl V. erläßt Gesetze zum Schutz der Indígenas, die jedoch weitgehend wirkungslos bleiben.
1543: Alonso Pacheco erobert die Region Corozal (heute Belize).
1543: Bartolomé de Las Casas (1476–1566), der sich vehement für die Rechte der ausgebeuteten Indígenas eingesetzt hat, wird Bischof von Chiapas.
1546: Großer Maya-Aufstand im Osten von Yucatán, da die Encomenderos die Indígenas bis aufs Blut ausbeuten.
1562: Der Franziskaner Diego de Landa läßt sämtliche Maya-Handschriften vor der Kirche von Maní verbrennen. Nur drei bereits nach Europa geschickte Codices entgehen diesem Autodafé.
1571: Einführung der Inquisition.
1663: Campeche wird durch Piraten zerstört.
1696: Itzá-Herrscher Can-Ek läßt sich von Avendaño zum Christentum bekehren.
1697: Die Itzá werden von den Spaniern unterworfen; Ende des letzten unabhängigen Königreichs der Maya.
1712: Großer Indígena-Aufstand in Chiapas, ausgelöst durch immer höher werdende Zwangsabgaben.
1767: Ausweisung der Jesuiten aus Hispanoamerika.
1773: Der spanische Pater Ramón de Ordoñez y Aguiar entdeckt Palenque wieder.
1773: Ein verheerendes Erdbeben zerstört Antigua Guatemala. Verlegung der Hauptstadt in das heutige Guatemala-Stadt.
1798: In der Schlacht von St George's Caye besiegen die Baymen von Belize mit britischer Hilfe eine spanische Flotte.

VON DER UNABHÄNGIGKEIT BIS HEUTE

1821: Chiapas und Yucatán erklären, wie Mexiko, ihre Unabhängigkeit von Spanien. Guatemala wird zunächst von Mexiko annektiert, tritt aber bald der Zentralamerikanischen Föderation bei.
1823: Chiapas erklärt sich für von Guatemala und Mexiko unabhängig, Yucatán

Polychrome Maya-Schale, MNA

schließt sich der neu gegründeten Republik Mexiko an.
1824: Nach einer Volksabstimmung wird Chiapas endgültig Teil der Republik Mexiko.
Ab 1840: Auseinandersetzungen zwischen Konservativen und Liberalen in Yucatán. Der Staat erklärt sich für unabhängig.
1847: Beginn des »Kastenkrieges«, in dem yucatekische Maya-Stämme gegen die Kreolen kämpfen. Die Cruzob-Maya gründen 1850 einen eigenen Staat an der Karibikküste mit Chan Santa Cruz als Hauptstadt. Der Konflikt flaut erst Ende des 19.Jh. ab.
1847: Guatemala wird unter Rafael Carrera eine unabhängige Republik Zentralamerikas.
1862: Entdeckung der Olmekenkultur am Golf von Mexiko.
1862: Belize wird als Kolonie offiziell Teil des Britischen Empire.
1867: Sieg der Liberalen unter Benito Juárez. Hinrichtung Kaiser Maximilians. Endgültiger Anschluß von Yucatán an die Republik Mexiko.
1867: Erste liberale Aufstände in Guatemala unter Serpio Cruz.
1871: Liberale Revolution in Guatemala. Rufino Barrios wird Präsident. Beginn des Kaffeebooms. Deutsche Einwander kontrollieren weitgehend den Kaffeehandel.
1871: Britisch Honduras wird Kronkolonie.
1902: Sieg der Mexikaner über die Cruzob-Maya. Ende des Kastenkrieges. Schaffung des Bundesstaates Quintana Roo.
1906: Die United Fruit Company pflanzt im Motagua-Tal (Guatemala) die ersten Bananen an.
1919: Aus dem Ersten Weltkrieg zurückkehrende Truppen revoltieren in Belize.
1931: Der kompetente, aber blutige Diktator Jorge Ubico ergreift die Macht in Guatemala. 1944 wird er abgesetzt.
1954: In Guatemala endet ein zehnjähriges »Reformexperiment« unter Juan José Arévalo und Jacobo Arbenz, das die United Fruit Company enteignet und demokratische Rechte einführt, mit einem von der CIA unterstützten Militärputsch. Mit Präsident Carlos Castillo Armas beginnt ein Reigen von Diktatoren, die vom Militär unterstützt werden.

Ab 1960: Erste Guerilla-Aktivitäten in Guatemala. Unter Oberst Carlos Arana wüten erstmals Todesschwadronen im Land. Guatemalas Ansprüche auf Britisch Honduras verzögern die Unabhängigkeit des Staates unter dem Namen Belize.

1964: Britisch Honduras erhält die innere Selbstverwaltung.

1967: Der guatemaltekische Schriftsteller Miguel Angel Asturias erhält den Nobelpreis für Literatur.

1970: Baubeginn des Ferienzentrums Cancún (Mexiko).

1976: Verheerendes Erdbeben in Guatemala: 23 000 Tote, Millionen Obdachlose.

1978: Romeo Lucas García wird Präsident. Phase der blutigsten Unterdrückung der Indígenas in Guatemala. In den folgenden Jahren fliehen über 50 000 Guatemalteken über die Grenze nach Mexiko. Erst im Januar 1993 kehren die ersten zurück.

1981: Belize wird unabhängig.

1982: Der fanatische Evangelist Rios Montt wird Präsident von Guatemala; allmähliche Besserung der Lage.

1986: Unter Vinicius Cerezo Rückkehr zur zivilen Präsidentschaft in Guatemala. Das Militär behält aber weiterhin die Kontrolle.

1991: Präsident Jorge Serrano Elías von Guatemala nimmt Gespräche mit der Guerillabewegung auf.

1991: Guatemala erkennt Belize völkerrechtlich an.

1992: Die guatemaltekische Indígena und Menschenrechtlerin Rigoberto Menchú erhält den Friedensnobelpreis.

1993: Absetzung von Präsident Serrano, der zu diktatorischen Mitteln gegriffen hatte. Der anerkannte Menschenrechtler Ramiro de León Carpio wird Präsident.

1994: Unterzeichnung eines Menschenrechtsabkommens zwischen der guatemaltekischen Regierung und den Rebellen.

1994: Die Zapatisten lösen einen Indígena-Aufstand in Chiapas aus.

1996: Die bereits mehrmals angekündigte, aber immer wieder verschobene Unterzeichnung eines Friedensvertrages zwischen der Regierung unter Präsident Arzú und der Guerilla in Guatemala bleibt ungewiß.

Tikal, Templo I ▷

Indígenas aus Panajachel (Lago Atitlán) ▷ ▷

A

Antigua Guatemala

Sacatepéquez (Guatemala)

Einw.: 30 000 Höhe: 1530 m S. 354 □ C 4

Anreise: Die kürzere Route von Ciudad de Guatemala nach Antigua (45 Min.) führt über San Lucas Sacatepéquez. Vom Aussichtspunkt El Mirador (1830 m) bietet sich ein schöner Ausblick auf die Hauptstadt. Busse (alle 30 Min.) von Ciudad de Guatemala (18 Calle/4a Avenida, Zona 1), frühmorgens bis ca. 18 Uhr, 45 Min; Camionetas nach Chimaltenango (Zona 4 Terminal), dort umsteigen; teure Shuttle-Busse vom Flughafen von Ciudad de Guatemala sowie von und nach Panajachel (Lago Atitlán) und Chichicastenango.

Unterkunft: *Hotel Casa de Santo Domingo*: 3a Calle Oriente 28, Tel. (9) 332-01-40, Fax 332-01-02; in Ruinen eines Klosters aus dem 17. Jh. – *Hotel Antigua*: 5a Avenida Sur/8a Calle; Tel. (9) 332-02-88 oder 332-03-31, Fax 332-08-07. – *Ramada Hotel Antigua*: 9a Calle Poniente/Carretera a Ciudad Vieja; Tel. (9) 332-00-11 bis 15, Fax 332-02-37. – *Posada de Don Rodrigo*: 5a Avenida Norte 17, Tel. (9) 332-02-91. – *Posada del Farol*: Calle Los Nazarenos 17, Tel. (9) 332-33-16, Fax 332-06-42.

Restaurants: *El Sereno:* 6a Calle Poniente 30, zwischen Alameda de Santa Lucía und 7a Avenida Sur, Tel. (9) 332-00-73. – *Posada de Don Rodrigo:* 5a Avenida Norte 17, Tel. (9) 332-02-91. – *Mesón Panza Verde:* 5a Avenida Sur 19. – *Welten:* 4a Calle Oriente 21, Tel. (9) 332-06-30. – *Doña María Gordillo Dulces Típico:* Calle Oriente 11. – *Restaurant Doña Luisa Xicotencatl*: 4 Calle Oriente No 12. – *Mistral:* 4a Calle Oriente No 7. – *El Fondo de la Calle Real:* 5a Avenida Norte 5.

Antigua Guatemala, Bus von Antigua nach Guatemala-Stadt

Pedro de Alvarado – Konquistador Guatemalas

Die Cakchiqueles hielten ihn für Toniatiuh, den Sonnengott. Doch diesem dürstete es stets nach Blut, und Pedro de Alvarado, blond und blauäugig, war einer der erbarmungslosesten Schlächter der spanischen Konquista. Alvarado wurde 1485 als Sohn einer vornehmen Familie in Badajoz (Extremadura) geboren. 33 Jahre später nahm er an der Expedition von Juan de Grijalva teil, die 1518 von Kuba aus den Golf von Mexiko von Yucatán bis Veracruz erkundete. Ein Jahr später gab Alvarado einen ersten Vorgeschmack auf seine künftigen Taten, als er während der Yucatán-Expedition von Hernán Cortés die Flotte verließ, um ein Maya-Dorf auf der Insel Cozumel zu plündern, was Cortés zutiefst erboste. Die Karriere Alvarados war damit aber keineswegs beendet. Einige Monate später richtete er in Texcoco eines der blutigsten Massaker der Konquista an, als er Tausende von Azteken während eines Tanzrituals hinschlachten ließ. Die Spanier mußten Tenochtitlán in wilder Flucht verlassen: Auch Alvarado entkam in dieser »Noche Triste« nur mit Müh' und Not. Zwei Jahre später nahm Cortés die strahlende Aztekenmetropole ein und machte 1522 Alvarado zum ersten Bürgermeister der entvölkerten Stadt.

Der Konquistador hatte jedoch hochfliegendere Pläne. Im Dezember 1523 zog er mit spanischen Reitern und Hilfstruppen aus Tlaxcala nach Süden, um dort gemeinsam mit seinen drei Brüdern, Jorge, Gonzalo und Pedro, sowie seinen Vettern ein eigenes Reich zu erobern. Alvarado profitierte davon, daß die verschiedenen Maya-Gruppen von *Guahtemallán* zerstritten waren und die Cakchiqueles glaubten, es mit Hilfe der blonden Fremden ihren übermächtigen Gegnern, den Quichés, heimzahlen zu können. So sollten die Festungen der Quichés, Pokomanes und Tzutuhiles wie Dominosteine fallen. Eigentlich wurde alles schon am 12. Februar 1524 entschieden. An diesem Tag kam es bei Xelajú (Quezaltenango) zum großen Showdown zwischen Alvarado und dem Quiché-Führer Tecún Umán. Obsidianspeere gegen Schwerter und Pistolen: Der Ausgang des Kampfes stand außer Frage. Tecún Umán blieb auf dem Schlachtfeld zurück, zusammen mit Tausenden von Indígenas. 1524 gründeten die Spanier bei Iximché, der Hauptstadt der Cakchiqueles, ihre erste Siedlung, Ciudad de Santiago, und erklärten sie zur Hauptstadt. Doch in Guatemala war für Alvarado wenig zu holen: Es gab kein Gold, wenig Silber, nur Baumwolle, Kakao, Federn und Salz. Mit maßlosen Tributforderungen brachten die Spanier die mit ihnen verbündeten Cakchiqueles so gegen sich auf, daß sie ihre Hauptstadt nach Ciudad Vieja verlegen mußten. Die Guerillataktik der Indígenas fruchtete nichts: Bald war auch Iximché nur noch ein rauchender Ruinenhaufen und in Zentralamerika ein neues Kolonialreich entstanden, das die Spanier erbarmungslos ausbeuteten.

Alvarado war aber nicht nur ein gnadenloser Kriegsherr, sondern auch ein so großer Schürzenjäger, daß Bartolomé de las Casas »all die Ehebrechereien und Schändungen« gar nicht aufzählen mochte. Doña Luisa Xicoténcatl, der Tochter eines großen tlaxcaltekischen Häuptlings, gebar ihm eine Tochter, Doña Leonor, die Alvarado über alles liebte. Aus deren zweiter Ehe mit Francisco de la Cueva stammt die spätere Linie Alvarados ab. Alvarado war jedoch auch von anderen Indígena-Frauen fasziniert. Als es dem Konquistador nach Suchil, der Tochter eines der Könige von Iximché, gelüstete, ließ er deren Vater kurzerhand festsetzen, bis man ihm das Mädchen übergab. Als Alvarado 1541 während einer Expedition in Mexiko von seinem Pferd zu Tode geschleift wurde, trauerte dennoch eine Frau geradezu unmäßig um ihn: Doña Beatriz de la Cueva, »La Sin Ventura« (die Glücklose). Die Schwester von Alvarados erster Gemahlin, Doña Francisca de la Cueva, überlebte ihren Ehemann nur um wenige Wochen und wurde im September 1541 in der großen Schlammlawine von La Ciudad Vieja begraben.

Antigua Guatemala, die alte Hauptstadt des Landes, liegt im Tal von Panchoy, umgeben von den Vulkanen Agua (3750 m), Acatenango (3960 m) und Fuego (3800 m). Sie ist zweifellos die malerischste Stadt Mittelamerikas und daher das beliebteste Reiseziel in Guatemala. Schon am Flughafen von Guatemala-Stadt fangen zahlreiche Shuttle-Busse die ankommenden Touristen ab, um sie vor den Gefahren der Hauptstadt zu »schützen« und direkt in das ruhige Antigua zu bringen. Ganz so harmlos ist die Stadt allerdings auch wieder nicht. Die Präsenz so vieler »reicher« Gringos zieht auch allerhand dunkle Elemente an: Überfälle auf dem Weg zum Cerro de la Cruz, von dem sich ein schöner Blick auf Antigua bietet, sind häufiger, als das (wie überall in Guatemala) gern abwiegelnde Touristenbüro zugeben möchte. Viele Ausländer bleiben nicht nur ein paar Tage, sondern studieren in den äußerst preiswerten Sprachschulen der Stadt Spanisch oder lassen sich gar für immer hier nieder. Auf den Straßen hört man daher oft mehr Englisch als Spanisch: »Äntiga« ist in! Vor den Kirchenruinen der Stadt breiten buntgewandete Indígenas ihre Schätze aus. In der 4 Calle Oriente kauft man die Spezialitäten der Stadt ein: kandierte Früchte, Webarbeiten und Jadeschmuck. Seit der Fertigstellung der Schnellstraße (1991) kommen am Wochenende auch die Bewohner der Hauptstadt Ciudad de Guatemala (genannt »capitalinos«) in Scharen nach Antigua, um die dort herrschende kosmopolitische Atmosphäre zu genießen, gut zu speisen und zu trinken, vor allem aber, um Bekanntschaften mit den in »Guate« so raren blonden Gringas zu knüpfen.

Die größte Attraktion von Antigua ist die hier mit besonderer Inbrunst und Farbenpracht gefeierte *Semana Santa* (Karwoche). Ihre Prozessionen sind wahrscheinlich die faszinierendsten in ganz Lateinamerika und wurden angeblich schon vom Konquistador Pedro de Alvarado eingeführt. Hunderte von Menschen ziehen, als römische Soldaten und Israeliten verkleidet, durch die Straßen der Stadt. Beginn der Feierlichkeiten ist der Palmsonntag. Der Einzug Christi in Jerusalem wird mit einer Prozession gefeiert, die am Nachmittag vom Kloster La Merced ihren Anfang nimmt und um etwa 22 Uhr dorthin zurückkehrt. Am Montag, Dienstag und Mittwoch wird Christus in den Kirchen

Antigua Guatemala, Blick auf den Vulkan Agua

La Merced, San Francisco und La Escuela de Cristo zur Schau gestellt. Am Gründonnerstag nimmt mittags eine Prozession von San Cristóbal el Bajo und um 16 Uhr von der Iglesia de San Francisco ihren Ausgang und kehrt um 21 Uhr dorthin zurück. Am Nachmittag findet in La Merced, La Escuela de Cristo und in der Kathedrale eine Fußwaschungszeremonie statt. Höhepunkt der Feierlichkeiten ist jedoch der Karfreitag. In der Nacht und am frühen Morgen werden Teppiche *(alfombras)* aus Blütenblättern und gefärbtem Sägemehl in der Calle Ancha ausgelegt. Ihre Muster, die innerhalb der Künstlerfamilien von Generation zu Generation weitergegeben werden, sind in oft monatelanger Vorbereitung entstanden. Schauen Sie sich diese am frühen Morgen an, denn im Verlauf der Prozessionen werden sie alsbald bis zur Unkenntlichkeit zertrampelt. Am frühen Morgen des Karfreitags zieht eine besonders spektakuläre Prozession durch die Stadt. 80 Büßer in roten Kapuzenroben *(cucuruchos)* tragen Cristo

Antigua Guatemala, Durch Erdbeben zerstörte Kirche

Nazareno auf einer 3,5 Tonnen schweren Plattform *(anda)* aus Zedernholz durch die Stadt. Es gilt als große Ehre, an der Prozession teilnehmen zu dürfen, auch wenn man sich hierfür hoffnungslos verschulden muß. Aus dem örtlichen Gefängnis werden drei Häftlinge entlassen, um beim Tragen mitzuhelfen. Nach 15 Uhr, der Kreuzigungsstunde, werden die roten Kutten durch schwarze ersetzt. Bei weiteren Prozessionen werden ab Mittag andere Darstellungen der Grablegung Christi *(Santo Entierro)* durch die Stadt getragen. Die Feierlichkeiten werden live im guatemaltekischen Fernsehen übertragen. Für die Karwoche muß man Hotelzimmer in Antigua monatelang im voraus reservieren. 1997 finden die Feierlichkeiten vom 23. bis zum 30. März statt. Achten Sie aber auch auf weniger fromme Zeitgenossen: In diesen Tagen laufen Taschendiebe und Taschenschlitzer zur Hochform auf.

◁ *Antigua Guatemala, Webarbeiten der Indígenas*

Ein weiteres Großereignis in Antigua ist der *Marathonlauf*, der jährlich am zweiten Samstag im November stattfindet und vom Parque Central zum Krater des Agua und zurück führt. Um 7 Uhr fällt der Startschuß, ca. vier Stunden später begrüßt man den Sieger mit einer Rosenparade. Am 7. Dez. beginnen die Bewohner von Antigua mit Feuern, in denen symbolisch Teufel verbrannt werden, die Weihnachtsfeierlichkeiten.

GESCHICHTE

Guatemalas koloniale Hauptstadt zählte einmal zu den großen Metropolen des spanischen Kolonialreichs und konnte es mit der Pracht und Herrlichkeit von Mexiko und Lima aufnehmen. Sie war der Sitz der gesamten Audiencia de Guatemala, deren Herrschaftsbereich sich über ganz Mittelamerika und Chiapas erstreckte. Doch während ihrer Glanzzeit vom 16. bis 18. Jh. schwebte stets ein Damoklesschwert über der Stadt, das gelegentlich auch herabstürzte: die Erdbeben.

Antigua war eigentlich schon die dritte Hauptstadt von Guatemala. Die Spanier ließen sich zunächst im Juli 1524 in Iximché nieder, um ein wachsames Auge auf ihre Alliierten werfen zu können. Die Cakchiqueles hatten sich nämlich mit den Konquistadoren unter Pedro de Alvarado verbündet, um damit die verhaßten Quichés loszuwerden, ähnlich wie die Tlaxcalteken, die im mexikanischen Hochland gemeinsam mit Cortés das aztekische Tenochtitlán eroberten. Doch die Rechnung ging auch in Guatemala nicht auf. Im November 1527 erhoben sich die Cakchiqueles gegen ihre neuen Herrscher, und Pedro de Alvarado verlegte die Hauptstadt in das Valle Almolonga, ein paar Kilometer von Antigua entfernt. La Muy Noble y Muy Leal Ciudad de Santiago de los Caballeros de Goathemala hieß die Gründung (heute Ciudad Vieja). Fray Betanzos, ein Dominikanermönch, gründete dort ein Kloster, sein Nachfolger, Fray Francisco Marroquín, wurde der erste Bischof der Stadt. Kaum war Pedro de Alvarado unter der Erde, da begrub 1541 eine riesige Schlammlawine, die sich vom Volcán de Agua herabwälzte, die Hauptstadt unter sich. Etwas weiter im Norden fanden die Spanier eine neue Stätte und gründeten dort am 16. März 1543 das zweite Santiago de los Caballeros, das heutige Antigua. Daß auch diese Stätte nicht eben sicher war, kündigte bereits 20 Jahre später das erste Erdbeben an. Die Spanier waren gewarnt, doch zu stolz, um es den Vorbildern der Indígenas gleichzutun, die den Erdbeben jahrhundertelang mit Holzbauten getrotzt hatten. Nein, es mußte Stein sein, noch dazu mit Wölbungen, Bögen und Arkaden. Die nachfolgenden Erdbeben lehrten die spanischen Architekten jedoch, immer robuster und gedrungener zu bauen, das Profil der Gewölbe und Bögen abzuflachen und auf hohe Türme zu verzichten. Den plumpen Eindruck der Bauten kaschierte man mit hellen Anstrichen. Das Erdbeben von 1717 löste den größten Bauboom aus. Im 18.Jh. war Antigua eine der schönsten Barockstädte Hispanoamerikas, Kirchen und Klöster waren prunkvoll mit goldstrotzenden Altären und wertvollen Gemälden ausgestattet, und Studenten kamen aus dem ganzen Kolonialreich hierher, um sich von den führenden Köpfen der Wissenschaft unterweisen zu lassen. Das schlichte Äußere der Häuser verbarg kunstvolle Interieurs mit Patios, Galerien, Wänden mit handbemalten Fliesen und feinskulptierten Brunnen. Im Jahre 1773 löschten jedoch zwei Erdbeben (das erste am 7. Sept., das zweite am 13. Dez.) die koloniale Pracht der Stadt aus. Die Regierung entschloß sich, die Hauptstadt 25 km nach Osten zu verle-

Antigua Guatemala, Parque Central

gen. Doch viele Einwohner klammerten sich an ihre zerbröckelten Wohnungen. Besonders der Klerus fürchtete, durch den Umzug an Einfluß zu verlieren. 1777 verfügte jedoch ein Dekret, daß alle Einwohner Antigua, die Muy Noble Ciudad, bis März zu verlassen hätten, danach würde die Stadt eingeebnet, um weitere Verluste an Menschenleben zu verhindern. Die kolonialen Abrißkolonnen rückten jedoch nie an, vermutlich weil man die schönsten Ornamente und Häusereinrichtungen ohnehin bereits demontiert hatte und die Regierung viel zu sehr mit dem Aufbau der neuen Hauptstadt beschäftigt war. Antigua wurde nie vollständig verlassen. 1944 wurde die Stadt als »Monumento Nacional« (Nationales Denkmal) eingestuft und 1979 von der UNESCO zum »Kulturerbe der Menschheit« erklärt.

Parque Central: Der spanische Ingenieur und Baumeister Juan Bautista Antonelli legte 1541 die einstige Plaza Real als Zentrum der schachbrettartigen Anlage Antiguas an. Auf alten Stichen erscheint sie als große, ungepflasterte Fläche. In der Trokkenzeit war sie staubig, in der Regenzeit schlammig. Hier verkauften die Indígenas Obst und *atole* (gewürzter Maistrunk), gebratene Bananen und *tamales*; Jesuiten, Augustiner, Dominikaner, Franziskaner und Mercedarier fegten auf dem Weg in ihre Klöster und Schulen mit ihren langen Kutten den Boden, unter den Arkaden tauschten schwarzgewandete Caballeros mit blitzenden Degen und Sporen Neuigkeiten aus oder vertieften sich in wichtige Geschäfte. Unter den zweistöckigen Arkaden von Rathaus (Ayuntamiento) und Gouverneurspalast (Palacio de los Capitanes Generales) führten die Damen der Gesellschaft ihre Reifröcke spazieren und betrachteten tuschelnd das Geschehen auf der Plaza, denn in der damaligen Zeit galt es nicht als schicklich, auf öffentlichen Plätzen spazierenzugehen. Zu besonderen Gelegenheiten fanden Militärparaden statt, eine gaffende Menge ergötzte sich an Hinrichtungen, und wenn auf der Plaza Stierkämpfe aufgeführt wurden, versammelte sich hier die ganze Stadt. Erst 1704 erhielt der Platz ein Kopfsteinpflaster. Heute ist die Plaza ein kleiner schattiger Park mit Bänken, Blumen und Bougainvilleen, auf dem der restaurierte Brunnen *Fuente de las Sirenas* plätschert. Diego de Torres schuf ihn 1739 nach dem Vorbild des Neptunbrunnens in Bologna. Hier liest man seine Zeitung, plaudert mit Einheimischen und läßt sich von einem der unzähligen Schuhputzer die Schuhe auf Hochglanz bringen: ein aus ganz Lateinamerika nicht wegzudenkendes Ritual.

Antigua Guatemala, Zerstörtes Schiff der Kathedrale

Antigua Guatemala, Catedral

Antigua Guatemala, El Carmen

SAKRALBAUTEN

Catedral de Santiago: Die ehemalige Kathedrale von Antigua war einmal das grandioseste Gebäude Mittelamerikas. Der erste Bau, der ein Holzdach besaß, wurde 1545 aus den Resten der zerstörten Kirche von Ciudad Vieja begonnen, wobei man einen Teil des von Pedro de Alvarado und Doña Beatriz hinterlassenen Vermögens verwendete. Allerdings arbeiteten die Handwerker so schlampig, daß man die Kirche ständig ausbessern mußte. Kein Wunder, daß sie dem ersten großen Erdbeben, das Antigua 1583 heimsuchte, nicht standhielt. Es dauerte fast hundert Jahre, bis man 1670 einen neuen Versuch startete. In elf Jahren errichtete man einen Prachtbau, der Antiguas Rolle als Metropole Mittelamerikas unterstreichen sollte. Das Gotteshaus besaß fünf Schiffe (das Mittelschiff 90 m lang und 20 m breit) mit 70 Fenstern, sieben Portale, 18 Kapellen und eine riesige, 21 m hohe Kuppel. In den zwei quadratischen Glockentürmen hingen insgesamt zehn Bronzeglocken. Die besten Maler, Bildhauer und Künstler Spaniens schufen die prächtigen Kunstschätze der Kathedrale, darunter den aus Edelhölzern geschnitzten und mit Silber, Elfenbein und Perlmutt verzierten Hochaltar. Barocke Engel und Heilige bevölkerten die Mauern, Säulen und Bögen. Diese Pracht widerstand zwar den Erdbeben von 1689 und 1717, doch wurden die Mauern in Mitleidenschaft gezogen. 1743 erhob man die Kirche zur Catedral Metropolitana: Zwei Jahre später hielt der erste Erzbischof seinen feierlichen Einzug in der Stadt, um mit seinen Bischöfen im angeschlossenen Erzbischofspalast zu residieren. 1773 fiel die ganze Pracht jedoch wie ein Kartenhaus in sich zusammen, nur die heute weißgetünchte Fassade mit zentralem Bogenfeld und Nischen für Heiligenbilder sowie die ersten drei Pfeilerstellungen wurden gerettet. Die zwei erhaltenen Kapellen wurden 1986/87 restauriert und dienen heute als Pfarrkirche

Antigua Guatemala, La Merced, Detail der Fassade ▷

Iglesia de San José. Hier kann man die Christusfigur *Jesús del Perdón* des Kolonialbildhauers Quirio Cataño sehen, der auch den berühmten schwarzen »Christus von Esquipulas« schnitzte. Hinter der Kirche liegt ein riesiger Haufen Schutt: verrottende Balken, moosüberwachsene zerbrochene Bögen und stämmige Pfeiler. Teile des komplizierten Stuckwerks sind noch zu erkennen. In den Gruften der Kathedrale ruhen u. a. der Konquistador Pedro de Alvarado und seine Gattin Doña Beatriz de la Cueva, Alvarados Tochter Doña Leonor und deren zwei Ehemänner, Doña Luisa Xicotencatl, Leonors Mutter, sowie Bischof Francisco Marroquín und der Konquistador und Chronist Bernal Díaz del Castillo.

El Carmen (4a Avenida Norte): Die erst 1638 errichtete, oft erneuerte und 1728 geweihte Kirche zählt zu den schönsten der Stadt. Auf den stuckierten Pfeilern erscheinen geometrische Motive. Die obere Hälfte der Fassade stürzte 1976 ein.

Compañia de Jesús (4a Calle Poniente/6 Avenida Norte): Die 1626 geweihte Jesuitenkirche mit feingeschnitzten Türen wird zur Zeit aufwendig restauriert. Im angrenzenden Kloster war nach der 1767 erfolgten Vertreibung der Jesuiten aus Lateinamerika bis zum Erdbeben von 1976 der zentrale Markt der Stadt untergebracht, der danach an den westlichen Stadtrand verlegt wurde.

La Concepción (Calle de la Concepción/ Callejón Concepción): Vier Nonnen aus Mexiko gründeten 1578 den ersten Frauenorden in Antigua. Die Äbtissin war eine Autorität in religiösen Fragen, die zweite Nonne war Musikerin und Chorleiterin, die dritte in kunstvollen Stickereien bewandert und die vierte eine ausgezeichnete Köchin. 1620 wurde das Kloster vollendet, die Fertigstellung der Kirche ließ jedoch noch bis 1729 auf sich warten. Zu dieser Zeit zählte das Kloster 103 Nonnen, 140 Schüler und über 700 Diener. Damit übertraf der Orden an Reichtum und Ruf alle anderen Schwesternschaften Zentralamerikas. Viele Frauen, die ihm beitraten, stammten aus vornehmen und reichen Familien Antiguas. Die berühmteste

◁ *Antigua Guatemala, La Merced, Brunnen im Kreuzgang*

Antigua Guatemala, La Merced, Semana-Santa-Puppen im Kreuzgang

unter ihnen, um nicht zu sagen die berüchtigtste, war die schöne Juana de Maldonado y Paz, deren ausschweifenden Lebenstil Anfang des 17.Jh. der irische Dominikanermönch und Abenteurer Thomas Gage zum Anlaß nahm, in seinem Reisebericht die Dekadenz und Verkommenheit des spanischen Kolonialreichs anzuprangern. Ob Gage allerdings ein sehr verläßlicher Gewährsmann war, bleibt zweifelhaft: Schließlich hatte sich der Ire vom Katholiken zum fanatischen Protestanten gewandelt, der sogar frühere katholische Freunde derart anschwärzte, daß drei von ihnen aufgehängt und gevierteilt wurden. Unbestritten ist, daß Juana einigen Aufruhr in Antigua verursachte, als der Bischof von Antigua, der ihrer Schönheit und ihrem musischen Talent nicht widerstehen konnte, sie einer Reihe älterer und zweifellos weiserer Nonnen vorzog und zur Äbtissin des Klosters machen wollte. Gage berichtet davon, daß die Bürger Antiguas sogar mit gezückten Schwertern vor das Concepción-Kloster zogen, um die skandalöse An-

Antigua Guatemala, La Merced, Kreuzgang

gelegenheit zu beenden. Der Bischof fügte sich schließlich. Doch Juana hatte es gar nicht nötig, Äbtissin zu werden. Immerhin besaß sie einen eigenen Garten, eine eigene Kapelle, die mit kostbaren Gold- und Silberarbeiten geschmückt war, eine Galerie mit den Bildern der besten italienischen Maler, heiße Bäder und ein halbes Dutzend schwarzer Bediensteter. Die Erdbeben von 1773 und 1976 haben allerdings auch diese Pracht in einen Ruinenhaufen verwandelt.

La Merced (1a Calle Poniente entre 5a y 6a Avenida Norte): Der Orden der Mercedarier, der vor allem in Peru wirkte, gründete als erster nach der Konquista ein Kloster in Guatemala. Die Erlaubnis dazu erteilte 1552 noch Bischof Francisco Marroquín, doch dauerte es geschlagene 200 Jahre, bis das Klostergebäude endlich stand. Der Architekt Juan de Dios Estrada hatte zwar dem Erdbeben von 1751 Rechnung getragen und einen Bau mit dicken Wänden und hochgelegenen kleinen Fenstern entworfen, der 1767 geweiht wurde, dennoch wurde die Klosteranlage beim großen Erdbeben von 1773 schwer beschädigt. Die Mercedarier errichteten daraufhin in der heutigen Ciudad de Guatemala bis 1778 ein neues Kloster La Merced, in das sie die wertvollen Altäre, Gemälde und Skulpturen verbrachten, darunter auch den kostbaren *Jesús Nazareno* von Mateo de Zuñiga. Die üppig verzierte, von zwei Glockentürmen flankierte Barockfassade der Kirche wurde jedoch restauriert. Ihr überwucherndes weißes Stuckwerk auf gelbem Grund mit Blumen, Weinranken und Rosen ist ein churrigereskes Meisterwerk (der Stil ist nach dem spanischen Bildhauer José Churriguera, 1650–1723, benannt und wird in Guatemala als »ataurique« bezeichnet). Sieben goldene Löwen schmücken die Kuppel. Vom Kloster selbst blieb jedoch nur der Kreuzgang erhalten, in dem die ehemals farbenfroh verzierte Fuente de Pescados (»Brunnen der Fische«) steht. Seine Basis nimmt fast den gesamten Patio ein und ist

Antigua Guatemala, La Merced, Denkmal für Bartolomé de Las Casas ▷

von vier Teichen umgeben, in denen die Mönche einst eine Fischzucht betrieben. Vom zweiten Stock der Arkadengalerie bietet sich ein großartiger Blick auf die umgebenden Vulkane. Auf dem Steinkreuz vor der Kirche sind zwei Daten eingemeißelt: In einem herzförmigen Wappen erscheint die Jahreszahl 1688, an der Basis 1765. Der schön verzierte Brunnen stammt vermutlich vom Ende des 17. Jh. und gehörte einst zum Kloster San Francisco, die Büste von Bartolomé de Las Casas erinnert an den couragierten Bischof von Chiapas, der in seiner *Brevísima relación de la destrucción de las Indias* (Kurzgefaßter Bericht von der Zerstörung Westindiens) mutig die von den spanischen Konquistadoren und *encomenderos* an den Indígenas verübten Verbrechen geißelte.

La Recolección (Westende der 1a Calle/ Avenida de la Recolección): Ruinenromantiker kommen bei diesem Kloster besonders auf ihre Kosten, dessen dekorativ in Trümmern liegende Mauern, Säulen und Bogen über lange Zeit Maler, Dichter und Fotografen inspiriert haben. Der letzte große Bogen am Eingang widerstand allerdings dem Erdbeben von 1976 nicht mehr. Ende des 17. Jh. waren die Franziskanermönche Margil de Jesús und Melchor López, beide aus Valencia, die eine religiöse Vereinigung namens Recoletos ins Leben gerufen hatten, in die Neue Welt gereist, um dort unter großen persönlichen Entbehrungen ihre apostolische Mission *Propaganda Fide* zu erfüllen. Bei den Indígenas von Verapaz hatten die Fratres besonders viel Erfolg, und so rangen sie 1701 den Behörden die Erlaubnis zum Bau von Kloster und Kirche ab. Das Kloster wurde 1708, die Kirche 1715 vollendet, doch erst im Mai 1717 geweiht, nur wenige Monate vor dem schweren Erdbeben. Der Wiederaufbau wurde jedoch noch prächtiger, und das Kloster wurde einer der größten Ordenssitze von Antigua, besaß zwei Stockwerke, Bibliothek, Archiv, Studierstuben, Musikzimmer, Apotheke und Krankenzimmer. Die wertvolle Ausschmückung mit Gemälden, Statuen und Bildnissen, darunter als Krönung ein flämischer Altaraufsatz, fiel jedoch dem Erdbeben von 1773 zum Opfer. In einem der Patios ist ein steinernes Schwimmbecken in Form eines Schiffes zu sehen, das 1908, als die in einem Kaffeehain gelegenen Ruinen weltlichen Zwecken dienten, aus dem Material des Kreuzgangs gebaut wurde.

Las Capuchinas (2a Avenida Norte/2a Calle Oriente): Der 1525 gegründete Kapuzinerorden, ein Zweig des Franziskaner-

Antigua Guatemala, Las Capuchinas, Torre del Retiro

ordens, war ein Spätankömmling in Guatemala. Juan Bautista Alvarez de Toledo, der erste Bischof der Hauptstadt, der hier auch geboren wurde, ließ 1725 fünf Nonnen aus Madrid kommen, starb jedoch vor deren Ankunft. Dennoch konnten die Nonnen in Antigua die fünfte und letzte Schwesternschaft gründen, weil sie beim Eintritt ins Ordensleben keine Mitgift für den himmlischen Bräutigam verlangten und daher auch mittellose Frauen aufnehmen konnten. Dafür genossen die Kapuzinerinnen auch kein Luxusleben wie die betuchten Nonnen von *La Concepción*, sondern mußten ein streng reglementiertes Leben führen. Nach dem Ablegen der Gelübde war jeder visuelle Kontakt zur Außenwelt tabu, die seltenen Besucher (z.B. Verwandte) durften sie nur durch ein Gitter sprechen. Die Kutten waren aus gröbstem Stoff gewirkt und wurden nur beim Baden ausgezogen. Die Nonnen mußten auf harten Holzbetten mit Strohkissen schlafen. Ob es allerdings stets abgeschieden und keusch zuging, darf bezweifelt werden. Man hat unterirdische Gänge entdeckt, die zu einem benachbarten Männerkloster führten, und für die Neugeborenen, deren Knochen auf dem Friedhof der Schwestern ausgegraben wurden, war sicherlich nicht der Heilige Geist verantwortlich. Wer die Gänge angelegt hat, weiß man nicht, doch der Bauherr und Stadtarchitekt Diego de Torres stellte bis 1736 zweifellos das architektonisch eigenwilligste Gebäude aller Klöster Antiguas mit einem innovativen Abwassersystem fertig: Die 48 Hauptzellen der Nonnen im 2. Stock besaßen sämtlich Fenster, Nische und ein Wasserklosett. Der Hauptkreuzgang zeigt massive Säulen, erdbebengerecht abgeflachte Bögen und weite Patios. Architektonisch einzigartig ist der *Torre del Retiro*, der »Turm der Zurückgezogenheit«, mit weiteren 18 gleich großen Zellen. Eine Treppe führt zu einem unterirdischen Raum, dessen zentraler Pfeiler den Boden des runden Hofes stützt: Vermutlich handelte es sich hierbei um ein Vorratslager. Die Außenseite des Turms hat zu vielen Spekulationen Anlaß gegeben. Einige der großen Nischen mit Ventilationssystem zwischen den Zellen besitzen Steinringe. Angeblich hat man hier zur Buße Nonnen angekettet, viel wahrscheinlicher ist jedoch, daß in den Nischen Heiligenstatuen standen und in den Steinringen Seile befestigt wurden, die verhinderten, daß die Statuen während eines Erdbebens zerbrachen. Im 1. Stock des Turms ist ein großes Waschbecken *(pila)* zu sehen, in dem die Kapuzinerinnen liturgische Gewänder wuschen: Sie standen im Ruf, dies besonders gut zu tun. Ab 1943 wurde das insgesamt äußerst massiv und wuchtig wirkende

Antigua Guatemala, San Francisco

Kloster renoviert und rekonstruiert; heute ist hier das Büro des *Consejo Nacional para la protección de La Antigua Guatemala* untergebracht.

San Agustín (5a Calle Poniente): Nur noch die Außenmauern des 1615 gegründeten und 1749 ausgebauten Augustinerklosters, das 1773 völlig zerstört wurde, stehen noch. Der Komplex ist abgesperrt.

San Francisco (7a Calle Oriente/1a Avenida Sur; geöffnet tgl. 8–18 Uhr): 1530 kamen die ersten Franziskaner nach Guatemala. 1543 errichteten sie in Antigua ein Kloster, dessen Schule ein Zentrum für Priester, Gelehrte und Künstler wurde. Hier ließen sich Studenten aus ganz Hispanoamerika in Theologie, Philosophie, Kirchenrecht, Mathematik und Physik unterweisen. Die wie ein Altaraufsatz verzierte Fassade der Kirche, die von zwei massiven Glockentürmen flankiert wird, zeugt noch ein wenig vom Prunk der damaligen Zeit. Die in den 60er Jahren schmucklos restaurierte und mit Beton verstärkte Kirche war nämlich einst verschwenderisch ausgestattet, besaß einen vor Gold strotzenden fünfstöckigen Hauptaltar, wertvolle Seitenaltäre und eine kunstvoll geschnitzte Mudéjar-Decke. Vier dieser Altäre wurden nach dem großen Erdbeben von 1773 nicht in die heutige Hauptstadt verbracht, sondern sind noch vor Ort zu bewundern.

Das Kloster selbst liegt in Ruinen, doch sind noch Teile der kunstvollen Deckenbemalung mit Priester- und Skelettabbildungen zu erkennen. Über der Mauer am Eingang zur Ruine prangt der habsburgische Doppeladler. Die Einheimischen verehren in der Klosterkirche den beliebtesten Heiligen Guatemalas: Pedro de San José de Betancur, kurz Hermano Pedro genannt. Er wurde 1626 in Santa Cruz de Tenerife auf den Kanarischen Inseln geboren und kam 1651 nach Guatemala. Dort trat er in das Colegio der Franziskaner ein. Doch das klösterliche Studentenleben befriedigte ihn nicht: Nach drei Jahren warf er seine Bücher in die Ecke und verließ die Stadt. Im Dorf Petapa betrat er die Kirche, um einem Holzbildnis der Jungfrau sein Leid zu klagen. Die Legende will es, daß sich die Madonna tröstend vorbeugte und ihn ermunterte, in die Hauptstadt zurückzukehren. Nach langem Meditieren und Fasten überkam ihn die Erleuchtung: Er würde den Armen und Kranken helfen.

Eine strohgedeckte Hütte diente Hermano Pedro anfänglich als Hospital und Schule. Hier unterwies er Kinder der Indígenas im Lesen und Schreiben. Auf seinen eigenen Schultern trug er Schwache in sein Hospital, und sein religiöser Eifer ging so weit, daß er den Kranken die Wunden und Schwären leckte (und sie damit heilte); täglich geißelte er sich, und in der Karwoche legte er den Kreuzweg von Antigua mit seinen zwölf Altären auf den Knien rutschend zurück. Natürlich reichte die Hütte bald nicht mehr aus, doch inzwischen hatte »Bruder Pedro« bereits eine Gruppe von Helfern um sich versammelt, die bald die Erlaubnis und die finanziellen Mittel zum Bau eines angemesseneren Hospitals und einer Kirche aufbrachten. Einer seiner Schüler und Assistenten, Rodrigo de Arias Maldonado, auch Rodrigo de la Cruz genannt, erhielt von Rom die Erlaubnis, den Orden der Bethlehemiter, den »Dritten Orden«, in dessen Namen in Mexiko und Peru weitere Hospitäler und Kirchen errichtet wurden. Das asketische Leben raffte Hermano Pedro jedoch schon 1667, im Alter von nur 41 Jahren, dahin. Hundert Jahre später sprach ihn Papst Klemens XVI. heilig. Das Grab von Hermano Pedro wurde zur Wallfahrtsstätte. Seit 1817

Antigua Guatemala, San José el Viejo

befindet es sich in der Kapelle des Dritten Ordens von San Francisco. Stets ist es mit Blumen und Kerzen geschmückt, gerahmte Danksagungen und zurückgelassene Krükken rühmen die Wunderheilungen von Hermano Pedro. Vor einigen Jahren wurde ein neues Mausoleum aus schimmerndem Terrakotta-Marmor vollendet und der heilige Leichnam im Oktober 1990 in die neugebaute Kapelle an der Nordseite des Altars verlegt.

San Jerónimo (Alameda Santa Lucía): Auch Ordensbrüder errichten nicht ungestraft Schwarzbauten. Die Mercedarier hatten zwischen 1739 und 1745 ein großes Kollegium erbaut, das allerdings nur wenige Jahre das intellektuelle Leben der Stadt bereichern konnte, denn dann kam heraus, daß sie niemals eine königliche Genehmigung dafür eingeholt hatten. Religion hin, Wissenschaft her, die Krone konfiszierte 1761 kurzerhand das Gebäude und verfügte den Abriß, beließ es dann aber dabei, das Kolleg in ein Zollamt und später in eine Kaserne umzuwandeln. Im Ruinenhaufen dieses Gebäudes sind Treppen, Latrinen und die Anordnung der Zimmer noch recht gut zu erkennen; besonders gut blieben die Schulküche und der achteckige Brunnen im Patio erhalten.

San José el Viejo: (5a Avenida Sur/8a Calle Oriente): Die dekorativ in Trümmern liegende Kirche, deren niedrige Mauern zahlreiche Strebepfeiler aufweist, gehörte zu einer Einsiedelei von 1761. Ihre kleinen Türme wurden in die Fassade integriert.

San Pedro (6a Calle Oriente): Die 1991 restaurierte Kirche von 1680 wirkt im Trümmermeer von Antigua fast wie ein Fremdkörper. Das Klerikerhospital nebenan wurde 1663 gegründet und mußte immer wieder Erdbebenopfer versorgen, zuletzt 1976.

Santa Catalina (5a Avenida Norte): Der schöne gelbe Bogen, der sich so malerisch über die Straße spannt, ist das beliebteste Fotomotiv der Stadt. Er gehört zu dem 1609 von vier Nonnen aus dem Kloster La Concepción gegründeten und 1613 eingeweihten Konvent Santa Catalina Virgen y Mártir. Er war das kleinste der elf Konvente Antiguas und das zweite Frauenkloster der Stadt. Die Kirche wurde 1647 vollendet. Das Kloster hatte großen Zulauf, Ende des 17. Jh. lebten hier über hundert Nonnen. Beinahe legendär war die Rivalität zwischen den Klosterschulen Santa Catalina und La Concepción. Als Elvira de San Francisco Äbtissin in Santa Catalina geworden war, soll ihr sechs Jahre lang der Zutritt in das Kloster La Concep-

Antigua Guatemala, Santa Clara, Patio

ción verweigert worden sein. Santa Catalina war dennoch so erfolgreich, daß man das Kloster um ein Gebäude auf der gegenüberliegenden Straßenseite erweitern mußte. 1694 verband man beide Komplexe mit einem Bogen, der es den Nonnen möglich machte, ungesehen und unbelästigt von weltlichen Händeln die Straße zu überqueren. Wie durch ein Wunder überlebte dieser Bogen die zahlreichen Erdbeben der Stadt und wurde 1833 restauriert. Die gegenüberliegenden ehemaligen Klostergebäude sind heute Privatwohnungen.

Santa Clara (2a Avenida Sur No 27/6a Calle Oriente): Die reichen Klarissinnen, die 1699 aus dem mexikanischen Puebla de los Angeles nach Antigua gekommen waren, machten sich weniger durch ihre Keuschheit und religiöse Hingabe einen Namen als vielmehr durch ihre Kochkünste. Die Aristokraten der Stadt rissen sich förmlich um die knusprigen Mürbeteigplätzchen, die im Kloster gebacken wurden. Noch berüchtigter war jedoch die Streitsucht der 45 Damen, die sich meist mit einer reichen Mitgift ein recht angenehmes Leben machten. Als man sich ewige Zeit auf keine neue Äbtissin einigen konnte, fällte der Erzbischof ein salomonisches Urteil und machte kurzerhand die Klosterköchin Beata Berengaria zur Äbtissin. Ihr Porträt hängt zwischen Raum 6 und 7 im *Museo Colonial*. Nicht die Streitereien, sondern ein Erdbeben war schuld, daß das Kloster 1717 einstürzte. 1723–34 wurde es völlig neu errichtet. Die Klosterkirche, die sich ungewöhnlicherweise nicht zur Straße, sondern nach innen zum Kloster öffnete, schmückte einst das berühmte Gemälde »Christus am Kreuz« von Alvarez de Toledo, außerdem stand hier eine wertvolle Statue der Santa Clara des Meisters Zuñiga. Nach dem großen Erdbeben von 1773 wurde ein Teil des Klosters privatisiert. Erhalten blieben ein zweistöckiger Arkadengang und der Brunnen im Patio.

Santa Teresa (4a Avenida Norte entre 1 y 2 Calles Oriente): Das von Karmeliterinnen aus Peru gegründete Kloster dient heute als düsteres und zweifellos wenig erbauliches Männergefängnis.

Santo Domingo (1a Avenida Norte/Calle de Santo Domingo): Das 1664 gegründete und 1773 zerstörte Dominikanerkloster war einst die größte und reichste Abtei der Hauptstadt. Die Kirche besaß die erste Uhr des Königreichs Guatemala. Heute ist hier ein Luxushotel mit Restaurant untergebracht, das mit seiner Möbel- und Kunstsammlung wie ein koloniales Museum wirkt.

Antigua Guatemala, Santa Clara, Detail der Fassade (l); Doppelstöckiger Arkadengang (r)

PROFANBAUTEN

Ayuntamiento oder Casa del Cabildo (4a Calle Poniente entre 4a y 5a Avenidas): Das Rathaus von Antigua an der Nordseite des Parque Central ist seit 1743 der Verwaltungssitz der Stadt. Mit seinen massiven Mauern, dem doppelstöckigen Arkadengang und seinen starken Säulen ähnelt es dem *Palacio de los Capitanes Generales*. Über den Arkaden prangt das Wappen von Santiago. Der Stadtheilige von Antigua sprengt mit seinem Pferd über die drei Vulkane, wobei der mittlere (Fuego) in Eruption gezeigt wird. Der Bau hat das große Erdbeben von 1773 vergleichsweise gut überstanden, wurde jedoch 1779 nach dem Umzug der Hauptstadt aufgegeben und ein Jahrhundert später restauriert. Bis 1955 diente er teilweise als Armengefängnis, wovon noch meterdicke Wände und schwere Eisengittertüren zeugen. Erhalten blieb auch die Kapelle, in der die zum Tode Verurteilten ihre letzte Messe hörten, bevor man sie zu den Galgen auf der Plaza schleifte. Heute sind in der Anlage mit Patio zwei Museen untergebracht. Das *Museo de Santiago* oder Museo de Armas präsentiert neben kolonialen Majoliken Silberschmuck, Möbel, Gemälde, Uniformen und Waffen, darunter ein Schwert des Konquistadors Pedro de Alvarado, sowie traditionelle Waffen der Maya. Die Schlagstöcke *(macanas)* mit scharfen Obsidianklingen, Steinäxte *(hachas)* oder Pfeile *(flechas)* hatten gegen die Schwerter, Musketen und Kanonen der Spanier natürlich keine Chance. Ebenfalls ausgestellt ist eine restaurierte Marimba aus dem 17. Jh. Das zweite Museum, das *Museo de Libro Antiguo*, präsentiert eine Replik der ersten Druckerpresse Guatemalas, die 1660 aus dem mexikanischen Puebla de los Angeles nach Antigua kam. Sie war die dritte ihrer Art in Lateinamerika. In Antigua gab es zwischen 1660 und 1773 mehrere *talleres de imprenta* (Buchdruckereien), schließlich hatten die gelehrten Herren der vielen Klöster allerhand Erbauliches zu produzieren. Ein Querschnitt durch diese Werke ist im Museum zu sehen. Das erste gedruckte Buch Guatemalas stammt von Bischof Payo de Rivera: Er schrieb mit seiner *Explicatio Apologetica* (1683) ein lateinisches Traktat über die Unbefleckte Empfängnis Mariä. Außerdem erschien in unregelmäßiger Folge ein Amtsblatt mit den neuesten Verordnungen, die *Gazeta de Guatemala*. Literatur von Rang wurde allerdings in Guatemala nicht gedruckt. Der spanische König Philipp II. verbot schon im 16. Jh. für ganz Lateinamerika die Produktion und Einfuhr von Romanen, um die überseeischen Gebiete in Unmündigkeit zu halten.

Casa Bernal del Castillo (5a Calle Oriente, entre 1a y 2a Avenida): In Antigua begann der Konquistador Bernal del Castillo um 1552 seine berühmte *Historia verdadera de la conquista de la Nueva España* zu schreiben. Im Gegensatz zu Hernán Cortés, der seine Berichte von der Eroberung des Aztekenreichs *(Cartas de relación)* in einem arroganten Stil abfaßte, schilderte Bernal die Konquista aus der »Sicht von unten«, der des einfachen Soldaten, der nicht nur vor der Krone einen gerechten Anteil an der Beute fordert, sondern auch seine Mitstreiter gegen Geschichtsschreiber und Chronisten verteidigt, die den Erfolg der Konquista des Cortés und den himmlischen Heerscharen zuschreiben.

Bernal del Castillo nahm an allen drei Feldzügen in das spätere Neuspanien teil: an der Expedition des Hernández de Córdoba, der Mexiko entdeckte (1517), an der des Juan de Grijalva (1518) und schließlich an der Eroberung des Aztekenreichs unter Cortés (1519–21). Doch während sich bald die korrupte Verwaltung Neuspaniens die Taschen füllte, wurden die Hoffnungen der meisten Konquistadoren, die in Erwartung sagenhaften Reichtums ihren Besitz auf den Antillen verkauft hatten, um sich mit Pferd und Waffen der Eroberung anschließen zu können, zumeist bitter enttäuscht. Bernals Manuskript wurde verstümmelt erst 1632 gedruckt, verschwand und wurde nach seinem wundersamen Auftauchen 1904 erstmals vollständig publiziert. Zweifelsohne ist die *Wahrhaftige Geschichte* der spannendste, lebendigste und heute noch unmittelbar ansprechendste Bericht über die Eroberung Mexikos. Seine mangelnde Bildung ersetzte der Soldat durch anschauliche Formulierung und spannende Erzählweise. Als seien sie geradewegs in die Szenerie eines der zu dieser Zeit so beliebten Ritterromane hineingestolpert, versuchten die Konquistadoren zu begreifen, was sie an Phantastischem erleben: »Unsere Verwunderung stieg in der Tat

Antigua Guatemala, Ayuntamiento

auf das höchste, und wir sprachen untereinander, daß hier alles den Dingen und Zaubereien gleiche, die im Buch von Amadis erzählt werden; so hoch und stolz und herrlich stiegen die Türme, die Tempel und die Häuser der Stadt in ihrem massiven, steinernen Bauwerk mitten aus dem Wasser empor. Ja, manche unserer Leute behaupteten geradezu, daß alles, was sie sähen, nur ein Traumgesicht sei.« Der in Lehmhütten aufgewachsene Eroberer lebt plötzlich in Palästen und vermag die in Mexiko alltägliche Realität nur in den Kategorien des Wunderbaren zu begreifen, als »Dinge, die nie gehört, gesehen und erträumt wurden«. Vier Jahrhunderte später werden Autoren wie Alejo Carpentier und Gabriel García Márquez daraus das Konzept des »Wunderbar Wirklichen« bzw. »Magischen Realismus« für die lateinamerikanische Literatur ableiten. In unglaublicher Detailfülle entsteht bei Bernal del Castillo ein lebendiges Fresko der Konquista, neben dem alle anderen Schilderungen der spanischen Eroberer verblassen müssen.

Casa K'ojom (Calle de la Recolección). Ab 1984 fotografierte Samuel Franco Zeremonien, Musiker und Festivals und gründete 1987 das »Haus der Musik«, das u.a. traditionelle Musikinstrumente der Maya (Muschelhörner, Pfeifen, Schildkrötenpanzer) mit den Fotos von Franco sowie Masken und Figuren präsentiert; dazu perlt sanft Musik vom Band. Zu sehen sind auch die in Guatemala nach wie vor populären Marimbas, zum Teil mit Resonanzkörpern aus Kalebassengefäßen *(tecomates)*. Achten Sie auch auf die Kopie des Maximón von Santiago Atitlán: Dieser böse Volksgott wird von einigen Völkern im Hochland verehrt.

Casa Popenoe (5a Calle Oriente/1a Avenida Sur): Dr. Wilson Popenoe, Wissenschaftler der United Fruit Company, war es, der 1929 das 1636 erbaute Haus des damaligen obersten Richters Don Luis de las Infantas Mendoza y Venegas kaufte, das nach dem Erdbeben von 1773 anderthalb Jahrhunderte in Ruinen gelegen hatte. In den folgenden Jahren restaurierte er es mit seiner Frau Dorothy so perfekt, daß die Casa Popenoe zu den besterhaltenen Häusern der Stadt zählt. Balken, Fenster, Türen und schmiedeeiserne Verzierungen stammen von anderen Häusern. Kostbare Möbel der Kolonialzeit (darunter wuchtige, beschnitzte Holzbetten), eine schöne Küche mit Originalkacheln sowie Bilder mit Porträts von Bischof Marroquín und Alvarado illustrieren, wie ein hoher königlicher Beamter im 17. Jh. lebte.

Cementerio San Lázaro: Dieser typisch guatemaltekische Friedhof besitzt fröhliche Schreine mit Plastikblumen und viel Flitterkram. Unter den Farben dominieren Blau und Grün, die traditionellen Trauerfarben der Indígenas.

Monumento a Landívar (5a Calle Poniente): Das in einem kleinen Park gelegene Grabmal mit fünf Bögen im Kolonialstil erinnert an den Jesuiten Rafael Landívar y Caballero (1731–93). Der Priester und Dichter wurde in der Klosterschule *La Compañia de Jesús* erzogen und schrieb seine ersten Werke in Antigua. Mitte des 18. Jh. waren dem spanischen König die Jesuiten jedoch zu mächtig geworden, und so unterschrieb er am 25. Juni 1767 den Befehl zur Ausweisung aller Mitglieder dieses Ordens aus den spanischen Kolonien, was einer weitgehenden Liquidierung des geistigen Lebens gleichkam, da fast alles, was in den Jahrzehnten zuvor geschrieben und veröffentlicht worden war, aus der Feder der Jesuiten stammte oder zumindest ihrer Inspiration zu verdanken war. Landívars berühmtestes Werk, das auf lateinisch verfaßte Lehrgedicht *Rusticatio Mexicana (Mexikanisches Landleben)*, wurde daher in Italien geschrieben und erschien 1781 in Modena. Das umfangreiche, in der zweiten Auflage 15 Gesänge mit über 5000 Versen umfassende Gedicht besingt in fast kostumbristisch anmutender Detailverliebtheit die Seen und schwimmenden Gärten von Mexiko, den Vulkan Xorullo, die Quellen, Flüsse und Wasserfälle von Guatemala, den Anbau und die Verwertung verschiedener Nutzpflanzen, die Gewinnung des Karmins, des Indigos, die Gold- und Silberförderung, das Sieden des Zuckers, Viehzucht, Vogelwelt und wilde Tiere, Belustigungen, Sport, Spiel und Zeitvertreib wie Reiten, Jagen, Ballspiel, Hahnen- und Stierkampf. Landívars Werk

Antigua Guatemala, Palacio de los Capitanes Generales

nimmt die amerikanistische Naturpoesie des 19. Jh. vorweg, wie sie Andrés Bello, José María Heredia y Heredía oder Ignacio Manuel Altamirano schreiben sollten. Die Sehnsucht nach dem verlorenen Paradies, aus dem sich die meisten Jesuiten vertrieben fühlten, prägt das Gedicht Landívars, der als eigentlicher Entdecker Amerikas als literarisches Thema gilt. In neuerer Zeit wurde die Rusticatio nicht nur ins Spanische, sondern auch in die Indígena-Sprachen Quiché und Cakchiquel übersetzt. Landívars verfallenes Haus ist nicht weit vom Grabmal in der gleichen Straße zu sehen. An der Westseite des Parks, der *Alameda de Santa Lucía*, wird täglich ein chaotischer bunter Markt abgehalten, der beste Ort in Antigua, um vorzügliche Arbeiten der Indígenas zu günstigen Preisen zu erstehen.

Palacio de los Capitanes Generales (5a Calle Poniente entre 4a y 5a Avenida): Der weitläufige zweistöckige Gebäudekomplex nimmt mit seinen 27 Arkaden die Südseite des Parque Central ein. Capitán General nannte man den spanischen Militärgouverneur, der als Vertreter des spanischen Königs von Antigua aus zwischen 1543 und 1773 die Provinzen Chiapas, Guatemala, Honduras und Nicaragua verwaltete. Im Palast waren nicht nur die Residenz des Gouverneurs, sondern auch Ämter, Behörden, Büros, eine Dragonerkaserne und das Gericht untergebracht. Der erste große Renaissancebau von 1558 fiel dem Erdbeben von 1717 zum Opfer. Erst fast 50 Jahre später war 1761 der Wiederaufbau abgeschlossen. Nach dem großen Erdbeben von 1773 mußten Arkaden und Fassade erneut restauriert werden. Heute dient der Palacio als Sitz der Verwaltung des Bezirks Sacatepéquez, außerdem sind hier die Polizei und das Tourismusbüro untergebracht. Vom 2. Stock der Galerien, in denen einst die Damen der Gesellschaft lustwandelten, bietet sich eine schöne Aussicht auf die Plaza.

Universidad San Carlos de Borromeo (5a Calle Oriente entre 3a y 4a Avenidas): Der beste Blick auf die ehemalige Universität bietet sich vom erhöhten Eingang des in Schutt gefallenen Erzbischofspalasts gegenüber. Bischof Francisco Marroquín war es, der 1559 beim spanischen König um die Finanzierung einer Universität nachsuchte, die nach Mexiko und Lima zur dritten Amerikas werden sollte. Es dauerte jedoch geschlagene 120 Jahre, bis der Traum des Bischofs verwirklicht wurde. Denn die in Antigua ansässigen religiösen Orden wie Jesuiten, Dominikaner oder Franziskaner, die alle selbst Kollege unterhielten, hatten wenig Interesse an einem Konkurrenzbetrieb. Erst 1676 autorisierte der König den Plan, und so konnte man darangehen, mit Geld, das der Bischof hinterlassen hatte, ein Colegio San Tomás de Aquín zu errichten, das 1681 mit 70 Studenten und päpstlichem Segen den Lehrbetrieb aufnahm. Unterrichtet wurden klassische Fächer wie Theologie, Philosophie, Recht und Medizin, aber auch die Maya-Sprache Cakchiquel. Schon früh hatten die Spanier erkannt, daß man eine Kultur nur wirklich beherrschen und gegebenenfalls vernichten kann, wenn man ihre Sprache beherrscht. Denn unter dem dünnen Firnis der Missionierung lebten die alten Glaubensvorstellungen der Maya fort, die der Dominikanerbischof Diego de Landa mit Stumpf und Stiel auszurotten versuchte, indem er Indígenas foltern und ihre Schriften sämtlich auf dem Marktplatz von Maní verbrennen ließ. Den Indígenas selbst war der Unibesuch nicht gestattet, allerdings richtete man für die Söhne hochstehender Kaziken das Seminario Tridentino ein, aus

Antigua Guatemala, Universidad San Carlos Borromeo (l); Patio (r)

dem die Escuela de Guadelupe hervorging. Nach dem Erdbeben von 1758 wurde die Universität an ihren heutigen Standort verlegt, 1763 waren die Gebäude fertiggestellt. Die robusten Mauern überlebten zwar das gewaltige Erdbeben von 1773, doch der Verlegung der Hauptstadt in die heutige Ciudad de Guatemala folgte auch die der Universität. 1832 richtete man auf Initiative des berühmten Staatsmannes Mariano Gálvez in den ungenützten Gebäuden eine *Academia de Instrucción Pública* ein. Seit 1936 dient der Komplex als Heimstatt des *Museo de Arte Colonial*. Besonders idyllisch ist der mit Geranien und Hibiskusblüten geschmückte Patio, dessen Mitte ein großer Brunnen einnimmt. Die kunstvoll mit Stuck verzierten Bogengänge sind im Mudéjar-Stil gehalten. Von hier bietet sich ein schöner Blick auf den Volcán Agua. Die neun Säle des Museums (geöffnet tgl. 9–12, 14–18 Uhr) präsentieren Skulpturen, Möbel und Architekturdarstellungen aus dem 16. und 17. Jh., darunter eine Karte des Historikers Antonio de Fuentes y Guzmán, die das Antigua des 17. Jh. zeigt. Das Diorama von Saal 4 stellt in einem nachempfundenen Hörsaal mit menschengroßen Puppen eine Prüfungssituation nach: Während ein wissenschaftlicher Aufseher von einer Kanzel zuschaut, befragen zwei Prüfer einen Kandidaten, drei weitere Studenten wohnen dem Geschehen bei. Die Wandgemälde von Saal 5 zeigen die Graduierung eines Studenten: von der Verteidigung seiner Dissertation vor den gelehrten Doctores der Fakultät bis zur glorreichen Parade nach der Graduierung

Umgebung

Chimaltenango (18 km nw): Die heute etwa 15000 Einwohner zählende Stadt (ihr Name bedeutet »Wand von Schildern«), durch die heute der Verkehr der Carretera Interamericana donnert, wurde 1526 von Pedro de Portocarrero gegründet. Dieser avancierte später zum ersten Gemahl von Pedro de Alvarados Tochter Leonora. Nach dem für diesen Ort besonders verheerenden Erdbeben von 1976 wurden die malerischen Ziegeldächer durch Asbest- und Wellblechdächer ersetzt. Kaschemmen und Stundenhotels versuchen heute Kapital aus der verkehrsgünstigen Lage zu schlagen. Nach Sonnenuntergang sollte man hier möglichst nicht mehr den Bus wechseln müssen. Eine Kuriosität bietet der aus der ersten Hälfte des 17. Jh. stammende Brunnen auf dem Hauptplatz des Ortes. Seine Wasser fließen zur Hälfte in den Atlantik und in den Pazifik. Markttage sind besonders Montag und Donnerstag, der wichtigste Festtag ist der 26. Juli. – 6 km sw von Chimaltenango liegt **San Andrés Itzapa** (Markt am Dienstag), dessen Frauen schöne Huipiles mit teilweise kühnem Muster tragen, wie sie rund um Chimaltenango üblich sind. Eine weitere Besonderheit von San Andrés ist, daß man hier, wie in den Dörfern Zunil (→Quezaltenango) und Santiago Atitlán (→Lago Atitlán), den bösen Heiligen San Simón oder Maximón verehrt. – Eine Staubstraße führt von Chimaltenango nach **San Martín Jilotepeque** (20 km n), das ebenfalls stark unter dem Erdbeben von 1976 zu leiden hatte. Der Sonntagsmarkt lohnt einen Besuch. Dann versammeln sich hier die Frauen der Umgebung, deren Webkunst besonders schön ist. Sie tragen Huipiles mit besonders komplizierten roten und violetten Mustern. – Ebenfalls außergewöhnlich meisterhafte Webkunst ist im etwa 11000 Einwohner zählenden **San Juan Comalapa** (25 km nw) zu besichtigen, das vom Erdbeben 1976 schwer getroffen wurde. Die traditionellen Huipiles zeigten eingewebte Bänder (oft aus Seide) mit geometrischen Mustern und Tieren auf braunem Baumwollstoff *(cuxuxcate)* mit rotem Band *(creya)* auf den Schultern. Heute bevorzugt man den »Estilo sanmartineco« (aus dem nahen San Martín Jilotepeque), dessen Blusen Bänder mit Pfauen oder Blumen in schönem Violett und Grün zeigen. Die Männer tragen weiße Hemden und Hosen, schwarze Jacken und karierte schwarze Spitzenumhänge. Berühmt sind auch die »primitiven Gemälde« von Comalapa, die unter völligem Mangel an Perspektive das Leben der Indígenas in allen Facetten zeigen. Die Tradition wurde von Andrés Curuchich begründet, der bald so berühmt wurde, daß er sogar in New York und Los Angeles ausstellte. Viele Bilder sind heute begehrte Sammlerstücke. So farbenfroh die Kunst, so staubig und trostlos gibt sich allerdings der Ort selbst. Am 27. März 1527 fand hier ein großer Kampf zwischen Alvarados Truppen und den ehemaligen Verbündeten,

Antigua Guatemala, Indígena

den Cakchiqueles, statt. Markttage sind Dienstag und Freitag, größter Festtag ist der 24. Juni. – Noch in jüngerer Zeit rebellisch zeigte sich das 16 km w von Chimaltenago gelegene **Patzicía** (16 km w). Hier erhoben sich die Indígenas, denen man einen landesweiten Aufstand vorgegaukelt hatte, gegen die Herrschaft ihrer Unterdrücker und brachten jeden Ladino (Guatemalteke spanischer Herkunft) um, dessen sie habhaft werden konnten. Bewaffnete Ladinos aus der Hauptstadt schlugen schließlich den Aufstand nieder und erschossen die meisten Rebellen. *Warnung:* Die Straße nach Patzicía, die über Patzún weiter zum Lago Atitlán führt, ist in sehr schlechtem Zustand und eine der bedenklichsten des ganzen Landes. Selbst tagsüber finden hier häufig Überfälle statt, und kein Taxifahrer traut sich mehr, sie zu befahren.

Ciudad Vieja (6 km sw): Das heute knapp 10 000 Einwohner zählende Dorf (Festtag 8.12.) ist nicht sonderlich attraktiv, besitzt jedoch eine illustre Vergangenheit. Hier, im Tal von Almolonga, gründeten die Spanier 1527 ihre zweite Hauptstadt, Santiago de los Caballeros. Der Führer der Spanier, Pedro de Alvarado, weilte jedoch fast nie hier, da er ständig auf neue Eroberungszüge ging. 1541 wollte er zu einer Expedition zu den Gewürzinseln im Pazifischen Ozean aufbrechen, als ihn im mexikanischen Jalisco sein Schicksal ereilte. Er rutschte mit einem nur mangelhaft befestigten Sattel vom Pferd und wurde von dem durchgehenden Gaul zu Tode getrampelt. Als die Nachricht seine Gattin, Doña Beatriz, in Santiago erreichte, verkündete diese eine exzessive Trauerzeit und ließ die Wände des gesamten Palasts innen und außen mit schwarzem Lehm verkleistern. Gleichzeitig brachte sie es aber auch fertig, sich von den Notabeln der Stadt als Nachfolgerin ihres Ehemanns einsetzen zu lassen, und wurde so am Morgen des 9. September 1541 zur ersten Frau, die in Amerika als Gouverneur regierte. Auf der offiziellen Bekanntmachung unterschrieb sie mit *La sin ventura Doña Beatriz* und löschte anschließend ihren Namen aus: ein prophetischer Akt, denn »La sin ventura« (Die Unglückliche) sollte schon bald ihrem Mann nachfolgen. Sintflutartige Regenfälle und ein Erdbeben lösten eine riesige Schlammlawine aus, die sich vom Krater des Vulkans Agua zu Tal wälzte und die Hauptstadt so gründlich hinwegfegte, daß man über ihren genauen Standort (vermutlich 2 km östlich von Ciudad Vieja) noch heute diskutiert. Sic transit gloria mundi ...

Jocotenango (2 km n): Der heutige Kaffeeort war in kolonialen Zeiten das Tor nach Antigua. Hier empfing man offizielle Besucher, um sie in die Hauptstadt zu geleiten. Auf der Plaza steht eine Kirche mit interessanter Kolonialfassade.

San Antonio Aguas Calientes (8 km sw): Das Dorf liegt im Schatten des Vulkans Acatenango. Man erreicht es von Ciudad Vieja (2 km sö) über eine durch Kaffeeplantagen und aufgegebene Thermalbäder führende Staubstraße. San Antonio ist eines der führenden Webzentren Guatemalas, und wenn Sie wollen, können Sie hier auch traditionelle Webtechniken erlernen. Die Frauen tragen leuchtende Huipiles mit geometrischen Mustern über Jaspe-Röcken mit farbenfrohen Schürzen, deren Spitzenborten die Vulkane symbolisieren. Die geschickten Frauen sind imstande, ein Porträt von einem Foto zu weben. Da sie nicht nur ihre eigenen Traditionen pflegen, sondern auch alle Stilrichtungen Guatemalas kopieren, finden Sie in San Antonio eine repräsentative Auswahl der Webkunst Guatemalas. Die Dorfkirche wurde 1976 fast vollständig zerstört und anschließend wiedererrichtet.

San Felipe de Jesús (1,5 km n): Die weiße, 1918 nach dem Vorbild der Kathedrale von Barcelona im gotisierenden Stil errichtete Kirche des kleinen Dorfes, die eine Kapelle von 1850 ersetzte, mußte nach dem Erdbeben von 1976 wiederaufgebaut werden. Hier verehrt man die berühmte Wunderfigur *Jesús Sepultado*, die am ersten Freitag der Fastenzeit Ziel einer Wallfahrt ist. San Felipe ist eine berühmte Silberschmiede: Hier wird das im Hochland von Alta Verapaz abgebaute Silber verarbeitet und verkauft. Folgen Sie dem Schild mit der Aufschrift Platería Típica La Antigueña. Auf dem Dorfplatz verkaufen Händler bemalte Tonfiguren, *cajetas* mit kandierten Früchten, süße Limonen und Pfirsiche sowie die tropische Frucht *jocote*, nach der die Ortschaft Jocotenango benannt ist. – Das angrenzende Dorf **Santa Catarina** besitzt eine schöne, in Ruinen liegende Kolonialkirche.

Santa María de Jesús (12 km s): Das Dorf, Ausgangspunkt für eine Besteigung des Vulkans Agua (wegen häufiger räuberischer Überfälle allerdings nicht ungefährlich), wurde Ende des 16. Jh. von Indígenas gegründet, die aus Quezaltenango hierher deportiert worden waren. Sie mußten Antigua mit Feuerholz versorgen. Noch heute tragen die Frauen schöne purpurrote Huipiles, die Männer haben allerdings ihre traditionellen Trachten aufgegeben. – An der Straße von Antigua nach Santa María liegt das Dorf **San Luis Obispo**. Hier steht der *Palacio de Francisco Marroquín*, den sich der erste Bischof von Guatemala errichten ließ. Heute leben hier etwa 25 Nonnen, die Einlaß begehrende Besucher gern herumführen. Das Interieur des ab 1962 restaurierten Gebäudes ist um zwei kleine Innenhöfe angelegt. Einige Räume besitzen noch immer ihr originales Mobiliar. Die Kirche des Palastes birgt schöne Holzschnitzereien, Stukkaturen und düstere religiöse Gemälde.

B

Belize City

Belize District (Belize)

Einw.: ca. 60 000 Höhe: 5 m S. 355 □ E3

Anreise: Flugverbindung mit Miami, México D.F., Cancún, Flores und Ciudad de Guatemala, Busverbindung mit Flores (Gua.) und Chetumal (Mex.).

Unterkunft: *Radisson Fort George Hotel* (2 Marine Parade, Tel. (2) 7-74-00, Fax 7-38-20). – *Ramada Royal Reef Hotel* (Kings Park, Tel. (2) 3-26-70, Fax 3-26-60). – *Belize Biltmore Plaza* (Mile 3, Northern Highway, Tel. (2) 3-23-02, Fax 3-23-01). – *Colton House* (9 Cork St, Tel. (2) 4-46-66). – *Glenthorne Manor* (27 Barracks Rd, Tel. (2) 4-42-12).

Restaurants: *Radisson Fort George Hotel* (2 Marine Parade). – *Macy's* (18 Bishop St). – *GG's Café & Patio* (2-B King St). – *Dits's Restaurant* (50 King St). – *El Centro Hotel* (4 Bishop St). – *The Grill* (164 Newtown Barrack St). – *Mom's Restaurant* (7145 Slaughter House Rd). – *The Royal Orchid Hotel* (153 New Rd).

Die schwülheiße Hauptstadt der seit 1981 unter dem Namen Belize selbständig gewordenen Kolonie British Honduras bietet für Reisende jede Menge Herausforderungen, seien es sintflutartige Regenfälle während eines Hurrikans (zuletzt im August 1996) oder räuberische Überfälle. Während man auf den schmalen und überfüllten Straßen dieser heruntergekommenen Stadt tagsüber hauptsächlich die Drogenangebote der Rastafaris abzuwehren hat, wird es nachts brandgefährlich. Kein Wunder, daß die meisten Belize City höchstens als unvermeidliche Durchgangsstation auf ihrem Weg zu den traumhaft schönen Koralleninseln der Belize Cays oder den Maya-Stätten und Nationalparks im Landesinneren ansehen. Mit ihren verfallenden Holzhäusern und von früh bis spät vom Reggae-Rhythmus widerhallenden Straßen vermittelt die Stadt zwar viel authentisches Karibikflair, doch ist sie schlichtweg zu anstrengend, um es hier länger aushalten zu können.

GESCHICHTE

Die Anfänge von Belize sind im 17. Jh. zu suchen, als Bukaniere an dieser inmitten von Mangrovensümpfen liegenden Flußmündung eine Siedlung gründeten. Die Pioniere nannten sich Baymen. 1779 überfielen die Spanier die ursprüngliche Siedlung der Baymen auf St George's Caye und nahmen viele Einwohner gefangen, der Rest floh. Als die Spanier 1783 die Rechte der britischen Siedler anerkannten, kehrten die Baymen zurück, um in der Folgezeit vom Holzhandel in der Bucht von Honduras zu leben. Im 19. Jh. nahm nicht nur die Einwanderung aus Großbritannien zu, auch viele Flüchtlinge vor den Kastenkriegen von Yucatán sowie zahlreiche Bewohner der westindischen Inseln strömten nach Belize. 1862 machten die Briten das Land zur Kolonie British Honduras, 1871 erklärten sie es offiziell zur Kronkolonie. Das Verhältnis zum Mutterland war allerdings nie unproblematisch: Freiwillige im Ersten Weltkrieg fanden sich mit britischem Rassismus konfrontiert, und 1919 kam es in Belize zu Aufständen heimkehrender schwarzer Soldaten. Der Ruf nach Unabhängigkeit wurde noch lauter, als 1931 ein Hurrikan verheerende Zerstörungen anrichtete und die britische Hilfe auf sich warten ließ. 1961 verwüstete Hurrikan Hattie die Hauptstadt erneut. 1964 gestanden die Briten Belize eine beschränkte Selbstverwaltung zu. 1981 wurde die Kolonie in die Unabhängigkeit entlassen. Die offizielle Haupstadt des jungen Staats ist das weiter landeinwärts gelegene Belmopan, doch größte Stadt und wirtschaftliches Zentrum des Landes ist nach wie vor Belize City.

SEHENSWÜRDIGKEITEN

Das Leben von Belize City dreht sich um die über den Haulover Creek führende *Swing Bridge*, und das wortwörtlich. Die 1923 in Liverpool gefertigte Swing Bridge ist nämlich die einzige verbliebene Drehbrücke der Welt, die per Hand geöffnet und geschlossen wird (tgl. für einige Minuten um 5.30 und 17.30 Uhr). Demnächst soll sie aber durch eine moderne Drehbrücke weiter flußaufwärts ersetzt werden.
Südlich der Brücke befindet sich mit der South Side der ältere Teil von Belize City mit dem kolonialen *Court House* (1926) an der Regent Street und dem *Bliss Institute*, dem Kulturzentrum der Stadt, in dem auch das *National Arts Council* untergebracht ist. Dieses Museum (eher ein Kunstabladeplatz) zeigt u. a. (mit erschütterndem Desinteresse) Stelen und Altäre der Maya-Stätte Caracol. In der Albert Street liegt *St John's Cathedral*, die älteste anglikanische Kathedrale Mittelamerikas. Der rote Ziegelbau wurde 1812 begonnen und hat sämtliche Wirbelstürme überlebt. Westlich der Kathedrale liegt der verfallene *Yarborough Cemetery*, auf dem auch mancher Pirat begraben ist. Auf dem Weg von der Kathedrale zum Meer kommt man am weißgetünchten *Government House* (1812) vorbei, in dem bis 1981 der britische Gouverneur residierte.
Im nördlich der Brücke gelegenen Viertel North Side sind das ganz aus Holz errichtete *Paslow Building* (Postamt und Amtsgericht), das in ein Hotel umgewandelte *Fort George* und der *Memorial Park* zu erwähnen, der von schönen Kolonialvillen gesäumt ist.

Umgebung

Altun Ha (55 km n): Die bis 1964 Rockstone Pond genannte Ruinenstätte der Maya war sowohl ein religiöses als auch ein Handelszentrum. Altun Ha liegt nämlich nur 9 km von der Karibikküste entfernt. In seiner Blütezeit lebten hier mehrere Tausend Menschen. Ein Team des kanadischen Royal Ontario Museum unter der Leitung von David Pendergast begann 1965 mit den Ausgrabungsarbeiten. Altun Ha wurde in präklassischer, klassischer und postklassischer

Bonampak, Blick auf die oberste Plattform

Zeit mehrmals überbaut und wahrscheinlich nach gewalttätigen Auseinandersetzungen aufgegeben. Die wichtigsten Bauten von Altun Ha gruppieren sich um zwei Plazas aus klassischer Zeit. Man betritt zunächst die von großen Tempeln völlig umschlossene Plaza A. Unter Tempel A-1, dem *Temple of the Green Tomb* (550 n.Chr.), hat man ein Grab mit kostbaren Grabbeilagen aus Jade, Juwelen, Häuten und Gerippen von Stachelrochen freigelegt. An der Ostseite der angrenzenden Plaza B erhebt sich der 13m hohe *Temple of the Masonry Altars*, der höchste der Stätte. Eine einzige Treppe führt zu seinem Altar an der Spitze. Hier wurden mehrere Priestergräber entdeckt. Die meisten waren jedoch schon zu Maya-Zeiten entweiht worden. Nur zwei der Gräber wurden intakt aufgefunden, in einem entdeckten Archäologen den berühmten *Jadekopf von Kinich Ahau*, dem Sonnengott der Maya. Heute ruht die 15cm hohe und etwa 4,5 kg schwere Skulptur in einem Safe in Belmopan, denn es gibt kein Museum, um sie auszustellen.

Belmopan (80km w): Die nach den Zerstörungen von Hurrikan Hattie 1970 gegründete Hauptstadt von Belize, in der etwa 6000 Einwohner leben, ist modern, steril und höchst langweilig. Die meisten Bürokraten ziehen es vor, in Belize City zu wohnen und zur Arbeit nach Belmopan zu fahren. Es gibt hier nur eine Sehenswürdigkeit, einen Safe! Der *Archaeological Vault* häuft die in Belize gefundenen archäologischen Maya-Schätze an: Vasen, Schmuck, Steinskulpturen und Schädel. Sie sind allerdings nur nach langer Voranmeldung zu besichtigen.

Bonampak

Chiapas (Mexiko)

Höhe: 360 m S. 354 □ C3

Anreise: Mit (wenig sicheren) Cessna-Flugzeugen von Palenque, Ocosingo und San Cristóbal de las Casas (zumeist verbunden mit einem Weiterflug nach Yaxchilán).

Die Lacandonen

»Sie bewegen sich im Gegensatz zu uns ganz ohne Laut und scheinen wirklich eins mit dem Dschungel.« So schrieb die 1993 verstorbene Gertrude Duby-Blom über ein kleines Maya-Volk, das niemals von den Spaniern unterworfen wurde. Bis vor kurzem waren die Lacandonen der isolierteste Indígena-Stamm Mexikos. Ihre Vorfahren sind vielleicht aus dem Petén (Guatemala), nördlich des Río Usumacinta, in den Regenwald von Chiapas eingewandert und haben den Namen des hier ursprünglich lebenden Volkes angenommen (*Lacam-Tum* bedeutet »großer Fels«), vielleicht stammen sie aber auch von den letzten Erben Palenques ab, die der Versklavung, Deportierung oder Ermordung durch die Spanier entgangen sind. Der isolierte, von Brüll- und Spinnaffen, Baum- und Korallenschlangen bevölkerte Dschungel, in dem es weder Gold noch Silber zu holen gab und in dem noch nicht einmal das Schießpulver trocken blieb, war für die spanischen Kolonialherren bald uninteressant. So fanden die Lacandonen hier ein Rückzugsgebiet, in dem sie ihre alten Traditionen pflegen und ihre zahlreichen Götter verehren konnten, bis hinein in die Mitte des 20. Jh. *Hach winik* (»echte Menschen«) nennen sie sich selbst, und noch heute tragen sie weiße Tuniken, und das glatte schwarze Haar fällt ihnen bis über die Schultern hinab. Palenque, so glauben die Lacandonen, wurde von ihrem Gott *Hachäkyum* (»Unser Wahrer Herr«) erschaffen. Noch vor wenigen Jahrzehnten brachten die Lacandonen diesem Gott im Tempel 33 von Yaxchilán Opfer dar. Die Schweizerin Gertrude Duby-Blom machte es sich zur Lebensaufgabe, dieses in Harmonie mit dem Regenwald lebende Volk vor den äußeren Einflüssen der westlichen Zivilisation zu schützen. Doch von der einst so großen, undurchdringlichen *Selva lacandona* sind nur wenige Flecken geblieben. Vor einem halben Jahrhundert zogen Tzeltales, Maya aus dem Hochland von Chiapas, in die Regenwälder. Die hungernden Bauern fällten Mahagoni- und Ceiba-Bäume und brannten große Waldflächen nieder, um Kaffee anzubauen oder Vieh zu züchten. Zwar haben die Lacandonen einige Zeit von der Holzfällerei profitiert, doch das Geld, das durch den Verkauf von Schlagrechten verdient wurde, ist mittlerweile weitgehend aufgebraucht. Nur auf den frühen Fotos von Trudy Blom ist die traumverlorene Welt der Lacandonen noch intakt, ihre späteren Bilder dokumentieren die allmähliche Zerstörung dieses Lebensraumes, das Sterben des Regenwaldes. Heute leben die Lacandonen hauptsächlich in drei Dörfern, Lacanjá (bei Bonampak), Mensäbäk und Nahá. In Nahá versucht der über hundertjährige spirituelle Führer (*tohil*) Chan K'in Viejo, die traditionelle Lebensweise der hier lebenden 200 Lacandonen aufrecht zu erhalten und gestattet es keinem nordamerikanischen protestantischen Prediger, das Dorf zu betreten. In Nahá finden noch alte Regen- und Erntezeremonien statt, bei denen große Mengen von *balché* getrunken werden, ein schwach alkoholisches Gemisch aus zerstampftem Zuckerrohr, Wasser und abgezogener Rinde vom Stamm des gleichnamigen Baums. In Nahá bewirtet man *Hachäkyum*, den Herrn der Schöpfung, *Akinchob*, den Beschützer der Maisfelder, *Kanank'ax*, den Wächter des Waldes, und *Itsanohk'uh*, den Herrn des Hagels und der Kälte, der Seen und Alligatoren, noch mit *atole*, einem dickflüssigen Trunk aus zermahlenen Maiskörnern. Doch auch in Nahá hält die Moderne allmählich Einzug. Weil die Staatsfirma PEMEX in der Nähe des Dorfes nach Erdöl bohrt, wurden neue oder bessere Straßen angelegt. Auch Nahá ist mittlerweile ans Stromnetz angeschlossen, und riesige Satellitenschüsseln bringen eine fremde, unverständliche Welt in das Dorf. Ob Chan K'in einen Nachfolger finden wird, ist ungewiß. Vor den Toren von Palenque verkaufen die Lacandonen ihre traditionellen Jagdpfeile an Touristen und leben davon besser als die verarmten Kleinbauern. Ob die an den Handgelenken vieler Verkäufer blitzenden goldenen Uhren ein würdiger Ersatz sind für den Verlust einer einzigartigen Kultur, darüber soll kein Europäer richten.

In der Trockenzeit Landexpedition über Yaxchilán, 20 km Fußmarsch. Vor Ort keine Unterkunft und Verpflegungsmöglichkeit.

Tief im Regenwald der Lacandonen liegt die kleine Ruinenstadt der Maya, deren Entdekkung im Jahre 1946 weltweit Aufsehen erregte. Denn hier schlummerten, seit 1200 Jahren von keinem Menschen mehr erblickt, die bedeutendsten Wandmalereien der Maya, die manch nüchternen Forscher so ins Schwärmen geraten ließen, daß man von einer Sixtinischen Kapelle, ja von einem Pompeji der Maya sprach. Nur wenige Mexikobesucher haben diese einzigartigen Malereien bisher im Original gesehen, denn der Weg zu den Ruinen ist beschwerlich. Dazu kommt, daß die Fresken lange Zeit als zerstört galten und Interessenten sich mit den Reproduktionen im Anthropologischen Museum in Mexiko-Stadt zufriedengeben mußten. Heute jedoch erstrahlen die Fresken (fast) wieder im alten Glanz. Es empfiehlt sich, zunächst die Reproduktionen zu besichtigen, um in Ruhe die Ikonographie zu studieren, und anschließend Kosten und Mühe nicht zu scheuen, die Originale selbst in Augenschein zu nehmen. Organisierte Expeditionen auf dem Landweg oder mit dem Flugtaxi schließen gewöhnlich den Besuch der nicht minder faszinierenden Ruinenstätte →Yaxchilán mit ein. Entgegen der weitverbreiteten Meinung sind die – nicht beleuchteten – Malereien im Augenblick wieder jedem Besucher zugänglich, allerdings nur unter den Argusaugen eines freundlichen Wärters.

GESCHICHTE

Bonampak gehört zur Epoche der Maya-Klassik (300–900 n.Chr). Auch wenn bis heute erst ein Teil der Ruinenstätte freigelegt wurde, kann der Ort (nicht seine Malereien) seiner historischen Bedeutung nach im Vergleich mit Palenque, Yaxchilán oder Piedras Negras (im heutigen Guatemala) wohl als zweitrangig eingestuft werden. Ein Abhängigkeitsverhältnis zu Yaxchilán erscheint glaubhaft, da man eine Emblemglyphe dieses großen Maya-Kultzentrums im Zusammenhang mit einer der prominentesten dargestellten Frauengestalten in den Fresken von Bonampak gefunden hat. Aufgrund von Hieroglyphenentzifferungen weiß man mittlerweile auch, daß Yaxchiláns Herrscher »Schild Jaguar« 729 n.Chr. seinen Gegner Ah-chuen aus Bonampak besiegte. Die Tatsache, daß gerade an diesem Ort so prächtige Wandmalereien geschaffen wurden, ist außergewöhnlich, doch kann man davon ausgehen, daß derartige Fresken in vielen Kultzentren existiert haben, wo sie sich aufgrund der weniger günstigen äußeren Bedingungen nicht erhalten haben.
Im Februar 1946 erreichten John G. Bourne und Charles H. Frey, der bei den Lacandonen gelebt hatte und aufgrund einer Heirat ihr Vertrauen genoß, geführt von einem Kautschuksammler namens Acasio Chan, auf der Suche nach Maya-Bauten im lacandonischen Regenwald die Ruinenstätte, die sie *Ruin 10* nannten. Im Mai des gleichen Jahres besuchte Gilles G. Healey diese in ihrer Bedeutung noch nicht erkannte Stätte. Dabei entdeckte er einen von dichter Vegetation überwucherten Tempel, den seine Vorgänger nicht bemerkt hatten. In diesem später *Edificio 1* genannten Gebäude fand Healey die berühmten Malereien vor. Auf einer weiteren Expedition im gleichen Jahr erforschte Healey, mit finanzieller Unterstützung der Carnegie Institution, die Malereien, deren Originalzustand Healeys Begleiter, der Fotograf Antonio Tejeda, für die Nachwelt dokumentierte. Weitere Expeditionen folgten, an denen u.a. die Zeichner Agustín Villagra und Hipólito Sánchez Vera teilnahmen. Die Reproduktion der Malereien im Anthropologischen Museum von Mexiko-Stadt wurde 1964 von Rina Lazo ausgeführt. Seinen Namen Bonampak (»Bemalte Mauern«) verdankt der Ort dem Forscher Sylvanus G. Morley. Wie sich mittlerweile herausgestellt hat, ist diese erfundene Übersetzung in die Maya-Sprache nicht ganz korrekt: Wörtlich bedeutet Bonampak nämlich »gefärbte Mauern«, womit man diesem Meisterwerk der Wandmalerei wohl kaum gerecht wird.
Zwischen 1948 und 1960 besuchten nur wenige Personen den Ort. Auf einer dieser Expeditionen kamen der Entdecker Frey und der Maler Franco L. Gómez im Río Lacanjá auf nie ganz geklärte Weise zu Tode.

◁ *Vorstehende Seite:*
MNA, Stele 15 aus Yaxchilán

Bonampak, Estela 2 ▷

Erste Restaurationsmaßnahmen begannen erst 1960. In diesem Jahr wurde auch die holprige Graspiste errichtet, auf der die Besucher heute mit etwas altersschwachen Cessnas landen. Erst jetzt errichtete man ein schützendes Dach über dem Gebäude mit den Malereien. Schon 1962 wurden die Arbeiten jedoch wieder eingestellt und erst 1977 wiederaufgenommen. Das wichtigste Datum für die Restaurierung von Bonampak ist das Jahr 1984, in dem endlich mit der Säuberung und Konservierung der Malereien begonnen wurde. Bald konnte das INAH stolz verkünden, daß die Fresken nicht, wie von der Fachwelt – und noch heute in vielen Führern – beklagt, fast vollständig zerstört sind. Die Malereien hatten sich nämlich deshalb über tausend Jahre so gut erhalten, weil sich aufgrund der extremen Feuchtigkeit eine dünne, schützende Sinterkalkschicht gebildet hatte, die im feuchten Zustand die Fresken durchscheinen ließ. Das errichtete Schutzdach verhinderte nunmehr das Eindringen des Wassers, die Kalkschicht trocknete aus und wurde undurchsichtig. Die behutsame Säuberung brachte die Malereien jetzt wieder ans Tageslicht. Zwar sind einige Zerstörungen zu beklagen – in der Frühzeit der Forschungen hatte man die Kalkschicht haarsträubenderweise gar mit Petroleum behandelt –, doch erstrahlen die Fresken heute, vor weiteren Zerstörungen nunmehr hoffentlich geschützt, in neuem Glanz; im Gegensatz zu den durch das Gekritzel gedankenloser Besucher verunstalteten Reproduktionen im Anthropologischen Museum von Mexiko-Stadt, die selbst eine Restaurierung vertragen könnten.

Gran Plaza: Wenige Schritte von der Landepiste entfernt liegt der große rechteckige, ca. 90 x 110 m große Hauptplatz von Bonampak, der künstlich planiert wurde. Seine Hauptachse verläuft von Nordosten nach Südwesten. Ein natürlicher Hügel wurde durch Terrassierung zu einer gestuften *Pyramide* umgeformt. Die auf den einzelnen breiten Stufen errichteten Tempel sind durch Treppen miteinander verbunden. Auf der oberen Ebene der Hügelpyramide befinden sich sechs Tempelchen, die aufgrund der gedrängten Zeit, die dem Besucher normalerweise zur Verfügung steht, selten besucht werden, sowie zwei Bauwerke auf der unteren Stufung. Zur Linken liegt das *Edificio 3*, zur Rechten das berühmte *Edificio 1* mit den Fresken, dem das Hauptaugenmerk des Besuchers gilt. Weiterhin ziehen drei große freistehende Stelen das Interesse des Besuchers auf sich. Auf dem Hauptplatz steht die *Estela 1*, auf den Stufen, zwischen den beiden Sanktuarien, rechts *Estela 2* und *Estela 3*, links *Monumento 1* und *Monumento 2*.

Estela 1: Stele 1 weist eine Reihe von Brüchen auf, die ihr mit Sicherheit absichtlich schon in prähispanischer Zeit zugefügt wurden, da nach Ablauf bestimmter Kalenderperioden oftmals Stelen zerbrochen wurden. Im Jahre 1946 fand man vier große Teile und zahlreiche kleinere Bruchstücke. Diese konnten inzwischen wieder (leider nicht vollständig) zusammengefügt und die Stele wieder aufgerichtet werden. Sie ist über 5 m hoch und 2,60 m breit und nur auf einer, genau nach Süden blickenden Seite bearbeitet. Ganz offensichtlich befindet sie sich auf einer Achse mit dem Haupteingang von *Edificio 1*. Die Stele schützt ein durchsichtiges Kunststoffdach, das den Steinblock in ein ungünstiges gelb-grünes Dämmerlicht taucht.

Die skulptierte Szene ist klar in zwei Ebenen, eine obere und eine untere, geteilt, die ein Hieroglyphenfries voneinander trennt. Man konnte einen Text entziffern, der von der Genealogie der Hauptperson berichtet, dem Herrscher Chaan-Muan von Bonampak. Die feingearbeitete untere Partie enthält Darstellungen rituellen Charakters. Das etwas verwitterte Flachrelief der oberen, größeren Sektion zeigt eine historische Szene. Abgebildet ist der Herrscher von Bonampak selbst in reicher Kleidung. Der Lendenschurz ist mit Muscheln drapiert, deren marine Herkunft von weitreichenden Handelsbeziehungen zeugt. Der Kopfschmuck besteht aus Federn, das Kollier aus großen Jadeperlen. Den hohen militärischen Rang des Porträtierten heben die Lanze in der linken Hand und der Schild mit dem Abbild des Regengottes Chac hervor.

Die Szene vervollständigen Hieroglyphen, unter denen sich eine Datumsangabe (782 n.Chr.) herausinterpretieren ließ, sowie Name und Titel der Person.

Estela 2: Auch Stele 2 ist nur auf einer Seite mit höchster Plastizität bearbeitet. Drei menschliche Gestalten sind zu sehen: eine

Bonampak, Estela 3

Bonampak, Monumento 1

männliche in der Mitte, flankiert von zwei kleineren Frauenfiguren. Im oberen Teil der Stele finden sich Hieroglyphentexte. Die Kolumne der linken Seite wurde als ein Bezug auf die »Dame Kaninchen von Yaxchilán« gedeutet. Im größeren Text rechts findet sich das Datum ca. 791 n.Chr. Außerdem werden der zweiten Frau, welcher der Mann das Gesicht zuwendet, Name und Titel zugewiesen: sie scheint die Mutter des Herrschers Chaan-Muan zu sein. Es folgen Name und Titel des Würdenträgers sowie der Hinweis auf seine Frau, eben jene »Dame Kaninchen von Yaxchilán«. Die drei Personen nehmen offensichtlich an einer Blutopferzeremonie teil: beide Damen tragen Gefäße mit sich, die mit Blättern zur Aufnahme des Opferbluts gefüllt sind, die Dame rechts hält in ihrer linken Hand außerdem einen spitzen Gegenstand. Rückwärts am Gürtel der Hauptfigur hängt ein menschlicher Trophäenkopf. Bemerkenswert ist die feine und detailgetreue Darstellung der drei Personen. Dabei fällt die reiche Verzierung der knöchellangen *huipiles* der beiden Damen auf. Man beachte besonders den unteren Rocksaum der linken Dame, der mit zwei Abbildungen des Regengottes Tlaloc geschmückt ist, ausgeführt in der Darstellungsweise der zentralen mexikanischen Hochebene, gekrönt von dem Jahressymbol.

Estela 3: Die Szene auf Stele 3 setzt sich aus zwei männlichen Personen zusammen. Die wesentlich größer dargestellte Hauptperson nimmt fast den gesamten verfügbaren Platz ein. Vermutlich handelt es sich um den bedeutendsten Herrscher von Bonampak, Chaan-Muan, der aufgrund seiner Glyphen identifiziert werden konnte. Er trägt ein reiches Zepter mit einem Schlangenkopf. Der Lendenschurz ist, wie auf Stele 1, mit Meeresmuscheln verziert. Auch die Elemente des reichen Kolliers scheinen marinen Ursprungs zu sein. Zu Füßen der hochgestellten Person kniet ein Gefangener in der typischen Haltung des Unterworfenen. Bemerkenswerterweise ist der Unterworfene bärtig, eine ungewöhnliche Darstellung. Die meisten Hieroglyphen des oberen linken

Bonampak, Edificio 1, Raum 1, Fresko mit trompeteblasenden Musikern

Teils sind nicht mehr zu entziffern, doch wurde das Datum (zwischen 778 und 787) identifiziert. Der übrige Text scheint sich auf ein Ereignis zu beziehen, in das der Herrscher Chaan-Muan verwickelt war.

Monumento 1: Diese rechteckige Steinplatte, die Stele 2 zugeordnet wird, hat man von ihrer ursprünglichen Stelle aufgrund der Witterungseinflüsse entfernt. Sie zeigt eine Szene mit vier Personen, drei davon im Profil in sitzender Position. Die ersten zwei halten ihre Arme über der Brust gekreuzt, während die vordere Person den rechten Arm ausstreckt, um der vierten Person die Maske eines Gottes zu überreichen, die offenkundig als Hierarchiesymbol für den Kopfschmuck des Beschenkten gedacht war. Die drei sitzenden Personen sind einfach gekleidet und tragen Lendenschurz, Umhang und Ohrringe. Über jeder Person schwebt eine Hieroglyphe mit den jeweiligen Namen. Die vierte Person, sicherlich der Herrscher des Orts, ist mit dem Körper nach vorn und dem Gesicht im Profil abgebildet. Auf der Brust trägt er ein Medaillon, außerdem zieren ihn Ohrringe und Armschmuck. Lendenschurz und Umhang sind von großer Schlichtheit. Reich muß der kaum noch sichtbare Kopfschmuck gewesen sein. Unter den großen Hieroglyphenkartuschen lassen sich das Datum 694 n. Chr. sowie die Emblemglyphe von Bonampak herauslesen. Vermutlich handelt es sich um eine Inthronisierungszeremonie für den neuen Herrscher.

Monumento 2: Die quadratische Steinplatte, die nahe von Stele 3 gefunden wurde, zeigt eine der wenigen Darstellungen der Maya, auf der die gesamte Person, sowohl Körper und Kopf, frontal abgebildet ist. Die Person trägt einen reichen Kopfschmuck mit dem ebenfalls frontal abgebildeten Kopf einer Gottheit, verziert mit großen Federn, sowie Kollier, Armschmuck, Lendenschurz und Umhang. Mit dem linken Arm und der rechten Hand hält er ein Herrscherzepter. Ein Halbkreis mit Hieroglyphentexten umgibt die Person. Das dem beschriebenen Er-

Bonampak, Edificio 1, Raum 1, Fresko mit rasselschwingenden Musikern

eignis zugeordnete Datum (ca. 615 n.Chr.) ist das früheste, das in Bonampak bisher gefunden wurde. Der Rest der feingemeißelten Inschrift ist nicht mehr entzifferbar.

Edificio 1 (Templo de las pinturas): Der Tempel, in dem sich die Malereien befinden, ist das einzige mehrräumige Gebäude von Bonampak. In der Länge mißt er etwa 17 m, in der Breite 4 m, in der Höhe 7 m. Zum Schutz der Malereien vor Feuchtigkeit wurde er mit einem Wellblechdach überdeckt, die Eingänge mit feinmaschigen Gittertüren versperrt, um vor allem Fledermäuse am Eindringen zu hindern. In der mittleren der Dachnischen sind die Fragmente einer sitzenden Figur und daneben Reste des einstmals reichen Stuckfrieses zu erkennen. Sehenswert sind die Türstürze *(dinteles)* der drei Eingänge, von deren Bemalung (in den Farben Türkis, Rot, Gelb) noch Reste erhalten sind. Zur Vermeidung von Halsschmerzen beim Betrachten der Reliefs empfiehlt es sich, einen Taschenspiegel mitzuführen.

Dintel 1: Der Türsturz über dem linken Eingang des Gebäudes zeigt auf seiner Unterseite eine Person im Profil mit reichem Kopfschmuck aus Federn und Perlen; über der Stirn des Mannes hängt die Maske einer Gottheit. Bekleidet ist der Kämpfer mit einem kurzärmeligen Hemd aus Jaguarfell, das ein Perlensaum abschließt. Über seinem Ellenbogen hängt ein Mosaiktotenkopf. Er trägt Ohrringe, die einer Jaguarkralle ähneln, um den Hals ein Kollier aus großen Perlen sowie Armspangen. Knöchel und Füße bedecken Jaguarfellgamaschen. In der rechten Hand hält er eine Lanze, deren Mittelteil mit Jaguarfell ummantelt ist. Mit der linken Hand hält er einen unterworfenen Gegner, dessen Kopf im Profil und dessen Körper frontal abgebildet sind, in aggressiver Geste an den Haaren gepackt. Zwei Hieroglyphengruppen, die rechte mit sieben, die linke mit drei Glyphen, vervollständigen die Szene. Entziffert werden konnten das Datum des geschilderten Ereignisses (ca. 979 n.Chr.), die Glyphe für Eroberung sowie die Namen der dargestellten Personen.

Bonampak, Edificio 1, Raum 1, Detail des Musikerfreskos

Bonampak, Edificio 1, Raum 2, Fresko mit Gefangenem

Dintel 2: Dieser Türsturz befindet sich über dem mittleren Eingang des Gebäudes und ist ebenfalls nur an der Unterseite skulptiert. Die Szene ähnelt der auf Türsturz 1 dargestellten Begebenheit. Auch hier packt ein reichgekleideter Krieger – man beachte besonders den Kopfschmuck aus Federn mit einem Vogelkopf an der Stirnseite – einen unterlegenen Gegner bei den Haaren. Fünf Hieroglyphenpartien rahmen die Szene. Besonders aufschlußreich sind die Identifizierung der Orte Bonampak und Yaxchilán sowie die Titel des Siegers, die Glyphe für Eroberung und das Datum der Begebenheit (ca. 788 n.Chr.). Aus diesen Informationen folgern Maya-Forscher, daß sich nicht nur das auf dem Türsturz dargestellte Ereignis, sondern auch die im Inneren des Raums *(Cuarto 2)* in den Malereien geschilderten Kampfszenen auf eine kriegerische Auseinandersetzung zwischen Bonampak und Yaxchilán beziehen, die für Bonampak offensichtlich siegreich ausging.
Dintel 3: Das gleiche Motiv weist auch Türsturz 3 über dem rechten Eingang von Edificio 1 auf. Der Hieroglyphentext ist in drei Gruppen unterteilt, zwei am linken, eine am rechten Rand. Entziffert sind die Glyphe für Eroberung, das Datum (ca. 748 n.Chr.), Bonampak und die Titel des siegreichen Herrschers. Reste der blauen und roten Bemalung sind erhalten.
Wandmalereien: Die genaue Untersuchung der Fresken hat ergeben, daß sie in drei Phasen ausgeführt worden sind. Menschen und Dinge wurden zunächst mit hellroten Linien auf eine drei bis sechs Zentimeter dicke Gipsschicht gezeichnet. Dann wurden die durch die Zeichnung begrenzten Flächen mit Mineral- oder Pflanzenfarben blau, rot, schwarz, gelb oder in Tönungen, die durch das Mischen von Farben entstanden, ausgemalt. Schließlich wurden die roten Linien schwarz nachgezogen.
Über die Beziehung der in den drei Räumen abgebildeten Fresken ist viel spekuliert worden. Eine Verbindung erscheint jedenfalls plausibel, da die gleiche Person in verschiedenen Szenen wiederkehrt. Verschiedene Lesarten wurden vorgeschlagen. Am einleuchtendsten erscheint die Lesung von links nach rechts, d.h. von Raum 1 nach Raum 3, wie auch bei den Türstürzen von Yaxchilán üblich. Eine andere Richtung, also von rechts nach links, ist jedoch in früheren Epo-

Bonampak, Edificio 1, Raum 1, Fresko mit geschmückten Personen

chen nicht unüblich und kann daher nicht ausgeschlossen werden. Einige Forscher halten sogar eine dritte Variante (Raum 2, 1, und 3) für möglich, wobei die Darstellungen von links nach rechts zu verfolgen sind.

Vier Hauptszenen sind auszumachen: 1. Vorbereitung für die Tanzfeierlichkeiten (Raum 1); 2. Krieg und Gefangennahme von Gegnern (Raum 2); 3. Zurschaustellung und Selbstopferung der Gefangenen (Raum 2); 4. Opferzeremonie der Sieger und Tanz (Raum 3). Auffällig in Raum 1 ist ein kleines Kind, vermutlich der Erbe, das in Raum 3 zusammen mit einer Frau wieder erscheint. Interpretiert wurde diese Szene als eine Art Geburtsfeier.

Im folgenden nun eine genauere Beschreibung der Malereien in der Reihenfolge der Räume 1–3, deren genaue Bedeutung wohl nie völlig geklärt werden kann.

Cuarto 1: An der Szenerie in Raum 1 nehmen insgesamt 77 Personen teil. Drei horizontale Ebenen und mindestens vier verschiedene Szenen sind zu unterscheiden: eine erzählende Abfolge bzw. ein übergreifendes Thema ist wahrscheinlich. Das erste Motiv (unterste Ebene), das über alle vier Mauern des Raumes läuft, beginnt vermutlich an der Innenseite der Türpfosten, ist hier jedoch völlig zerstört. Das Zentrum der Szene, in der Mitte der Rückwand des Raumes, nehmen drei reichgeschmückte Würdenträger mit großen Quetzalfederbüschen ein. Eine Gruppe auf der gleichen Ebene bilden zahlreiche Musiker; drei stoßen in große Trompeten, weitere drei schlagen mit einem Rehgeweih auf Schildkrötenpanzer, einer bearbeitet eine Trommel, und fünf weitere Musikanten schwingen Rasseln. Dazwischen mischen sich sechs Figuren, vier stehend und zwei sitzend. Fünf dieser Götterdarsteller verbergen ihre Gesichter unter furchterregenden Tiermasken und tragen einen Kopfputz und Ohrschmuck aus Seerosen, den Symbolen der fruchtbaren Erde, welche die Götter anlegen, wenn sie auf die Erde kommen. Eine der Masken stellt den gewaltigen Rachen des Krokodilgottes dar, der Krabbengott droht mit seinen riesigen Scheren. Der Darsteller von Mam, dem alten

Bonampak, Fresko mit Kampfszene

Gott der Erde und der Zahl fünf, trägt als Kopfschmuck eine Seerose, die so riesig ist, daß sie sein Gesicht bedeckt. Die vierte Gottheit trägt eine Maske mit einem spitz zulaufenden Maul, die bislang mit keinem bekannten Tier in Verbindung gebracht werden konnte. Die fünfte Gottheit hat im Auge das Zeichen T, das Symbol des Keimens, und vor dem Mund Fühler. Nur der Maisgott ist nicht maskiert, sondern lediglich mit einer Halskette aus Jadeperlen und einem herrlichen Kopfputz aus Seerosen geschmückt. Eine weitere Gruppe bilden zwei Personen mit riesigen Sonnenschirmen, die über die Begrenzung der unteren Ebene hinausragen. Zu sehen ist noch eine weitere Gruppe von Personen mit prächtigem Kopfschmuck. Zwei von ihnen tragen ebenfalls Sonnenschirme, die über die obere Begrenzung hinausragen.

Die zweite Szene (mittlere Ebene) zerfällt in zwei Abschnitte. Der erste (Ost- und Südmauer) zeigt 14 reichgeschmückte Personen, darunter nur eine weibliche. Auf dem zweiten Abschnitt (Süd- und Westmauer) findet sich eine Thronszene auf einer Plattform: der Herrscher, als Chaan Muan identifiziert, wird von zwei Frauen flankiert. Am Rande steht ein einfach gekleideter Diener, der das Kind des Herrschers in seinen Armen hält.

Die Nordmauer zeigt eine weitere, von den bereits geschilderten Begebenheiten offensichtlich unabhängige Szene, die klar in zwei horizontale Ebenen unterteilt ist. In der oberen fallen drei mit Jaguarfellen, Quetzalfederschmuck, Kolliers und Armspangen aufgeputzte Würdenträger auf, zu denen sich vier weitere, einfach gekleidete Personen gesellen. Sie werden von schlicht angezogenen sitzenden Personen der unteren Ebene bedient. Der Schmückungszeremonie wohnen vier Personen bei, die das Ereignis zu kommentieren scheinen. – Auf der letzten Szene ganz oben erscheinen Gottmasken und Elemente mit religiösem Charakter.

Cuarto 2: In Raum 2 nehmen insgesamt 126 Personen an den dort geschilderten Ereignissen in zwei Szenen teil. Die erste Szene, allgemein als *La Batalla* (Die Schlacht) bekannt, schmückt drei der vier Wände des

Bonampak, Edificio 1, Raum 2, Fresko mit Gefangenem

Raums. Dabei sind zwei Ebenen zu unterscheiden, wobei der Hintergrund des unteren Niveaus grün, der des oberen Niveaus blau gehalten ist. Im unteren Teil der Ostwand sind eine große Anzahl geschmückter Kämpfer dargestellt, die mit Lanzen unbekleidete, waffenlose Männer attackieren, wobei einer aufgrund seiner fast schwarzen Hautfarbe in dem Getümmel rotbrauner Leiber besonders auffällt. Vermutlich schildern die in einer Datumsglyphe mit dem 2. Aug. 792 n. Chr. datierten Szenen einen Überraschungsangriff der Krieger von Bonampak, mit dem Ziel, für rituelle Opferungen Gefangene zu machen. Das obere Niveau zeigt drei Personen mit verschiedenartigen Sonnenschirmen. Fast vollständig zerstört sind leider die Malereien der Westwand, doch lassen sich auch hier auf der unteren Ebene wieder Kampfszenen ausmachen, auf der oberen Ebene finden sich mehrere Personen. Eine von ihnen trägt eine Art Kiste auf dem Kopf, der eine andere Person etwas entnimmt. Im unteren Teil der Südmauer sind inmitten des auch hier geschilderten Kampfgeschehens der Wand zwei Personen hervorzuheben, die mit Jaguarfellen bekleidet sind. Die eine hält eine Lanze in der Hand, die andere schwingt eine Art Klöppel. In den Schilderungen des oberen Teils ragen vier lanzenbewehrte Personen heraus; zwei von ihnen sind mit Jaguarfellen angetan, wobei einer einen Gefangenen am Haarschopf packt. Das weitere Kampfgeschehen auf dieser Ebene orientiert sich auf diese Szene hin. Die zweite Szene in diesem Raum befindet sich auf der Nordwand des Raums mit der Türöffnung. Eine rot gezeichnete Plattformtreppe (Pyramidenstufen?) trennt hier verschiedene Personengruppen voneinander. Ganz unten sind einige reichgeschmückte Krieger zu sehen, die offensichtlich vom Kampf ausruhen. Auf der nächsthöheren Ebene sitzen verschiedene, bis auf ihre Schambinden nackte Gefangene mit gelöstem Haar. Einem von ihnen sticht ein siegreicher Krieger in die Finger, auch andere Gefangene bluten aus ihren Fingern. Des weiteren fällt ein abgeschlagener Kopf auf, der auf große Blätter gebettet ist. Wieder ein

Bonampak, Edificio 1, Raum 3, Fresko mit Blutopferszene

Niveau höher, auf der Plattform, steht der mit Jaguarweste und -gamaschen, Jade und riesigen Quetzalfedern geschmückte Herrscher Chaan Muan, hinter ihm ein mit einem Jaguarfell bekleideter Mann, zwei weißgekleidete Frauen mit Fächern sowie ein nur mit einem Lendenschurz bekleideter Diener. Der Herrscher wendet seinen Blick einer Personengruppe von sechs reichgeschmückten Würdenträgern zu, deren Köpfe von Tiermasken gekrönt werden. Zu Füßen des Herrschers kauert ein Gefangener in flehender Haltung. Über dieser Szene verläuft ein breites Figurenfries mit Elementen symbolischen Charakters.

Cuarto 3: 67 Personen verteilen sich hier auf zwei Szenen. Das erste, als *La Celebración* (Die Feier) bekannte Ereignis wird auf der Süd- und Westwand sowie auf dem unteren Niveau der Nord- und Ostwand geschildert. Auf den beiden obersten Stufen einer Pyramide erkennt man die drei Haupttänzer, denen auf dem unteren Absatz sieben weitere folgen. Alle sind mit einer Kopftracht aus riesigen Quetzalfedern überreich geschmückt. Der nackte Körper eines offenbar bereits geopferten Menschen wird von zwei Helfern an Füßen und Händen losgebunden. Links von dieser zentralen Szene stehen vier Persönlichkeiten mit Kopfputz, während man rechts acht Personen sieht, die Sonnenschirme oder Musikinstrumente tragen.

Die Aufmerksamkeit des Betrachters zieht aber besonders die Szene auf der oberen Ebene der Ostwand auf sich. Man sieht wieder den Häuptling in einem weißen Umhang und mit weißer Kopfbedeckung an einem tischartigen Thron beim Blutopfer. Er durchbohrt seine Zunge, während ein Diener ihm weitere spitze Dornen reicht und ein zweiter das Gefäß vorbereitet, in dem das Blut aufgefangen und zusammen mit kautschukgetränkter Rinde und Kopal-Weihrauch zu Ehren der Götter verbrannt werden soll. Umgeben ist er von drei weißgekleideten Frauen. Zu Füßen des Throns kauert eine Frau, die ein Kind, offenbar den Thronfolger, in den Armen hält. Zehn Würdenträger und die neun daruntersitzenden Personen scheinen diese Szene zu kommentieren.

Campeche

Campeche (Mexiko)

Einw.: 230 000   Höhe: 5 m   S. 354 □ C 2

Anreise: Flugverbindung (Aeroméxico) mit México D. F.; Busverbindung (ADO-Terminal Avenida Gobernadores oder Centro-Buses Plaza Principal) mit Uxmal, Mérida (3 Std.), Villahermosa und Palenque. Zugverbindung mit México D. F. (sehr langsam, schmutzig und wegen Überfällen nicht zu empfehlen).

Unterkunft: *Ramada Hotel Campeche*: Avenida Ruiz Cortines No 51, Tel. (981) 6-22-33. – *Hotel Alhambra:* Avenida Resurgimiento 85, Tel. (981) 6-68-22, Fax 6-61-32. – *Hotel Baluartes* (südlich des Ramada), Tel. (981) 6-39-11. – *Hotel América Plaza*: Calle 10 No 252, Tel. (981) 6-45-88.

Restaurants: *Restaurant-Bar Familiar La Parroquía*: Calle 55 No 9, entre Calle 10 y 12. – *Restaurant Miramar*: Calle 8/Calle 61. – *Restaurant Marganzo*: Calle 8 No 265. – *Café Artista:* Zócalo.

Fiestas: *Karneval* (Febr./März). – *Jahresfeiertag von Campeche* (7. Aug.). – *Feria del San Román* (14.–30. Sept.). – *Fiesta de San Francisco* (4.–13. Okt.).

Für die meisten Mexiko-Reisenden ist die am Golf von Mexiko gelegene Hafenstadt, Hauptstadt des Bundesstaates Campeche, nur Durchgangsstation auf dem Weg von

Campeche, San Francisquito, Detail eines Holzaltars

→ Palenque zu den yucatekischen Maya-Stätten. Das moderne, vom Ölboom der letzten Jahrzehnte verschandelte Stadtbild ist auch wenig erfreulich. Doch der historische Kern der Stadt bleibt überaus sehenswert. Die vollständig von einer Festungsmauer umgebene, im Schachbrettmuster angelegte Altstadt mit ihrer melancholischen Atmosphäre ist am besten am späten Nachmittag durch zielloses Flanieren zu erkunden, wenn die tagaus, tagein über der Stadt lastende Schwüle ein wenig nachläßt und die Abendsonne die halbverfallenen alten Häuser in cremefarbenes Licht taucht. Die riesigen, mit Schmiedeeisen vergitterten Fenster der Häuser gewähren dabei manche Einblicke in das moderne, vom Fernsehen beherrschte mexikanische Familienleben. In Campeche werden besonders gute Panamahüte hergestellt, die hier *jipis* genannt werden, da sie aus den Blättern der Jipijapa-Palme geflochten werden. Auch wenn man sie noch so sehr zusammenknüllt, springen sie wieder in ihre ursprüngliche Form zurück.

GESCHICHTE

Der erste Europäer war der spanische Konquistador Francisco Hernández de Córdoba, der 1517 hier landete. Die Stadt wurde 1531 von Francisco de Montejo unter dem Namen Villa de Salamanca (de Campeche) gegründet. Von hier brach Alfonso Dávila zur Eroberung neuer Gebiete auf und gelangte bis nach Honduras. Montejo und sein Sohn mußten sich bald der Angriffe der benachbarten eingeborenen Bevölkerung von Ah Canal erwehren. Nach seinen vergeblichen Bemühungen, den Norden der Halbinsel Yucatán zu erobern, verließ Montejo der Ältere die Ansiedlung. So kam es, daß sein Sohn am 4. Oktober 1540 die Stadt unter dem Namen San Francisco de Campeche ein zweites Mal gründete. Der Name leitet sich von dem dortigen Maya-Ort Ah Kim Pech (»Ort der Schlange und Zecke«) ab. Campeche wurde der Ausgangspunkt Montejos für seine mühselige Eroberung ganz Yucatáns, die erst 1546 vollendet war.

Als wichtigster Hafen Yucatáns lenkte Campeche bald die begehrlichen Augen berüchtigter Piraten wie Henry Morgan, William Parker, Diego el Mulato oder Pie de Palo auf sich, die den Golf von Mexiko unsicher machten. Von ihrem Stützpunkt Isla de Tris (heute Isla del Carmen) attackierten sie Campeche wiederholt und plünderten den Ort. Besonders übel spielte der Pirat Laurent de Graff, genannt »Lorencillo«, der Stadt mit, als er 1685 einen Teil der Einwohner über die Klinge springen ließ. 1668 begann man mit dem Bau der heute noch vollständig erhaltenen Stadtmauer, die 1704 vollendet wurde. Damit war Campeche zwar vor weiteren Überfällen geschützt, konnte das Piratenwesen jedoch nicht unterbinden, da die Freibeuter nunmehr die schwerfälligen, mit Edelhölzern und Kakao, aber auch mit Gold und Silber aus anderen Regionen Mexikos reich beladenen Handelsschiffe auf offener See abfingen. 1777 verlieh König Karl III. von Spanien Campeche das Stadtrecht. 1807 zerstörte ein Wirbelsturm die meisten Gebäude der Stadt. Die Konkurrenz der Hafenstadt Sisal im Norden Yucatáns machte Campeche zusätzlich zu schaffen. Dennoch bewahrte sich Campeche einen gewissen Reichtum, da von hier der im 19. Jh. in Europa begehrte dunkelrote Textilfarbstoff *palo de tinte* ausgeführt wurde. Viele Prachtbauten der Stadt, die sich reiche *hacenderos* errichten ließen, stammen aus dieser Zeit. Hauptstadt des neugegründeten gleichnamigen Bundesstaates wurde Campeche im Jahre 1867. Vom Ölboom der letzten Jahr-

Campeche, Catedral de la Concepción ▷

Campeche, San Francisquito

TONY

Campeche, San Francisquito, Detail eines Altars

zehnte hat die Stadt vergleichsweise wenig profitiert, die Gelder fließen größtenteils in die Hauptstadt Mexiko-City ab, da *off-shore*, also draußen im Golf und damit auf Bundesbesitz, gefördert wird.

Catedral de la Concepción: Mit dem Bau der Kathedrale an der Plaza Principal wurde bereits 1540 begonnen, vollendet wurde sie jedoch erst 1705. Beachtenswert ist die nüchterne Barockfassade, das restaurierte Innere ist ohne Interesse. Auf der charmanten Plaza, die den Lebensmittelpunkt der Einwohner von Campeche darstellt, kann man sich jedoch stundenlang aufhalten. Am Sonntag spielen hier Musikkapellen auf.

San Francisquito: Die aus dem 16. Jh. stammende schönste Kirche von Campeche ist besonders aufgrund ihrer fünf holzgeschnitzten Altäre sehenswert. Sie sind in Zinnoberrot und Weiß bemalt. Die Kirche gehörte zu einem heute zerstörten Kloster. Hier soll sich die Stelle befunden haben, an der Pater Alonso González, Angehöriger der Expedition von Francisco Hernández de Córdoba, 1517 die erste Messe auf dem amerikanischen Kontinent feierte. Eine Säule rechts vom Kircheneingang erinnert an das Ereignis.

Baluartes: Die noch weitgehend erhaltene Stadtmauer – sie ist der besterhaltene Mauerring des gesamten amerikanischen Kontinents – wurde von 1668 bis 1704 errichtet und mißt 2538 m. Von den vier Bastionen sind besonders der *Baluarte San Carlos*, in dessen *Sala de las Fortificaciones* interessante maßstabsgetreue Modelle der Befestigungsanlagen des 18. Jh. zu sehen sind, der *Baluarte de San Pedro*, in dem eine *Exposición Permanente de Artesanías* regionales Kunsthandwerk ausstellt, sowie der *Baluarte de la Soledad* (Nähe Kreuzung Calle 8 und 57) sehenswert. In letzterem zeigt das *Museo de Estelas Maya* Stelen und Reliefs, die im Staate Campeche gefunden wurden. Auch zwei Stadttore stehen noch: die 1893 abgerissene, 1957 jedoch wiedererrichtete *Puerta del Mar* und die *Puerta de Tierra*.

Campeche, Baluartes

Campeche, Baluarte de la Soledad

Fuerte José El Alto (Calle 7): Das Fort (schöne Aussicht) mit angeschlossener renovierter Kirche und Jesuitenkloster von 1756 ist heute ein Museum und Kulturzentrum mit häufig wechselnden Ausstellungen. Zur Kirche gehört auch der erste Leuchtturm (1864) von Campeche.

Mansión Caravajal (Calle 10, zwischen Calle 51 und 53): Im prachtvollen Wohnhaus mit maurischem Bogen in der Halle, schmiedeeisernem Geländer und Kronleuchter, das sich im 19. Jh. der reiche *hacendero* Don Fernando Carvajal Estrada errichten ließ, befinden sich heute ein Café und einige Läden.

Museo Regional (Calle 59 No 36, zwischen Calle 14 und Calle 16): Im Regionalmuseum, das im ehemaligen Herrenhaus des Teniente del Rey untergebracht ist, sind archäologische Funde zur Geschichte von Campeche ausgestellt, u.a. Grabbeigaben aus Calakmul. Besonders kostbar ist die berühmte Jademaske aus Calakmul, die aus vielen Bruchstücken zusammengesetzt werden mußte. Beachten Sie auch den hölzernen Apparat, mit dem man die Stirn von Neugeborenen deformierte, damit sie dem Schönheitsideal der Maya entsprach.

Pozo de la Conquista: Im »Brunnen der Eroberung« sammelt sich das Wasser einer Quelle, die dem Konquistador Francisco de Córdoba 1517 zur Auffüllung seines Wasservorrats diente.

Umgebung

Fuerte San Miguel (2 km s.): Spanisches Fort aus dem 18. Jh. mit prächtigem Ausblick, das im Augenblick wegen Renovierung geschlossen ist. Hier zeigt das kleine *Museo Arqueológico* Maya-Funde, darunter die berühmten kleinen Terrakottafiguren aus Jaina.

Isla de Jaina (80 km n): Auf dieser einige Kilometer vor der Küste liegenden Insel wurden die Ruinen eines alten Maya-Dorfes ausgegraben, dessen älteste Stele das Datum

◁ *Campeche, Museo Regional, Maya-Maske*

Campeche, Museo Regional, Maya-Skulptur

652 n. Chr. trägt. 1964 wurden außergewöhnliche Grabbeigaben gefunden, die weithin bekannten Terrakottafiguren. Ein Besuch der Insel ist allerdings nur mit schriftlicher Genehmigung möglich, die selten erteilt wird, vermutlich, weil man etwaige Grabräuber abhalten will.

Cancún

Quintana Roo (Mexiko)

Einw.: 250 000 Höhe: 2 m S. 355 □ F 1

Anreise: Internationale Flüge u.a. von Deutschland (LTU und Condor), USA (AeroMéxico, American Airlines, Continental), Ciudad de Guatemala (Aviateca) und Flores/Tikal (Aerocaribe, Aviateca). Nationale Flüge u.a. von México D. F. (AeroMéxico, Mexicana) und Mérida (AeroMéxico, Aviacsa). Busverbindung u.a. mit Mérida (4 Std.), Tulúm und Chetumal (6 Std.; Grenze zu Belize).

Unterkunft: *Camino Real Cancún:* Tel. (98) 83-01-00, Fax 83-17-30. – *Sheraton Cancún Resort:* Tel. (98) 83-19-88, Fax 85-02-02. – *Hyatt Regency Cancún:* Tel. (98) 83-09-66, Fax 85-15-44. – *Cancún Palace:* Tel. (98) 85-05-33. – *Calinda Cancún Beach:* Tel. (98) 83-16-00. – *Hotel Plaza Caribe:* Tel. (098) 84-13-77. – *Hotel Antillano:* Tel. (98) 84-15-32.

Restaurants: *Rosa Mexicano:* Calle Claveles 4. – *La Habichuela:* Margaritas 25. – *El Pescador:* Tulipanes 28. – *La Bodeguita del Medio:* Tulipanes SM 22 y Avenida Tulúm. – *La Estancia:* Gladiolas 25. – *Los Almendros:* Avenida Bonampak/Calle Sayil. – *Perico's:* Avenida Yaxchilán. – *Tacolote:* Avenida Cobá 19. – *Las Tejas:* Avenida Tulúm.

Noch vor 25 Jahren kam die größte mexikanische Enzyklopädie unter dem Stichwort Cancún mit wenigen Zeilen aus, so unbekannt und bedeutungslos war dieses kleine, damals hundert Seelen zählende Fischerdörfchen zu dieser Zeit noch. Heute droht das riesige, zwischen blendendweißen Sandstränden und Korallenbänken angelegte Ferienzentrum sogar Acapulco den Rang abzulaufen. Immer noch kristallklares Meer, ein (fast) ideales subtropisches Klima und alle Annehmlichkeiten, die sich die (vorwiegend amerikanischen) Urlauber nur wünschen können, haben Cancún zu einem Aufschwung verholfen, der für die Planer jedoch nicht überraschend kam. Denn anders als andere mexikanische Badeorte entstand Cancún quasi auf dem Reißbrett, nachdem ein Computer die günstigste Stelle an der gesamten mexikanischen Golfküste nach Kriterien wie Klima, Gezeiten, Wassertemperatur, Verkehrswege und Versorgungsmöglichkeiten ausgewählt hatte.

Campeche, Museo Regional, Maya-Skulptur

Die berühmten Yucatán-Reisenden Stephens und Catherwood gaben den Namen der hier gelegenen alten Maya-Siedlung mit Can-cune an, was von poetisch veranlagten Naturen mit »Gefäß am Ende des Regenbogens« wiedergegeben wird. Die Einheimischen selbst (die so gut wie alle aus den verschiedensten Provinzen Mexikos zugezogen sind), übersetzen bissig und vermutlich korrekter mit »Versammlungsort der Schlangen«. Tatsächlich wimmelt es im Busch einige Kilometer außerhalb der Stadt noch immer von giftigen Vipern. Die treffendste Übersetzung ist jedoch zweifellos »Goldtopf«, und als solcher war die Stadt ja auch geplant. Mittlerweile sind jedoch auch Krisenerscheinungen nicht mehr zu übersehen. Vielen Europäern ist der Urlaubsort mit seinen riesigen Hotelburgen zu seelenlos und amerikanisiert, den US-Amerikanern wird der Hotelluxus mittlerweile in Miami günstiger geboten, denn Cancún ist das teuerste Pflaster in ganz Mexiko. Viele mexikanische Angestellte der Tourismusbranche, die aufgrund der höheren Verdienstmöglichkeiten nach Cancún geströmt waren, verlassen den Ort wieder, da die übermäßig teuren Lebenshaltungskosten den Verdienst aufzehren. Die Zerstörungen, die der Hurrikan »Gilbert« im September 1988 anrichtete, führten ebenfalls zu finanziellen Einbußen; sie konnten jedoch größtenteils behoben werden. Cancúns augenblicklich größte Sorge ist jedoch ein kleiner Palmschädling, der bereits die meisten Palmen zerstört hat. Mit der Anpflanzung neuer, resistenter Arten versucht man dem Kahlschlag an der Küste Herr zu werden, denn ein karibisches Urlaubsparadies ohne Palmen ist kaum einem Urlauber zu vermitteln. Kulturelle Sehenswürdigkeiten bietet die junge Stadt kaum. Liebhaber moderner Architektur kommen immerhin bei den oft avantgardistischen Hotelbauten auf ihre Kosten, auch wenn die oft verwendeten Pastellfarben sicherlich nicht jedermanns Geschmack sind. Cancún ist jedoch eine ideale Ausgangsbasis für Rundreisen zu den Maya-Stätten der Halbinsel Yucatán.

Umgebung

Cozumel: Die mit dem Flugzeug von Cancún aus in 15 Minuten und von Playa del Carmen mit der Fähre in etwa einer Stunde zu erreichende große Insel ist aufgrund ihres kristallklaren Wassers ein Eldorado für Schnorchler und Taucher. In der Maya-Nachklassik wurde auf Cozumel die Mondgöttin Ix-Chel besonders verehrt. Bei San Gervasio sind restaurierte Ruinen aus maya-toltekischer Zeit zu besichtigen. Als erster Spanier sichtete Juan de Grijalva 1518 die Insel, ihm folgten ein Jahr später Hernán Cortés, der die Götterbilder zerstören ließ, und 1527 Francisco de Montejo, dessen Versuch, von hier aus Yucatán zu erobern, scheiterte. In den darauffolgenden Jahrhunderten war Cozumel berüchtigter Schlupfwinkel zahlreicher Piraten und Schmuggler wie Henry Morgan, Laurent de Graff, Long John Silver und Jean Lafitte.

Chichén Itzá

Yucatán (Mexiko)

Höhe: 10 m S. 355 □ E 1

Anreise: Flugverbindung mit Aerocaribe (einmotorige Maschinen) von Cancún; Busverbindung mit Cancún (3 Std.), Valladolid (45 Min.) und Mérida (2 1/2 Std.).

Unterkunft und Restaurants: *Hotel Villa Arqueológica:* Tel. (985) 6-28-30. – *Hotel Mayaland:* Tel. (99) 25-21-22). – *Hotel Hacienda Chichén:* Tel. wie Mayaland.

Die weitläufige archäologische Zone im Norden der Halbinsel Yucatán, die von der UNESCO zum Weltkulturerbe erklärt wurde, gehört zweifellos zu den beeindruckendsten und meistbesuchten Stätten der Maya-Kultur in Mexiko. Ihre Existenz in einer flußlosen Buschlandschaft verdankt sie zwei nie versiegenden natürlichen Dolinenbrunnen *(cenotes)*, die von unterirdischen Wasserschichten gespeist werden. Was Chichén Itzá so interessant macht, ist die Tatsache, daß sich hier zwei historische Epochen und damit Kunstrichtungen der Maya-Zivilisation vermischen: Bauten im Puuc-Stil, dem sog. »Maya-Barock«, und

Cozumel (Cancún), Strandszene

monumentale Konstruktionen der Maya-Tolteken, die sich einer Vermischung von einheimischer Maya-Kunst und toltekischer (also aus dem zentralen *altiplano*, dem Hochland Mexikos, stammenden) Bauweise verdanken. Der von besonders kriegerischem Geist zeugende toltekische Einfluß manifestiert sich zum Beispiel in den schlangenförmigen Säulen, den Chac-Mool-Figuren, den Verzierungen mit Federschlangenmotiven, den endlosen Säulen mit Kriegermotiven und den Schädelmauern *(tzompantli)*.

GESCHICHTE

Dem Manuskript von Chumayel *(Chilam Balam de Chumayel)* zufolge soll Chichén Itzá (der Name bedeutet »Am Rand der Quelle der Itzá«) während des Katun 8 Ahau des Maya-Kalenders gegründet worden sein. Dies entspräche dem Zeitraum 435–455 n.Chr. Die früheste, eindeutig zu identifizierende Datumsangabe aus Chichén Itzá selbst geht jedoch nur bis auf den 2.Juli 867 zurück. Allerdings wird die Datumsangabe 10.8.10.11.0 2 Ahau 18 Mol, die auf einer Inschrift der *Tumba del Sacerdote* (»Grab des Hohenpriesters«) entdeckt wurde, heute nicht mehr als 13.Mai 998 gelesen, sondern als 10.0.12.8.0 interpretiert, was dem 20. Juni 842 entspräche. Andere Quellen berichten wiederum, daß die Brunnen von Chichén Itzá im Jahre 455 von den Itzá aufgefunden worden seien, einer vermutlich aus dem Petén (heute nördliches Guatemala) stammenden Maya-Gruppe. Diese hätten 514 den Ort in Besitz genommen.

Im Jahre 692 sollen die Itzá Chichén Itzá verlassen haben, um sich in der Region Chakanputún (dem im heutigen Staat Campeche gelegenen Champotón) niederzulassen. Eine Legende berichtet, daß die Itzá 987 unter der Führung des Königs von Tula, Ce Acatl Quetzalcoátl, nach Chichén Itzá zurückgekehrt seien, wo der Gottkönig im Norden der alten Maya-Stätte eine neue prächtige Stadt gründete, bevor er ins mexikanische Hochland zurückkehrte, wo er 999 gestorben sei. Es läßt sich jedoch nicht mit Bestimmtheit sagen, ob die zurückgekehrten Itzá nun Tolteken oder Maya aus dem Südosten Yucatáns waren, die Quetzalcoátl, der in der Maya-Sprache Kukulkán (Schlange mit Quetzalfedern) genannt wird, folgten, um ihre Jahrhunderte zuvor aufgegebene Stadt wieder zu besiedeln. Die ältere Forschung sah allgemein die Bevölkerung von Chichén Itzá als Mischgebilde zweier verschiedener Volksgruppen: bestehend aus einer frühen »Maya«-Volksgruppe einerseits und einer jüngeren Besatzergruppe von »Tolteken«

Chichén Itzá, Chac-Mool-Skulptur (MNA)

andererseits. Schele und Freidel sehen jedoch Anhaltspunkte dafür, daß die Stadt stets ein demographisch homogenes Gemeinwesen war, das lediglich von einer immer stärker kosmopolitisch ausgerichteten Oberschicht beherrscht wurde. Diese Aristokratie bediente sich verschiedener politischer Ausdrucksmittel, teils Maya-, teils mexikanischen Ursprungs, die jedoch allesamt dem Ziel dienten, ihre Machtposition zu festigen. Die revidierte Auffassung, die das Volk von Chichén Itzá als demographisch kulturelle Gruppe begreift, stützt sich auf die Erkenntnis, daß der Keramikstil des »toltekischen« Chichén Itzá und des »Maya«- und Puuc-Chichén-Itzá zumindest teilweise zur gleichen Zeit existierten. Zwar repräsentieren die »toltekischen« Stadtteile in der Tat einen von der »Maya«-Tradition klar unterschiedenen Kunststil, doch verwendet dieser Stil anderseits Hieroglyphentexte in typischer Maya-Manier. Die heute früher angesetzte Datierung der Inschrift auf der Tumba del Sacerdote würde sowohl eine architektonische als auch eine räumliche Verbindung zwischen dem »toltekischen« Nordzentrum und dem »Maya«-Südzentrum schaffen. Die mit Hieroglyphen verzierten Weihemonumente im Süden der Stadt wären damit nicht früher anzusetzen als die Anfänge des »toltekischen« Architektur- und Bildstils, der keine Inschriften kennt. Seitdem man weiß, daß schon die Maya der klassischen Zeit Blut- und Menschenopfer durchführten, ist auch die These von den »barbarischen« Tolteken, die diesen Brauch aus Zentralmexiko eingeführt hätten, nicht mehr zu halten. Mit den Monumentalbauten und Skulpturen von Chichén Itzá demonstrierten mehrere Herrschergenerationen ihre anhaltenden militärischen und kommerziellen Erfolge. Je mehr sich das Imperium der Itzá ausbreitete, das über Jahrhunderte den Norden Yucatáns beherrschte, desto mehr rückten sie im Stil ihrer Propaganda von den alten Mustern ab, für die ihnen die Könige des Südens die Vorbilder geliefert hatten. Nach der Abreise Kukulkáns, so wollen es die Maya-Quellen wissen, gründeten die Herrscher der Itzá mit den Cocomes von Mayapán und den Xiúes von →Uxmal eine Allianz, die 1194 (oder 1185) zerbrach. Mit der Vertreibung der Itzá durch die Cocomes begann der allmähliche Verfall von Chichén Itzá, die Einwohner errichteten keine neuen Bauten mehr und führten nur die notwendigsten Reparaturarbeiten aus. Im Jahre 1533 zogen die spanischen Konquistadoren ein.

Diego de Landa, der unheilvolle »Bekehrer« der Maya, besuchte Chichén Itzá und hinterließ einige Anmerkungen zur Kukulkán-Pyramide. Während seines Aufenthaltes in

Chichén Itzá, Schale (MNA)

Yucatán 1841/42 erforschte John Stephens die Stätte, es folgte der französische Archäologe Le Plongeon, der bei dieser Gelegenheit mit Dynamit eine Bresche in das Nonnengebäude sprengte. Unter den nachfolgenden Forschern ist besonders der amerikanische Konsul Edward Thompson zu erwähnen, der Chichén Itzá für einen Spottpreis erwarb und 1904–07 den heiligen Cenote erforschte. Die wertvollsten Funde wurden ins Peabody-Museum verbracht. Im Jahre 1923 begannen das mexikanische INAH und die Washingtoner Carnegie Institution unter der Leitung von José Reygadas Vériz und Dr. Sylvanus G. Morley mit der systematischen Freilegung und Restaurierung der Stätte. 1960 und 1961 wurde auch der heilige Cenote erneut erforscht. Dabei fand man Kultgegenstände, die Edward Thompson entgangen waren. Bis heute ist lediglich ein Viertel der Gebäude freigelegt und restauriert.

Die Beschreibung der wichtigsten Bauwerke von Chichén Itzá folgt einem sinnvollen Rundgang. Der eilige Besucher kann sich dabei auf das Castillo, den Kriegertempel, den Ballspielplatz, den Jaguartempel sowie das Observatorium beschränken. Den schönsten Blick über die ausgedehnte Stätte bietet, von der großen Pyramide abgesehen, das Nonnengebäude. Eine Besichtigung am frühen Morgen oder späten Nachmittag ist sehr zu empfehlen, da um die Mittagszeit die tropische Sonneneinstrahlung sehr intensiv ist und die zwischen 10 und 11 Uhr eintreffenden (und gegen 16 Uhr wieder verschwundenen) Tagesausflügler aus Cancún eine geruhsame Besichtigung der wichtigen Bauwerke fast unmöglich machen. Besonders reizvoll ist die Stätte kurz vor der Schließung, wenn sich die Ruhe des yucatekischen Abends langsam über Chichén Itzá senkt.

Chichén Itzá, Toltekischer Atlant (MNA)

Piramide de Kukulkán (Castillo): Das zweifellos imposanteste Bauwerk von Chichén Itzá ist die große Pyramide des Kukulkán, das die Spanier *El Castillo* (die Burg) nannten. Hier schlug der Eroberer Yucatáns, Francisco de Montejo, sein Stabsquartier auf. Mit seinen gewaltigen Dimensionen ist dieses Bauwerk ein stummes, aber eindrucksvolles Zeugnis für die elegante Bauweise und die revolutionäre Vision einer Stadt, die in ihrer Glanzzeit mindestens 25 km^2 im Umkreis der weiten Plaza ihres Zentralbezirks bedeckte. Um die architektonische Leistung wirklich würdigen zu können, muß man bedenken, daß die Maya ohne Metallwerkzeuge und ohne das Rad auskommen mußten. Der Unterbau des Tempels besteht aus einer gewaltigen neunstufigen Pyramide von 24 m Höhe und 55,5 m Seitenlänge. Auf allen vier Seiten (zwei sind restauriert) führen Treppen von 91 Stufen zum Tempel hinauf, deren steinerne Brüstungen am unteren Ende in Schlangenköp-

Chichén Itzá 1 Pirámide de Kukulkán (Pyramide des Kukulkán) **2** Juego de Pelota (Ballspielplatz) **3** Templo de los Tigres (Tempel der Jaguare) **4** Tzompantli (Schädelmauer) **5** Casa de los Águilas (Adlertempel) **6** Tumba de Chac Mool (Chac-Mool-Grab) **7** Cenote de los Sacrificios (Brunnen der Opfer) **8** Templo de los Guerreros (Kriegertempel) **9** Grupo de las Mil Columnas (Gruppe der Tausend Säulen) **9a** Mercado (Markt) **9b** Temazcalli (Schwitzbad) **10** Tumba del Gran Sacerdote (Grab des Hohenpriesters) **11** Caracol (Schneckenhaus) **12** Akab D'zib (Bau der Dunklen Schrift) **13** Edificio de las Monjas (Gebäude der Nonnen) **14** La Iglesia (Kirche) **15** Anexo Este (Östlicher Anbau) **16** Chichén Viejo (Alt-Chichén)

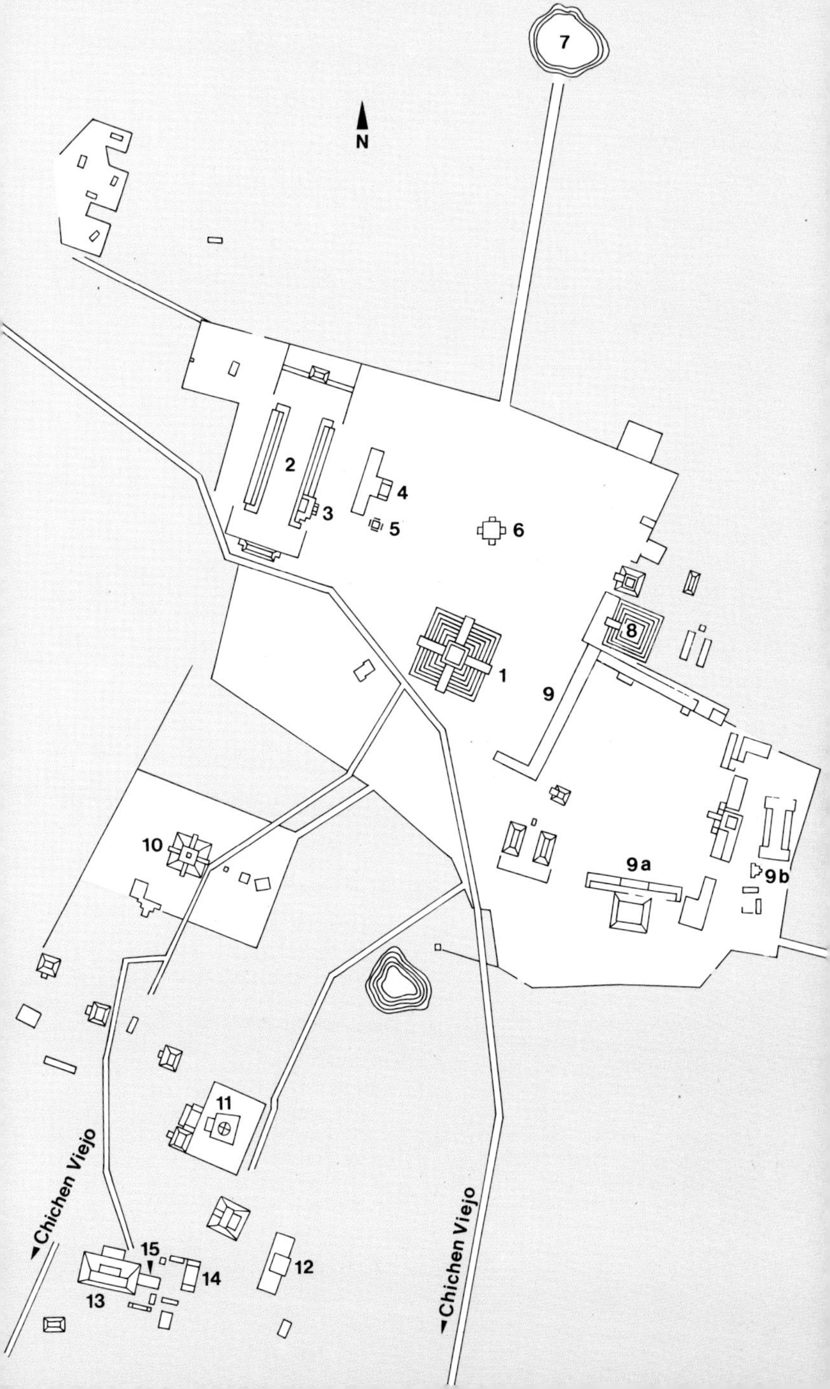

7
N
2
3
4
5
6
8
1
9
9a
9b
10
11
12
13
14
15
Chichen Viejo
Chichen Viejo

Chichén Itzá, Pirámide de Kukulkán

fen auslaufen. Die neun Plattformen der Pyramide symbolisieren die neun Bereiche der Unterwelt, während die Gesamtzahl der Treppenstufen zusammen mit der Stufe zum Haupteingang des Tempels auf die 365 Tage des Jahres hinweist. Die 52 Platten an den Pyramidenseiten symbolisieren wiederum die 52 Wochen. Der einfache Tempel auf der oberen Plattform der Pyramide (6 m × 4,50 m) wird vor allem von zwei rechteckigen Mittelpfeilern im Innenraum getragen. Dieser ist von einer zwei Meter breiten Galerie umgeben. Während die drei Eingänge auf den übrigen Seiten schlichte Rechtecke sind, besitzt der nordöstliche Haupteingang einen Portikus mit zwei typisch toltekischen Säulen, deren Basis den Kopf, deren Schaft den Leib und deren Kapitell den gefiederten Schwanz einer Schlange darstellen. Es empfiehlt sich, die 45 Grad steilen Treppenstufen nicht frontal, an der Kette entlang, sondern im gemächlichen Zickzackkurs zu erklimmen. Dies entspricht übrigens vermutlich auch dem ursprünglichen Sinn der für den Besucher so anstrengenden Steilheit aller mesoamerikanischen Pyramiden: Die Priester sollten nämlich beim Hinauf- und Hinabsteigen weder dem Volk noch ihren Göttern frontal den Rücken zukehren können.

Im Inneren der Pyramide wurde bei Restaurierungsarbeiten ein auf einer früheren, später überbauten Pyramide stehender Tempel entdeckt. Dieser Fund war insofern sensationell, als die Maya normalerweise alle 52 Jahre ihre Tempel zerstörten, um an deren Stelle neue zu errichten. Dieses Heiligtum blieb jedoch mit seiner gesamten Innenausstattung erhalten. Man erreicht es über einen dunklen, stickigen Gang, in dem Saunatemperaturen herrschen. Insgesamt 57 Stufen sind zu überwinden. Die zwei hintereinanderliegenden gewölbten Räume und der Fries zwischen den Gesimsen der Fassade charakterisieren den alten Tempel als typisches Maya-Bauwerk. Toltekischer Einfluß ist bei der Konstruktion nirgendwo zu ent-

Chichén Itzá, Pirámide de Kukulkán, ▷
Unrestaurierte Seite

Chichén Itzá, Juego de Pelota und Templo de los Tigres

decken. Im Eingangsraum jedoch steht ein Chac Mool im Stil der Tolteken. Die Steinskulptur stellt in Lebensgröße einen auf dem Rücken liegenden Mann dar, der seinen halb aufgerichteten Oberkörper auf die Ellenbogen stützt und die Knie angezogen hat. Sein nach rechts gewendeter Kopf ist mit einem niedrigen zylindrischen Helm bedeckt, seine Finger- und Zehennägel, seine Zähne und die Augen mit einem schwarzen Punkt in der Mitte sind aus poliertem Bein. Im hinteren Raum steht ein rot bemalter steinerner Jaguar, dessen Flecken im Fell durch eingelegte Jadestücke dargestellt wurden. Es handelt sich um einen Thron, wie man ihn auch aus anderen Maya-Städten kennt; er darf hier in unmittelbarer Nachbarschaft einer toltekischen Plastik als Sinnbild für die Begegnung der beiden Kulturen gelten. Der Tempel ist normalerweise nur um die Mittagszeit geöffnet und mit schummriger Beleuchtung versehen, die überraschend auch einmal ausfallen kann. Klaustrophobisch veranlagten Naturen ist daher der Besuch nicht uneingeschränkt anzuraten.

◁ *Chichén Itzá, Pirámide de Kukulkán, Kriegerrelief am Tempel*

Zweimal im Jahr, jeweils zur Tag- und Nachtgleiche am 21. März bzw. am 22. September, ist die Pyramide Schauplatz eines spektakulären astronomischen Phänomens, das besonders im März geradezu Volksfestcharakter angenommen hat und mittlerweile sogar live im mexikanischen Fernsehen ausgestrahlt wird. Entdeckt hat dieses verblüffende Schauspiel übrigens der mexikanische Archäologe Luis E. Arochi im Jahre 1972. Der Einfall der Sonne an diesen beiden Nachmittagen wirft die Schattenlinien der Ecken der neun Pyramidenterrassen als Lichtdreiecke an die Nordwestmauer des Treppenaufgangs und erzeugt für etwa drei Stunden eine langsam zu den Schlangenköpfen hinuntergleitende Linie. Es entsteht der – natürlich beabsichtigte – Eindruck, die große Schlange krieche von der Spitze der Pyramide herab: ein Sinnbild des herabsteigenden Kukulkán, der die Saatzeit ankündigt (Frühjahr) bzw. die Regenzeit be-

Chichén Itzá, Juego de Pelota, Enthauptung eines Ballspielers

endet (Herbst). Arochi wies nach, daß sich das Schauspiel am folgenden Morgen an der gegenüberliegenden Südwestseite wiederholte, diesmal nur in umgekehrter Weise: Kukulkán zieht sich wieder in seinen Tempel zurück. Diese architektonische Meisterleistung war bei den Maya übrigens nicht singulär: Beispielsweise weist auch die Pyramide von Mayapán, ebenfalls Kukulkán geweiht, die gleichen baulichen Charakteristika auf, die dieses astronomische Phänomen ermöglichen. Das allabendliche Licht-und-Ton-Schauspiel *(luz y sonido)* stellt diesen Effekt künstlich her.

Juego de Pelota: In Chichén Itzá gibt es mindestens sieben Ballspielplätze. Keiner ist jedoch so beeindruckend wie der im Osten der großen Plaza gelegene, der als der imposanteste und besterhaltene ganz Mesoamerikas gilt. Seine Bedeutung wird von den drei Gebäuden an seinen Begrenzungen, zwei kleinen Tempeln (oder Tribünen) an den beiden Schmalseiten und dem Jaguartempel, der die östliche Abschlußmauer beherrscht, unterstrichen. Von der Ostseite des Jaguartempels tritt man unmittelbar auf den Platz westlich des Castillo hinaus, während man von seinem Obergeschoß zwischen Schlangensäulen hindurch auf den Ballspielplatz schaute. Alle seine Reliefdarstellungen auf Säulen, Treppen und Mauern künden vom Ruhm Quetzalcóatls und der toltekischen Krieger. Das eigentliche Spielgelände ist 95 m lang und 35 m breit. Seine Längsseiten werden von 8,50 m hohen Mauern flankiert. In ihrer Mitte ist jeweils ein großer, mit Schlangenornamenten verzierter Steinring angebracht. Zu Füßen der Mauer befinden sich zwei lange Zuschauertribünen.
Spanischen Chronisten zufolge, die in der Frühzeit der Konquista häufig Gelegenheit hatten, dem Spiel beizuwohnen, nahmen an der Partie zwei Mannschaften teil, deren Spieler den Kautschukball durch die Steinringe werfen mußten. Er durfte weder mit Händen noch mit Füßen berührt werden, sondern mußte mit Schultern, Hüften und Knien gestoßen werden. Dabei durfte der Ball, als Sinnbild der Sonne, niemals zu

Chichén Itzá, Templo de los Tigres, Flachrelief

Boden fallen, da sonst der symbolische Lauf der Sonne unterbrochen worden wäre. Es dürfte nur selten gelungen sein, den Ball durch die sieben Meter hoch angebrachten schweren Steinringe zu werfen. Sieger war deshalb zumeist die Mannschaft, welche die Spielregeln weniger häufig verletzt hatte. Das Spiel hatte rein liturgischen Charakter, da die Götter durch das Spiel ihren Willen kundtaten. In Chichén Itzá wurde vermutlich eine Mannschaft den Göttern geopfert, wie die Flachreliefs der Ostterrasse, die von einer steinernen Schlangenbordüre abgeschlossen wird, veranschaulichen. Die sieben Spieler jeder Mannschaft sind auf einen Punkt ausgerichtet: einen Ball, der mit einem menschlichen Schädel dekoriert ist. Zwischen seinen Kinnbacken kommen zwei Voluten hervor, die an eine gespaltene Schlangenzunge, aber mehr noch an das Zeichen *miquiztli* erinnern, das »Tod« bedeutet. Im Kalender bezeichnete dieses Zeichen den Tag, der den Sonnenfesten und Tezcatlipoca, dem toltekischen Kriegsgott, günstig war. Alle Spieler sind prächtig geschmückt und tragen Federhelme, breite Gürtel und am rechten Bein einen Knieschützer. An ihrer Hüfte hängt ein Gegenstand, der einer hölzernen Keule gleicht und von einem Schlangenkopf und einem Affen- oder Menschenschädel gekrönt ist. Das seltsame schlangenförmige Gerät, das die Spieler in der rechten Hand halten, ist nicht zu deuten. Besonders aufschlußreich ist die mittlere Szene. Der Mannschaftsführer links hält in seiner rechten Hand das Feuersteinmesser für die Menschenopfer und in seiner linken den Kopf des Anführers der gegnerischen Mannschaft. Der Enthauptete kniet, und aus seinem blutenden Hals schießen sieben Schlangen empor. Die mittlere Schlange hat die Gestalt einer üppigen Pflanze, die Blüten und Früchte trägt. Die Zahl sieben erinnert an die Göttin Chicomécoatl (»Sieben Schlangen«); außerdem ist sieben die symbolische Zahl für Mais, und schließlich nimmt sie in der Zahlenreihe des Zauberkalenders zwischen eins und dreizehn eine besondere, nämlich die mittlere Stelle ein. Die Mitte ist im Denken der Maya wiederum mit dem Menschenherzen und dem Herzen der Ähre identisch. Das Ballspiel stellte also den Lauf der durch den Ball symbolisierten Sonne dar, und von seinem Ausgang hing die Fruchtbarkeit der Erde ab. Uneinigkeit herrscht darüber, ob beim Ballspiel nun die unterlegene oder die siegreiche Mannschaft geopfert wurde. Bei den kriegerischen Tolteken waren es vermutlich tatsächlich die Verlierer. In El Tajín, an der Golfküste nördlich von Veracruz, sind jedoch ebenfalls Reliefs an einem Ballspielplatz erhalten. Sie legen den Schluß nahe, daß hier die Sieger ihr Leben lassen mußten. Diese uns paradox anmutende Feststellung ist durchaus folgerichtig. Den Göttern durften nur die edelsten Menschen geopfert werden. Geopfert zu werden galt als höchste Ehre, da die Geopferten Träger von Botschaften der Menschen an die Götter waren und dabei selbst gottgleich wurden. Ob die unmittelbar Betroffenen diese Anschauung selbst immer so bedingungslos teilten, ist natürlich nicht überliefert.

Templo de los Tigres: Der Tempel der Jaguare lehnt sich an die Südostmauer des Ballspielplatzes. Auf der zur großen Plaza hin geöffneten Seite steht als Altar eine steinerne Jaguarplastik. Das über eine steile Treppe zugängliche Obergeschoß öffnet sich nach Westen auf den Ballspielplatz. Den Eingang flankieren Schlangensäulen. Die Fassade ist mit mehreren Fresken dekoriert, die meist Jaguare zeigen. Im Inneren sind noch Wandmalereien zu sehen, die eine Schlacht darstellen. Linda Schele zufolge zeigen die Wandgemälde im Oberen Jaguartempel, wie die sog. Tlaloc-Kriegführung mit Speerschleudern und Wurfspießen, die im südlichen Tiefland während der gesamten klassischen Periode üblich war, in der Realität aussah. So geht aus diesen Schlachtszenen hervor, daß bei dieser Art Krieg die Kampfhandlungen bis in die Städte der Besiegten hineingetragen wurden. Man sieht Frauen, die mitten im Kampfgetümmel aus ihren Häusern flüchten. Unter dem Jaguartempel, rechts von der Seitentreppe, befindet sich ein rechteckiger Raum, dessen zwei Eingangspfeiler viele Flachreliefs tragen. Zwischen den Säulen steht ein Jaguarthron. Im Inneren befinden sich viele Flachreliefs an Mauern und Gewölben mit 128 Personenszenen (davon sollen 89 Tolteken und 39 Maya darstellen).

Tzompantli: Als *tzompantli* (náhuatl: »Schädelmauer«) bezeichnet man eine große rechteckige Plattform, die – wie aus Reliefdarstellungen hervorgeht – der Unterbau für eine Palisade war, auf der die Köpfe

Chichén Itzá, Tzompantli

der den Göttern geopferten Menschen aufgespießt wurden. In Chichén Itzá ist diese makabre Schädelmauer 60 m × 15 m groß und gibt Zeugnis davon, in welchem Ausmaß in Chichén Itzá Menschen geopfert wurden.

Casa de los Aguilas: Die Wände des Adlertempels, eine Plattform, die der des Chac-Mool-Grabes sehr ähnlich ist, schmückt ein Relieffries mit Adlern und Jaguaren, die Menschenherzen mit ihren Klauen umklammern. Die Balustrade zieren Steindarstellungen von Schlangen. Archäologen sehen in dieser Plattform eine Art Bühne, auf der die bei den Tolteken bekannten Militärorden der Jaguare und Adler ihre kultischen Feierlichkeiten aufführten.

Tumba de Chac Mool (Adoratorio de Venus): Das an der direkten Verbindung (dem Sacbe), die von der Kukulkán-Pyramide zum Cenote führt, gelegene Chac-Mool-Grab ist eine kleine quadratische Plattform von 25 m Seitenlänge, zu der von allen vier Seiten je eine Treppe hinaufführt. Augustus Le Plongeon entdeckte hier 1875 eine jener für die toltekische Kultur so bezeichnenden Plastiken, der er aus unbekannten Gründen den Namen »Chac Mool« gab, der mit »Roter Jaguar« zu übersetzen ist, was keinerlei Bezug zu der dargestellten Figur hat. Gleichwohl hat sich dieser Name in der gesamten Welt für diesen Figurentypus durchgesetzt, von dessen tatsächlicher Bedeutung man nichts weiß. In der Regel wurden die Chac-Mool-Figuren an Tempeleingängen gefunden. Sie ähneln einander durchweg und halten mit beiden Händen einen Steinteller, der in ihren Oberbauch eingelassen ist. Vermutlich diente er, wie später bei den vergleichbaren aztekischen *cuauhxicalli*, dazu, Herz und Blut der Menschenopfer aufzunehmen.
Das eigentliche Interesse des Chac-Mool-Grabes beruht auf zwei Motiven seiner Reliefdarstellungen: Venus in der halb vogel-, halb schlangenartigen Gestalt des Symbols für Quetzalcóatl, und die Glyphe dieses Planeten in enger Verbindung mit dem Zeichen für die Kalenderrunde von 52 Jahren sind ein Beweis für die tiefe Verehrung, welche die Tolteken dem Morgenstern entgegenbrachten. Daher wird dieser Bau immer häufiger auch als Plattform der Venus bezeichnet.

Cenote de los Sacrificios: Eine gepflasterte Straße führt vom Castillo zu dem 300 Meter entfernten heiligen Cenote. Der Durchmesser dieses natürlichen, kreisrunden Brunnens beträgt 60 m, seine Wände ragen 20 m

Chichén Itzá, Templo de los Guerreros, Blick von der Pirámide de Kukulkán

Chichén Itzá, Templo de los Guerreros, Flachrelief eines Kriegers

Chichén Itzá, Templo de los Guerreros, Pfeiler mit Flachrelief

über den Wasserspiegel empor, der durch mikroskopisch kleine Algen in 13 m Tiefe grün aussieht. Die Sohle des Brunnens ruht auf einer Schlammschicht von 3 m Dicke. Zwischen 1904 und 1907 fand Edward H. Thompson neben zahlreichen Gegenständen aus Jade, Stein, Gold und graviertem Kupfer eine große Anzahl der für die Menschenopferung gebrauchten Feuersteinmesser und mehrere Skelette: 13 Männerskelette, acht Frauenskelette und 21 von Kindern im Alter zwischen 18 Monaten und 13 Jahren. Offensichtlich wurden die Menschen als Opfer für den Wassergott Chac hinabgeworfen, um Dürreperioden zu beenden. Dabei handelte es sich also nicht um schöne Jungfrauen, wie von selbsternannten Führern gern behauptet wird. Opferungen fanden übrigens noch nach Ankunft der Spanier statt. Belegt ist, daß der Maya-Fürst Napot Xiú 1536 ermordet wurde, als er sich zu Opferungszwecken von seiner Hauptstadt Mani nach Chichén Itzá begab, um die drohende spanische Gefahr abzuwenden. Die meisten Kultgegenstände wurden in die USA verbracht, nur einige Exponate sind im Regionalmuseum von Mérida zu bewundern.

Templo de los Guerreros: Der großartige Eindruck des östlich vom Castillo gelegenen Kriegertempels wird durch zahlreiche Säulen und Pfeiler hervorgerufen, die ursprünglich das schwere Gebälk inzwischen eingestürzter Dächer über großen Hallen trugen. Die 60 Pfeiler vor der Treppe des Tempels – der zweifellos nach dem Muster des Tempels des Morgensterns von Tula errichtet wurde – sind die Überreste einer großen Vorhalle von 46 m Länge und 12 m Breite. Die vier Seiten der Pfeiler sind mit Flachreliefs bedeckt, auf denen letzte Reste einer früheren Bemalung zu entdecken sind. Bei den dargestellten Männern handelt es sich größtenteils um Krieger. Um ihre Stirn liegt eine Binde, die mit Türkisen oder Adlerfe-

Chichén Itzá, Templo de los Guerreros, Standartenträger ▷

Chichén Itzá, Templo de los Guerreros, Gefiederte Schlangen

dern geschmückt ist. Ihre Sandalen, ihr Ohr- und Nasenschmuck, ihre Ledergürtel und der schmetterlingsförmige Brustschmuck aus Gold und Edelsteinen weisen sie als Tolteken aus. Ihr linker Arm ist mit einem dicken Lederpolster gepanzert. Die Mehrzahl ist mit Speerschleudern bewaffnet, indes befinden sich auch einige darunter, die gebündelte Wurfspieße oder mit Steinklingen versehene Keulen tragen. Man findet auch eine Defensivwaffe abgebildet, einen gebogenen Stock, der offenbar dazu diente, gegnerische Wurfspieße abzuwehren. Linda Schele weist darauf hin, daß diese Art Waffen zur Tlaloc-Kriegstechnik gehörten, wie sie als Mittel der Auseinandersetzung zwischen den Königreichen des Südens typisch war. Aber anders als im Süden sieht man hier zahlreiche präzise Darstellungen dieser Waffen im Einsatz. Manche Krieger in dem Zug sind eindeutig als Veteranen zu erkennen: Stolz zeigen sie ihre amputierten Gliedmaßen her. Jedes Bild ist ein individuelles Porträt, das sich in charakteristischen Eigenheiten von seinen Nachbarn unterscheidet. Neben Kriegern sind andere wichtige Rollenträger vertreten, zum Teil konnten sie anhand ihres Ornats sowie der Tatsache, daß sie keine Waffen tragen, als Zauberer bzw. als Priester identifiziert werden. Inmitten dieser Prozession befindet sich auch eine ehrfurchtgebietende alte Dame. Es handelt sich entweder um die Sippenmutter der profiliertesten Brüdergemeinschaft oder um eine Repräsentantin der Mondgöttin Ix-Chel alias »Regenbogenfrau«, der Gefährtin des Obergottes Itzamná und Patronin der Webkunst, des Kindbetts, der Zauberei und der Heilkunst. Die Züge der Göttin Ix-Chel finden sich auch in Bildern an anderen Stellen der Stadt und in dem genau gegenüber dem Kriegertempel liegenden Jaguartempel. In der Mitte des steinernen Prozessionszugs – auf den Säulen vor der zum Opferstein, dem Chac Mool, hinaufführenden Treppe – marschiert ein Trupp Gefangener. Die Gegenwart dieser Gruppe gefesselter Menschen

◁ *Chichén Itzá, Templo de los Guerreros, Chac-Mool*

Chichén Itzá, Templo de los Guerreros, Frontansicht

weist den Komplex als Ort der Feier militärischer Siege aus. Während die Monumentalkunst der südlichen Reiche bis auf die Haut entblößte, gedemütigte und nicht selten auch verstümmelte Gefangene zeigt, sind die Unterworfenen hier in einen festlichen Ornat gehüllt, der sich nur wenig von der Staatstracht der Nobelsten unter den siegreichen Kriegern unterscheidet. Offenbar lag den Itzá mehr daran, ihre Gegner zu integrieren, als sie zu vernichten.

Hinter der einstigen Vorhalle erhebt sich eine vierstufige Pyramide von 40 m Seitenlänge, die von einem Tempel ohne Dach gekrönt wird. Zwei Standartenträger stehen rechts und links auf den oberen Schlußsteinen der Treppenbrüstung. Zwischen zwei Pfeilern in Gestalt von gefiederten Schlangen bewacht ein Chac Mool den Eingang zum Tempel. 20 Pfeiler stützten ehemals das heute nicht mehr vorhandene Dach über den zwei Innenräumen. Auf ihren vier Seiten ist eine weitere Porträtgalerie eingemeißelt: Krieger in vollem Waffenschmuck und Würdenträger. Im Hintergrund tragen vier Atlanten, die denen in Tula (im mexikanischen Bundesstaat Hidalgo) gleichen, den großen steinernen Altar.

Im Inneren der Pyramide wurden die Überreste eines Baus entdeckt, die einem verkleinerten Modell des Kriegertempels gleichen. Die Seitenlänge dieses Tempels, des vom Kriegertempel überbauten älteren Ratspalastes, beträgt 24 m und die des Tempelsockels 18 m. Die Wände oberhalb der umlaufenden Sitzbank waren mit ehemals grellbunten, heute zerstörten Malereien geschmückt (es wurden jedoch rechtzeitig Zeichnungen angefertigt), auf denen Göttermasken tragende, auf Kissen aus Jaguarfell ruhende Fürsten zu sehen waren. Manche halten gefüllte Opferschalen in den ausgestreckten Händen, andere haben einen Schild umhängen und tragen ein Beilzepter, das unten in einem Schlangenleib ausläuft. Diese Zepter ähneln in gewisser Weise dem Figurinenzepter, das in der Ikonographie der südlichen Reiche Zeichen der Königswürde ist. Wieder andere Fürsten thronen, mit Speerschleudern und Wurfspießen bewaffnet, auf vollplastischen Jaguaren. Im Schutt fand sich ein großartiger Chac Mool, der wahrscheinlich vor dem Eingang des Tempels thronte.

Grupo de las Mil Columnas: Unterhalb des Kriegertempels liegt die Gruppe der Tausend Säulen. Nur noch die Grundmauern mit den Säulenreihen (228 Säulen der Westkolonnade und 210 der Nordkolonnade) sind erhalten. Der ursprüngliche Verwendungszweck konnte bisher nicht eruiert werden. Daneben liegen ein kleiner Ballspielplatz, der spekulativ so genannte Markt *(Mercado)* und ein Schwitzbad *(Temazcalli)*, von dem noch der Vorraum, das eigentliche Bad und der Heizraum zu erkennen sind, in dem die Steine erhitzt und dann mit Wasser besprengt wurden. Ob das Bad Reinigungs- oder Zeremonialzwecken diente, ist nicht geklärt.

Tumba del Grán Sacerdote: Das »Grab des Hohenpriesters«, auf dem man die älteste Inschrift von Chichén Itzá gefunden hat, ist eine 10 m hohe beschädigte Pyramide mit einem Tempel, die als Prototyp des über quadratischem Grundriß errichteten Castillo gilt. An allen vier Seiten führen Treppen

Chichén Itzá, Caracol

hinauf, an deren Einfassungen sich Schlangen winden. Der Bildschmuck im Inneren des Tempels – so zum Beispiel ein gefesselter Adeliger auf einer Säule oder ein schlangenumwundenes Individuum über der Estrade – nimmt unverkennbar bereits die Bildsprache der Bauten des nördlichen Zentrums, etwa der *Tumba de Chac Mool* oder des *Templo de los Guerreros*, vorweg. Ein 24 m tiefer Schacht führt von der Plattform in eine Höhle hinab, die sieben Gräber mit Skeletten und wertvollen Artefakten enthielt.

Casa Colorada: Der kleine Tempel südlich des Hauptbezirks neben der Sacbé, die nach Chichén Viejo führt, trägt einen Hieroglyphenfries, auf dem eine Reihe von Ereignissen protokolliert ist, die zu zwei verschiedenen Zeitpunkten stattfanden, nämlich am 10.2.0.1.9, 6 Muluc 12 Mac (15. Sept. 869) und am 10.2.0.15.3, 7 Akbal 1 Ch'en (16. Juni 870). Wie im Templo des los 4 Dinteles (Chichén Viejo) werden auch hier die Namen mehrerer Edelleute erwähnt, zusammen mit Ritualhandlungen, die sie an den betreffenden Tagen ausführten. Schele und Freidel identifizieren eine »Hand-mit-Fisch«-Blutentnahme sowie eine zeremonielle Quirlhandlung, wie sie zur Erzeugung von Feuer vorgenommen wurde.

Caracol: Der turmartige, auf einer zweistufigen Plattform errichtete Rundbau von 12,5 m Höhe, den die Spanier seiner inneren Wendeltreppe wegen *caracol* (Schneckenhaus) nannten, diente als astronomisches Observatorium. Es weist Stilformen des zentralen Hochlandes neben klassischen Maya-Elementen auf. Durch die drei Fensterschlitze im oberen Teil des Gebäudes dringen nur zweimal im Jahr die Sonnenstrahlen für Sekunden bis in das Zentrum des Baus. Auf diese Weise konnten die Astronomen auf exakte Weise die Zeit bestimmen.

Akab D'zib: In dem »Dunkle Schrift« genannten Bau erkennt man auf einer reliefierten Oberschwelle einen Priester, der auf einem Thron sitzt und vor sich ein Gefäß

Chichén Itzá, Edificio de las Monjas

stehen hat. Er ist von Glyphen umgeben, die jedoch zu stark beschädigt sind, als daß man sie identifizieren könnte. Das Motiv ist typisch für die klassische Maya-Zeit.

Edificio de las Monjas: Das von den ersten Spaniern irrigerweise so genannte Gebäude der Nonnen – man glaubte, hier hätten die als Opfer bestimmten Jungfrauen gewohnt – ist im klassischen Chenes-Stil der Maya erbaut. Der 10 m hohe Unterbau mit rechteckigem Grundriß und abgerundeten Ecken ist über eine breite Treppe zugänglich. Oberhalb der ersten Plattform erhebt sich ein weiterer Tempel mit zwei Galerien aus mehreren Räumen mit »falschem« Gewölbe. Die Steindekorationen, welche die Fassaden fast bedecken, symbolisieren den Maya-Gott Chac.

La Iglesia: Die an das »Nonnenkloster« anschließende »Kirche« zeigt Merkmale der Puuc-Bauweise, eines Stils, dessen Fassaden neben den klassischen Chac-Masken viele geometrische Ornamente und Tierdarstellungen aufweisen. Zwischen den langnasigen Chac-Masken sieht man eine Krabbe und ein Gürteltier sowie eine Schnecke und eine Schildkröte. Es handelt sich um die als Tiere auftretenden vier Träger des Himmels aus der Maya-Mythologie.

Anexo Este: Die Fassade des sich östlich an das Nonnengebäude anschließenden Bauwerks ist verschwenderisch mit Motiven des Puuc-Stils geschmückt: Masken, stilisierte Schlangen und geometrische Muster usw.

Chichén Viejo: Der Besuch der in einem Buschwaldgebiet von ca. 6 km² Fläche verstreut liegenden Gebäudekomplexe macht längere Fußmärsche erforderlich und sollte nach Möglichkeit mit einem örtlichen Führer unternommen werden. Lohnend ist insbesondere die aufgrund des Nebeneinander von mayaischen und toltekischen Elementen interessante sog. Datumsgruppe *(Grupo de la Fecha)*, die man auch auf eigene Faust erkunden kann. Sie wurde nach dem hier auf einem steinernen Türbalken gefundenen

Chichén Itzá, La Iglesia

Glyphendatum (879 n.Chr.) benannt. Innerhalb der Datumsgruppe befindet sich der sog. Phallustempel, dessen insgesamt sieben phallusförmige Skulpturen auf die Funktion des Bauwerks als Sanktuarium der Fruchtbarkeit hinweisen. Nach einem weiteren, etwa 20minütigen Fußmarsch ist der verfallene »Tempel der vier Türstürze« *(Templo de los 4 Dinteles*; links vom Pfad*)* erreicht, von dem sich nur vier mit Glyphen reliefierte Türbalken erhalten haben. Schele und Freidel deuten diese Texte als Informationen über Weiheriten. Zusammen mit dem Datum der Inschrift und der Handlung, die protokolliert werden soll, wird der Name des Hauptakteurs genannt. Daran schließt sich eine Information über seine Beziehung zu einer anderen Person an. Diese zweite Person kann unter Umständen als der Ausführende eines anderen Ritus im Gesamtzusammenhang des Weihevorgangs gekennzeichnet sein. Schließlich wird in einer Reprise nochmals der Weiheakt des Hauptakteurs referiert; dem folgen dann Angaben über zwei weitere Personen, von denen erwähnt wird, daß sie miteinander verwandt sind. Im konkreten Fall ist das Weihedatum (13.Juli 881) auf den Türstürzen des Tempels dreimal erwähnt. In den Inschriften der vier Türstürze ist von einer Quirlbewegung die Rede, mit deren Hilfe ein neues Feuer erzeugt wird, und mehrere der erwähnten Personen tragen einen zusammengesetzten Titel, in dem das Wort »Feuer« vertreten ist. Überdies sind auf zwei Türstürzen Bilder zu sehen, die auch anderswo in Chichén Itzá erscheinen und sich jeweils auf eine Opferhandlung beziehen. Die hervorstechendsten Bilder dieser Art sind der Vogel, der mit den Klauen die Brust des Opfers öffnet, um ihm das Herz herauszureißen, und die Schlange, die sich über dem Opfervorgang erhebt. Kurz hinter diesem Tempel (am Ende des Pfads) folgt der prächtige, teilweise instand gesetzte »Tempel der drei Türstürze« *(Templo de los 3 Dinteles)* mit schönem Fassadenschmuck im reinen Puuc-Stil, dessen ebenfalls fein gemeißelte Glypheninschriften auf den Türstürzen vollständig erhalten sind.

MNA, Türsturz 53 aus Yaxchilán

Codex Dresdensis, Kopie (MNAE, Guatemala-Stadt)

Die Glyphenschrift der Maya

Am 12. Juli 1562 wurde eine kleine Siedlung in Yucatán zum Schauplatz einer der größten kulturellen Katastrophen seit dem Brand der Bibliothek von Alexandria und der Vernichtung arabischer und hebräischer Schriften nach der Einnahme Granadas durch die Spanier im Jahre 1492. Der fanatische Franziskanerpater Diego de Landa ließ alle Maya-Handschriften, die er nur aufstöbern konnte, auf dem Marktplatz von Maní zusammentragen »... und weil sie nichts enthielten, was von Aberglauben und den Täuschungen des Teufels frei wäre, verbrannten wir sie alle, was die Indios zutiefst bedauerten und beklagten«. Nur drei Handschriften sind diesem Akt der Barbarei entgangen, weil sie schon zuvor nach Europa geschickt worden waren. Dabei handelt es sich um Faltbücher mit figürlicher, symbolischer und abstrakter Darstellung. Der in Dresden bewahrte *Codex Dresdensis* beinhaltet hauptsächlich astronomische Informationen, der *Codex Peresianus* (Paris) schildert kalendarische Riten und der *Codex Tro-Cortesianus* (Madrid) ist wahrscheinlich ein Wahrsagebuch. Die Authentizität des *Codex Grolier*, der 1971 zum ersten Mal in New York ausgestellt wurde und heute in Mexiko bewahrt wird, ist noch immer nicht einwandfrei geklärt.

Warum gerade der christliche Fanatiker Diego de Landa, der Indígenas foltern ließ und in den Tod trieb, wenige Jahre nach diesem großen Autodafé mit der 1565 vollendeten *Relación de las cosas de Yucatán* (»Bericht über die Dinge von Yucatán«) die wertvollste Quelle zur Kultur der Maya verfaßte, ist bis heute umstritten. Was die einen als Reue interpretieren, sehen andere als Fortsetzung eines Vernichtungswerkes mit anderen Mitteln: Nach der Zerstörung der schriftlichen Zeugnisse habe Landa mündliche Informationen über geheimes und daher gefährliches Wissen der wissenschaftlichen Systematisierung ausliefern und damit unschädlich machen wollen. Daher der Versuch, eine Korrelation zwischen Maya-Kalender und gregorianischem Kalender herzustellen oder die rätselhafte Glyphenschrift der Maya als Alphabet zu entschlüsseln. »Ma c'ubab than« hatten die Maya auf die Frage der Spanier geantwortet, wo sie sich hier befänden, was die Konquistadoren zu »Yucatán« umdeuteten. In Wirklichkeit bedeutete der Ausspruch: »Wir verstehen eure Worte nicht.«

Aber auch Landa verstand die Worte der Maya nicht. Da man ihm auf die Frage nach den Buchstaben A, B, C etc. die Glyphen für die Silben *ah*, *be*, *ce* zeigte, glaubte er, ein Alphabet zusammenstellen zu können, und scheiterte natürlich. Erst der Leningrader Ägyptologe Yurii Knorozov entdeckte 1952, daß die Maya-Schrift, wie die ägyptische Hieroglyphenschrift, ein logosyllabisches System ist, also eine Wortbilderschrift (Logogramme), die gleichzeitig Zeichen für Silben (Konsonant-Vokal-Struktur) kennt. Das ermöglichte den Schreibern, ein Wort entweder als Bild (zum Beispiel in Form einer Vollfigur-Glyphe) oder als Verknüpfung von phonetischen Silbenzeichen zu schreiben. Bisweilen kombinierte man beide Variationen miteinander. Um ein Beispiel zu nennen: Das Zeichen für »Haus« *(otot)* zeigt ein Palmstrohdach über einer stilisierten Treppe, doch konnte der Schreiber das Wort auch mit Silbenzeichen ausdrücken, indem er die drei Silben *yo*, *to* und *ti* zu *yotot* kombinierte. Das vorangestellte y ist das Possesivpronomen, so daß das Wort »sein Haus« bedeutet. Da viele Schriftzeichen noch nicht entziffert sind, läßt sich noch nicht exakt bestimmen, wie viele Glyphen logographisch und wie viele Silbenzeichen sind. Doch geht man mittlerweile davon aus, daß der Anteil an phonetischen Zeichen größer ist als bisher angenommen. Eine wichtige Erkenntnis ist die Tatsache, daß die Inschriften der klassischen Zeit die gleiche Syntax wie die noch heute gesprochenen Maya-Sprachen aufweisen. Die erste Glyphe in einem Satz war

das Verb, dem ein Objekt und dann das Subjekt folgten.
Die Bedeutung der Tages- und Monatszeichen hatte schon Landa korrekt überliefert. Die Logogramme für die Zahlen – ein Punkt für eine Eins und ein Balken für eine Fünf – sind auch für Laien unschwer zu erkennen Und so konnten die Forscher kommender Generationen darangehen, in den Inschriften nach kalendarischen Angaben sowie Tages- und Monatsglyphen zu suchen. Doch erst »Glyphologen« wie H. J. Spinden und Tatiana Proskouriakoff, die Zeichen für Herrschernamen, Ortsembleme, Thronbesteigung, Opferung und Tod identifizieren konnten, gelang es, einige Teile des historischen Puzzles, das die Reliefskulpturen von Palenque, Copán und Tikal bieten, zusammenzusetzen. Linda Schele und David Freidel entzifferten – in oft intuitiver Weise – viele weitere Glyphen und lasen in den steinernen Inschriften Informationen über Thronjubiläen, Hochzeits- und Geburtsfeierlichkeiten, Begräbnisriten, Blutopfer- und Aussaatzeremonien, Kriegshandlungen und astronomische Ereignisse.
Etwa die Hälfte der rund 800 Zeichen gilt mittlerweile als entschlüsselt. Gewöhnlich setzen sie sich aus einem quadratischen Hauptzeichen und einem oval bis rechteckigen Kleinzeichen (Affix) zusammen. Man liest und schreibt sie paarweise von links nach rechts, in Kolumnen von oben nach unten. Erschwert wird die Entzifferung durch die Tatsache, daß verschiedene Zeichen dieselbe Bedeutung haben können, andererseits aber auch ein Zeichen mehrere gleichlautende, aber etwas völlig anderes bezeichnende Begriffe ausdrücken kann. Dieser Reichtum an Synonymen und Homonymen verführte die Schreiber oft zu kniffligen Wortspielen und metaphorischen Schreibweisen. Der Prozeß des Schreibens galt als heiliger Akt: Banalität in der Ausdrucksform hätte die Götter beleidigt. Mit Schriftzeichen verzierte Stelen oder Gefäße besaßen gewissermaßen eine Seele und wurden dementsprechend respektvoll behandelt. Oft kennt man die Bedeutung einer Glyphe, nicht jedoch die Aussprache des dargestellten Wortes. Überdies beschränkten sich die Maya bei ihren Inschriften oft auf Stichworte, die es erlaubten, auf gedrängtem Raum ganze Geschichtswerke zu verfassen. Beispiele hierfür sind die berühmte, leider nur bruchstückhaft entzifferbare Hieroglyphentreppe von Copán, die im Museum von Palenque bewahrte Inschriftentafel mit 96 Hieroglyphen oder die großartige *Estela 31* aus Tikal, die längste erhaltene Inschrift der Frühklassik. Sie beschreibt den Krieg Tikals gegen Uaxactún im Jahre 378 n.Chr. *Estela C* aus Quiriguá, die eine große Anzahl von Porträthieroglyphen verwendet, berichtet von der Erschaffung des Universums im Jahre 3114 v.Chr.

Umgebung

Grutas de Balankanché (7 km ö): In dieser 1959 durch Zufall entdeckten Tropfsteinhöhle, die in der Toltekenzeit zu einem unterirdischen Altarraum umgewandelt wurde, fand man zahlreiche Opfergaben für den Regengott Chac, vor allem Räuchergefäße und *braseros*, die *in situ* zu besichtigen sind.

Valladolid (42 km ö): Sehenswert in dieser 70000 Einwohner zählenden Stadt ist die Kirche *San Bernardino*, die 1552–60 von den Franziskanern unter Juan de Mérida erbaut wurde. Der einschiffige Bau, der im langen Bürgerkrieg zwischen Maya und Spaniern im 19. Jh. keine Zerstörungen erlitt und noch ganz in seiner ursprünglichen Bauweise erhalten ist, gleicht geradezu einer Festung. – Von Valladolid (das eine Reihe preiswerter Unterkünfte bietet) aus erreicht man über eine Asphaltstraße die 51 km nördlich gelegene Kolonialstadt **Tizimín** (40000 Einwohner). Hier wird vom 30. Dezember bis 6. Januar zu Ehren der Heiligen Drei Könige eines der meistbesuchten Feste Yucatáns abgehalten. Der Ort besitzt ein Franziskanerkloster aus dem 16. Jh.

Chichicastenango
Quiché (Guatemala)

Einw.: 8000 Höhe: 2071 m S. 354 □ C4

Anreise: Direkte Busse (Veloz Quiché) von Ciudad de Guatemala (Terminal in Zona 4) sowie von Quezaltenango nach Chichicastenango, die nach Santa Cruz del Quiché weiterfahren. Reisende aus Antigua und Panajachel steigen im Verkehrsknotenpunkt Los Encuentros zu. An Markttagen teure Shuttle-Busse von Antigua und Panajachel.

Unterkunft und Restaurants: *Hotel Santo Tomás:* 7a Avenida 6–32, Tel. (9) 256-10-61. – *Mayan Inn* 8a Calle A/3a Avenida (hinter dem Calvario): Tel. (9) 256-11-76. – *Villa Grande Hotel* (auf einem Hügel 1 km s): Tel. (2) 334-81-36, Fax 334-81-34

Die heilige Stadt der Quiché ist ein Muß für jeden Guatemala-Touristen. Sie liegt nur 17 km nördlich der quer durch Guatemala führenden Carretera Interamericana und ist über eine serpentinenreiche, aber gute Teerstraße von der Abzweigung Los Encuentros aus in etwa einer halben Stunde zu erreichen. Am Straßenrand sieht man immer wieder Frauen vor ihren Hütten am Webstuhl sitzen. Der Name der Stadt bedeutet »Mauer der Nesseln«. Diesen Namen (*chichicaste* ist ein rund um Chichi überall vorkommende, violett blühende Nesselpflanze) gaben ihr Flüchtlinge, die nach der 1524 erfolgten spanischen Plünderung der alten Quiché-Hauptstadt Gumarcaj (Utatlán) hierher umgesiedelt wurden. Die Quiché nahmen zwar den ihnen von Missionaren aufgezwungenen katholischen Glauben an, integrierten ihn jedoch in ihre alten Vorstellungen und Riten, in denen durchaus Platz für einen neuen Gott war. An kaum einem anderen Ort in Guatemala existieren alte Glaubensvorstellungen so offen neben dem Christentum.

Der am Donnerstag und Sonntag abgehaltene Markt von Chichi (und nur an diesen Tagen lohnt sich der Besuch; Sonntag ist der bessere Tag) ist der berühmteste ganz Guatemalas, und das hat Folgen. Etwa ab 9 Uhr rollt ein Minibus nach dem anderen voller Touristen aus Antigua und Panajachel (Lago Atitlán) in die von kopfsteingepflasterten engen Straßen und Adobe-Häusern mit Ziegeldächern geprägte Stadt ein, um gegen 14 Uhr wieder zu verschwinden. Alle wollen hier das unverfälschte Bild eines farbenprächtigen Indígena-Marktes erleben. Nicht wenige ziehen jedoch eher enttäuscht wieder ab, da sie mehr Touristen als Indígenas gesehen haben. Zwar ist der Markt noch immer ein faszinierendes Erlebnis, doch längst haben sich die Indígenas auf den Geschmack der zahlungskräftigen Kundschaft eingestellt. Wer hochwertiges und authentisches Kunsthandwerk – farbenfrohe Zickzackwebarbeiten, Gürtel, Masken, Keramik usw. – erstehen will, das am Vortag oft mühselig zu Fuß nach Chichi geschleppt wurde, muß sich durch viel Touristenkitsch kämpfen und wie ein Weltmeister handeln und wird dabei dennoch recht tief in die Tasche greifen müssen. Allgegenwärtig ist das flehende »comprame, buen precio« (kauf mir was ab, guter Preis). *Warnung:* Das Essen an den Garküchen des Marktes sollte man sich wegen der drohenden Hepatitis- und Cholera-gefahr aber lieber verkneifen. Nach dem

Chichicastenango, Marimba-Spieler im Hotel Mayan Inn

Marimba

Bis in den hintersten Winkel von Guatemala wird den Reisenden der Klang eines Instruments begleiten: der Marimba. Dieses bei Indígenas und Ladinos gleichermaßen beliebte Xylophon ist praktisch das Nationalinstrument des Landes. Keine Fiesta, Hochzeit oder Tanzveranstaltung, kein offizieller Anlaß, auf dem die Marimba nicht zum Einsatz kommt, und kein renommiertes Hotel oder Restaurant läßt es sich nehmen, seine Gäste im Patio oder im Speisesaal mit Marimbaklängen zu unterhalten. Dabei kommt die Marimba nicht – wie viele andere Instrumente der Indígenas – aus Guatemala, sondern stammt vom afrikanischen Balaphon ab. Dieses kam im 16. Jh. durch schwarze Sklaven in die Karibik und erreichte im 17. Jh. Guatemala. Es ist überliefert, daß die Marimba bereits zur Einweihung der nach dem Erdbeben von 1651 wiedererrichteten Kathedrale von Antigua erklang.

Die Marimba besteht aus einer Reihe von Lamellen aus Rosen- oder Palisanderholz über Resonanzkörpern, die mit einer schwingenden Membran aus Gummihaut oder Schweinsdarm verschlossen sind. Bei älteren Instrumenten bestanden die Resonanzkörper aus Kalebassengefäßen (*tecomates*). Als Schlegel dienen Holzstäbe mit Hartgummiklöppeln. Früher wurde die Marimba nur von einem Spieler geschlagen, heute sind es mindestens drei oder vier Spieler. Das Repertoire der Marimba-Gruppen, von denen es Hunderte gibt, umfaßt heute nicht nur einheimische Rhythmen, sondern auch die gängigen internationalen Melodien. Frauen haben übrigens bis heute in diesem Gewerbe keine Chance: Eine weibliche oder wenigstens gemischte Marimbagruppe werden Sie in ganz Guatemala nicht finden.

In der *Casa K'ojom* von Antigua Guatemala, dem 1987 gegründeten »Haus der Musik«, kann man nicht nur alte Marimbas, sondern auch traditionelle Blas- und Schlaginstrumente der Maya wie Pfeifen, Schildkrötenpanzer und Muschelhörner besichtigen. Manche begleiten noch heute das Spiel der Marimbas. Dazu gehören die *chirimía*, einer Holzflöte, und der *tambor*, eine einfache Trommel mit Ledermembran. Traditionelle Flöten der Indígenas sind auch das aus Schilfrohr hergestellte *tzijolaj* mit drei oder vier Grifflöchern sowie die Okarina, eine aus Ton gebrannte Pfeife in Form einer tierähnlichen Gestalt.

Prähispanischen Ursprungs sind auch Schneckenhörner (*caracol*), die einst nur im Krieg verwendet wurden, heute jedoch vor allem im Karneval ertönen, zusammen mit Schildkrötenpanzern *(ayotl)*, die man mit einem Maiskolben (früher Knochen) schlägt. Im Hochland von Guatemala kann man eine *tun* genannte Holztrommel hören. In diesen hohlen Holzzylinder sind zwei Zungen geschnitten, die beim Anschlagen mit kleinen Klöppeln durch Schwingung verschiedene Töne erzeugen, die an eine Marimba erinnern. Saiteninstrumente wie Geige, Harfe und Gitarre wurden von den Spaniern übernommen, unterscheiden sich jedoch von ihren Vorbildern durch ihre rustikale Herstellung. Die Harfe wird nur von den Tzotzil und Kekchi gespielt. Die Quiché verwenden bei der Ehrung ihrer Toten vor allem eine grob gearbeitete Geige aus Zypressenholz, wobei das angehängte Schwanzende einer Klapperschlange als Rassel dient. Der Bogen ist mit Roßhaar bespannt. Dazu ertönt die *tupe* genannte viereckige Trommel: ein mit Tierhäuten bespannter Holzrahmen.

Exodus der Touristenbusse fallen die Preise oft dramatisch. Noch immer besitzt der Markt von Chichi seine traditionellen Elemente, noch werden hier *quintales* (Säcke à 50 kg) mit Mais und schwarzen Bohnen *(frijoles)* abgewogen, doch wie lange sich die Stadt ihr einzigartiges Flair erhalten kann, bleibt mehr als ungewiß. Die Frauen von Chichi tragen weiße Blusen, deren Stoff jedoch völlig unter den üppigen, farbenfrohen Stickereien verschwindet. Die kreisförmigen schwarzen Applikationsstickereien auf

Chichicastenango, Marktszene

Chichicastenango, Marktszene

Schultern, Brust und Rücken repräsentieren die vier Mondphasen. Die Sonne ist mit spitz zulaufenden Strahlen rund um die Halsöffnung der Huipiles aufgestickt. Die blaugestreiften Röcke zeigen weite, bestickte Randas. Die Männer tragen kurze Hosen und Jacken aus schwerer schwarzer Wolle mit Seidenstickereien, die sie oft selbst anfertigen. Um die Hüften schlingen sie in kunstvoller Manier Schärpen. Ihre großen bestickten und verknoteten Tzuts reichen bis zu den Schultern. Die teure Männertracht ist allerdings fast nur noch an hohen Festtagen zu sehen.

Chichi ist jedoch weit mehr als nur ein bunter Markt. In und um die Kirche Santo Tomás wird der religiöse Synkretismus zwischen Katholizismus und Maya-Glauben auch für Außenstehende deutlich. Besonders faszinierend ist Chichi während der Osterfeierlichkeiten und der *Fiesta de San Tomás*. Die Patronatsfeiern beginnen schon am 18. Dezember, der Höhepunkt ist jedoch der 21. Dezember. An diesem Tag versammeln sich Abertausende von Indígenas aus dem ganzen Land in Chichi, die Luft ist geschwängert mit *pom* (Kopal-Weihrauch), und die Stufen der Kirche von Santo Tomás sind bedeckt mit knienden, tiefreligiösen Indígenas in Festtagstracht. Am Morgen werden alle Kinder der außerhalb der Stadt lebenden Maxeños (so nennt man die Einwohner von Chichi, eine Verballhornung von Tomaseños) in die Kirche gebracht und dort getauft. Viele erhalten den Namen Tomás oder Tomasa. In den Straßen der Stadt wird ein alkoholreicher Jahrmarkt gefeiert, und spätestens gegen Abend benebeln *chicha* (ein Schnaps) und *pom* die Sinne der meisten Indígenas. Während der dreitägigen Feierlichkeiten wird vor der Kirche ein *palo volador* errichtet. An diesem fast 20 m hohen Pfahl geben fünf festlich gekleidete Männer eine wagemutige Vorstellung. Zunächst vollführen vier von ihnen einige Tanzschritte zu Füßen des Mastes. Der Anführer gibt auf einer Flöte und einer Trommel den Takt an. Anschließend erklimmen alle fünf die auf einem rotierenden Holzrahmen ruhende schmale Plattform von etwa

Chichicastenango, Marktszene

30 cm Durchmesser oben auf den hohen Mast. Der Anführer beginnt auf den Musikinstrumenten zu spielen und Gebete für die Fruchtbarkeit des Landes in alle Richtungen zu schicken, stellt sich bei sehr ruhigem Wetter sogar auf ein Bein, dreht sich siebenmal um die eigene Achse und verneigt sich gegen alle Himmelsrichtungen: kein ungefährliches Unterfangen! Inzwischen binden sich die vier Tänzer, welche die Himmelsrichtungen symbolisieren, mit Tauen fest, die am oberen Ende der Stange befestigt sind, und stürzen sich auf ein Signal hin kopfüber hinab. Während sie in immer größer werdenden Spiralen um die Stange rotieren und sich das Seil abspult, musiziert und dreht sich der Anführer auf der Plattform. Kurz vor Ankunft am Boden richten sich die vier Akrobaten auf, um auf den Füßen zu landen. Ursprünglich vollführte jeder insgesamt 13 Umdrehungen als Symbol für den 52-Jahre-Zyklus des mesoamerikanischen Kalenders. Diese Zeremonie, die ursprünglich zu Ehren der Fruchtbarkeits- und Frühlingsgötter aufgeführt wurde, ist in Guatemala allerdings nur noch sehr selten zu sehen. Während dieser Gelegenheit führen die Indígenas zeremonielle Tänze auf, darunter die *Danza de la Conquista*. Dazu verkleiden sich die Teilnehmer mit entsprechenden Holzmasken und farbenprächtigen Kostümen als Spanier und Indígenas und parodieren die Konquista von Pedro de Alvarado.

Santo Tomás: Über dem Marktplatz von Chichicastenango erhebt sich diese weißgetünchte Kirche, die um 1540 über einem alten Maya-Tempel erbaut und im 18. Jh. wiedererrichtet wurde. Eine geschwungene Treppenflucht führt hinauf zum Kircheneingang. Die Indígenas betreten die Kirche erst, wenn sie auf den Stufen ihre Rituale vollführt haben: Mitglieder der respektierten *cofradías* (Bruderschaften) von Chichi schwingen rauchende, perforierte Töpfe mit *pom*, gleichzeitig wird *chicha* auf die Stufen gesprenkelt. Manchmal schlachten Gläubige auch einen Hahn auf den Stufen: Seine wild flatternden Flügel befördern die Seele eines teuren Verstorbenen in den Himmel. Ein Teil der Indígenas soll jedoch mittlerweile von der staatlichen Tourismusbehörde INGUAT dafür bezahlt werden, daß sie ihre Zeremonien vor den klickenden Kameras der Touristen vollführen. Besucher sollten die Kirche durch den Seiteneingang rechts, nicht durch den Haupteingang, betreten, um diese Riten nicht zu stören. In der Kirche ist ein massives Kreuz zu sehen, der *Palo de Santa Cruz*, das während der Osterprozession von 50 Männern durch die Stadt getragen wird. An der linken Wand ist ein Schrein mit den Heiligen Anna, Johannes und Lazarus angebracht, den Beschützern der schwangeren Frauen. Ganz vorne schimmert das Gold des Hauptaltars geradezu unwirklich durch den Kopal-Rauch. Auf dem Fußboden der langgestreckten Kirche (Bänke gibt es nur im vorderen Teil) sind Plattformen mit Kerzen verschiedener Größen und Farben angebracht: Um sie herum sind (meist rosa) Blütenblätter, Blätter, Piniennadeln, Ringelblumen und Maiskörner verstreut. Hier verrichten die Indígenas, oft von *pom* und *chicha* benebelt, ihre Zeremonien, begleitet von konstantem Murmeln, manchmal auch Schluchzen. Noch immer verehren sie ihre eigenen Gottheiten, doch glauben sie an den christlichen Gottvater und Maria als Für-

Chichicastenango, Calvario

Chichicastenango, Friedhof

sprecherin. Auf den ersten beiden Plattformen (vom Eingang her gesehen) zündet man vier kleine Kerzen an, mit denen man um Gesundheit für ein Kind bittet. Die längeren weißen Kerzen zwischen den kurzen sollen eine glückliche Heirat bringen. Grüne Kerzen und Blätter bewirken die Heilung von allen möglichen Krankheiten. Sollten Sie sich eine sichere Heimkehr aus Guatemala wünschen, dann zünden Sie sechs weiße Kerzen an, und streuen Sie rote Blütenblätter dazwischen. Auf die nächsten beiden Plattformen legt man weiße, gelbe und schwarze Maiskörner, um eine gute nächste Ernte zu erbitten. Die orangefarbenen Ringelblumen, deren Duft sich mit dem von Blütenblättern, Piniennadeln und *pom* mischt, symbolisieren Fürbitten für die Seelen Verstorbener. Chicha und Kerzen des nächstfolgenden Stands kurieren Alkoholiker. Davon werden Sie an Markttagen in Chichi jede Menge sehen. Schon am frühen Nachmittag liegen manche Männer besinnungslos im schmutzigen Rinnstein, von Beistehenden gleichgültig mit Tritten aus der Gefahrenzone befördert. Die blaßrosa Blütenblätter sind für schwerwiegende Krankheiten gedacht. Weiße Blütenblätter sollen eine gute Heirat, rote beruflichen Erfolg bewirken. In der Kirche weist ein Schild in Spanisch und Englisch unmißverständlich darauf hin, daß das Fotografieren streng untersagt ist. Um so ärgerlicher ist die Tatsache, daß sich einige gedankenlose Touristen darum nicht scheren und sogar ihre Blitzlichter aufflammen lassen. Meist ernten sie nur einen empörten bis resignierenden Blick der Betenden, doch sind auch ernstere Konsequenzen möglich. In San Juan Chamula (ein Dorf unweit des in Mexiko liegenden San Cristóbal de las Casas), mußte ein fotografierender Tourist seine Freveltat sogar mit dem Leben bezahlen, in Guatemala sind die Indígenas jedoch gewöhnlich weniger aggressiv.

Wenn Sie nach dem Besuch der Kirche durch den Kreuzgang des ehemaligen, heute als Pfarrverwaltung dienenden Klosters gehen, denken Sie daran, daß die Quiché hier Anfang des 18. Jh. Pater Francisco Ji-

Popol Vuh – Die Literatur der Maya

»Das ist die Kunde: Da war das ruhende All. Kein Hauch. Kein Laut. Reglos und schweigend die Welt. Und des Himmels Raum war leer. Dies ist die erste Kunde, das erste Wort. Noch war kein Mensch da, kein Tier. Vögel, Fische, Schalentiere, Bäume, Steine, Höhlen, Schluchten gab es nicht. Kein Gras. Kein Wald. Nur der Himmel war da. Noch war der Erde Antlitz nicht enthüllt. Nur das sanfte Meer war da und des Himmels weiter Raum. Noch war nichts verbunden. Nichts gab Laut, nichts bewegte, nichts erschütterte, nichts brach des Himmels Schweigen. Noch gab es nichts Aufrechtes. Nur die ruhenden Wasser, das sanfte Meer, einsam und still. Nichts anderes.«
So beginnt das berühmte »Buch des Rates«, das *Popol Vuh*, das die Schöpfungsmythen der Maya schildert. Daß wir diese überhaupt kennen, verdanken wir dem Dominikanerpater Francisco Jiménez. Denn von den Glyphenbüchern der Maya mit den langen mythischen Erzählungen blieb kein einziges erhalten. Jiménez hatte sich in Chichicastenango jedoch offenbar ein so großes Vertrauen erworben, daß ihm die Quiché ein (heute verschwundenes) Manuskript zeigten: das zwischen 1544 und 1555 von einem getauften Quiché in Guatemala mit lateinischen Buchstaben transkribierte *Popol Vuh*. Der Schreiber hatte vermutlich eine bilderschriftliche Vorlage als Gedächtnisstütze verwendet und bereits christliche Glaubenselemente interpoliert. Jiménez kopierte 1701–03 das Buch getreulich und übersetzte es zunächst wortwörtlich, später noch einmal in freierer Fassung, ins Spanische.
Die im Popol Vuh geschilderten Mythen reichen zumindest bis in die Klassische Periode zurück. Auf Stelen von Izapa (Pazifikküste von Südmexiko) wurden Inhalte aus dem Buch schon bald nach der Zeitenwende wiedergegeben. In vier Teilen berichtet das »Buch des Rates« zunächst von der Erschaffung der Welt und den ersten – gescheiterten – Versuchen der Urgötter, den Menschen aus Lehm oder Holz zu erschaffen, bis sie den Lebensstoff Mais fanden. In einem Zeitsprung erzählt das Popol Vuh dann von den Abenteuern der halbgöttlichen Helden-Zwillinge Hunahpú und Ixbalanqué. Diese Nachkommen eines älteren Zwillingspaars, das von den Herrschern der Unterwelt Xibalba hintergangen, ge-

ménez als erstem Europäer das vermutlich kurz nach der Konquista niedergeschriebene Manuskript des *Popol Vuh* (siehe Kastentext) zeigten.

Calvario: Von den Stufen dieser kleinen, am anderen Ende des Hauptplatzes gelegenen, ebenfalls weißgetünchten Kapelle bietet sich ein schöner Blick über das Markttreiben hinüber zur Kirche Santo Tomás. Auch hier finden auf den Stufen *pom*-Rituale statt. In der Kapelle ist ein großes, in einem gläsernen Schrein bewahrtes Christusbild zu sehen, das in der *Semana Santa* durch die Straßen von Chichi getragen wird. Hinter dem Calvario erblickt man den hügelabwärts liegenden Friedhof mit seinen mint- und türkisfarbenen Grabmälern (Grün und Blau gelten als die Trauerfarben der Maya). Auch hier finden rituelle Handlungen statt.

Museo Municipal (Museo Rossbach): Das kleine Museum am Marktplatz zeigt u. a. die Sammlung von Jade- und Keramikstücken, die Pater Ildefonso Rossbach Mitte des 20. Jh. zusammengetragen hat. Die meisten Keramiken spendeten ihm lokale Familien.

Pascual Abaj: Spätestens im Kreuzgang von Santo Tomás wird ein Junge auf Sie zukommen und Ihnen anbieten, Sie zum Schrein des Pascual Abaj zu führen. Dieser Maya-Gottheit werden noch immer Opfer gebracht: enthauptete Hühner, *pom* und Piniennadeln, um damit eine günstige Ernte im nächsten Jahr zu bewirken. Der Schrein liegt auf dem Hügel La Democracia und ist über einen steinigen Fußweg in etwa einer halben Stunde zu erreichen. Dieser geschwärzte, phallisch wirkende Stein mit einem groben menschlichen Gesicht wirkt

stürzt und getötet worden war, kämpfen mit List und Witz gegen den überheblichen, zerstörerischen Siebenpapagei und seine Titanenfamilie. Sie durchschauen die Arglist der Unterweltherrscher und bestehen mit Erfolg eine Reihe von Prüfungen, durch die sie zu Fall gebracht werden sollen. Mit ihrem Selbstopfer machen sie die anschließend geschilderte Erschaffung des Menschen aus der Maismasse möglich, auf die sich die legendäre Herkunft und Geschichte der Quiché-Maya gründet.

Ebenfalls in Quiché geschrieben ist der *Título de los Señores de Totonicapán*, der als Kurzform des *Popol Vuh* aufzufassen ist. Als Bestätigung und Ergänzung des *Popol Vuh* dienen auch die wichtigeren *Anales de los Cakchiqueles*, auch *Memorial de Sololá* genannt: Berichte und Anekdoten über Epidemien, Erdbeben, bedeutende Personen und sonstige Ereignisse von Rang, die sich in der Gemeinschaft der Cakchiqueles zugetragen haben. Dorf- und Stammeschroniken der Maya des nördlichen Yucatán sind die *Libros de los Chilam Balam* (Bücher des Jaguarpriesters), die bedeutendsten wurden in Chumayel, Tizimin und Maní in yucatekischer Maya-Sprache verfaßt, jedoch erst im Verlauf des 16. und 17. Jh. in lateinischen Schriftzeichen fixiert. In archaischer, oft schwer verständlich bleibender Sprache vermitteln diese Schriften die geheimnisvolle Weisheit des Jaguarpriesters. Neben prähispanischer Mythologie haben auch Riten und Ratschläge der Konquistadoren und Missionare Eingang gefunden. Von eindringlicher Faszination sind die Prophezeiungstexte; ein unheilvoller Spruch kündigt die Ankunft von Fremden mit blonden Bärten an.

Die poetische Ausdruckskraft der Maya erschließen insbesondere die *Cantares de Dzitbalché*, 15 Tanzgesänge, die in einer 1942 aufgefundenen Aufzeichnung überliefert sind. Unter den zahlreichen rituellen Tanzdramen der Maya ist das in einem Manuskript von 1850 in klassischem Quiché überlieferte *Rabinal Achí* zu nennen. Es handelt vom Kampf zweier Quiché-Familien um die Vorherrschaft und stellt die Gefangennahme und die Opferung eines Kriegers dar. Die spanische Konquista hat das in fünf Handschriften (die älteste stammt von 1726) überlieferte Tanzdrama *Zaqui Q'axol* zum Thema, in dem die Indianer Quiché und die Konquistadoren ein Maya-Spanisch sprechen.

wie eine Skuptur aus präklassischer Zeit, ist jedoch mit Sicherheit wesentlich jünger. Sein Doppelname bedeutet »Opferstein«. Er soll eine Manifestation oder ein Vertreter von Huyup Tak'ah (»Berg-Ebene«) sein, eine Quiché-Bezeichnung für die Erdgottheit. Dieses Götzenbild erregte einige Eiferer der Acción Católica so, daß sie eines Nachts im Jahre 1957 das Steinbildnis in zwei Teile zerbrachen und diese in die Schlucht hinunterstießen. Um ein für allemal mit dem Heidentum aufzuräumen, verbot der Pfarrer von Chichicastenango sogar die in der Stadt in hohem Ansehen stehenden Heiligenkulte der *cofradías*. Der Sturm der Entrüstung, den die Traditionalisten der Quiché entfachten, war gewaltig: Sie griffen zu den Waffen und attackierten das Kloster neben der Kirche. Der Pfaffe entrann nur mit knapper Not. Pascal Abaj wurde mit Zement gekittet und wieder auf die Hügelspitze gesetzt. *Warnung:* Auf dem Weg besteht eine gewisse Gefahr räuberischer Überfälle.

Umgebung

Santa Cruz del Quiché (19 km n): Eine äußerst kurvenreiche, aber gute Teerstraße führt von Chichi in etwa einer halben Stunde Busfahrt durch Pinienwälder und Schluchten an der Laguna Lemoa vorbei in die Hauptstadt des Departamento Quiché, die wesentlich stärker von Ladinos geprägt ist als Chichi. Ihr Markt findet an den gleichen Tagen wie in Chichi statt und wird kaum von Touristen besucht: Die Preise sind daher um einiges günstiger. Die große Kolonialkirche wurde von Dominikanermönchen mit

Chichicastenango, Museo Municipal (Museo Rossbach), Räuchergefäß

Steinen aus den Ruinen von Utatlán errichtet. Ein Denkmal erinnert daran, daß in der gewalterfüllten Zeit der 70er und 80er Jahre im Quiché auch zahlreiche Priester Opfer der Soldaten wurden, die sie der Zusammenarbeit mit der Guerrilla verdächtigten. 1981 zog die Kirche sogar sämtliche Priester aus dem Quiché ab. Mittlerweile sind sie aber wieder zurückgekehrt, doch die ungeliebte Armee ist immer noch sehr präsent. Auf der Plaza erhebt sich ein Denkmal für Tecún Umán, den Anführer des Widerstands der Quiché gegen die spanischen Eroberer. – Etwa 4 km westlich von Santa Cruz liegen die Ruinen von **Utatlán**. Hier errichteten die Quiché nach erfolgreichen Eroberungszügen gegen die Cakchiqueles Anfang des 15. Jh. ihre nach dem Federschlangengott Gucumatz benannte Hauptstadt Gumarcaaj. Nach ihrer Niederlage in der Schlacht bei Quezaltenango, bei der die Quiché ihren Freiheitshelden Tecún Umán verloren hatten, luden sie die siegreichen Spanier unter Pedro de Alvarado in ihre Hauptstadt ein. Alvarado, der angesichts der befestigten Anlage (welche die mexikanischen Verbündeten Utatlán nannten) Verrat witterte, ließ die Quiché-Führer Oxib-Queh und Beleheb-Tzy 1524 gefangennehmen und verbrennen. Anschließend machte er die ganze Stadt dem Erdboden gleich. Es ist hauptsächlich die prächtige Lage, die Besucher zu dieser Ruinenstätte führt. Man erkennt noch die Reste von drei Tempeln an der zentralen Plaza sowie die vage Anlage eines Ballspielplatzes. Von dem Rundgebäude in der Mitte der Plaza, das der Federschlange geweiht war, sind heute nur noch die Fundamente auszumachen. In Utatlán halten traditionelle Indígena-Priester, sog. *brujos*, noch immer religiöse Rituale ab, die weit in die Zeit vor der spanischen Eroberung zurückreichen. – Östlich von Santa Cruz del Quiché liegen unter den eindrucksvollen Gipfeln der Sierra de Chuacús einige interessante Dörfer: **Chiché** (8 km ö) teilt Trachten und Traditionen mit Chichicastenango, der Markt findet jedoch am Mittwoch statt. **Zacualpa** (25 km ö) hält Donnerstag und Sonntag auf der breiten Plaza einen Markt ab, im am weitesten entfernten **Joyabaj** (35 km ö) treffen sich Händler und Käufer am Sonntag. Sehr sehenswert ist die in Joyabaj in der zweiten Augusthälfte stattfindende Fiesta. Dann wird hier fünf Tage lang gefeiert und ein *palo volador* aufgestellt.

Cobá

Quintana Roo (Mexiko)

Höhe: 8 m S. 355 □ E1

Anreise: Cobá ist mit sporadischen Bussen von Tulúm aus zu erreichen, die über X-Can nach Valladolid weiterfahren. Diese sind jedoch unzuverlässig: Sinnvoller ist es daher, für die 50 km Fahrt in Tulúm ein Taxi zu mieten.

Unterkunft: *Villas Arqueológicas:* Tel. (98) 84-25-74 (mit Restaurant).

Mit einer Flächenausdehnung von über 70 km² war Cobá zweifellos die größte unter den Großstädten im nördlichen Teil des Maya-Landes. Seine Existenz verdankt Cobá (Maya: »vom Wind bewegtes Wasser«)

mit Sicherheit den fünf kleinen Seen – darunter der Lago Cobá und der Lago Macanxoc –, die sich im Zentrum der alten Stadt befanden: eine Seltenheit in einer Gegend, in der Regenfälle im porösen Kalkgestein schnell versickern. Cobá war nicht nur ein bedeutendes Zeremonialzentrum der Region, sondern auch ein großer Markt und Umschlagplatz für Produkte wie Honig, Bienenwachs und Kakao. Mit seinen Satellitenstaaten war Cobá durch gepflasterte Straßen, den *sacbeob* (Singular: *sacbé* = weiße Straße) verbunden, die intensive Handelsbeziehungen förderten. Die längste Straße führte 100 km weit bis nach Yaxuna, einem Kultzentrum südwestlich von Chichén Itzá, eine andere verband Cobá mit der Ostküste. Daneben gab es ein enges Netz lokaler Straßen, welche die verschiedenen Bauwerke miteinander verbanden. Beim Bau dieser Straßen schüttete man Unmengen von Steinen zwischen gemauerte Seitenwände und goß Tonnen weißen Kalkzements darüber, um den Belag dann mit riesigen Walzen zu glätten. Die Dammwege waren zwischen einem und 20 m breit. Allerdings sind die Straßen längst vom Urwald überwuchert und für den Besucher normalerweise kaum sichtbar. Die Vorherrschaft von Cobá bestand von der Frühklassik (300–600 n.Chr.) bis zur Spätklassik (900–1000 n.Chr.), eine Epoche, in der auch so bedeutende Städte wie Izamal, Edzná, Uxmal, Becán und Chichén Itzá ihre Blütezeit erreichten. In der Nachklassik (1000–1450) verlor Cobá mit dem Aufblühen der Karibikstädte Tulum und Muyil seine Hegemoniestellung. Der Einflußbereich von Chichén Itzá wurde ebenfalls größer. Die Spanier haben Cobá, das zur Zeit der Eroberung offenbar noch bewohnt war, nie entdeckt. Erst der Österreicher Teobald Maler stieß 1891 auf die völlig vom yucatekischen Buschwald überwucherte Stätte. Die archäologische Zone fasziniert nicht nur ihrer noch weitgehend im unrestaurierten Zustand erhaltenen Bauten wegen (in Mexiko wird in puncto Restaurierung oft des Guten zuviel getan), sondern auch aufgrund der schönen, urwaldartigen Landschaft. Es gibt Pläne der regionalen INAH, hier einen 6 km² großen »archäologisch-ökologischen Park« zu schaffen, in dem nicht nur die Bauwerke, sondern auch die noch weitgehend intakte Tier- und Pflanzenwelt geschützt werden sollen. Das sowohl von der Gemeinde Cobá als auch von den staatlichen Behörden gebilligte Projekt konnte aufgrund finanzieller Schwierigkeiten allerdings noch nicht verwirklicht werden.

Cobá, Pyramide des Grupo Cobá

Grupo Cobá: In der am leichtesten zugänglichen, da nahe des Eingangs gelegenen architektonischen Gruppe ragt ein Bauwerk besonders hervor, eine hohe Pyramide. Sie ist 24 m hoch und wurde teilweise restauriert. Ihre Grundfläche mißt 40 m von Osten nach Westen und 50 m von Norden nach Süden. Von einem Zeremonialplatz vor der Pyramide führt eine im Anfang fast 20 m breite Treppe über die sieben Etagenkörper des massiven Bauwerks zu einem heute nur noch in Resten erhaltenen Tempel empor, in dem Opfergaben gefunden wurden, darunter eine kleine Jadefigur, die den Regengott Chac darstellt. Von der Spitze der Pyramide bietet sich ein schöner Blick über das grüne Urwalddach auf die Seen Cobá (Westen) und Macanxoc (Süden) sowie auf die Gruppe Nohoch Mul (Osten). Man nimmt an, daß

Cobá, Pyramide des Grupo Nohoch-Mul

sich im Inneren der Pyramide verschiedene Substrukturen oder Gebäude früherer Bauweisen befinden. In einer späteren Phase hat man begonnen, die Pyramide zu ummanteln. Davon zeugen jedenfalls die Fragmente einer breiteren Treppe, welche die Stufung im unteren Teil überdeckt. Am Fuß der Treppe befindet sich die stark verwitterte *Estela 11*. Sie ist etwa 1,40 m hoch und 90 m breit. Die auf ihr eingemeißelten Glyphen konnten allerdings nicht mehr entziffert werden. Die Stelen dienten den Bewohnern von Cobá dazu, wichtige Ereignisse festzuhalten, wobei zumeist nur Personen der Führungsschicht Erwähnung fanden. Eingemeißelt wurden Daten, Namen von Personen oder Städten, Ereignisse wie Geburten, Thronfolge, Eheschließungen, Kriege oder Tod. Interessanterweise versammeln sich bis in unsere Tage Angehörige der in dieser Gegend lebenden Maya-Nachfahren im Patio A der Pyramide. Sie glauben, auf der erwähnten Stele 11 das eingemeißelte Bild einer Jungfrau zu erkennen, die sie Colebí nennen. Vor diesem Bild beten sie, legen Opfergaben nieder und zünden Kerzen an. Sie bitten um erfolgreichen Ausgang der Jagd oder um Regen für ihre Felder. Seit 30 Jahren existieren diese magisch-religiösen Riten. Daher heißt die Pyramide auch *La Iglesia* (Die Kirche). Der Weg zur »Iglesia« führt an einem der beiden noch kaum freigelegten Ballspielplätze *(Juego de Pelota)* vorbei.

Grupo Nohoch-Mul: Diese Gruppe ist in einem etwa 25minütigen Fußmarsch in nordöstlicher Richtung zu erreichen. Es empfiehlt sich, diesen Komplex möglichst am frühen Morgen aufzusuchen, da die Wege durch den feuchtheißen Busch dann noch im Schatten liegen und eine Besteigung der steilen Pyramide bei hochstehender Sonne nicht anzuraten ist. Die im dichten Busch verborgene große Pyramide im Zentrum der Nohoch-Mul-Gruppe (*nohoch* = groß; *mul* = künstlicher Hügel) taucht erst auf, wenn man aus dem dichten Buschwald auf die freigelegte Plaza tritt, auf der sich zahlreiche Leguane (und bisweilen auch Schlangen!) tummeln. Dieses Bauwerk *(Estructura 1)* im Stil der Maya-Klassik wird auch als *El Castillo* (Die Burg) bezeichnet. Eine 12 m breite Freitreppe führt in 120 steilen Stufen (teilweise mit in den Stein gemeißelten Muschelmotiven) über sechs Terrassen zu dem guterhaltenen Tempel auf der Pyramidenspitze hinauf. Dieses im postklassischen »Ostküstenstil« von Tulum (14./15. Jh.) gehaltene Heiligtum bewahrt in einer der drei rechteckigen Eingangsnischen die polychrome Skulptur des »Herabstürzenden Gottes«, der in den archäologischen Stätten am Karibischen Meer häufig auftaucht. Die äußeren Wände des Tempels waren ursprünglich mit roter Farbe bemalt, davon ist heute kaum noch etwas zu sehen. Mit ihren 42 m Höhe ist die Pyramide das höchste Bauwerk im Norden Yucatáns, da die Kukulkán-Pyramide von Chichén Itzá und die Wahrsager-Pyramide von Uxmal wenig mehr als 30 m erreichen. Der Rundblick ist dementsprechend faszinierend, vor allem bei Sonnenuntergang. Im Inneren der Nohoch-Mul-Pyramide gibt es vermutlich verschiedene Bauten aus früheren Epochen, das zu sehende Bauwerk stammt aus postklassischer Zeit.

Auf der weiten Plattform vor der Pyramide ist eine Stele, die ein Strohdach vor schädlichen Witterungseinflüssen bewahrt, wegen

Cobá, Stele im Grupo Macanxoc

ihres guten Erhaltungszustandes besonders bemerkenswert. Der *Estela 20* genannte Steinblock steht am Eingang zu einem stark zerstörten Bauwerk. Fünf Personen sind abgebildet. Im Zentrum befindet sich eine aufrecht stehende Herrschergestalt in reichem Ornat und mit einem Zeremonialbalken in schräger Stellung in den Händen, wobei an beiden Enden dieses Herrschaftszeichens je eine Maske zu sehen ist, die möglicherweise eine Sonnengottheit verkörpert. Der Kopf erscheint im Profil, der Körper frontal. Die Füße bilden einen Winkel von 180°. Der Würdenträger trägt reichen Hals- und Pulsschmuck aus Jade- und Muschelketten. Auf dem Kopf trägt er eine Art Helm, der mit mythologischen Figuren und einem großen Federbusch verziert ist. Die Gestalt steht auf den gebeugten Rücken zweier Gefangener. Diese sind in geduckter Stellung mit Strikken gebunden und viel kleiner als die Hauptfigur dargestellt. Zwei weitere Personen knien mit auf dem Rücken gefesselten Armen zu Füßen der Hauptfigur. Glyphenpaneele beschreiben die Szene und nennen das Datum: 30. Nov. 780. Es handelt sich dabei um das späteste auf den Stelen von Cobá registrierte Datum (mit Ausnahme einer in die Zukunft weisenden Jahreszahl auf einer Stele des *Grupo Macanxoc*). Vermutlich stellt die Stele die Unterwerfung eines Nachbarvolkes dar oder die Gewalt, die ein Herrscher über dieses ausübt. Viele der bisher insgesamt etwa dreißig im Raum von Cobá gefundenen Stelen, die leider wesentlich stärker verwittert sind, zeigen diesen oder ähnlichen Bildinhalt.

Grupo Macanxoc: In dieser durch einen etwa 20minütigen Fußmarsch erreichbaren Zeremonialstätte wurden bisher acht Stelen mit dem immer wiederkehrenden Motiv gefunden. Die Maya pflegten alle 20 Jahre, nach Ablauf eines Zeitabschnitts, den sie *katún* nannten, eine Stele aufzurichten. *Estela 1* ist einer der wenigen, wenn nicht der einzige Steinpfeiler im gesamten Maya-Gebiet, der vier Datumsangaben liefert, die so geschrieben sind, daß sich mit ihnen die genauen Entsprechungen in unserem Kalender

Cobá, Las Pinturas

ermitteln lassen. Kein Wunder, daß hier häufig begeisterte Mayalogen anzutreffen sind. Dabei handelt es sich um folgende Daten:

9.11.0.5.9. = 28. Jan. 653
(4 Muluc 17 Kayab)
9.12.0.0.0. = 29. Juni 672
(10 Ahau 8 Yaxkin)
9.12.10.5.12. = 28. Aug. 682
(4 Eb 10 Yax)
13.0.0.0.0. = 23. Dez. 2012
(4 Ahau 8 Cumku)

Die ersten drei Daten registrieren in Cobá stattgefundene Ereignisse, das letzte zeigt das Ende eines über 5000 Jahre langen Zeitalters an. *Estela 1* weist auch die meisten Glyphen (313) auf und ist auf allen 4 Seiten bearbeitet.

Eine weitere guterhaltene Stele ist *Estela 4*, die sich inmitten eines kleinen Heiligtums mit Überdachung (sog. »falscher« Maya-Bogen) befindet. Aus diesem Grund sind die Inschriften ziemlich gut erhalten. Der Steinblock wurde nur auf einer Seite bearbeitet und zeigt eine Persönlichkeit, die auf zwei zusammengekauerten Figuren steht. Daneben befindet sich eine weitere kniende Figur. Der Text enthält 132 Glyphen, die sich zu neun Kolumnen gruppieren. In einigen von ihnen wurde das Maya-Datum 9.9.10.0.0. 2 Ahau 13 Pop, oder 21. März 623 ermittelt, das Datum eines Frühjahrsbeginns. Am Fuß der Stele wurde eine Opfergabe aus verschiedenen Meeresmuscheln und Fragmenten von Jadeketten gefunden. Das Datum auf *Estela 3*, die einen Mann mit Zeremonialstab zeigt, der auf einem Gefangenen steht, lautet vermutlich 9.10.0.0.0. 1 Ahau 8 Kayab (25. Jan. 633). Die übrigen Stelen sind zu stark verwittert, um für den Laien interessant zu sein. *Estela 2* trägt das Datum 4. Dez. 642, *Estela 6* das Datum 10. März 613, und *Estela 5* die Angabe 21. Aug. 662.

Las Pinturas: Diese Gruppe besteht aus mehreren, meist nur noch in Fundamenten erhaltenen Gebäuden, deren Dächer von

Cobá, Estela 4 im Grupo Macanxoc ▷

Zwischen diesen beiden Herrschern gab es allerdings zwei völlig unbekannte Throninhaber (8. und 9. Herrscher), die offensichtlich nur kurze Zeit, sprich zwischen 544 und 553 n.Chr., im Amt waren. Wahrscheinlich waren sie jüngere Brüder von Seerose-Jaguar oder ältere Brüder von Mond-Jaguar.

Im Jahre 1989 entdeckten Archäologen einen vollständigen Tempel innerhalb der *Estructura 10L–16*. Er erhielt den vorläufigen Namen *Rosalila*. Als man 1992 die Ausgrabungsarbeiten erweiterte, kam eine Hieroglyphenstufe als Teil der Treppe zum Vorschein. Auf ihr entzifferten die Experten ein Datum, das dem Jahr 571 n.Chr. während der Herrschaft von Mond-Jaguar entspricht, dem das Gebäude daher zugeschrieben wurde. Der Nachfolger von Mond-Jaguar hieß Butz' Chan, was soviel wie »Rauch-Schlange« oder »Rauch-Himmel« bedeutet (in der Maya-Sprache kann das Wort Chan beides heißen). Butz' Chan war ein weiterer langlebiger Herrscher. Schon im Alter von 15 Jahren kam er an die Macht und regierte 49 Jahre, bevor er am 23. Januar 628 verstarb. Seine Herrschaft plus die seiner beiden Nachfolger Rauch-Jaguar und Achtzehn-Kaninchen umfaßt 160 Jahre (578–738) der dynastischen Geschichte von Copán. In dieser Zeit wuchs die Bevölkerung von Copán am rasantesten, und die Stadt erlebte ihre größte soziale, politische und künstlerische Blütezeit. Vermutlich sorgten die langen Regierungsperioden dieser Herrscher für die soziopolitische Stabilität von Copán, die Voraussetzung für den unvergleichlichen Glanz war, den die Stadt in dieser Zeit ausstrahlte. Danach regierte nur noch Yax Pac, 20 Jahre später, über einen vergleichbaren langen Zeitraum.

Im Augenblick kennt man nur zwei Stelen, die Butz' Chan zuzuschreiben sind. *Estela 7*, die an der Stelle des heutigen Dorfs Copán Ruinas errichtet wurde, befindet sich nicht weit von ihrem ursprünglichen Standort im *Museo Arqueológico*, und *Estela P* ist an der Plaza Oeste der Acrópolis an der Basis der *Estructura 10L-16* zu finden, unweit des *Altar Q*. Vermutlich befand sich diese Stele ursprünglich vor dem Rosalila-Tempel, in dem Butz' Chan wohl regelmäßig seinen königlichen Vorfahren Respekt erwies.

Estela 6, die das Datum 681 n.Chr. trägt, führt den zwölften Herrscher und Nachfolger von Butz' Chan auf: Rauch-Jaguar oder Rauch Imix Gott K. Die Stele erwähnt auch dessen Erben, Achtzehn-Kaninchen, der 14 Jahre später den Thron bestieg. Rauch-Jaguar war ein sehr tatkräftiger und langlebiger Herrscher, der von 628 bis 695 die Macht innehatte. Unter seiner Herrschaft stieg das spätklassische Copán zur Großmacht in der Welt der Maya auf und erreichte die größte Flächenausdehnung seiner gesamten Geschichte. In seiner Lebenszeit errichtete Rauch-Jaguar über zehn Stelen, mindestens fünf Altäre und zwei architektonische Inschriften. Sein Name erscheint auf mehreren anderen Monumenten, manche Erwähnungen wurden jedoch postum angebracht (z.B. *Estela I* und *J*). Den kalendarischen Angaben zufolge wurde Rauch-Jaguar über 80 Jahre alt, was die Tatsache erklärt, daß die zwölfte Position auf *Altar Q* von einer Person eingenommen wird, die schlicht als »5 Katun« bezeichnet wird. Die Maya hielten hohes Alter besonders in Ehren, und Rauch-Jaguar zeichnete sich dadurch aus, daß er seinen fünften Katun (5. Periode von 20 Jahren) feiern konnte. Eine der größten Ironien der copanekischen Geschichte ist, daß Rauch-Jaguar auf *Altar L* in Quiriguá 652 n.Chr. als geehrter Gast und vielleicht sogar als Schutzherr des neuen Herrschers dieses Stadtstaats bezeichnet wird. 86 Jahre später, am 3. Mai 738 n.Chr., schlugen die Nachfahren des Königs von Quiriguá dem Nachfolger von Rauch-Jaguar, Achtzehn-Kaninchen, den Kopf ab.

Achtzehn-Kaninchen (in der neuesten Forschung auch »Waxaklahun Ubah« genannt) ist die dominierende Figur auf den Stelen der Gran Plaza (*A, B, C, D, F, H* und *4*). Sein Name erscheint unter der zweiten Figur (von links nach rechts gesehen) auf der Südseite des *Altar Q* in 13. Position. Achtzehn-Kaninchen ist es zuzuschreiben, daß die Bildhauer von Copán vom bisher gepflegten Flachrelief zur weitgehenden Vollplastik übergingen. Copán erreichte in dieser Zeit sein heute so gefeiertes Niveau ästhetischer und technischer Raffinesse. Unter der Führung von Achtzehn-Kaninchen nahm die Gran Plaza ihre heutige Gestalt an: Der Herrscher gab den größten Teil der hier gefundenen Stelen und Altäre in Auftrag. Auch die letzte Version des Ballspielplatzes und der prächtige *Templo 22* der Acrópolis

Copán, Estela B ▷

werden ihm zugeschrieben. Achtzehn-Kaninchen war tatsächlich der »König der Künste« von Copán.

Der nächste (14.) Herrscher von Copán, Rauch-Affe, regierte nur eine relativ kurze Zeitspanne von zehn Jahren, deren Turbulenzen wahrscheinlich darauf zurückzuführen sind, daß sein Vorgänger, Achtzehn-Kaninchen, in die Hände des Königs von Quiriguá gefallen war. Viele Experten gehen davon aus, daß Quiriguá in früheren Zeiten unter der Ägide Copáns gestanden hat. Vielleicht ist der drastische Wandel dieser Beziehung zwischen den beiden Städten der Grund dafür, warum Rauch-Affe keine eigenen Stelen errichtete. Der triumphierende Herrscher von Quiriguá, Cauac-Himmel, ließ dagegen in seiner Stadt die höchste Stele des Maya-Gebiets aufstellen. Auf dem Sockel der copanekischen *Estela N* wird Rauch-Affe als Vater des nächsten Herrschers genannt, und seine Namensglyphe erscheint unter der Person in der linken Ecke der Südseite von *Altar Q*, in 14. Position. Jüngste archäologische Untersuchungen von William und Barbara Fash schreiben die *Estructura 22A*, in einer Hieroglyphe als Popol Nah oder »Gemeindehaus« bezeichnet, dem Herrscher Rauch-Affe zu. Hier traf dieser sich mit seinen wichtigsten Beratern und Häuptlingen, um Staatsangelegenheiten zu besprechen.

Der 15. Herrscher stiftete die prächtige Hieroglyphentreppe der *Estructura 10L–26* sowie die *Stelen M* und *N*. Das Hauptsegment seines Namens haben einige Experten als Cuc interpretiert, das auf maya »Eichhörnchen« bedeutet, andere neigen dazu, den Herrscher »Rauch-Muschel« zu nennen. Sein Nachfolger, Yax-Pac, erwähnt ihn oft, zum Beispiel auf der *Tribuna de Espectadores* (Zuschauerbühne) des *Templo 11*. Das Hauptelement des Namens ist unter der sitzenden Figur in 15. Position von *Altar Q* zu finden (ganz rechts auf der Frontseite). Die Hieroglyphentreppe mit über 1250 erhaltenen gravierten Steinblöcken ist ein historischer Text, der die Taten von Rauch-Muschels Vorgängern erzählt. Die Daten und Namen mehrerer Herrscher, deren Monumente von den Nachfolgern zerstört wurden und heute von den Archäologen als Füllmaterial späterer Bauten freigelegt werden, sind in diesem einzigartigen Text zu identifizieren. Die Herrscher sind in den Figuren abgebildet, die in der Mitte der Treppe sitzen, sowie auf der Spitze des Tempels, wo sie in vollem Kampfornat erscheinen. Einige der referierten Ereignisse beziehen sich auf Schlachten und Eroberungen der Könige, was William Fash dazu veranlaßte, den Hauptzweck des Monuments darin zu sehen, den Copaneken nach der demütigenden Niederlage von Achtzehn-Kaninchen ihren Stolz als Kriegsherren wiederzugeben.

Der Name des 16. Herrschers, der auf der Frontseite von *Altar Q* erscheint, ist auf vielen anderen Monumenten zu finden, die meisten davon in der Hauptgruppe, viele aber auch außerhalb. Dieser letzte Herrscher – Sohn einer Frau von königlicher Abstammung aus Palenque (Mexiko) – ließ die Acrópolis praktisch neu errichten und gab den heutigen Gebäuden ihre endgültige Form. Die Inschriften, die seine Inthronisierung zum Inhalt haben, sind die zahlreichsten in der Geschichte Copáns. Vergleicht man die verschiedenen Texte, die auf die Thronbesteigung anspielen, findet man eine große Vielfalt an Glyphen für seinen Namen, und sie alle lauten Yax-Pac oder Yas-Pas, was in der Maya-Sprache »Frühlicht« oder »Aufgehende Sonne« bedeutet. Yax Pacs Amtszeit war von dem Bemühen geprägt, die Zentralgewalt in der geschwächten Form, wie er sie von seinen Vorgängern übernommen hatte, wenigstens zu bewahren. Doch der Versuch, den Staat zusammenzuhalten, indem er den Status und den Wohlstand seiner untergebenen Amtsträger anhob, scheint den Adel nur noch gestärkt zu haben. Die letzten Jahre von Yax-Pac finden sich nirgends verzeichnet. Das Katun-Ende von 810 n.Chr. wird nicht in Copán, sondern in Quiriguá erwähnt. Danach hat Yax-Pac dort die Zeremonie zusammen mit dem neuen Herrscher von Quiriguá, Jade-Himmel, begangen. Möglicherweise hatte man den Herrscher zu dieser Zeit aus seiner Heimatstadt vertrieben, denn Maya-Könige pflegten große Zeremonien gewöhnlich nicht an fremden Orten zu feiern. Mit dem Tod von Yax-Pac, dessen genaues Datum wir nicht kennen (die 820 n.Chr. geweihte *Estela 11* stellt Yax-Pac als Verstorbenen dar), sank der Stern von Copán endgültig. Yax-Pacs Nachfolger, U-Cit-Tok, bestieg zwar am 9.19.11.14.5, 3 Chic-

Copán, Estela C, Ostseite ▷

chan 3 Uo (10. Febr. 822) den Thron, doch Altar L, der auf dem Hügel nördlich des Ballspielplatzes aufgestellt wurde und die Inthronisierungszeremonie protokollierte, blieb unvollendet. Offenbar brach während der Arbeit des Bildhauers die Zentralgewalt in Copán zusammen, und der Künstler sah keinen Grund mehr, sein Werk abzuschließen. Das übervölkerte Copán hatte Raubbau mit der Natur getrieben, und die letzten Bewohner verließen vor etwa tausend Jahren ein verwüstetes Land: eine Mahnung an die Menschen von heute, diesem Beispiel nicht zu folgen.

Besichtigung: Dieser Rundgang durch die Hauptgruppe von Copán beschreibt zunächst den berühmten Stelenwald des Zeremonialbereichs von Copán; anschließend geht es zum Komplex der Acrópolis mit West- und Ostplatz. Wer sich das Beste bis zum Schluß aufsparen will, kann den Rundgang auch in umgekehrter Reihenfolge absolvieren. In diesem Fall geht man am inneren Eingang nicht geradeaus weiter, sondern biegt auf den Pfad links ab. Einige Stelen wurden mittlerweile mit Dächern versehen, was das Fotografieren erschwert. Bei tiefstehender Sonne, also morgens und spätnachmittags, leuchten die Stelen am intensivsten, außerdem sind dann die Glypheninschriften besser zu lesen, die mittags im gleißenden Sonnenlicht zu verschwimmen drohen. Die Führer, die sich am Eingang zur Ruinenstätte anbieten, leisten allenfalls eine gewisse Orientierungshilfe, die wenigsten sind jedoch mit den archäologischen Glyphenentzifferungen vertraut. Die Zahlen auf der Skizze der Ruinenstätte bezeichnen die Numerierungen, die Archäologen den Stelen, Altären und Tempeln von Copán gegeben haben.

GRAN PLAZA

Estela A: Die Figur dieser auf pyramidenförmigem Sockel ruhenden, 3,5 m hohen Stele zeigt einen Kopfputz aus steif geflochtenen Bändern, über dem ein Totenschädel thront. Die Ohren schmücken riesige Ohrpflöcke. Die Nase ist verwittert, um so markanter treten die ausdrucksvollen, mandelförmigen Augen und das fliehende Kinn hervor. Die Person, die ein Herrscherzepter in der Hand hält, trägt einen kurzen Rock, von dem röhrenförmige Perlen und Quasten herabhängen. Ein langes, schmales Band reicht bis zu den Füßen hinunter. Groteske Masken grinsen von der Frontseite der Stele. Unter den 52 sehr schön skulptierten Glyphen an der Rückseite und den Schmalseiten erscheint das Datum der Initialserie 9.15.0.3.0 (731 n. Chr.) Andere Glyphen repräsentieren die Symbole mehrerer Maya-Städte wie Palenque, Tikal und Calakmul. Das kreuzförmige, kryptaartige Gewölbe unterhalb der Stele, das Opfergaben aufnahm, wurde offengelassen, um den Besuchern einen Einblick zu gewähren.

Estela 4: Die fast vollplastisch gestaltete Stele zeigt eine Figur, die geradewegs fortzumarschieren scheint: nur der Kopfschmuck hält sie an der Stele fest. Das Antlitz ist stark verwittert, dennoch erinnert der feinfühlige Ausdruck an die Figur auf *Estela A*. Die Beine sind in einem Winkel von 45° gegeneinandergesetzt. Wahrscheinlich stellt die Person König Achtzehn-Kaninchen dar. Auf der Rückseite umschließt ein Geflecht von Quasten zwei vertikale Glyphenbänder, unter denen das Datum 726 n. Chr. zu entziffern ist, das heißt die Initialserie 9.14.15.0.0. Die hinter der Stele sitzende enthauptete Figur wurde im Gewölbe der Stele gefunden, ebenso der quadratische *Altar I*, den man vor die Stele gestellt hat. Ein Seilmotiv schlingt sich um diesen Opferaltar, auf seiner Oberfläche ist eine kleine Öffnung zu sehen, von der zwei Kanäle in verschiedene Richtungen ausgehen. Auf dem Altar hat Sylvanus Griswold Morley 1920 ein frühes Datum gelesen, den 7.1.13.15.0 (9. Okt. 321 v. Chr.), ein Zeitpunkt, der dem Beginn der Niedergangsphase des spät-vorklassischen Copán sehr nahe liegt. Allerdings fehlt ein Bericht über die Ereignisse an jenem Tag.

Estela B: Diese auf das Jahr 731 n. Chr. datierte bifrontale Stele (9.15.0.0.0) beschäftigt die Archäologen von Copán am meisten, und das aus zwei Gründen. Zum einen hat das orientalische Aussehen von Antlitz und Kleidung der Person und der kleinen Köpfe, die von der überladenen Skulptur schauen, Anlaß zu vielen Spekulationen gegeben und unter anderem die These untermauert, daß die indigene Bevölkerung Mesoamerikas

Copán, Plan der Ruinenstätte ▷

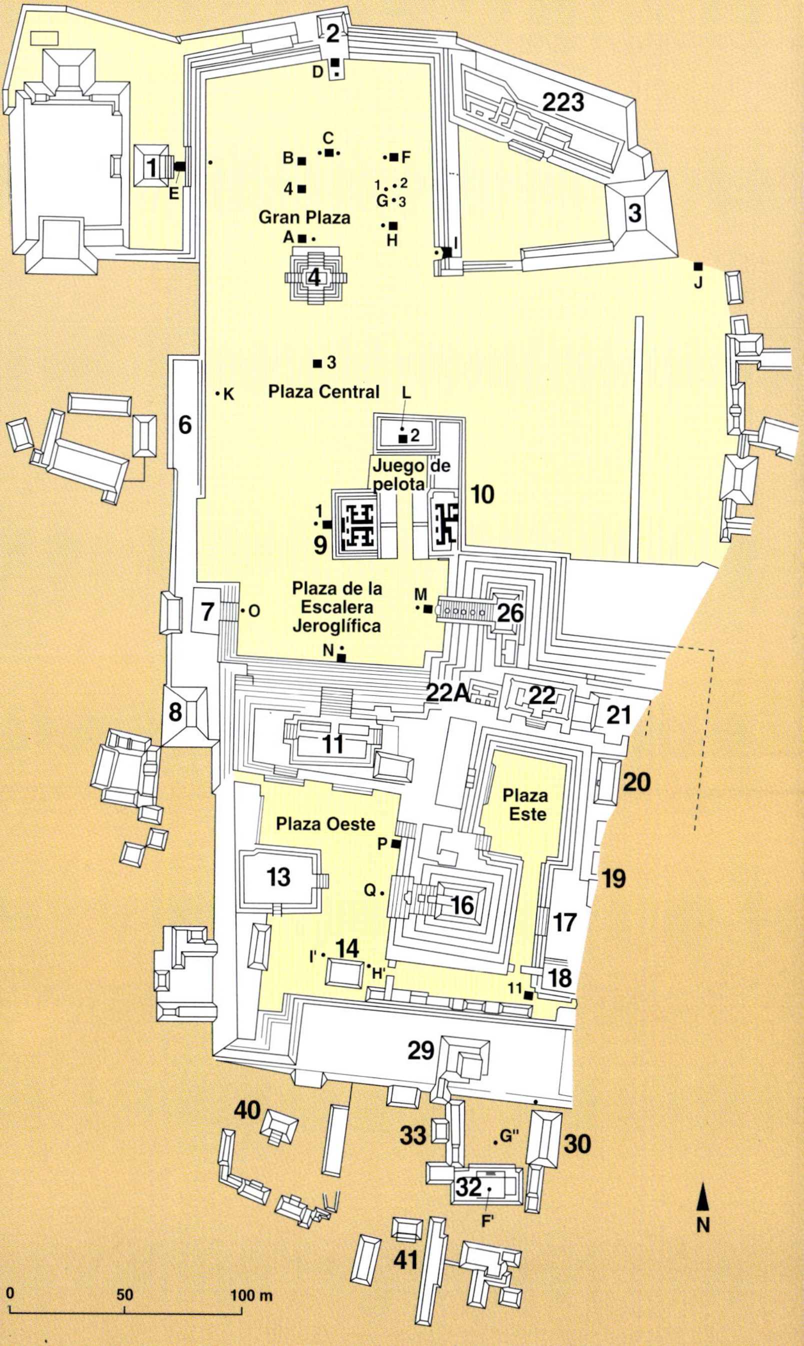

2
D
223
C
B
F
1
E
4
1
2
G
3
3
Gran Plaza
A
H
I
4
J
3
K
Plaza Central
L
6
2
Juego de pelota
10
1
9
Plaza de la Escalera Jeroglífica
M
7
O
26
N
22A
22
21
8
11
20
Plaza Este
Plaza Oeste
P
13
19
Q
16
17
I'
14
H'
18
11
29
40
33
G''
30
32
F'
N
41
0
50
100 m

Copán, Estela C, Westseite

Copán, Estela D

aus Asien eingewandert ist. Zum einen trägt das mongolisch wirkende Gesicht der Person einen gewickelten, turbanartigen Kopfschmuck. Zum anderen erinnern die Skulpturen an der Spitze der Stele an Elefantenrüssel, doch woher sollten die Maya diese Dickhäuter, indische Elefanten übrigens, kennen? Der Archäologe Herbert Spinden lieferte schließlich eine plausible Erklärung: Die Rüssel, so meinte er, seien nichts anderes als Ara-Schnäbel mit übertrieben dargestellter Krümmung. Neuere Forschungen haben ergeben, daß die Stele die Thronbesteigung des Königs Achtzehn-Kaninchen illustriert. Der Herrscher kommt aus dem Rachen des Erdungeheuers hervor und wird so mit der aufgehenden Sonne gleichgesetzt. Das gesamte Monument repräsentiert die Erde in Form eines zweiköpfigen Monsters. Auf der Ostseite ist der vordere Kopf in Frontalansicht zu sehen, aus dem der König hervorkommt. Mit beiden Händen hält er ein Zepter in Form einer mehrköpfigen Schlange, aus deren geöffnetem Rachen übernatürliche Wesen mit verschiedenen Opfersymbolen hervorkommen. Der König trägt einen Gürtel mit Schneckengehäusen, auf dem Lendenschurz ist ein Sonnenbildnis zu erkennen. Auf der (rückwärtigen) Westseite der Stele erscheint der hintere Kopf des Ungeheuers als von oben gesehene riesige Maske mit Wassersymbolen und Glyphen, in deren Stirnspalte der Dynastiegründer sitzt: eines der frühesten bekannten Beispiele für die berühmten, im Schneidersitz abgebildeten Figuren von Copán, wie sie auf *Altar Q* zu sehen sind. Auch diese Figur trägt orientalisch wirkende Kleidung. Weitere Masken reihen sich im Norden und Süden an den Schmalseiten der Stele aneinander, die den Körper bilden. Es war diese Darstellung von Achtzehn-Kaninchen, die den guatemaltekischen Schriftsteller und Nobelpreisträger Miguel Angel Asturias zu folgender poetischer Beschreibung anregte, die in seinen *Leyendas de Guatemala* nachzulesen ist: »In der Stadt Copán führt der König seine Rehe mit silbernem Fell in den Gärten des Palasts spazieren. Die mit Schmuck verzierte Nahual-

Copán, Estela D, Rückseite

Copán, Estela F

Feder schillert auf der Schulter des Herrschers. Auf der Brust trägt er magische Muschelschalen, aufgereiht auf goldenen Fäden. Seine Vorderarme schmücken Armbänder aus Bambus, die so glänzen, daß sie sich mit dem feinsten Elfenbein messen könnten. Auf seiner Stirn richtet sich prachtvoll eine Reiherfeder auf ...«

Estela C: Diese Stele, auf der an beiden Seiten Personen abgebildet sind, zählt zu den ältesten in Copán. Reste der originalen roten Bemalung blieben erhalten, vermutlich weil die Stele Hunderte von Jahren umgestürzt war, mit dem Gesicht der Figur am Boden. Die nach Osten blickende Person zeigt einen älteren Patriarchen mit einem weisen, in sich gekehrten Gesichtsausdruck und einem langen, wallenden Bart. Wesentlich jünger, aber dennoch zuversichtlich erscheinend, ist die nach Westen blickende bartlose Person abgebildet. Die beiden Figuren könnten sehr wohl Vater und Sohn darstellen. Vielleicht tritt hier auch ein jüngerer Mann in die Fußstapfen seines Vorgängers: beide sind nämlich mit Zeremonialstäben abgebildet. Die Arme beider Figuren ruhen auf Simsen, die vom Bund ihrer Röcke gebildet werden. Ihr Datum lautet 9.14.0.0.0 (711 n. Chr.). Damit wird nicht nur das Katun-Ende bezeichnet, sondern zugleich das erste Sichtbarwerden der Venus als Abendstern: das gleiche Datum, das auch mit *Estela 16* in Tikal feierlich zelebriert wird. Die im offiziellen, in Copán erhältlichen Ruinenführer angegebene spätere Datierung 9.14.19.5 (730 n. Chr.) ist offenkundig unkorrekt. *Estela C* besitzt zwei Altäre: Der Altar im Westen ist als riesige, zweiköpfige monströse Schildkröte gestaltet, deren Klauenfüße separat skulptiert wurden. Der quadratisch gestaltete Altar im Osten zeigt dagegen unvollendet gebliebene Skulpturen.

Estela E: Die auf der Plattform, die den Hof im Westen begrenzt, aufgestellte Stele zeigt eine Person sowie Hieroglyphenschmuck. Sie datiert von 544 n. Chr. (9.5.10.0.0) und darf damit als die älteste der Stelengruppe gelten.

Copán, Altar G 1

Estela D: Die am Nordende der Plaza vor dem Erdhügel von *Templo 2* aufgestellte Stele zeigt eine seltsam aussehende Person in einer Maske. Es soll sich dabei um Achtzehn-Kaninchen handeln, der auch auf *Estela 4* abgebildet ist und 737 n.Chr. vom König von Quiriguá gefangengenommen wurde. Die Archäologin Mary Miller glaubt, daß Achtzehn-Kaninchen nach längerer Gefangenschaft dort während eines Ballspiels geopfert wurde, wahrscheinlich durch Enthauptung. (Diesen Schluß legt eine identifizierte »Beil«-Glyphe nahe, die vornehmlich im Kommentar zu Enthauptungsszenen verwendet wurde, oder als Annex zu den Namen von Göttern, die beim Akt der Selbstenthauptung gezeigt werden.) Die eine Grimasse schneidende Person trägt langes Haar und einen Ziegenbart. Die Frontseite zeigt eine Fülle von Details, dennoch interessieren sich die Forscher mehr für die Rückseite, denn sie ist mit vollplastischen, exzellent erhaltenen Glyphen skulptiert. Aus ihnen läßt sich das Datum 736 n.Chr. (9.15.5.0.0) herauslesen. Die letzte Glyphe auf der Stele zeigt die Figur einer Fledermaus: das Emblem von Copán. Achten Sie auch auf die siebtletzte Glyphe von unten (linkes Band). Der Künstler hat hier eine Steinkugel eingefügt. Davor erscheint die Glyphe für die Zahl 18. Man kann also »18 Ball« lesen. In der Mythologie der Maya wurde ein Kaninchen überredet, sich während eines Spiels zu einem Ball zu kringeln, um die Götter der Unterwelt zu verwirren. Mary Miller sieht darin ein Wort- oder besser »Glyphenspiel« des Künstlers, das König Achtzehn-Kaninchen schmeicheln sollte. Wahrscheinlich bezieht sich auch die Endglyphe des Ballspielmarkierungszeichens, das sich heute im *Museo de Copán* befindet, auf den Herrscher Achtzehn-Kaninchen. Vor *Estela D* befindet sich das Grab von John Owens, eines der ersten Archäologen, die in Copán arbeiteten. Owens verliebte sich so sehr in das Projekt, daß sein letzter Wunsch lautete, hier begraben zu werden, als er 1893 bei Grabungsarbeiten an Malaria starb. Diesem tropischen Fieber sind einige Maya-Forscher zum Opfer gefallen.

Copán, Altar G3

Estela F: Der auf dieser Stele abgebildete Würdenträger ist eine der wenigen Figuren von Copán, die eher Furcht als Verehrung einflößen. Sie zeigt einen Mann mit einem seltsamen Schnurrbart, der sich sowohl mit seinem Bart als auch mit seinem Haar verbindet. Vielleicht handelt es sich aber auch um ein Gesichtsornament, wie es auf der »orientalischen« *Estela B* zu sehen ist. Die Augen der Person lodern. Die Rückseite dieser Stele gilt als eine der attraktivsten von Copán. Die zurückgeschlagene mantelartige Kleidung der Figur zeigt gürtelartige Ketten, in denen Gruppen aus jeweils vier Glyphen eingelassen sind. Ein Arrangement aus Federn, die mit Knöpfen und Quasten befestigt sind, rahmt sie ein. Die Stele datiert von 721 n.Chr. (9.14.10.0.0). Vor *Estela F* ist ein zweiköpfiger, zoomorpher Altar aufgestellt.

Altares G: Die drei kleinen Altäre zwischen *Estela F* und *Estela H* zeigen doppelköpfige Schlangen. Zwei sind gefiedert und mit krummen Rücken dargestellt. Der größere, dritte Visionsschlangenaltar (G1) trägt das skulptierte Datum 800 n.Chr. (9.18.10.0.0), das drittletzte, das in Copán eingemeißelt wurde. Dieser Altar gilt als Meisterwerk der Bildhauerkunst. Er stellt das doppelköpfige Kosmische Monster mit dem skelettierten Kopf am einen und dem lebendigen Kopf am anderen Ende dar. An beiden Seiten trägt es eine spezielle Inschrift. Auf der Nordseite ist die Altarweihe »im Land von Yax-Pac« protokolliert, auf der Südseite steht der Name Yahau-Chan-Ah-Bac.

Estela H: Wie *Estela B* hat auch dieses Denkmal viele Kontroversen ausgelöst, diesmal um das Geschlecht der abgebildeten Person. Mittlerweile kann kaum noch ein Zweifel daran bestehen, daß die Stele eine pausbäckige weibliche Figur abbildet, die ein bis zu den Knöcheln reichendes Jaguarfell trägt. Dieses bedeckt ein gitterartiger Überrock, der vermutlich aus röhrenförmigen Jadeperlen gefertigt wurde. Wie bei den männlichen Figuren sind auch hier Kopf und Gliedmaßen im Vergleich zum restlichen Körper überproportional groß abgebildet,

Copán, Estela I

Copán, Estela N

der Kopf scheint mitsamt dem überdimensionalen Kopfschmuck umzukippen. Die Person ist fast vollplastisch skulptiert. Eine Vielzahl von Quetzalfedern strahlen fächerartig vom Kopfschmuck aus. An den Flanken der Figur winden sich Schlangen um Figürchen von Jugendlichen, die aus Medaillons blicken. Auch auf der Rückseite der Stele erscheint ein rahmendes Flechtwerk von Federn, Knöpfen und Quasten, darüber thront ein Bild des Schlangenvogels. Das Datum der Initialserie wird gelegentlich als 9.17.12.0.0. (782 n.Chr.) oder 9.16.0.0.0 (751 n.Chr.) gelesen. In der kreuzförmigen Krypta der Stele hat man einen der interessantesten Funde Copáns gemacht: zwei kleine Fragmente eines goldenen Anhängers, der absichtlich zerstört wurde. Laboruntersuchungen haben ergeben, daß der Schmuck entweder aus Panama oder Kolumbien stammt. Es handelt sich hierbei um die einzigen Metallfunde, die jemals in Copán gemacht wurden: Gold und andere Metalle waren den Maya unbekannt, wie schon die spanischen Eroberer enttäuscht feststellten.

Estela I: Diese in einer Nische aufgestellte Stele, vor der sich ein Altar befindet, zeigt eine männliche Person und datiert von 675 n.Chr. (9.12.3.14.0).

Estela J: Die Stele versteckt sich im äußersten Osten der Plaza Central. Sie ist die einzige der Hauptgruppe, die keine menschliche Figur abbildet. Alle vier Seiten sind mit Glyphen versehen. Auf der Westseite sind die Glyphen in einer Maske arrangiert, ähnlich wie bei *Estela B*; die anderen drei Seiten zeigen Glyphen in diagonaler Anordnung. Dieses Webmuster soll eine Binsenmatte *(petate)* darstellen, die bei den Maya als Symbol für Autorität, sprich für den Königsthron, galt. Auf solchen Matten saßen die Maya-Herrscher, wenn sie Rat hielten. Sehr wahrscheinlich ähnelten diese Matten weitgehend denen, die heute noch in ganz Mittelamerika verwendet werden. Die einzige andere bekannte Stele, die ein solches diagonales Webmuster zeigt, ist *Estela H*

Copán, Estela H ▷

Copán, Estela N, Schmalseite

Copán, Estela M

in →Quiriguá. Herrscher Achtzehn-Kaninchen protokolliert hier seine eigene Thronbesteigung sowie die seines unmittelbaren Vorgängers Rauch-Jaguar. Das Datum von *Estela J* lautet 702 n.Chr., das entspricht der Initialserie 9.13.0.0.0. Der Altar vor der Stele ist unter anderem mit einem Jaguarkopf geschmückt.

PLAZA CENTRAL UND PLAZA DE LA ESCALERA JEROGLÍFICA

Estela 3: Die Stele wurde in drei Teile zerbrochen aufgefunden, restauriert und wieder aufgestellt. Ihre Nord- und Südseite ist mit Personen geschmückt, die Schmalseiten zeigen Hieroglyphen. Ihr Datum wurde als 9.11.0.0.0 (652 n.Chr.) gelesen.

Altar K: Dieser glyphengeschmückte Steinblock trägt als Datum die Initialserie 9.12.16.7.8 (688 n.Chr.).

Altar O: Der als zweiköpfige gefiederte Schlange skulptierte Steinblock weist keine Glyphen auf. Er steht auf einem pyramidenförmigen Sockel, am Fuß der Treppe, die zum *Templo 7* hinaufführt.

Altar 41: Bei diesem Altar handelt es sich um einen quadratischen Steinblock, dessen Hauptfront sich zur Plaza wendet. An zwei seiner Kanten ist die von Yax-Pac durchgeführte Weihezeremonie protokolliert, auf den anderen beiden Rändern sind ein Kosmisches Monster und eine Kröte zu sehen. Das Weihedatum, der 9.17.0.0.0, 13 Ahau 18 Cumku (24.Jan. 771) ist als Termin einer Sonnenfinsternis in den einschlägigen Tabellen des berühmten Manuskripts *Codex Dresdensis* seit langem bekannt.

Estela N: Diese Stele befindet sich auf der Südseite des Großen Hieroglyphen-Hofs, am Fuß der großen Treppe, die zum Templo 11 hinaufführt. Wie auf *Estela C* sind auch hier Personen auf beiden Seiten abgebildet, doch hier ähneln sich die beiden Figuren. Unterschiede sind in erster Linie beim Brustschmuck, bei den Schärpen und beim

Copán, Hieroglyphentreppe

Arrangement des Kopfschmucks auszumachen. Ansonsten sind die beiden Seiten weitgehend identisch. Beide Figuren tragen schmuckvolle Ohrpflöcke und besonders kompliziert geflochtenen Kopfputz. Beide zeigen verkümmerten Körperwuchs und blicken aus einer Fülle verschlungener Steinornamentik auf die Plaza. Die Schmalseiten der auf einem glyphengeschmückten Sockel ruhenden Stele zeigen nackte Männer mit Helmen. *Estela N* ist mit 761 n. Chr. (9.16.10.0.0) datiert und wurde vom Vater des großen Herrschers Yax-Pac, König Rauch-Eichhörnchen oder Rauch-Muschel, gestiftet, den sie vermutlich darstellt. Auf dem Sockel ließ Rauch-Muschel das Inthronisationsdatum seines Vaters, Rauch-Affe, einmeißeln, das auch auf den Stufen 40 und 39 der Hieroglyphentreppe erscheint. Rauch-Muschel bestieg den Thron am 9.15.17.13.10, 11 Oc 13 Pop (18. Febr. 749), 14 Tage nach Rauch-Affes Ableben. Vor der Stele befindet sich ein zoomorpher Altar mit vier Masken, die in die vier Himmelsrichtungen blicken.

Estela M: Diese Stele steht vor der Basis der Hieroglyphentreppe. Das Antlitz der Person ist zwar vollständig verwittert, doch trägt sie einen kostbaren Federmantel, der bis zur Rückseite der Stele schwingt und dort den Rahmen für die Glyphen bildet. Das eine Sonnenfinsternis bezeichnende Datum lautet 756 n. Chr., das entspricht der Initialserie 9.16.5.0.0. Vor der Stele befindet sich ein schöner zoomorpher Altar, der aus drei verschiedenen Stücken gefertigt wurde. Er zeigt eine doppelköpfige Schlange mit einem Menschenkopf im Rachen.

Escalera jeroglífica: Die von Herrscher Rauch-Muschel (Rauch-Eichhörnchen) gestiftete Hieroglyphentreppe gehört zu den Wunderwerken von Copán. Sie gilt als eines der bedeutendsten Kulturdenkmäler der Neuen Welt und als einzigartiger Ausdruck des königlichen Wegs zur Welt des Übernatürlichen. Leider wird sie inzwischen von einer extrem häßlichen und schmutzigen Schutzplane in Dämmerlicht getaucht, die das Fotografieren äußerst erschwert. Es ist

Copán, Hieroglyphentreppe

mehr als erstaunlich, daß man in Copán ein so teures Museum gebaut hat, gleichzeitig aber die Kunstwerke auf dem Platz mit dermaßen primitiven Methoden vor den Einflüssen der Witterung schützt. Die Faszination dieser Treppe geht damit weitgehend verloren. Dieses in Stein gemeißelte Buch ist 10 m lang und fast 21 m hoch. Es handelt sich damit um die längste Glypheninschrift aller Maya-Stätten, deren Kalligraphie Inthronisation und Tod jedes einzelnen Königs der copanekischen Dynastie verzeichnet. Die Treppe besteht aus 64 Stufen, jede Stufe faßt im allgemeinen 35 Glyphen. Da die Treppe einst wohl mehr als die 64 rekonstruierten Stufen besaß, ist davon auszugehen, daß sie einst mit etwa 2200 Glyphenblöcken geschmückt war. Leider ist ein großer Teil der Blöcke schon vor langer Zeit abgebrochen. Eine Zentralpartie schlitterte hinunter: Sie blieb dabei zwar intakt, befindet sich aber heute nicht mehr an ihrem ursprünglichen Standort. Die unteren 13 Stufen, die an Ort und Stelle blieben, wurden vom Peabody-Museum restauriert, die Carnegie Institution setzte die übrigen Blöcke wieder zusammen, doch vermag niemand zu sagen, wie viele von ihnen sich heute an ihrem ursprünglichen Standort befinden. Das macht die komplette Entzifferung der Inschrift wahrscheinlich für immer unmöglich. Am leichtesten zu lesen sind noch die verschiedenen Datumsglyphen: Sie umfassen einen Zeitraum von 544 bis 744 n.Chr. Schlangenvögel und Schlangen flankieren die Treppe zu beiden Seite. Auf jeder zehnten Stufe der Treppenmittelachse sitzt eine lebensgroß skulptierte Person. Dabei handelt es sich um Rauch-Muschels unmittelbare Vorgänger in der Dynastiefolge: Rauch-Affe, Achtzehn-Kaninchen, Rauch-Jaguar, Butz' Chan und Mond-Jaguar. Diese Ahnen sind in den Ornat des Tlaloc-Venus-Kriegertums gehüllt. Eine Figur wurde schon früh ins Peabody-Museum verbracht, um dort restauriert zu werden. Glaubt man dem Archäologen Hellmuth, so zeigt der Kopfschmuck dieser Würdenträger deutliche Einflüsse aus Teotihuacán (Mexiko). Morley gibt das Baudatum der Treppe mit 710 n. Chr. und das offizielle Weihedatum mit 743 n.Chr. an. Tatsächlich wurde die Treppe auf Anweisung von Rauch-Muschel errichtet, dem vorletzten Herrscher von Copán, um die Geschichte der Herrscherdynastie von Copán bis zu diesem Zeitpunkt zu schildern und dabei die Kriegskunst seiner Vorfahren zu glorifizieren. Rauch-Muschel bestieg den Thron 747 n.Chr. und ist vermutlich auf *Estela N* abgebildet. Die gängige Datierung der Treppe lautet 9.16.1.16.0 (753 n.Chr.). Im Zentrum der Treppe befindet sich noch eine Altarplatte, die mit Schlangenköpfen verziert ist.

Die Stufen klettern hinauf zu *Templo 26*. Oben auf einer Plattform angelangt, führen weitere acht Stufen zur obersten Ebene hinauf. Hier befinden sich eine anthropomorphe Skulptur und der Tempel, dessen Innenraum mit einem prächtigen Glyphenfries verziert ist, der menschenähnliche Motive enthält. Etwa einen Meter vom südlichen Glyphenband der Treppe entfernt führt ein kleiner Eingang in ein erst vor kurzem entdecktes Grab und zu den Überresten einer früheren Konstruktion, die direkt unter Templo 26 liegt. Ein Teil der Fassade und eine Maske sind immer noch zu sehen. Es handelt sich

Copán, Hieroglyphentreppe ▷

Copán, Juego de pelota

dabei um die *Estructura 10L–26*, den sog. *Templo de Papagayo*. In dessen rückwärtiger Kammer hat man eine in drei Teile zerbrochene Stele gefunden, die das Datum 9.0.0.0.0 trägt. Ihr Test bezeichnet Yax-K'uk-Mo als amtierenden Herrscher zum Zeitpunkt der Baktun-Wende, weist aber dessen Sohn, Nummer 2 in der dynastischen Folge, als den Stifter des Monuments aus. Die Tatsache, daß der Name von Yax-K'uk-Mo hier in Verbindung mit demselben Datum erscheint, das ihm später auch Achtzehn-Kaninchen zuordnete, liefert den Beweis dafür, das Yax-K'uk-Mo keine Erfindung späterer Könige war, die aus politischen Gründen ihrer Linie eine rühmliche Vergangenheit geben wollten, sondern wirklich gelebt hat. Mittlerweile wird immer deutlicher, daß der Papagayo einst Teil eines umfassenden Architekturprogramms vordynastischer Zeit war und auch noch in den Jahrhunderten nach dem Tod des Dynastiegründers ein Hauptschauplatz kultischer Handlungen blieb. Rauch-Muschel wählte beim Bau der Hieroglyphentreppe höchstwahrscheinlich *Estructura 10L–26* als Standort, weil er wußte, daß tief unter deren Fundamenten ein Tempel des Stammvaters seines Geschlechts verborgen lag.

Juego de pelota: Copán besitzt den vielleicht perfektesten aller Ballspielplätze der klassischen Maya-Zeit. Im Vergleich zu den Plätzen in Yucatán fällt er allerdings relativ klein aus. Er ist nach Süden hin offen und wird im Norden von einem Stufenbau geschlossen, auf dem eine Stele steht. Erstmals angelegt wurde er im 6. Jh., im 8. Jh. ließen ihn die Herrscher von Copán zweimal wiedererrichten. Die letzte Bauphase wird (umstritten) mit 9.15.6.8.13 (738 n. Chr.) datiert. Nur hundert Tage später wurde Achtzehn-Kaninchen, der Bauherr der Endphase des Ballspielplatzes, in Quiriguá enthauptet. Man nimmt daher an, daß der Herrscher Copáns bei dem Versuch besiegt wurde, in Quiriguá Gefangene zur Opferung im Rahmen der Weihezeremonie zu erbeuten. Sechs stilisierte Papageienköpfe sind an den oberen Enden der seitlichen Böschungen

Copán, Juego de pelota

angebracht (geflügelte Symbole der Tagessonne), darüber erhebt sich auf beiden Seiten ein Tempelchen, dessen Kammern vermutlich als Unkleidekabinen und Ruheräume der Spieler dienten. Vor einigen Jahren hat man an einer anderen Stelle der Stätte einen Arakopf gefunden, der in den oberen Ost-Mitte-Tempel integriert wurde. Die Steinböschungen dienten wohl dazu, um den Ball während des Spiels abprallen zu lassen. Auf den Stufen darüber saßen vermutlich die vornehmen Leute von Copán, um sich das Spiel anzusehen. In den 30er Jahren grub Gustav Stromsvik drei skulptierte Markiersteine aus, die aus der zweiten Bauphase stammen (heute im *Museo de Copán*), und den Maya-Forschern wertvolle Aufschlüsse über das Ballspiel lieferten. Diese drei Markiersteine wurden in gleichen Abständen in den Boden der noch immer gepflasterten Ballspielgasse eingelassen und blieben deshalb erhalten, weil die dritte Bauphase sie überdeckte. Diese in Form eines vierblättrigen Kleeblatts gehaltenen Zeichen (seit olmekischer Zeit ein Symbol für den Eingang zur Unterwelt) bilden drei Phasen des Spiels ab. Alle drei Spielfeldmarkierungen spiegeln die Vorstellung wider, die den Ballspielplatz genauso als Tor ins Jenseits ansah, wie es das innerste Heiligtum der Tempel war. Den Maya galt der Ballspielplatz als Arche, die auf den Wassern der Unterwelt schwamm, und das Spielfeld war so etwas wie ein gläserner Boden an dieser Arche, der Durchblicke in die Unterwasserwelt der Xibalbaner gewährte. Dort vollzog sich – in der Zeitlosigkeit des Mythos, wie er dann zum Inhalt des *Popol Vuh* wurde – die immerwährende Konfrontation der Menschheit mit dem Tod. Auf dem ersten und dritten Markierstein hängt der Ball von einem Seil: vermutlich Beginn und Ende des Spiels. Auf Markierstein 2 sind zwei Spieler in kunstvollem Gewand abgebildet, die kniend den Ball zu schlagen versuchen. Die zwei Glyphen darunter weisen sie als Hunahpú – Held aus dem *Popol Vuh* – und als den Opfergott der Maya aus. König Achtzehn-Kaninchen erwähnt die letzte Glyphe des Steins.

Estela 2: Die am Nordende des Ballspielplatzes aufgestellte Stele (Kopie; das Original befindet sich im neuen *Museo de Escultura Maya*) zeigt auf der Ostseite einen Würdenträger, während Rückseite und Schmalseiten mit Glyphen geschmückt sind. Ihr Datum lautet 9.11.0.0.0 (652 n.Chr.).

Altar 1: Der am Fuß der Westtreppe von *Templo 9* im Westen des Ballspielplatzes befindliche Altar zeigt auf seiner Hauptseite eine Glypheninschrift, in der man das Datum der Initialserie 9.10.15.0.0 (647 n. Chr.) entziffert hat.

ACRÓPOLIS

Der Name dieses 38 m hohen, etwa 5 ha großen Komplexes bezeichnet die Gebäude südlich des Hieroglyphenhofs. Sie alle erheben sich auf einem riesigen Sockel, den einst der Río Copán begrenzte, bevor man ihn umleitete. Die Ostflanke haben Hochwasser des Flusses teilweise fortgespült. Was blieb, sind die Gebäude rund um *Plaza Oeste* (Westplatz) und *Plaza Este* (Ostplatz).

Plaza Oeste: Im Süden des Hieroglyphenhofs führen zerbrochene und mit Ceiba-Wurzeln überwucherte Stufen zum *Templo 11* hinauf. Umgehen Sie diese Treppe jedoch, und steigen Sie, an *Templo 7* und *8* vorbei, zum Westplatz von Copán hinauf. Der von Plattformen und Tempeln gesäumte Platz, auf dem mehrere Altäre stehen, ist 70 m lang und 33 m breit. Die Nordseite nimmt die wesentlich leichter zu besteigende Südflanke des *Templo 11* ein.

Templo 11: Eine Treppenflucht, die sog. *Tribuna de Espectadores* (Zuschauerbühne), die als seitliche Begrenzung eines stilisierten Ballspielplatzes anzusehen ist (geweiht von Yax-Pac am 9.16.18.2.12, 8 Eb 15 Zip= 27. März 769), führt von der *Plaza Oeste* hinauf zum *Templo 11*, der auch *Templo de las Inscripciones* (Tempel der Inschriften) genannt wird. Man datiert ihn auf 773 n.Chr. (9.17.2.12.16). Die höchste Stufe flankieren zwei groteske Affengötter. Abgesehen von Halsbändern aus Kakaobohnen und Klapperschlangengürteln sind sie unbekleidet. Kleine Schlangen winden sich von ihren Schnauzen herab. Die Affen halten eine Art Rassel oder Fackel in die Höhe, auf der das Zeichen Ik, das für den Regengott steht, eingemeißelt ist. Die zentrale Figur ist wahrscheinlich Gott G1, eine Wassergottheit. Man nimmt an, daß die gesamte Anlage von *Templo 11* den Kosmos symbolisiert: Die Südfassade repräsentiert die in eine wassergefüllte Unterwelt hinunterführenden Stufen. Diese Theorie wird von den Überresten von Steinkrokodilen gestützt, die in der Struktur im Westen der Plaza gefunden wurden. Diese schwimmenden Kaimane deuten an, daß der gesamte Westhof unter dem schwarzen Wasserspiegel der Unterwelt lag. Die Südstufen von *Templo 11* und der *Plaza Oeste* haben vermutlich zahlreiche Menschenopfer gesehen. Über die Stufen der auf dem Westhof hinausragenden Zuschauertribüne wurden zusammengeschnürte menschliche Opfer wie Bälle hinabgerollt. In die vertikalen Flächen der Treppenstufen war eine Inschrift eingemeißelt, die das Protokoll der Ritualhandlungen enthielt und das Bauwerk auch ausdrücklich als Ballspielplatz bezeichnete. Große, aus Stein gehauene Tritonshornmuscheln an der Terrassenwand kennzeichnen die Terrasse als die Oberfläche der Wasser von Xibalba, aus denen die beilschwingende Henkersgottheit Chac-Xib-Chac hervortauchte, wenn sie der König in Ekstase zu sich rief.

Von Copáns heiligstem Tempel, der vielleicht einmal einer der faszinierendsten der Maya-Welt war, blieb nur wenig erhalten. Zum letzten Mal wurde er unter der Herrschaft von Yax-Pac wiedererrichtet, dem 16. und letzten König von Copán. Die vier Eingänge waren paarweise mit Glyphenpaneelen verziert. Ein Paneel befindet sich heute im *Museo de Escultura Maya*, da ein riesiger Ceiba-Baum die Wiederanbringung an Ort und Stelle unmöglich machte. Diesen Paneelen verdankt das Bauwerk seinen Namen: »Tempel der Inschriften«. Sie beginnen am Nordeingang und berichten von der Thronbesteigung Yax-Pacs im Jahre 763 n. Chr. Die Inschriften der Ost-, Süd- und Nordeingänge schildern zukünftig stattfindende astronomische Ereignisse in chronologischer Folge. Die rechte Seite eines jeden Paneelpaares ist von links nach rechts zu lesen, die andere von rechts nach links, wobei beide von einem zentralen Punkt aus ihren Anfang nehmen. Unmittelbar unter-

◁ *Copán, Estela 2*

Copán, Templo 11

halb des Nordeingangs sind drei Stufen mit vollplastischen Glyphen zu sehen, die wieder das Datum von Yax-Pacs Thronbesteigung angeben. Vermutlich dienten sie dem Herrscher als Sitz oder Thron, von dem aus er sich an die unten versammelte Bevölkerung wandte und öffentliche Riten vollzog. Die vier Korridore der Tempel vereinigen sich auf einer Plattform. Die Mauerreliefs weisen darauf hin, daß sich hier das Tor zur Unterwelt befand, wo die Verstorbenen die Wiedergeburt erwarteten. Der skulptierte Steinstreifen, der sich einst an der Nordecke befand, wanderte ins Londoner British Museum. Er zeigt einen sitzenden Yax-Pac in einer Reihe mit 19 im Schneidersitz auf Glyphenkissen abgebildeten Vorgängern. Sie stellten die Zähne im aufgerissenen Maul eines Monsters dar, das einst den Eingang bildete. Diese Steinbank gehört zu den wertvollsten Funden von Copán, da sie Einzelheiten und Daten über Yax-Pac und seine Vorgänger liefert. Wahrscheinlich handelt es sich bei 16 dieser Figuren um die gleichen, die auch auf *Altar Q* abgebildet sind.

Am oberen Ende der Mitteltreppe dieser Pyramidennordseite starrt der Kopf des »Alten Mannes von Copán« (Kopie) die Besucher an. Das Original ist im neuen *Museo de Escultura Maya* zu sehen. Vermutlich gehörte er zu einer der riesigen Standfiguren, die einst die Nordecken des Tempels zierten, sogenannte *pauahtuns*, die wie Atlas das Dach des Tempels, sprich des Kosmos, trugen. Die Südfassade des Tempels blickt auf die *Plaza Oeste*, die auf höherem Niveau als die Acrópolis angelegt wurde. Die Fassade ist in etwa vier Stufen unterteilt: die oberste mit dem Eingang des Südtempels, dann folgt eine Plattform mit einer vertikalen Mauer und Stufen, dann eine Terrasse, hinter der Nischen in die Tempelmauer eingelassen wurden. Zwei dieser Nischen führen in kleine Kammern, in denen man möglicherweise königliche Insignien aufbewahrte. Die Terrasse ist mit drei steinernen Muschelschalen verziert, die wohl ein Symbol für Wasser darstellen.

Copán, Tribuna de Espectadores, Affengott ▷

Copán, Templo 11, Detail

Copán, Estela P

Estela P: Wie so viele Stelen von Copán zeigt auch diese an der Hauptseite einen Würdenträger. Sein Kopfputz ist mit einer Jaguarmaske geschmückt; in der Hand hält er einen Zeremonialstab mit Menschenmasken. Auf der Rückseite ist eine Glypheninschrift zu lesen. Die Stele trägt das Datum der Initialserie 9.9.10.0.0. (623 n. Chr.).

Altar Q: Der am Fuß der *Pirámide 16*, auch *Estructura 10L–16* genannt, in der *Plaza Oeste* der Acrópolis zu findende Altar (Kopie; Original im neuen *Museo de Escultura Maya*) zählt zu den bemerkenswertesten historischen Monumenten von Copán. Er ist 70 cm hoch, seine vier Seiten sind je 1,5 m lang. Der amerikanische Wissenschaftler Herbert Joseph Spinden interpretierte den Altar als Darstellung einer Konferenz von Maya-Astronomen des 6. Jh. Seiner Deutung zufolge sollten die 16 Figuren an den vier Seiten des Altars, dessen Oberfläche mit sechs Glyphenkolonnen verziert ist, Astronomen darstellen, die in Copán zusammengekommen waren, um den 365 Tage zählenden Sonnenkalender zu »korrigieren«, indem man diesem alle vier Jahre einen Tag hinzufügte. Spindens phantasievolle Deutung haben die Fortschritte in der Archäologie und in der Entzifferung der Maya-Hieroglyphen mittlerweile widerlegt. Joyce Marcus formulierte 1976 erstmals den Gedanken, daß es sich bei den gezeigten Figuren um Herrscherporträts handelt, und Berthold Riese identifizierte dann die Gesamtkomposition als Bildergalerie der Könige von Copán. Der Text auf dem Altar sowie die Glyphen, auf denen die 16 menschlichen Figuren sitzen, berichten von örtlichen historischen Begebenheiten und Ereignissen im Leben der wichtigsten Protagonisten: der Herrscher von Copán.

Das Datum an der Westseite des Altars, 6 Caban 10 Mol, ist auch auf einem der Hieroglyphenpaneele von *Templo 11* zu finden, die die Machtübernahme des 16. Herrschers

Copán, Altar Q, Westseite, Dynastiegründer Yax-K'uk-Mo ▷

Copán, Altar Q, Südseite

von Copán feiern: Yax-Pac. Das vollständige Datum lautet 9.17.5.3.4, 6 Caban 10 Mol und entspricht 776 n.Chr. Auf *Altar Q* erscheint der Name dieses letzten Herrschers unter der Figur zur Rechten des Datums. Die übrigen Herrscher, die ebenfalls auf ihren Namensglyphen sitzen, sind gegen den Uhrzeigersinn zu lesen. So erscheint die Namensglyphe des vorletzten Herrschers unter der Figur zur Rechten von Yax-Pac. Die Namensglyphe des vorvorletzten Monarchen unter der entsprechenden Figur ist auf der Südseite des Altars angebracht, und so geht es weiter. Das Konzept, daß Copán in der klassischen Zeit (400–820 n.Chr.) eine Königsdynastie, bestehend aus 16 Herrschern, besaß, ist durch die Darstellungen auf diesem Altar sowie durch andere epigraphische und archäologische Daten zu belegen. Yax-Pac übernimmt von dem ihm zugewandten ersten Herrscher von Copán, Yax-K'uk-Mo (»Quetzal-Ara«), das Herrscherzepter.

Hinter dem Altar haben Archäologen eine kleine Krypta gefunden, die Überreste eines Ara sowie von 15 Großkatzen enthielt. Vermutlich wurden die Tiere zu Ehren von Yax Pac und dessen Ahnen geopfert.

Pirámide 16 und Templo Rosalila: Die Pyramide, auch *Estructura 10L–16* genannt, steigt zum höchsten Punkt der Stätte auf. Sie besitzt noch Teile einer schönen Treppe, deren flankierende Rampen mit Menschenschädeln verziert sind. Der einst auf der Pyramide thronende Tempel ist zerstört. Der erste, der diese Struktur erforschte, war der englische Forscher Alfred P. Maudslay, der vor gut hundert Jahren Teile des Tempels auf der Pyramidenspitze erforschte. Wie hätte Maudslay auch ahnen können, daß sich die faszinierendste Konstruktion tief im Inneren der Pyramide verbarg. 1992 stieß man im Verlauf neuer Ausgrabungarbeiten auf eine Reihe älterer Strukturen im Inneren der Pyramide. Die faszinierendste von ihnen ist ein völlig intakt erhaltener Tempel, den die Maya mit äußerster Behutsamkeit »begruben«, bevor sie ihn mit einer anderen Struktur überbauten. Der dreistöckige, mit seinen

Copán, Nachbildung des Templo Rosalila

sich verjüngenden Etagen an einen Hochzeitskuchen erinnernde Tempel erhielt, wegen seines bunten Stuckwerks, den Namen *Rosalila*. Von der Basis bis zur Spitze mißt das Gebäude 12,9 m. Das unterste Stockwerk ist 12,5 m×18,5 m groß und 5,7 m hoch. Im Inneren befinden sich vier Kammern, durchschnittlich 2,4 m×11,2 m groß. Diese sind durch enge Gänge miteinander verbunden. Die zweite Ebene erhebt sich 3,7 m über der ersten und mißt 5 m×11 m. Ihr äußerer Korridor wird von einem kleinen Sims begrenzt. Der einzige Eingang führt in einen Raum, der 2,4 m×8,6 m mißt. Das dritte, 4,3 m×8,2 m große und 3,5 m hohe Stockwerk ist nur teilweise erhalten. Zwischen erster und zweiter Etage wurde kein Zugang gefunden. Die Kammern von Rosalila sind bemerkenswert gut konserviert: Wände und Wölbungen zeigen schönes Stuckwerk. Die Wände der ersten Etage sind rot bemalt, doch reicht die Farbe nur bis zum Gewölbeansatz. Ab hier ist der Stuck nicht mehr bemalt, sondern zeigt eine grauschwarze Farbe. Spuren von runden Holzbalken wurden gefunden. Die Hauptfassade des Tempels blickt nach Westen. Die Zentralachse dominiert der Eingang. Als die Archäologen hier eindrangen, mußten sie eine grob behauene Steinmauer entfernen, die den Gang zwischen dieser Kammer und einer weiteren im Süden blockierte. Daraufhin kam eine Nische aus Flußkieseln zum Vorschein, in der sich eine Opfergabe befand, die anläßlich des »Begräbnisses« dieses Tempels hier deponiert wurde. Sie bestand aus neun wegen ihrer bizarren Form »exzentrisch« genannten Feuersteinen, die rein rituellen Zwecken (möglicherweise als Zeremonialstäbe) dienten, drei Quarzmessern, drei Austernmuscheln, dem Knochen eines Stachelrochens, einer Jadeperle und einer großen Anzahl organischer Überreste, darunter den Fragmenten eines leuchtend blaugrün gefärbten Stoffes, der die gesamte Opfergabe umhüllte. Rosalila wurde so behutsam begraben, daß nicht nur die Architektur, sondern auch das äußere Stuckdekor erhalten blieb. Die Maya »balsamierten« die Fassade nämlich mit einer dicken weißen

Copán, Altar H, Detail

Stuckschicht ein. Mit größter Sorgfalt legten Archäologen die riesigen Stuckmasken der Fassade frei. Dabei kamen auch die älteren Stuckfarben der Fassade zum Vorschein: Rot dominiert, die Federn des Himmelsvogels und die Ohrpflöcke der Figuren sind jedoch dunkelgrün bemalt. Zentrales Thema dieses Dekors ist der Himmelsvogel oder Vukub Caquix, der die obere Sphäre des Maya-Kosmos krönte und auf den Zweigen des heiligen Ceiba-Baums saß. Die Augen des Vogels sind in der Mitte der zweiten Ebene von Rosalila abgebildet, dazwischen ragt ein langer Schnabel nach unten. Die Flügel sind auf der oberen Hälfte des untersten Stockwerks und zu beiden Seiten des Tempeleingangs dargestellt; sie gleichen Schlangenköpfen, aus deren Rachen Federn sprießen. Zwischen den Federn lugt ein kleines Medaillon mit dem im Profil abgebildeten Gesicht des Sonnengottes *(kin)* heraus, das von einer Kartusche des Symbols *yax* umgeben ist. Dieser Sonnengott erscheint auch auf den Masken der unteren Ebene, diesmal in frontaler Abbildung. Die dritte Etage von Rosalila zeigt den Kopfputz des Himmelsvogels, der von einer zoomorphen Maske mit entfleischtem Rachen dominiert wird: möglicherweise ein anderer Aspekt des gleichen Vogels. Die Körper zweier Schlangen rahmen dieses groteske Antlitz ein. Vermutlich formen sie einen Himmelsbogen wie im Falle des inneren Portals von *Templo 10L-22*. Auf diese Weise wird die kosmische und religiöse Funktion dieses Gebäudes akzentuiert. An den Ecken des Gebäudes sind weitere entfleischte Schlangenrachen abgebildet, aus denen anthropomorphe Figuren aufsteigen. In ähnlicher Weise entsteigt auf den Nord- und Südfassaden eine menschliche Figur einer Nische: Vermutlich stellt sie einen toten Herrscher dar, der aus der Unterwelt heraufbeschworen wird. Als man die Stufen von Rosalilas Plattform freilegte, entdeckte man einen Glyphentext. Vorläufige Entzifferungsversuche haben ergeben, daß der Rosalila-Tempel vom 10. Herrscher Copáns, Mond-Jaguar, in Auftrag gegeben und 571 n.Chr (9.6.17.3.2) geweiht wurde. Rosalila darf daher als eines der wichtigsten religiösen Heiligtümer Copáns im 6. Jh. gelten. Eine eindrucksvolle Replik dieses Tempels ist im neuen *Museo de Escultura Maya* zu sehen.

Altares H y I: Die vor der Nordseite von *Templo 14* befindlichen Altäre sind an ihren Seitenfronten mit Glyphen skulptiert. Ihr Datum wird mit jeweils mit 9.13.0.0.0 (692 n. Chr.) angegeben.

Plataforma 13: Die Mitte der Westseite der *Plaza Oeste* beherrscht diese Struktur. Drei Seiten weisen Treppen auf, die Skulpturenreste zeigen.

Plaza Este: Hinter *Altar H* öffnet sich eine Passage, die zu diesem Platz führt. Bevor man links abbiegt, bemerkt man diverse Fragmente von isolierten Skulpturen, unter denen Symbole auszumachen sind, die aus Teotihuacán stammen. Die Westseite der östlichen Plaza von Copán nimmt die berühmte *Escalera de Jaguares* (Jaguartreppe) ein. Sie wird von zwei aufgerichteten Jaguaren bewacht. Noch immer kann man die Vertiefungen sehen, in die man schwarze Scheiben aus Obsidian legte, um die Tupfen der Felle zu markieren. In der Mitte der Treppe ist ein riesiger Kopf zu sehen, der gelegentlich als »Venusaltar« bezeichnet wird, wahrscheinlicher jedoch den Sonnengott zeigt, dessen Kopf aus dem Rachen einer Schlange ragt. Die südlichen Treppen des Ostplatzes bilden einen Teil der Nordwand der hinauf zum *Templo 16* führenden Pyramide. Die östlichen Stufen lehnen sich an die Mauer an, die vom Río Copán abgetragen wurde. Hier hat man eine recht bedeutende Sammlung von Keramiken und Jadeschmuck gefunden. Über dem Südteil dieser Mauer ist die kopflose Skulptur eines schleichenden Jaguars zu sehen, genannt der Jaguarthron. Seine Hinterschenkel sind mit geometrischen Motiven verziert. Die Nordwand des Ostplatzes führt zum großartigen *Templo 22* hinauf, von dessen Terrasse sich ein schöner Blick auf den gesamten Ostplatz bietet.

Templo 22: Dieser Tempel gilt als einer der schönsten klassischen Maya-Tempel. Er wurde 771 von Yax-Pac errichtet und soll dem Planeten Venus geweiht gewesen sein.

Copán, Plaza Este, Escalera de Jaguares, Sonnengott

Das Monument ist innen und außen mit tiefen Steinreliefs verziert. An den vier äußeren Ecken des Tempels, welche die vier Ecken des Kosmos symbolisierten, waren mächtige sog. »Witz«-Monster angebracht (*witz* ist das Maya-Wort für »Berg« oder »Anhöhe«). Die Außenseite des Tempeleingangs, das Tor des Königs zum Jenseits, ist mit dem Unterkiefer einer riesigen Giftschlange verziert, der noch sämtliche Zähne besitzt. Die obere Partie, vermutlich der Oberkiefer des Schlangenrachens, konnte nicht wiederhergestellt werden. Die einst sicherlich großartige Fassade fiel zur Gänze auf die Tempelstufen. Im Schutt fand man einige der schönsten Beispiele der Maya-Kunst: großartige klassische Köpfe, die Jünglinge mit sorgfältig zurückgekämmtem Haar darstellen. Einst nannte man sie die »Singenden Mädchen von Copán«, heute wird angenommen, daß sie den jungen Maisgott darstellen und in die Tempelfassade eingefügt wurden, aus der ihre Köpfe vollplastisch hervortraten. Inzwischen sind sie im *Pea-*

Copán, Templo 22, »Witz-Monster«

body Museum, im *American Museum of Natural History* und im *Museo de Copán* gelandet; der berühmteste Maisgott ist heute im *British Museum* zu bewundern. Der skulptierte Eingang des inneren Tempelheiligtums ist ein weiteres Wunderwerk der Maya-Kunst. Dieses steht auf einem kleinen Sims, der von einer Glyphenreihe geziert und von Schädeln der Unterwelt flankiert wird. Darüber hocken zwei Pauahtuns, die in der Mythologie der Maya an den vier Ecken den Windrose stehen und den Himmel tragen. Hier stützen sie ein doppelköpfiges Himmelsmonster, das sich in einem geometrischen Bogen über dem Eingang krümmt. Sein Schlangenkörper ist mit das königliche Opferblut symbolisierenden Voluten besetzt. Die unteren Schädel repräsentieren vermutlich Tod und Wiedergeburt in der Unterwelt, die Pauahtuns symbolisieren sowohl menschliches als auch übernatürliches Leben. Das doppelköpfige Monster ist der Kosmos, wobei die Köpfe Venus und die Sonne darstellen, während die menschlichen Figuren himmlische Geister sind. Heute geht man davon aus, daß im inneren Heiligtum, also im Rachen der Schlange, der Herrscher Yax-Pac Blutopferriten vollzog: einen Ritus, der die Rolle des Königs als Fruchtbarkeitsbringer unterstrich. Auf diese Weise sorgte der Herrscher für eine fruchtbare Maisernte. Am äußeren Eingang, zwischen den Kiefern der Schlange, wurden in der Zwischenzeit weitere öffentliche Zeremonien und Riten abgehalten. Das Skulpturenwerk des Tempels war einst stuckiert und bemalt. Wenigstens 25 Gipsschichten hat man an den Außenwänden entdeckt. Um ihre Bauten vor Feuchtigkeit und Moder zu schützen, verputzten die Maya in regelmäßigen Abständen, vielleicht anläßlich großer Kalenderfeierlichkeiten, ihre Gebäude neu.

Templo 18: Dieser letzte Monumentalbau Yax Pacs lag an der Südostecke der Acrópolis und enthielt eine gewölbte Grabkammer, die bereits in alter Zeit geplündert wurde. Die Inschrift an der Wand der vorderen Kammer gibt als Weihedatum 9.18.10.17, 4 Etz'nab 1 Zac (12. Aug. 801) an. Die Reliefbilder auf den Türpfosten an der Außen- und Mittelwand markieren eine radikale Abkehr von der ikonographischen Tradition Copáns. Yax Pac und einer seiner Gefährten (wahrscheinlich sein Halbbruder) erscheinen speerschwingend und im vollen Kriegsornat. Sie tragen Baumwollpanzer und sind mit Schrumpfköpfen, Stricken zum Fesseln von Gefangenen und den Knochen geopferter Gegner behängt. Die Darstellung spiegelt den Wandel im geschwächten Copán wider, das Krieg als einziges Mittel zum Selbsterhalt sah. Wahrscheinlich hat diese Auffassung den Untergang aber eher noch beschleunigt.

AUSSERHALB DER HAUPTGRUPPE

Las Sepulturas: Dieses Wohngebiet liegt etwa 2 km nordöstlich der Hauptgruppe und besteht aus etwa 40 Wohnkomplexen. 18 von ihnen – fast 100 Gebäude mit über 200 Räumen – hat man inzwischen erforscht und dadurch wertvolle Aufschlüsse über das Zusammenleben von wenigstens vier sozialen Klassen gewonnen. In einem der größten Gebäude der Gruppe, dem *Palacio del Escribano* (780 n.Chr.), hat man eine kunstvoll gemeißelte Steinbank gefunden, die heute im *Museo de Escultura Maya* zu sehen ist.

Copán, Museo de Escultura Maya, Fledermausgott

Die auf diese Steinbank skulptierten Glyphen zeugen davon, daß der Bewohner dieses Hauses ein Kalenderexperte war, vielleicht ein Priester oder ein Schreiber, der hier mit seinen zahlreichen Frauen und Kindern lebte.

Estela 5 y 6: Auf dem Weg von der Hauptstätte zum Dorf Copán Ruinas passiert man diese beiden Stelen, die in einer früheren Zeit als die Denkmäler der *Gran Plaza* geschaffen wurden. Sie präsentieren sich strenger und weniger künstlerisch. *Estela 5* steht an der Straße etwa einen halben Kilometer vom äußeren Eingang der Ruinenstätte. Auf dem Lendentuch der Person erscheint Tlaloc, der Regengott des mexikanischen Hochlandes. Sie datiert von 677 n.Chr. (9.12.5.0.0). *Estela 6* steht 50 m davon entfernt (in Richtung Dorf) innerhalb einer kleinen Umzäunung etwas abseits der Straße. Auch hier ist wieder deutlich Tlaloc zu erkennen, der Kopfschmuck der Figur zeigt trapezförmige mexikanische Motive. Das Datum lautet 9.12.10.0.0 (682 n.Chr.).

Estela 10 y 12: Diese beiden Stelen, datierend von 652 n.Chr. (9.11.0.0.0), liegen ziemlich weit außerhalb des Hauptkomplexes und werden daher nur selten besucht. *Estela 10* erhebt sich auf einem kleinen Erdhügel etwa 2,5 km östlich der *Gran Plaza*. Die kunstvollere, im Hochrelief ausgeführte *Estela 12* liegt weitere 6,5 km von Stele 10 entfernt. Am 12. April und am 7. September spielt sich hier ein bemerkenswertes astronomisches Phänomen ab: Wer von Stele 12 hinüber zu Stele 10 blickt, sieht die Sonne unmittelbar hinter Stele 10 untergehen. Sylvanus Morley führt an, daß diese beiden Daten für die Maya von großer Bedeutung waren, da sie zu diesem Zeitpunkt vor der Aussaat des neuen Maises die Felder abbrannten.

MUSEEN

Museo de Escultura Maya: Das im Juli 1996 eröffnete brandneue Museum liegt wenige Meter vom äußeren Eingang der Ruinenstätte entfernt. Seine avantgardistische

Copán, Museo de Escultura Maya, »Alter Mann von Copán« (l); Museo de Copán, Maisgott (r)

Architektur verblüfft: Hier sind offensichtlich eine Menge US-Dollars geflossen. Durch einen dunklen Gang geht es hinein in die »Unterwelt« der Maya, deren Zentrum die leuchtend rote Kopie des 1992 freigelegten *Templo de Rosalila* einnimmt. Das Museum zeigt eine Fülle faszinierender Exponate. Zu den Glanzstücken der Sammlung gehören der berühmte *Altar Q* von der Plaza Este, *Estela 2*, der *Kopf eines Pauahtuns* (»Alter Mann von Copán«), die besonders kunstvolle *Skulptur einer Visionsschlange*, ein *Fledermausgott* sowie eine schöne, mit Glyphen verzierte *Sitzbank* aus dem *Palacio del escribano*.

Museo de Copán: Das ältere Museum steht am verschlafenen Parque Central des etwa 2 km von der Ruinenstätte entfernten Dorfs Copán Ruinas. Auch hier sind schöne Stücke zu sehen, darunter die Skulptur eines Schreibers *(escribano)*, Terrakotta-Urnen, eine Sammlung sog. »exzentrischer Feuersteine« sowie eine kunstvolle Glyphenbank. Die große Stele, die mitten im Hauptsaal aufgestellt wurde, ist eine Kopie.

◁ *Copán, Museo de Escultura Maya, Visionsschlange*

Umgebung

Esquipulas (ca. 100 km s): Der etwa gleich weit von der Grenze zu Honduras und El Salvador in einem fruchtbaren Tal mit Reisfeldern liegende Ort (Anfahrt über Chiquimula) ist gewissermaßen das mittelamerikanische Lourdes. Viele tausend Pilger strömen jährlich hierher, besonders viele aus El Salvador. Esquipulas wurde nach einem Häuptling der hier ansässigen Chorti benannt, der sich mit seinem Stamm ohne vorhergehendes Blutvergießen 1530 den Spaniern ergab und sich damit einverstanden zeigte, den katholischen Glauben der Konquistadoren anzunehmen. Den scharfsinnigen Spaniern wurde bald klar, daß die Indígenas einen dunklen Christus leichter

annehmen würden als einen weißen: Menschen weißer Hautfarbe hatten sich nach dem Blutbad der Konquista als barmherzige Friedensapostel gründlich diskreditiert, außerdem verehrten die Indígenas bereits mehrere schwarze Götzen. So beauftragten die Spanier den portugiesischen Bildhauer Quirio Cataño damit, eine lebensgroße Statue aus dunklem Holz zu schnitzen, die um 1595 in der *Iglesia de Santiago* aufgestellt wurde. Weihrauch und Kerzenruß machten den Heiland noch dunkler, als er ohnehin schon war, und bald wurde das als heilkräftig angesehene Standbild bei allen Indígena-Völkern sehr beliebt, besonders bei den Quiché. Im Jahre 1737 wurde Erzbischof Pedro Pardo de Figueroa während eines Besuchs in Esquipulas auf wundersame Weise von einem chronischen Leiden geheilt. Aus Dankbarkeit ordnete er den Bau einer großen Basilika an, um die heilige Figur aufzunehmen. Am 4. Januar 1759 wurde dieses prunkvolle Beispiel spätbarocker spanischer Kolonialarchitektur eingeweiht und *El Señor de Esquipulas* feierlich in die Kirche verbracht. Der Erzbischof selbst liegt unter dem Hauptaltar begraben. Am 15. Januar und am 9. März pilgern Indígenas in farbenprächtigen Trachten und Ladinos aus ganz Mittelamerika in großen Scharen nach Esquipulas. Viele legen den letzten Teil ihrer Wallfahrt auf den Knien zurück. Natürlich ist Esquipulas gleichzeitig Zentrum eines blühenden Wallfahrtsgeschäfts, und die Verkäufer von Kerzen, religiösen Medaillons, Rosenkränzen und Strohhüten, in denen die Pilger bunte *toquillas* oder *gusanos* (Raupen) tragen, haben allen Grund, dem Señor de Esquipulas auf Knien zu danken. *Warnung:* Machen Sie aus Hygienegründen aber lieber einen Bogen um die zwar köstlichen, aber wegen Choleragefahr bedenklichen kandierten Grapefruits *(toronja)*. – Ein *Kreuzweg* (Vía Crucis) führt auf den Cerro de Morola, auf dem eine neue Franziskanerkirche errichtet wurde. Pater Bernardino Quiñónez hat sie mit byzantinisch wirkenden Ikonen geschmückt. Die *Plaza del Peregrino de la Paz* vor der Kirche wurde am 18. Juli 1980 von Mutter Teresa aus Kalkutta eingeweiht. 1996 feierte Papst Johannes Paul II. eine Messe in Esquipulas.

◁ *Copán, Museo de Copán, Skulptur eines Schreibers*

D

Dzibilchaltún

Yucatán (Mexiko)

Höhe: 12 m — S. 355 □ D 1

Anreise: Busse von Mérida (alle 15 Min.) in Richtung El Progreso (15 km, 30 Min.). An der Abzweigung nach Dzibilchaltún absetzen lassen. Von hier weiter mit Camioneta oder zu Fuß 5 km bis zur Ruinenstätte. Direkte Busse von Mérida verkehren am Vormittag, sehr selten am Nachmittag. Vom Eingang der Stätte sind es weitere 700 m bis zu den Ruinen. Vor Ort keine Unterkunft.

Dzibilchaltún, der »Ort der flachen Steine mit den Zeichen«, liegt etwa 15 km von →Mérida entfernt, etwa auf halbem Wege abseits der Straße, die zum Hafen und Badeort Progreso an der Nordküste Yucatáns führt. Das in einem Naturpark gelegene Dzibilchaltún ist einer der größten prähispanischen Ruinenkomplexe und erstreckt sich über eine Fläche von etwa 50 km². Hier gab es mehr Bauten (über 8000 wurden registriert) als in jeder anderen yucatekischen Grabungsstätte. Die wichtigsten Kultzentren waren durch heute noch zu sehende Zeremonialstraßen, den sog. *sacbeob* (Sing. *sacbé*) miteinander verbunden (→Cobá), jedoch ist erst ein kleiner Bruchteil der Bauten freigelegt worden. Es ist auch nur wenig erhalten geblieben, da die behauenen Steine als Baumaterial in den umliegenden Dörfern und für die Straße von Mérida nach Progreso gebraucht wurden. Erst in den letzten Jahrzehnten haben Archäologen, die im Auftrag

Dzibilchaltún, Templo de las Siete Muñecas

der Tulane University und der National Geographic Society unter der Leitung von George W. Brainerd und E. Willys Andrews IV. ab 1956 hier Grabungen durchführten, erkannt, daß Dzibilchaltún als älteste prähispanische Stadt der Halbinsel Yucatán anzusehen ist und mindestens seit 600 v.Chr. besiedelt war. Möglicherweise wurde der Ort sogar schon um 1500 v.Chr. gegründet. In ihrer Blütezeit soll die Stadt über 40000 Einwohner gezählt haben. Aufsehen erregte der Fund von *Estela 9*. Obwohl sie in sehr schlechtem Erhaltungszustand ist, konnte ihre Glypheninschrift entziffert werden. Deren Initialserie lautet 8.14.10.0.0., was dem Jahr 327 unserer Zeitrechnung entspricht, ein Alter, das die These zu Fall bringt, nach der Yucatán später als das Petén (heutiges Guatemala) besiedelt worden sei. Vielmehr ist davon auszugehen, daß die Entwicklung der Maya-Städte Yucatáns parallel und damit eigenständig zu der im südlichen Maya-Siedlungsgebiet verlaufen ist. Die alten spanischen Chroniken erwähnen den Namen Dzibilchaltún nicht, doch glaubt A. Barrera Vasquez, daß der Ort im 16.Jh. Holtun Chable geheißen hat. Erst 1689 bezeichnet ein Kaufvertrag den Ort mit dem Namen Dzibilchaltún. Auch hier haben die Spanier das bei ihrem Eintreffen noch bewohnte Zeremonialzentrum dem Erdboden gleichgemacht und mit den Steinen des zerstörten Tempels eine Kirche errichtet.

Templo de las Siete Muñecas: Die Aufmerksamkeit des Besuchers gilt vor allem der *Estructura 1 sub*, die wegen der in ihr entdeckten sieben primitiven Tonfiguren auch »Siebenpuppentempel« genannt wird. Sie darf insofern als absolute Besonderheit gelten, als wir es hier mit einem – von keinem anderen Maya-Bau bekannten – quadratischen Grundriß zu tun haben und es rechts und links vom Haupteingang zwei Fenster gibt, die kein anderer Maya-Bau aufweisen kann. Nur von weitem kann man durch Fenster und Türen der Ost-West-Achse blicken. Radiokarbontests an einem noch original vorhandenen hölzernen Türsturz, der heute durch Zement konserviert

Dzibilchaltún, Capilla abierta

ist, ergaben, daß der Tempel tatsächlich aus dem sechsten nachchristlichen Jahrhundert stammt und die Fenster keine jüngere Erfindung sind. Dabei ist es unwahrscheinlich, daß die Maya zu Beginn des klassischen Zeitalters mit dem Fensterbau vertraut waren und ihn nur später aufgegeben haben, denn außer in Dzibilchaltún gibt es keinerlei Hinweise auf etwaige Fensterbauten. Auch der Dachkamm des Tempels entspricht nicht dem traditionellen Typus des Dachkamms der klassischen Tempel, der sich vermutlich von einem ornamentalen Emblem der Strohdächer auf den ältesten Tempeln herleitet und auf jeden Fall den massiven Tempelbauten Leichtigkeit und Ausgewogenheit gab. Auf dem Siebenpuppentempel dagegen besteht der Dachkamm aus einem (heute restaurierten) Pyramidenstumpf. Offensichtlich muß man hier von einer Frühform des Dachkamms ausgehen, durch den das Innengewölbe dem quadratischen Grundriß angepaßt werden sollte. Auf dem Dachfassadenfries auf der Südseite sind noch Fragmente eines sehr fein gearbeiteten Stuckdekors zu erkennen: Masken des Regengottes Chac über dem Eingang und an den Ecken sowie miteinander verflochtene Schlangenleiber. Die zahlreichen runden Scheiben werden als Symbole für Wasser interpretiert. Vor den Ausgrabungen war der Tempel von einem viel größeren pyramidenartigen Bau aus jüngerer Zeit überdeckt. Noch vor Ankunft der Spanier wurde in den überbauten Tempel ein Tunnelschacht gebohrt und kurz vor dem Ausgang nach Osten ein einfacher, gestufter Altar errichtet, wo die Tonfigürchen aufgefunden wurden. Der Tempel befindet sich auf einer großen Pyramidenplattform. Es ist anzunehmen, daß er astronomische Funktionen hatte. Vermutlich erleuchtete die untergehende Sonne der Tagundnachtgleichen die Fenster und Türen des Tempels.

Capilla abierta: Im Zentrum des Hauptplatzes sind die Reste einer im Stil einer offenen Kapelle errichteten spanischen Kirche zu besichtigen. Nur der Altar und die Sakristei waren von einem Kuppelbau aus Stein geschützt. Die Kirche wurde vermutlich zwi-

Dzibilchaltún, Cenote Xlacah

schen 1590 und 1593 erbaut, wenn man einer auf einem Stein eingemeißelten Datumsangabe Glauben schenken will, die hier gefunden wurde. Die Kirche zeugt davon, daß Dzibilchaltún zu Beginn der Kolonialzeit eine beträchtliche Einwohnerzahl gehabt haben muß.

Cenote Xlacah: Von großer Bedeutung war der in der Mitte der Stadt gelegene Dolinenbrunnen, dessen Maya-Name Xlacah »alte Stadt« bedeutet. Die Maya waren in dieser Region auf solche natürlichen Wasserlöcher, die das im Kalkgestein versickernde Wasser auffingen, angewiesen. Der Cenote weist einen Durchmesser von fast 30 m auf, und seine Tiefe wird auf mindestens 44 m geschätzt. Eine von der National Geographic Society finanzierte Tauchexpedition holte 1958 etwa 30000 archäologische Fundstücke herauf, darunter Tongefäße und Keramikfiguren, Schmuckstücke sowie einige Skelettreste. Die interessantesten Funde sind heute im *Museo* vor Ort ausgestellt. Die Opfergaben stützen die Vermutung, daß Dzibilchaltún ein bedeutender Wallfahrtsort gewesen sein muß. Der Wärter behauptet gern, daß hier Menschenopfer stattgefunden haben (um ein Versiegen des Brunnens abzuwenden), was bisher nicht belegt werden kann. Das klare Wasser des Brunnens lädt angesichts der flimmernden Hitze des Ortes zum Baden ein, was vom Aufsichtspersonal auch ausdrücklich gestattet ist.

◁ *Dzibilchaltún, Polychrome Vase (MNA)*

Museo: Ein kleines Museum neben dem Eingang vermittelt Informationen über den geschichtlichen Hintergrund dieser Stätte. Auch die im Siebenpuppentempel gefundenen sieben Tonfiguren sind hier ausgestellt. Sie wurden möglicherweise bei Heilungsritualen verwendet, da sie körperliche Deformationen wie Buckel oder aufgedunsene Leiber aufweisen. Bedeutender sind jedoch die bereits erwähnte *Estela 9* sowie die vollständigere und besser erhaltene *Estela 19*, die eine Herrscherfigur mit großartigem Kopfschmuck in Gestalt einer Schlange zeigt. Die Person hält einen Zeremonialstab in der Hand und einen Schild vor der Brust. Die Glyphenschrift konnte nicht entziffert werden. Der kundige Wärter erzählt – gegen ein kleines Trinkgeld – viele weitere, interessante Details.

Edzná

Campeche (Mexiko)

Höhe: 2 m S. 355 □ D2

Anreise: Sporadische Busverbindung (über San Antonio Cayal) mit Campeche (90 Min.). Organisierte Ausflüge vom Touristenbüro im *Baluarte San Carlos* (Campeche). Vor Ort keine Unterkunft.

Die bedeutende, im Vergleich zu den berühmten Maya-Stätten im Norden der Halbinsel Yucatán jedoch vergleichsweise wenig besuchte archäologische Zone liegt etwa 50 km südöstlich der Provinzhauptstadt →Campeche. 1927 wurden hier die Reste zahlloser Steinbauten und Tausender kleiner Hausplattformen entdeckt. Eine Besonderheit von Edzná ist es, daß hier mehrere architektonische Stilrichtungen der Maya-Kunst gleichzeitig anzutreffen sind: Petén, Chenes, Río Bec und Puuc. Chenes ist die Bezeichnung einer Landschaftsregion in Zentralyucatán, nach der ein ab dem 7. Jh. n. Chr. entwickelter ornamentaler Architekturstil benannt ist. Dieser zeichnet sich durch prachtvolle, gänzlich mit üppigem plastischen Steinwerk überzogene Frontfassaden von Tempeln und Palästen aus. Stark stilisierte, teilweise gigantische Monstermasken, die als Abbildungen des Regengottes Chac oder eines himmlischen Drachens gedeutet werden, sind das beherrschende Motiv. Ihre Mäuler bilden zugleich den tatsächlichen oder simulierten Eingang in das Gebäude. Wer Chenes-Stil in Reinkultur sehen will, muß sich auf den mühseligen Weg nach **Hochob** (über das Dorf Hopelchén) machen (der Besuch ist allerdings nur für absolute Maya-Enthusiasten ergiebig) oder die Nachbildung des dreiteiligen palastartigen Tempelbaus im Freigelände hinter dem Maya-Saal des *Museo Nacional de Antropología* (Mexiko-Stadt) betrachten. Die wichtigsten Bauten des Río-Bec-Stils findet man im Süden des Bundesstaates Campeche, unweit der Grenze zum Bundesstaat Quintana Roo und südlich des an der Straße von Chetumal nach Campeche gelegenen Xpujil.

Man kann davon ausgehen, daß Edzná einst eine große städtische Siedlung war. Im Gegensatz zu den nördlicher gelegenen Maya-Städten kannte das auf dem erhöhten Nordrand einer ausgedehnten, sumpfigen Talsenke gelegene Edzná kein Wasserproblem. Man hat ein ausgedehntes Netz von Kanälen und Zisternen gefunden, das die Stadt nicht nur in Trockenzeiten mit Wasser versorgte, sondern sie auch vor Überschwemmungen in der Regenzeit schützte. Kein Wunder, daß die im Norden Yucatáns allgegenwärtigen Darstellungen des rüsselnasigen Regengottes Chac hier kaum zu finden sind; der Macht des Gottes waren hier durch menschliches Genie Schranken gesetzt. Der Name »Edzná«, aus der yucatekischen Maya-Sprache stammend, spielt möglicherweise auf die Gemeinschaftsbezeichnung Itzá an, welche die im Südosten des heutigen Bundesstaates Campeche ansässigen Maya-Gruppen der Putunes und Chontales trugen, die später Chichén Itzá gründeten. In diesem Fall würde Edzná »Haus der Itzá« bedeuten. Einer anderen Auslegung zufolge bedeutet Edzná »Haus des Echos«, aufgrund der hier festgestellten akustischen Phänomene. Eine dritte Deutung übersetzt Edzná wegen der hier gefundenen Stuckmasken mit »Haus der Gesichter«. Über die Geschichte des Ortes gibt es

Edzná, Blick auf die Plaza Central ▷

Edzná, Templo de los Mascarones, Stuckmasken

noch relativ wenige Erkenntnisse. Besiedelt wurde das fruchtbare Tal um Edzná schon in der mittleren Präklassik, also zwischen 600 und 300 v.Chr. In den ersten Jahrhunderten unserer Zeitrechnung begann der Aufschwung der Stadt, und man errichtete die großen Bauwerke, die teilweise heute noch zu besichtigen sind. Die in Edzná ausgegrabenen Stelen tragen Datierungen von 672 *(Estela 18)* bis 810 n.Chr.; in diese Spätklassik genannte Zeit fiel also der Höhepunkt von Edzná als regionale Hauptstadt im Westen Yucatáns. Um 950 oder 1000 n. Chr., also in postklassischer Zeit, ging mit der Bevölkerungszahl auch die Bautätigkeit zurück. Bis 1450 oder 1500 muß Edzná jedoch eine bedeutende Siedlung geblieben sein, dann wurde die Stadt verlassen. Nachdem Nazario Quintana Bello von guterhaltenen Gebäuden berichtet hatte, die von einer dichten Vegetationsdecke überzogen waren, setzten Ausgrabungsarbeiten ein, an denen sich unter anderem Enrique Juan Palacios, Sylvanus G. Morley und Alberto Ruz Lhuillier beteiligten. 1988 und 1989 wurden umfangreiche Restaurierungsarbeiten durchgeführt. Edzná ist leider aber auch ein trauriges Beispiel dafür, mit welchem Dilettantismus solche Arbeiten in Mexiko bisweilen durchgeführt werden. Eine Stele, die mit äußerst seltener polychromer Bemalung aufgefunden wurde, ließ ein Ausgrabungsleiter kurzerhand von allen Farbresten »reinigen«! Die Beschreibung der wichtigsten Bauwerke folgt einem empfohlenen Rundgang. *Warnung:* Der Besucher sollte berücksichtigen, daß in Edzná die Mückenplage, besonders während der sommerlichen Regenzeit, fast unerträglich ist; doch lauern die Plagegeister weitgehend nur im Schatten, den man daher tunlichst meiden sollte. Am Eingang der Ausgrabungsstätte steht eine große Stele, die Figur eines örtlichen Herrschers, der einen gewaltigen Kopfschmuck trägt und mit Glyphen versehen ist.

Plataforma de los Cuchillos: Dieses nicht weit vom Eingang entfernte Bauwerk (»Plattform der Messer«) verdankt seinen Namen einer Opfergabe aus Feuersteinmes-

Edzná, Edificio de los Cinco Pisos, Glyphenverzierte Stufen

sern, die in seinem Inneren gefunden wurde. Das Gebäude schließt den Hauptplatz von Edzná an der Nordseite ab. Reste von Mauern, Gewölben und Sitzbänken im oberen Teil, die einst Kammern bildeten, deuten darauf hin, daß hier wohl Mitglieder der oberen Hierarchie wohnten.

Anexo de los Cuchillos: Hierbei handelt es sich um einen noch kaum restaurierten Komplex aus verschiedenen Bauwerken, die sich um eine Plaza mit drei niedrigen Altären gruppieren. Der Aufenthalt ist hier wegen der besonders dichten Mückenschwärme fast unmöglich.

Nohochná »La Casa Grande«: Dieses Ende 1986 ausgegrabene Palastgebäude an der Westseite der *Plaza Principal* diente möglicherweise administrativen Zwecken. Ein Raum wurde als Dampfbad genutzt. Die große Freitreppe läßt vermuten, daß hier Zuschauer Platz nahmen, um Schauspielen beizuwohnen, die auf der Plaza stattfanden. Wer auf der Tribüne einmal in die Hände klatscht, wird die Deutung des Namens Edzná als »Haus des Echos« leicht nachvollziehen können. Doch läßt sich hier ein noch erstaunlicheres akustisches Phänomen entdecken, von dem bisher kein Reiseführer berichtet hat. Wer hier im Flüsterton Worte an eine unten auf der Plaza weit entfernt stehende Person richtet, wird mühelos verstanden. Unter Umständen (das heißt, falls nicht gerade andere Besucher lärmen) wird ein fast tonlos gesprochener Befehl (zum Beispiel die Hand zu heben) sogar von einer Person befolgt, die sich auf dem noch viel weiter entfernten, gegenüberliegenden »Gebäude der fünf Stockwerke« befindet. Eine derart perfekte Akustik wurde nicht einmal in den antiken griechischen Theatern erreicht!

Templo del Sur: Vom Hauptplatz aus sieht man die Rückseite dieser Pyramidenstruktur, deren Bauweise Elemente des Petén-Stils zeigt. Der Tempel auf der Spitze weist einen anderen Baustil auf und wurde vermutlich erst in der Spätklassik errichtet

(600–1000 n.Chr.). Die teilweise restaurierte Treppe, die auf die Spitze führt, befindet sich auf der Südseite der Pyramide.

Juego de Pelota: Wie bei den meisten prähispanischen Ballspielplätzen zeigt auch hier das Spielfeld eine Nord-Süd-Orientierung. Im oberen Teil sind Reste von Räumen erhalten, in denen die Ausrüstungsgegenstände der Ballspieler sowie Bilder der Ballspiel-Gottheiten aufbewahrt wurden.

Templo de los Mascarones: Im »Maskentempel« befinden sich die besten Exemplare der in Edzná gefundenen Stuckmasken. Es handelt sich dabei um Darstellungen der Sonnengottheit mit Attributen des Sonnenauf- (Ostseite) und Sonnenuntergangs (Westseite). Es dominiert die Farbe Rot, die mit der Sonne assoziiert wird und bei der Bemalung vieler der monumentalen Bauwerke ausgiebig verwendet wurde.

Pequeña Acrópolis: Am Hauptzugang auf der Westseite befanden sich die meisten Stelen von Edzná. Der Komplex besteht aus vier Bauwerken, die ab der Vorklassik errichtet wurden und Reste des Petén-Stils zeigen. Später, zur Zeit der Endklassik und frühen Nachklassik, wurden sie mit Quadern im Puuc-Stil verändert. Größtes Gebäude ist der *Templo de la Escalinata con Relieves* (Tempel mit Relieftreppe) im Ostsektor. Eine Treppe weist teilweise Reliefverzierungen mit menschlichen Individuen auf. Einige sitzen und heben eine Hand, andere laufen. Darüber hinaus sind Jaguare, Gesichter und geometrische Motive zu sehen.

Edzná, Templo del Sur

Gran Acrópolis: Die Basis dieses architektonischen Komplexes ist enorm: eine rechteckige Plattform von 160 m × 150 m Fläche und 8 m Höhe, zu der eine aus monolithischen Kalksteinblöcken gebaute Monumentaltreppe auf der Westseite führt. Um die quadratische *Plaza Central* (60 m × 60 m) gruppieren sich zahlreiche gestufte Pyramiden mit nur teilweise erhaltenen Tempelgebäuden. Zu nennen ist der *Templo del Suroeste* an der südöstlichen Ecke des Platzes, eine rechteckige Plattform, von der schräge, an die Petén-Bauweise erinnernde Wände zur oberen Terrasse führen. Die ungeteilte Aufmerksamkeit aller Besucher genießt jedoch die Palastpyramide an der Ostseite des Platzes. Hier erhebt sich das beeindruckendste Bauwerk von Edzná, das *Edificio de los Cinco Pisos*. Dieses »Gebäude der fünf Stockwerke« aus vier übereinander zurückversetzten, jeweils 4,60 m hohen Geschossen, die ein Tempelgebäude krönt, erreicht einschließlich des 6 m hohen, vierfach gegliederten Dachkamms *(crestería)* eine Höhe von 31 m. Alberto Ruz stellte fest, daß das große Gebäude einen älteren Bau mit nach der Formel des Petén abgeschwächten Kanten überdeckt. Eine unterschiedlich breite Treppe führt zum Heiligtum hinauf. Man beachte die untersten Stufen, die Reihen von glyphenverzierten Steinen enthalten. Man nimmt an, daß sie Daten oder Weiheformeln aus Anlaß der Errichtung des Bauwerks darstellen. Ein Datum soll in das Jahr 652 zurückreichen. Die ersten vier Stockwerke weisen an der Vorderseite überwölbte Kammern auf, in denen vermutlich die Priesterschaft wohnte. Die Eingänge der untersten und der vierten Etage stützen Säulen: auf der ersten Etage sind es gemauerte Säulen, wie man sie beim Río-Bec-Stil findet, in der vierten Etage schon Monolithsäulen mit Kapitellen im Puuc-Stil. Auf dem zweiten und dritten Stockwerk findet man dagegen keine Säulen. Im ersten Geschoß befindet sich

Edzná, Edificio de los Cinco Pisos ▷

Edzná, Edificio de los Cinco Pisos, Überdachter Durchgang

unter der Treppe ein durch ein Kraggewölbe überdachter Durchgang. Hier befand sich auch der Zugang zu dem zentralen Innenraum. Das Heiligtum über dem vierten Stockwerk ist ein kreuzförmiger Bau mit Vor-, Haupt- und zwei Nebenräumen. Hier befindet sich auch die einzige Eingangsöffnung auf der Rückseite der Pyramidenkonstruktion, von wo aus man einen prächtigen Blick auf die westyucatekische Buschlandschaft genießt. Einige Führer behaupten, daß Meditationen im Tempelinneren wie in keinem anderen Maya-Bauwerk zu erstaunlichen spiritistischen Offenbarungen führen. Tatsächlich pilgern viele Anhänger einer Neo-Maya-Religion hierher. Möglicherweise haben die hier bisweilen tatsächlich auftretenden Visionen und Schwindelgefühle aber eine ganz natürliche Ursache: Hyperventilation nach zu raschem Besteigen der steilen Treppe in sengender Sonne! Den über dem Tempel aufragenden Dachkamm schmückten einst vermutlich polychrom bemalte Stuckfiguren.

G

Guatemala, Ciudad de

Guatemala (Guatemala)

Einw.: über 2 Mio Höhe: 1499 m S. 354 □ C 4

Anreise: Der *Aeropuerto Internacional La Aurora* liegt in der Zona 13, etwa 15 Minuten von der Innenstadt (Zona 1) entfernt. Guatemala-Stadt wird aus Europa direkt von *KLM* (Amsterdam) und *Iberia* (Madrid) angeflogen. *American Airways* fliegt von Miami oder Dallas/Fort Worth, Continental von Houston. Die meisten Flüge aus Lateinamerika gehen über Panamá bzw. San José (Costa Rica). Die bislang nationale, vor kurzem aber an TACA aus El Salvador verkaufte Fluggesellschaft *Aviateca* fliegt von Mexiko-Stadt, Cancún und Belize City. Der größte, aber auch äußerst chaotische Busterminal befindet sich in Zona 4. Von hier fahren Busse der 2. Klasse *(camionetas)* in fast alle Landesteile. Der Busterminal der Zona 1 liegt an der Ecke 18a Calle/9a Avenida. Von hier fahren Busse der 2. Klasse sowie Pullmanbusse ins östliche Hochland und an die Karibikküste. Weitere Gesellschaften, die Pullmannbusse einsetzen, haben eigene Terminals: *Transportes Galgos* (7a Avenida 19–44, Zona 1), *Líneas Américas* (2a Avenida 18–74) und seit kurzem auch *Transportes »Alamo«* (21 Calle 1–14, Zona 1) fahren nach Quezaltenango, *Rebuli* (3a Avenida 7–36, Zona 9) nach Panajachel (Lago Atitlán), *Los Halcones* (15a Calle 7–66, Zona 1) nach Huehuetenango, *Rutas Orientales* (19 Calle 8–18, Zona 1) nach Chiquimula (dort weiter mit *Vilma* zu hon-

Guatemala-Stadt, Fiesta

duranischen Grenze), *Litegua* (15a Calle 10–42, Zona 1) nach Quiriguá und Puerto Barrios (Karibik), *El Condor* (19a Calle 2–01, Zona 1) nach La Mesilla (mexikanische Grenze, ab dort weiter mit Cristóbal Colón), *Quality* (6a Avenida 9–85, Zona 9) und *Melva Internacional* (4a Avenida 1–20, Zona 9) nach San Salvador (El Salvador).

Unterkunft (Vorwahl 2): *Camino Real:* 15a Calle/Avenida Reforma, Tel. 333-46-33, Fax 337-43-13 (Zona 9). – *Hotel Las Américas:* Avenidas Las Américas/9a Calle, Tel. 444-46-33, Fax 337-43-13 (Zona 14). – *Hotel El Dorado:* 7a Avenida 15–45, Tel. 331-77-77, Fax 332-18-77 (Zona 9). – *Cortijo Reforma:* Avenida Reforma 2–18, Tel. 336-67-12, Fax 336-68-76 (Zona 9). – *Pan American:* 9a Calle 5–63, Tel. 232-68-07, Fax 232-64-02 (Zona 1). – *Hotel Princess Reforma:* 13a Calle 7–65, Tel. 334-45-45, Fax 334-45-48 (Zona 9). – *Hotel Residencia Alcalá:* 3a Calle 6–42, Tel. 360-48-23, Fax 360-47-93 (Zona 9; brandneu; das beste Preis-Leistungs-Verhältnis der Stadt).

Restaurants: *La Trattoria:* 13a Calle 155, Tel. 331-06-12 (Zona 10; italienisch). – *Restaurante El Parador:* Avenida La Reforma 6-70, Tel. 332-00-62 (Zona 9; Steaks, Fisch). – *Hacienda de los Sánchez:* 12a Calle 2–25, Tel. 336-52-40 (Zona 9; Steaks pur). – *Puerto Barrios:* 7a Avenida 10–65, Tel. 334-13-02 (Zona 9; Fisch). – *Siriaco's:* 1a Avenida 1212, Tel. 334-63-16 (Zona 10; international). – *Palacio Royal:* 7a Avenida 11–00, Tel. 331-42-73 (Zona 9; chinesisch). – *El Gran Pavo:* 13 Calle 4–41, Tel. 251-09-33 (Zona 1; mexikanisch, auch 12 Calle 5–54; Zona 9). – *Bremen:* 3 Calle 6–39, Tel. 336-36-34 (Zona 9; deutsch).

Die Hauptstadt von Guatemala, von den nordamerikanischen Gringos »Guatemala City«, von den Einheimischen jedoch meist nur kurz »Guate« oder »La capital« geheißen, genießt einen denkbar schlechten Ruf. Ausländer, die auf dem internationalen Flughafen La Aurora landen, fahren schleunigst in das friedliche Antigua weiter, ohne dem zugegeben immensen Chaos von Guatemala-Stadt auch nur eine Minute zu widmen. Tatsächlich ist »Guate« ein Moloch aus glitzernden Hochhäusern, die in unmittelbarer Nachbarschaft zu den elenden, manchmal nur aus Holz, Karton und Wellblech notdürftig zusammengezimmerten Bruchbuden der Armen stehen. Durch die Straßen wälzt sich eine stinkende Blechlawine, angeführt von den allgegenwärtigen, kohlschwarzen Dieselruß ausstoßenden Camionetas, oft ausrangierte US-Schulbusse aus den 50er Jahren. Daß es in Guate gefährlich ist, geben sogar die fanatischsten *capitalinos* zu. Eine Umfrage ergab, daß für über drei Viertel aller Einwohner »La violencia«, die Gewalt, die größte Sorge ist, weit vor Arbeitslosigkeit und anderen Problemen. Auf die städtischen Busse werden fast täglich Raubüberfälle verübt, und mittlerweile schlagen die drangsalierten Einwohner zurück. Vor Ort erwischte Übeltäter werden noch vor Eintreffen der Polizei mit Benzin übergossen und angezündet. Der Autor selbst mußte miterleben, wie vor seinem Hotel in der angeblich so friedlichen Zona 9 ein *vigilante* (privater Wächter) auf eine Gruppe Jugendlicher das Feuer eröffnete, weil diese angeblich seinem Grundstück zu nahe gekommen waren.

Nicht immer ging es in Guatemala-Stadt so gesetzlos zu. Die älteren Einwohner schwärmen noch von der Zeit, in der die Luft kristallklar, die heute etwas verkommen wirkende Prachtstraße La Reforma eine mittelamerikanische Champs-Élysées war und man sich in seinen eleganten Villen sicher fühlen konnte. Heute verschanzt sich die kleine Oberschicht hinter meterhohen Mauern und Stacheldraht, und dennoch werden tagtäglich neue Entführungen *(secuestros)* gemeldet. Sollte man Guatemala-Stadt also meiden wie die Pest? Das wäre schade, denn abgesehen von ihren Problemen ist die Hauptstadt des Landes ein pulsierendes, durchaus faszinierendes Pflaster, und die meisten Einheimischen sind freundliche, hilfsbereite Menschen. Guatemala-Stadt die kalte Schulter zu zeigen hieße außerdem, drei der großartigsten Museen des Landes zu verpassen, die eine hervorragende Einführung in die Kultur der damaligen und heutigen Maya bieten, bevor man das Land selbst erkundet. Tagsüber ist das Risiko der Stadt durchaus kalkulierbar. Mit dem Taxi kann man die wichtigsten Sehenswürdigkeiten der Stadt durchaus in einem Tag besichtigen. In der Stadtmitte, der Zona 1, muß man tagsüber lediglich auf einige Taschendiebe achten. Möglichst einen Bogen macht man dagegen um den chaotischen Busterminal in der Zona 4. Wer einen Bus nehmen muß, sollte mit dem Taxi dorthinfahren und möglichst nicht nach Sonnenuntergang dort ankommen. Die Umgebung der Calle 18 ist nachts nämlich ein brandgefährliches Pflaster mit einem äußerst anrüchigen Nachtleben. Relativ unbesorgt amüsieren kann man sich dagegen in den Restaurants, Bars und Diskotheken der sog. *Zona Viva*, einer schikken Vergnügungsenklave rund um die Luxushotels *Camino Real* und *Guatemala Fiesta*. Und wem die Stadt zuviel Angst einflößt, der kann sich einem der vom nur 45 Minuten entfernten Antigua angebotenen Ausflüge anschließen und abends wieder in sein sicheres Nest zurückkehren.

Nicht nur Antigua, sondern auch die Hauptstadt selbst feiert die *Semana Santa* (Karwoche) mit riesigen Prozessionen, bei denen in violette Roben gewandete Büßer koloniale Christusstandbilder, gekleidet in Samttuniken mit Goldbrokat, auf eigens errichteten Plattformen *(andas)* durch die Straßen führen. Besonders sehenswert sind die Karfreitagsprozessionen, die am Nachmittag, etwa um halb vier, von den Kirchen *Santo Domingo* und *El Calvario* ihren Ausgang nehmen. In der Weihnachtszeit *(Navidad)* zeigen die Kirchen der Stadt ihre schönen Krippen. Die kleinen Figuren kann man in dieser Zeit für wenige Quetzales auf dem Markt kaufen. Und wenn Sie zufällig an Mariä Himmelfahrt (15. Aug.) in der Stadt sind, dann stürzen Sie sich ruhig in die riesige Fiesta im Parque Minerva.

GESCHICHTE

Je nach Sichtweise ist die Hauptstadt Guatemalas etwa 200 oder aber über 2000 Jahre alt. Denn in der Zona 7, einem Außenbezirk der Stadt, ist die Ruinenstätte **Kaminaljuyú** (»Hügel der Toten«) zu finden, die immer mehr durch die Bauwut der Stadt in Bedrängnis gerät. Die Archäologen müssen sich hier einen Wettlauf mit den Bulldozern

Guatemala-Stadt, Museo Nacional de Arqueología y Etnología, Stele aus Kaminaljuyú ▷

der Bauunternehmer liefern. Die Anfänge von Kaminaljuyú gehen auf die Zeit der Präklassik (800–200 v.Chr.) zurück, und vom 4. bis 6.Jh. n.Chr. war die Stätte die Hauptstadt eines Maya-Reichs, das unter dem Einfluß von Teotihuacán (im mexikanischen Hochland gelegen) stand. Vor Ort (Eingang Ende der 23a Avenida) wird man kaum mehr sehen als eine Reihe grasüberwachsener Erdhügel, doch kann man – mit einer Taschenlampe bewaffnet – in die von den Archäologen der University of Pennsylvania gegrabenen Gänge einsteigen. Lohnender ist es, sich die in Kaminaljuyú gefundenen Stelen, Figuren und Gefäße im *Museo Popol Vuh* und im *Museo de Antropología y Etnología* anzusehen.

La Nueva Guatemala de la Asunción, die heutige Ciudad de Guatemala, wurde 1774 gegründet, nachdem die alte Hauptstadt La Ciudad de Santiago de los Caballeros (heute Antigua Guatemala) ein Jahr zuvor durch ein Erdbeben zerstört worden war. Nur widerstrebend zogen die von der Regierung dazu gezwungenen Einwohner Antiguas auf das von Schluchten durchzogene Plateau um, das die Planer für erdbebensicher hielten: ein Irrtum, wie sich zuletzt 1976 herausstellte. Noch Mitte des 20.Jh. war Guatemala-Stadt ein etwas zu groß geratenes, verschlafenes Dorf, doch in den letzten Jahrzehnten schießen auch einige Glaspaläste in die Höhe. Die Stadt ist in 15 Bezirke *(zonas)* unterteilt, das Straßennetz folgt einem logischen Schachbrettmuster. Besucher werden sich hauptsächlich in den Zonas 1, 9 und 10 aufhalten.

SAKRALBAUTEN

Catedral Metropolitana (Ostseite des Parque Centenario, Zona 1): Das monumentale, in einem Übergangsstil vom Barock zum Klassizismus errichtete Bauwerk beherrscht den öde wirkenden riesigen *Parque Centenario*. 1782 begann man mit dem Bau. Architekten waren der Spanier Marcos Ibañez und sein Schüler Antonio de Bernasconi. Erst um 1868 wurde die Kathedrale vollendet, zusammen mit dem angrenzenden Erzbischofspalast und dem *Colegio de Infantes*, beide im klassizistischen Stil errichtet. Die dreischiffige Kirche besitzt 16 Altäre, die meisten mit vergoldetem Blattwerk verziert. In den Kapellen sind eine Reihe von Kunstschätzen zu sehen, die nach dem großen Erdbeben aus der alten Kathedrale von Antigua in die neue Hauptstadt verbracht wurden. Dazu zählen die Statue des San Sebastián von Juan de Dios Chávez, ein San Francisco von Alonso de Paz und ein San Pedro von Antón Rodas. Die wundertätige *Virgen del Socorro* soll angeblich von Pedro de Alvarados Truppen auf allen Feldzügen mitgeführt worden sein. – Hinter der Kathedrale liegt die nach dem Erdbeben von 1976 angelegte Plaza del Sagrario, unter der sich der dreistöckige *Mercado Central* befindet. Im obersten Stockwerk findet man eine großartige Sammlung von Kunsthandwerk: handbestickte Huipiles, Webarbeiten, Decken, Handtaschen, Silberschmuck und Bilder. Die günstigen Preise müssen ausgehandelt werden. Der unweit des Flughafens gelegene *Mercado Nacional de Artesanía* (11a Avenida, Zona 13) ist teurer.

Cerrito del Carmen (12a Avenida/Diagonal 9, Zona 1): Die im Ostteil der Stadt gelegene Kirche wurde als erste Kapelle im Valle de la Ermita bereits 1620 gegründet, und das kam so: Der Franziskanermönch Juan Corz war von den Nonnen des Franziskanerklosters im spanischen Ávila angefleht worden, nach Amerika zu gehen und eine Madonnenstatue dorthin mitzunehmen. Um 1604 vollbrachte die in einer Höhle aufgestellte Jungfrau die ersten Wunder unter den Indígenas, und so beschlossen die bedeutendsten Familien dieser Zeit, eine Kapelle zu bauen. Nachts kehrte die Statue jedoch auf wundersame Weise in ihre Höhle zurück. Daraufhin beschloß Juan Corz, auf dem Hügel unweit seiner Behausung eine Einsiedelei zu bauen, die er *El Carmen* nannte. Ein Meteorit legte die erste Kapelle in Schutt und Asche; so baute der Mönch unverdrossen eine zweite, die er *La Ermita del Monte Carmelo* nannte. Damit war es die Jungfrau offenbar zufrieden. Das nahe gelegene Dorf erhielt den Namen La Ermita und machte Karriere: als mittlerweile zwei Millionen Einwohner zählende Stadt.

Guadalupe (1a Avenida/6a Calle): Die Kirche mußte nach dem Erdbeben von 1917 vollständig wiedererrichtet werden. Der Besuch lohnt sich am 12.Dezember, wenn die Indígenas in farbenprächtigen Festtagskleidern mit unzähligen Feuerwerkskrachern

Guatemala-Stadt, Catedral Metropolitana

den Tag der Nationalheiligen Lateinamerikas feiern und die Madonna am Nachmittag durch die Straßen der Zona 1 tragen..

La Yurrita (Ruta 6/Avenida de la Reforma, Zona 4): Dieses bizarre Kirchlein zeigt die wohl seltsamste Mischung architektonischer Stilrichtungen, die man wohl am ehesten als »guatemaltekischen Byzantinismus« bezeichnen könnte, doch ist das offiziell *Nuestra Señora de las Angustias* genannte Gotteshaus den *capitalinos* ans Herz gewachsen.

Nuestra Señora de la Merced (11a Avenida/5a Calle, Zona 1): Die klassizistische Fassade der nach 30jähriger Bauzeit 1813 geweihten Kirche wirkt eher banal, das Innere ist jedoch im prunkvollen guatemaltekischen Barock gestaltet. Hierher verbrachte man 1778 die prachtvollen Gemälde und Skulpturen aus der zerstörten Schwesterkirche der Mercedarier in Antigua, darunter auch den wundertätigen kreuztragenden *Jesús Nazareno de la Merced*. Geschaffen hat ihn 1654 der guatemaltekische Bildhauer Mateo de Zuñiga, bemalt wurde er von Joseph de la Cerda. Abgesehen von den jährlichen Osterprozessionen trug ihn die Bevölkerung von Antigua immer dann durch die Stadt, wenn wieder einmal der Fuego ausgebrochen war, ein Erdbeben die Stadt erschütterte oder eine Heuschreckenplage die Felder heimsuchte. In Guatemala-Stadt hat man ihn zuletzt nach dem verheerenden Erdbeben von 1976 durch die Straßen geführt. Die Statue ist so beliebt, daß sie als Kopie in mehreren anderen Kirchen der Stadt zu sehen ist.

San Miguel Capuchinas (10a Avenida/10a Calle, Zona 1): Ausschließlich von Interesse sind die hier zu sehenden, neu vergoldeten Kolonialaltäre aus Antigua.

Santo Domingo (1a Avenida/6a Calle): Die Kirche, in der einige schöne Gemälde und Skulpturen zu sehen sind, ist Ausgangspunkt der wichtigsten Prozession der Semana Santa, genannt *Santo Entierro* (Grablegung Christi).

Guatemala-Stadt, Centro Cívico

PROFANBAUTEN

Centro Cívico (7a Avenida, entre 20a y 22a Calle, Zona 1): Der recht elegant wirkende Betonkomplex besteht aus *Municipalidad* (Rathaus), *IGSS* (Nationales Gesundheitsinstitut), *Corte Suprema* (Oberstes Gericht), *Ministerio de Finanzas* (Finanzministerium), dem *Banco de Guatemala* und dem *Crédito Hipotecario Nacional* sowie dem *Instituto Guatemalteco de Turismo – INGUAT* (Touristenkommission: Adresse: 7a Avenida/Calle de la Ciudad Olímpica, Zona 4), dem Hauptgrund für einen Besuch. Das Rathaus zeigt Reliefs von Dagoberto Vásquez (Fassade zur 7a Avenida) und Guillermo Grajeda Mena (Fassade zur 6a Avenida). Die Wandmalereien im Inneren schuf Carlos Mérida. Das Außenrelief des Gesundheitsinstituts zeigt die Konquista. Der gleiche Künstler, Roberto González Goyri, schuf auch das abstrakte Relief auf der Westfront des Banco de Guatemala (abgebildet auf der 1-Quetzal-Note), während sich auf der rückwärtigen Ostfassade Dagoberto Vásquez mit dem Relief »Kultur und Wirtschaft« verewigte. In der *Sala de Junta Monetaria* (12. Stock) ist ein sehr schönes emailliertes Wandbild des aus Honduras stammenden Arturo López Rodezno zu sehen, das Aspekte des guatemaltekischen Landlebens zeigt. Die wiederum von González Goyri ausgeschmückte Hypothekenbank besitzt schöne Emailarbeiten von Carlos Mérida.

Centro Cultural Miguel Angel Asturias (24a Calle 3–81, Zona 1): Das Kulturzentrum erhebt sich im Westen des Centro Cívico über der Stätte der alten Zitadelle San José. Diese wurde 1944 das letzte Mal benutzt, als Präsident Federico Ponce Valdes sich hier vor revolutionären Kräften verschanzte und das Hauptquartier der Rebellen in der Zona 5 mit schwerer Artillerie beschoß. Der Komplex besteht aus drei Theatern. Das *Teatro Nacional*, ein blauer Pyramidenstumpf, ist eines der modernsten ganz Lateinamerikas. Es wurde von Efraín Recinos Valenzuela entworfen und 1978 eröffnet. Der holzgetäfelte Zuschauerraum mit

Miguel Angel Asturias

»Eine Stadt, die aus begrabenen Städten besteht, welche übereinander liegen wie die Stockwerke eines hohen Hauses...« So beschreibt Miguel Angel Asturias, der Literaturnobelpreisträger und berühmteste Schriftsteller Guatemalas, seine Heimatstadt. Asturias, dessen Mutter eine Indígena war, wird 1899 in Guatemala-Stadt geboren. Geschichte und Mythen der Maya bilden die Grundlage seines von starkem politischen und sozialkritischen Engagement geprägten Werks. In Salamá (Alta Verapaz) kommt Asturias erstmals mit der Welt der Indígenas in Kontakt. Nach der Veröffentlichung von politisch brisanten Artikeln schicken ihn seine Eltern ins Ausland. Im Paris der 20er Jahre studiert Asturias Ethnologie. Dort trifft er aber auch Schriftsteller und Künstler wie André Breton, Miguel de Unamuno, César Vallejo, Luis Buñuel und Pablo Picasso. Ab 1925 übersetzt er die französische Version des *Popol Vuh* ins Spanische: eine Arbeit, die ihn erneut mit der Welt und den Mythen der Maya konfrontiert. Ergebnis dieser Beschäftigung sind seine 1930 erschienenen *Leyendas de Guatemala* (Legenden aus Guatemala), an denen Asturias fünf Jahre arbeitet. Sie werden von der französischen Avantgarde fasziniert aufgenommen. Der Schriftsteller erzählt in dieser Sammlung traditionelle Maya-Legenden nicht einfach nach, er eignet sie sich an, verändert sie und bereitet sie in einer eigenwilligen Mischung aus vorgegebenem Material und erfundenen, rein fiktionalen Elementen in der Art der Collage ästhetisierend auf. Paul Valéry preist im Vorwort zur französischen Ausgabe die Erzählungen als berauschend-fremdartige, delirische »histoire-rêves-poèmes« (Geschichte-Träume-Gedichte).
Schon 1932 schließt Asturias sein bekanntestes Werk ab, den Diktatorenroman *El señor presidente* (Der Herr Präsident), der aufgrund seiner politischen Brisanz jedoch erst 1946 in Mexiko erscheinen kann. Historisches Vorbild dieses Romans ist der guatemaltekische Diktator Manuel Estrada Cabrera (reg. 1898–1920). Mit der in phantastischer Verdichtung und grotesk-satirischer Übertreibung geschilderten Gewaltherrschaft eines typischen lateinamerikanischen Caudillos entwirft Asturias ein allgemeingültiges Bild der Unterdrückung, des Terrors, der ständigen Bedrohung und der Angst.
Mit seinem nachfolgenden, 1949 in Buenos Aires erschienenen Roman *Hombres de Maíz* (Maismenschen) kehrt Asturias zu den Mythen und Legenden der Quiché-Maya zurück und setzt sein Konzept des »magischen Realismus« noch dichter um. Der Häuptling Gaspar Ilóm sagt den Ladinos den Kampf an, die den Wald niederbrennen, um Mais zu Profitzwecken anzubauen. Der Überlieferung nach haben die Götter die ersten Menschen aus Maismehl geformt, daher war der Mais den Maya heilig. Er darf nur der Nahrung dienen, wer damit Geschäfte macht, beleidigt die Götter. Der Rebell erschießt mehrere »Schänder des Mais« aus dem Hinterhalt, fühlt sich im Bunde mit den Urkräften der Legende und glaubt sich unbesiegbar; doch bald wird er von Regierungstruppen gejagt und schließlich auf der Flucht getötet. Die Natur selbst rächt ihn und vernichtet alle, die an Ilóms Tod schuldig geworden sind.
Mit seiner in den folgenden Jahren veröffentlichten, politisch anklagenden »Bananentrilogie« greift Asturias auf realistische Darstellungstechniken zurück. Als 1954 ein von den USA unterstützter Militärputsch die Demokratie in Guatemala zerstört, geht Asturias für zwölf Jahre ins Exil nach Frankreich und Italien. In *Weekend in Guatemala* (1954) verarbeitet der Autor die traumatische Erfahrung dieses Putsches, der ein sozialreformerisches Experiment mit brutaler Gewalt beendet. Während der zivilen Regierung unter Méndez Montenegro übernimmt Asturias 1966 das Amt des Botschafters in Paris. Damit handelt er sich die scharfe Kritik der jungen Intellektuellen Guatemalas ein, da auch unter Montenegro die Unterdrückung weitergeht. Dennoch erhält Asturias 1967 den Nobelpreis für Literatur. 1974 stirbt der Schriftsteller in Madrid und wird auf dem Pariser Friedhof Père Lachaise bestattet.

Guatemala-Stadt, Palacio Nacional

Marmorboden besitzt 2200 Sitzplätze. Das *Teatro de Cámara* nebenan faßt 320 Zuschauer. Durch den Garten des Komplexes kommt man zum Freilichttheater *Teatro al Aire Libre*, auf dessen geschwungenen Stufen 2500 Menschen Platz finden.

Mapa en relieve (Parque Minerva, Zona 2): Die in einem eher schäbigen Park gelegene Landkarte zeigt im Hochrelief die Topographie des gebirgigen Guatemala, in allerdings reichlich verzerrter Form. Der horizontale Maßstab des etwa 2500 m² großen Modells beträgt nämlich 1:10000, der vertikale dagegen 1:2000. So erscheinen die zahlreichen Vulkane des Landes als himmelstürmende Nadelspitzen. Angelegt hat diese vielbesuchte Sehenswürdigkeit im Jahre 1905 der Ingenieur Francisco Vela. Ihm zu Ehren hat der guatemaltekische Künstler Rodolfo Galeotti Torres 1980 eine Gedenktafel skulptiert. Von zwei Aussichtstürmen blickt man auf die Reliefkarte hinab. Am 15. August (Mariä Himmelfahrt), der Patronatsfiesta von Guatemala-Stadt, verwandelt sich der Parque Minerva in ein wahres Tollhaus. Dann findet hier der größte Jahrmarkt des Landes statt. An unzähligen Buden werden Fleischklumpen gebrutzelt, Tortillas gerollt, Maiskolben gekocht. Vor dem Eingang bieten fliegende Händler ihre Waren an, auf dem Jahrmarkt selbst drehen sich Karusselle und Riesenräder. Indígenas aus allen Landesteilen führen ihre Festtagstracht aus, während Ladinos ihre kleinen Töchter als Prinzessinnen ausstaffieren. Die Fröhlichkeit ist ansteckend, das Menschengewühl dieser Feria allerdings nichts für klaustrophobisch veranlagte Naturen. Hier ist nachmittags die halbe Hauptstadt versammelt. Der Autor hat 1996 hier allerdings keinen einzigen Touristen entdecken können, so schlecht ist der Ruf von Guatemala-Stadt mittlerweile. *Warnung:* Abgesehen von einigen Taschendieben ist man hier aber völlig sicher, solange man seinem europäischen Magen nicht die Produkte der Imbißstände

Guatemala-Stadt, ▷
Parque Minerva, Mapa en relieve

SANTA APOLONIA
CERRO ORO
SUMPANGO
SN. PEDRO SAC
SAN MANUEL
MIXCO
GUATEMALA
VILLA NUEVA
VILLA CANALES
SANTA CANALITOS
LA REFORMA
CANCHON
PALENCIA
LOS MIXCOS

Guatemala-Stadt, Palacio Nacional, Innenhof

Guatemala-Stadt, Torre del Reformador

zumutet, auch wenn einige Comedores auf Handzetteln mit dem Hinweis »cholerafreie Zubereitung« (!) werben.

Palacio Nacional (Nordseite des Parque Centenario): Der Nationalpalast, in dem die Ministerien untergebracht sind und der manchen Militärputsch erlebt hat, wurde zwischen 1939 und 1943 von Präsident Jorge Úbico errichtet, zu einer Zeit, als man in Guatemala offensichtlich das Geld noch mit vollen Händen ausgeben konnte. Rafael Pérez de León hieß der Architekt. Hinter dem Palast liegt die durch einen Tunnel mit dem Prachtbau verbundene Residenz des Präsidenten. Die blaßgrüne Fassade des Palastes läßt zwar ein wenig vermuten, welcher Prunk sich dahinter verbirgt, doch wenn man die Einlaßkontrolle ins Zentrum der Macht passiert hat (die für ein militärstarrendes Land wie Guatemala erstaunlich lax ausfällt), ist man doch verblüfft. Man darf völlig unbehelligt durch die Korridore, Innenhöfe und Gärten des Palastes wandeln und sich die Wandmalereien des Treppenhauses ansehen. Alfredo Gálvez Suárez schildert Szenen der Konquista und das anschließende, angeblich so friedliche Zusammenleben von Eroberern und Eroberten, symbolisiert durch die Heirat eines Spaniers mit einer Indígena, auf deren blanke Brüste einheimische Besucher fasziniert blicken. Auf die Frage, was Indígenas von diesem reichlich verlogenen Geschichtsbild halten, kam vom Aufsichtspersonal die entwaffnende Antwort: Die trauen sich ohnehin nicht in den Palast! Die Hauptattraktion des Palastes sind jedoch seine beiden Festsäle. Ein für Touristen zuständiger Wächter schließt sie auf. In der *Sala de Recepciones*, die für Staatsempfänge genutzt wird, schildern Glasfenster, die Julio Urruela Vásquez schuf, prähispanische und koloniale Szenen. Die mit 14karätigem Blattgold verzierte Kuppel schimmert im Licht der großen Lüster. Der Saal ist mit Zedernholz, das Parkett mit verschiedenen Edelhölzern getäfelt. Auf dem Wappen hinter den Flaggen des Podiums erscheint ein ausgestopfter Quetzalvogel. Dem Empfangssaal gegenüber liegt der *Bankettsaal*, dessen zum Parque Central hinausgehende Glasfenster die Allegorien der Tugenden zeigen. Wieder war Urruela der Schöpfer. Nach einem Bombenanschlag vor dem Palast fielen die Tugenden in Scherben.

Guatemala-Stadt, Museo Ixchel, Webkunst aus Chichicastenango

Heute werden sie nach und nach restauriert. Die Wandteppiche bemalte Carlos Rigalt. Hauptattraktion des Saals ist jedoch die prächtige Holzdecke, die im andalusischen Mudéjar-Stil mit bemaltem Holz und vergoldetem Stuckdekor geschaffen wurde. Im Palast befindet sich eine Markierung des »kilometro zero«.

Torre del Reformador (7a Avenida/2a Calle, Zona 9): Diese stählerne Imitation des Pariser Eiffelturms wurde zu Ehren von Präsident Justo Rufino Barrios errichtet. Sie wird heutzutage aber selten illuminiert.

MUSEEN

Museo Ixchel del Traje Indígena (Ende der 6a Calle, Zona 10): Das vor kurzem in ein Gebäude auf den Campus der *Universidad Francisco Marroquín* umgezogene Museum (alte Adresse 4a Avenida 16–27, Zona 10) trägt den Namen von Ixchel. Sie war die Maya-Göttin der Webkunst, und so präsentiert dieses sehr besuchenswerte Museum eine einzigartige Sammlung authentischer Trachten der Indígenas: die schönsten Beispiele traditioneller Webkunst aus allen Dörfern des Landes. Außerdem informiert das Museum über die verschiedenen Webtechniken. Bisweilen treten auch »Models« in den schönen Trachten auf. Doch dazu fährt man vielleicht doch lieber zu den Märkten des westlichen Hochlandes, wo man diese Trachten *in situ* bewundern kann, auch wenn die Kamera dort nicht immer gern gesehen ist. Im Museumsladen kann man schöne Textilarbeiten erwerben.

Museo Nacional de Arqueología y Etnología (in den Bildbeschreibungen abgekürzt: MNAE) (Edificio N° 5, Parque La Aurora, Zona 13): Dieses äußerlich wie ein neomaurischer Bau wirkende Museum ist zweifellos das beste staatliche Museum Guatemalas, doch macht sich auch hier der chronische Geldmangel in der katastrophalen Beleuchtung bemerkbar. Einen dringend notwendigen Museumskatalog, der die hier ausgestellten prähispanischen Schätze erläutern

Guatemala-Stadt, MNAE, Kakaokanne (l); Räuchergefäß aus dem Motagua-Tal (r)

würde, gibt es nicht. Zwar bieten sich am Eingang Führer an, doch sind diese meist selbst so mangelhaft informiert, daß man froh sein muß, wenn sie Originale von Kopien unterscheiden können. Nach einer Einführung in die ethnologischen Ursprünge Amerikas illustriert das Museum in chronologischer Folge die drei kulturgeschichtlichen Hauptphasen der Maya-Geschichte: Präklassik, Klassik und Postklassik. So betrachtet man zunächst die überwiegend aus dem nahen Kaminaljuyú stammenden Objekte. Natürlich fesseln die Säle mit der raffinierten klassischen Maya-Kunst aus Tieflandstädten wie Tikal, Uaxactún, Seibal, Quiriguá und Piedras Negras am meisten. Ein Modell, das Dr. Alfredo Mackenney geschaffen hat, macht anschaulich, wie die Maya-Stadt Tikal in ihrer Blütezeit einmal ausgesehen hat. Mit seiner großen Sammlung wunderschön bemalter Keramikgefäße und -schalen macht das Museum dem *Museo Popol Vuh* Konkurrenz. Zu den Glanzstücken zählen eine rotbraune Kakaokanne mit türkisfarbenen Glyphen sowie ein Räuchergefäß aus dem mittleren Motagua-Tal, das mit großer Eleganz und Detailfreude eine Figur mit außergewöhnlichem Kopfschmuck zeigt.

Ein Raum (Sa./So. geschlossen) präsentiert ausschließlich Jadeschmuck, darunter die berühmte Mosaikmaske aus Tikal (zwei weitere Masken sind Kopien) sowie ein erlesenes Jadestück, das einen sitzenden Herrscher zeigt, dem ein kleiner Kopf im Rachen einer Visionsschlange erscheint. Ein weiterer Höhepunkt des Museums sind die in einer (von Tageslicht erhellten) Rotunde rund um einen plätschernden Brunnen angeordneten herrlichen Stelen, überwiegend aus Piedras Negras. Leider fehlt jegliche Erklärung zum Dargestellten, und so muß sich der Laie darauf beschränken, die exquisite Kunst der Bildhauer damaliger Zeiten zu bewundern. Weiter zeigt das Museum eine Sammlung von Trachten, Kunsthandwerk und Gebrauchsgegenständen der Indígenas.

Guatemala-Stadt, Museo Ixchel, ▷
Gewebte Quetzalvögel und Marimbaspieler

Guatemala-Stadt, MNAE, Jadeschmuck

Museo Nacional de Arte Moderno (Edificio N° 6, Parque La Aurora): Das Museum zeigt eine Dauerausstellung mit Werken von Künstlern, die internationales Ansehen genießen (mit Ausnahme der »naiven« Bilder des *Museo Nacional de Artes e Industrias Populares*). Die Gemälde des 19. Jh. zeigen überwiegend Porträts und Landschaftsansichten. Zu den sehenswertesten abstrakten Bildern des 20. Jh. zählen die Werke von Carlos Mérida, der auch die Bauten des *Centro Cívico* ausschmückte. Weitere namhafte Künstler sind Valenti, González Goyri, Acuña, Garavito sowie Gálvez Suárez. Unter den Bildhauern sind wieder Goyri sowie Dagoberto Vásquez, Max Saravia und Oscar Barrientos zu erwähnen. Blickfang ist jedoch die »lärmende« Marimba von Efraín Recinos.

Museo Nacional de Artes e Industrias populares (10a Avenida 10–72, Zona 1): Das kleine Museum lohnt einen Besuch wegen seiner »primitiven« indigenistischen Bilder, die größtenteils von Künstlern aus San Juan Comalapa stammen. Diese fröhlich bunten, mit großen Details, aber ohne Perspektive gemalten kostumbristischen Ansichten traditioneller Szenen, die Leben, Religion, Tänze und Bräuche der Indígenas zeigen, sind mittlerweile bei Sammlern begehrt. Viele Bilder ähneln sich, doch stellt kein Künstler zwei identische her. Abgesehen von den Malern aus Comalapa sind auch Werke anderer indigener Künstler zu sehen, darunter Bilder des bekannten Juan Sisay aus Santiago Atitlán, der in Europa und den USA ausgestellt hat. Des weiteren zeigt das Museum eine kleine Sammlung von Trachten, Keramik, Silberwaren sowie einige typische Weihnachtskrippenfiguren, Masken und einige alte Musikinstrumente.

◁ *Guatemala-Stadt, MNAE, Maya-Stele, Detail*

Museo Nacional de Historia (9a Calle 9–70, Zona 1): Dieses extrem verstaubte Museum sollten sich nur Besucher antun, die leidenschaftlich an guatemaltekischer Geschichte interessiert sind.

Guatemala-Stadt, MNAE, Maya-Steinbank

Museo Nacional de Historia Natural (Zona 13): Das Museum ist zwar seit 1986 in einem neuen Gebäude untergebracht, hat mit seinen kläglich präsentierten ausgestopften Tieren aber wenig zu bieten. Allerdings hat man hier die Gelegenheit, einige bunte Quetzales zu sehen: ausgestopft natürlich. In freier Wildbahn macht sich der prunkvolle Nationalvogel Guatemalas nämlich sehr rar. Am ehesten wird man ihn – mit unendlich viel Glück – in den regenverhangenen Wäldern südlich von Cobán (Baja Verapaz) erspähen.

Museo Popol Vuh (Edificio Galerías Reforma, Avenida La Reforma 8–60, Zona 9): Das nicht ganz leicht zu findende, im 6. Stock eines Geschäftsgebäudes untergebrachte Privatmuseum zählt zu den drei besten der Stadt. Es wurde 1977 gegründet und steht heute unter der Schirmherrschaft der *Universidad Francisco Marroquín*. Hier ist eine große Sammlung von Keramik und Steinskulpturen aus prä- bis postklassischer Zeit zu sehen. Leider lassen die schriftlichen Erklärungen zu den einzelnen Exponaten zu wünschen übrig. Gleich am Eingang wird man von zahlreichen großen Räucherurnen mit Tier- und Menschengrimassen oder Totenköpfen aus dem Quiché und vom Lago Amatitlán begrüßt; anschließend präsentieren Vitrinen in chronologischer und geographischer Anordnung eine Fülle von Gefäßen, Schalen und Statuetten, teilweise mit faszinierenden Szenen bemalt. Auch eines der wenigen Faksimiles des berühmten *Codex Dresdensis* ist ausgestellt: ein wie eine Ziehharmonika gefaltetes Leporello-Album. In den hinteren Räumen zeigt das Museum auch Skulpturen, Gemälde und Altäre aus der Kolonialzeit sowie Trachten, die für Folkloretänze benutzt werden. In einem Glaskasten ist außerdem die Figur des seltsamsten Heiligen Guatemalas zu sehen: Maximón. Er wird u.a. in Santiago Atitlán (Lago Atitlán) und Zunil (bei Quezaltenango) verehrt. Der »Heilige« ist wie ein Mafiaboß in einen Nadelstreifenanzug gekleidet. Vor ihm sind Opfergaben wie Zigarren, Schnapsflaschen, Geldscheine und ver-

Guatemala-Stadt, MNAE, Jademaske aus Tikal (l); Museo Popol Vuh, Räucherurne (r)

schiedenfarbige Kerzen ausgebreitet (die Farbe gibt an, ob man eine Frau gewinnen oder sie loswerden will, selbst Geld verdienen oder jemanden ruinieren, selbst genesen oder einem anderen die Krätze an den Hals wünschen will). Maximón hilft immer, doch nicht umsonst! Exzellent ist die Bibliothek des Museums. Im Laden des Museums kann man schönes Kunsthandwerk der Indígenas erwerben, zum Teil sehr gute Repliken von Museumsexponaten.

Umgebung

Escuintla (58 km sw): Die stickige, über eine zweispurige Schnellstraße zu erreichende Stadt ist von geradezu pathetischer Häßlichkeit. Interessant ist jedoch ihre Umgebung. Fahren Sie auf der vor kurzem neu geteerten, am Südrand der Vulkankette entlang zur mexikanischen Grenze führenden Straße 25 km nach Westen. In Siquinalá zweigt links eine Straße zum 10 km s liegenden **La Democracia** ab. In der Parkanlage dieses kleinen, schäbigen Orts liegen einige steinerne, zwischen vier und 16 Tonnen wiegende Kolossalköpfe. Die meisten von ihnen wurden in den nahe gelegenen *Fincas Monte Alto* und *El Tránsito* gefunden und unter Leitung von Professor Edwin Shook vom Peabody Museum der Harvard University hierherverbracht. Diese geheimnisumwitterten Basalt-Skulpturen sollen von etwa 300 v. Chr. datieren und erinnern an die Olmekenköpfe der Region Veracruz und Tabasco (→ Villahermosa). Allerdings fehlen die olmekischen Helme und Augenbrauen, außerdem sind sie nicht vollständig rund behauen. Im örtlichen *Museo* sind Funde aus der Umgebung zu sehen: Figuren, Keramik und sog. »steinerne Pilze«. Das Museum ist allerdings in einem beklagenswerten Zustand. Das vor dem Portal aufgestellte *Monumento 1* trägt übrigens in geradezu verblüffender Weise die Gesichtszüge des berühmten guatemaltekischen Schriftstellers Miguel Angel Asturias. – Weitere interessante archäologische Gebiete liegen weiter

Guatemala-Stadt, Museo Popol Vuh, Räucherurne mit Totenköpfen (l); Vase (r)

westlich von Escuintla. Von Siquinalá sind es auf der Hauptstraße noch 8 km nach **Santa Lucía Cotzumalguapa**. In den Fincas der Umgebung, die heute vom Zuckerrohr bestimmt wird, einst jedoch vom Kakaoanbau geprägt war, finden sich spätklassische Steinköpfe der Pipiles. Auf dem Gelände der *Finca Bilbao* (ca. 4 km ö) sind drei berühmte behauene Steine zu sehen. Kinder der Fincabesitzer führen Sie dorthin. Eine Stele zeigt eine feingemeißelte Kriegerfigur. Etwa 50 m entfernt liegt *Monumento 21*, das auf einem riesigen ovalen, abgeflachten Basaltbrocken detailliert eingravierte Figuren mit verschlungenen Früchten und Blattwerk zeigt. Die Mittelfigur trägt einen verknoteten Gürtel, in der Region Cotzumalguapa ein Symbol für Autorität. »Gobernador 1«, wie ihn die Archäologen nennen, scheint einem Ausländer, der ihm zur Rechten mit Augen im Stil des Regengottes Tlaloc aus dem mexikanischen Hochland abgebildet ist, eine Kakaofrucht zu reichen. Zur Linken des »Herrschers« erscheint die furchteinflößende Figur eines Beraters, der offensichtlich mit dem Handel nicht einverstanden ist. Aus seinem Mund ragt nämlich eine scharfe Obsidianklinge heraus. Auf *Monumento 19* (ca. 40 m entfernt) erscheint wieder »Herrscher 1«, der auch hier seinen Gürtel trägt, jedoch abgezehrt wirkt und sein ausländisches Gegenüber, das einen schlangenartigen Gürtel trägt, um Hilfe zu bitten scheint. Über der Schulter des Fremden schwebt ein mythisches Wesen. Neben dem Herrscher steht wieder der nackte Berater mit menschlichen und jaguarartigen Gliedern. – Etwa 5 km n von Santa Lucía liegt die *Finca El Baúl*. Im zentralen Innenhof dieser Finca sind einige Statuen versammelt, angeblich Originale (die Fincabesitzer stellten in der Vergangenheit Kopien her). Auf dem Gelände der Finca, aber nur über einen bei Regen unpassierbaren Feldweg zu erreichen, sind auf einer Lichtung zwei weitere Skulpturen zu sehen, ein grinsender Götze der Pipiles mit

◁ *Guatemala-Stadt, Museo Popol Vuh, Barockaltar, Detail*

Guatemala-Stadt, Museo Popol Vuh, Karnevalsfigur

Guatemala-Stadt, Museo Popol Vuh, Karnevalsmaske

schnabelartiger Nase (der offensichtlich noch immer verehrt wird, wie das geschmolzene Kerzenwachs nahelegt) sowie eine Stele, deren Flachrelief im Stil des mexikanischen Hochlands einen Krieger und einige kreisförmige Glyphen zeigt. Auch hier werden immer noch Kerzen und Kopalweihrauch abgebrannt.

Lago Amatitlán (25 km s): Der in etwa einer halben Stunde über eine gut ausgebaute Straße zu erreichende See (Höhe: 1190 m) ist ein beliebtes Ausflugsziel der *capitalinos*. Der Vulkan Agua dominiert das Westufer, im Süden ragt der noch immer feuerspuckende Kegel des Pacaya auf (allerdings nur von der Mitte des Sees aus zu sehen; Besteigung wegen häufiger Raub- und Vergewaltigungsüberfälle auch für Gruppen nicht zu empfehlen). Wohlhabende Einwohner von Guatemala-Stadt haben am Seeufer Wochenendhäuser und Villen gebaut. Wer es sich leisten kann, wandert mittlerweile jedoch zum →Lago Atitlán ab. *Warnung:* Die Verschmutzung des Sees hat nämlich alarmierende Ausmaße angenommen. Die hier gefangenen Fische *(mojarras* und *guapotes)* sollten wegen akuter Choleragefahr keinesfalls verzehrt werden. Zudem sinkt wegen des Wasserkraftwerks in Jurún Marinalá der Wasserspiegel immer dramatischer. Vom Aussichtspunkt im *Parque de las Naciones Unidas* bietet sich ein schöner Blick auf den See. – Auf der Weiterfahrt vom Hauptort Amatitlán nach Escuintla passiert man das Dorf **Palín**, das einst für seine Webkunst berühmt war. Heute sieht man hier nur noch die violetten Huipiles des nahen Dorfs Santa María de Jesús. Die ursprünglichen Blusen der Frauen von Palín waren einst so kurz, daß sie die Brüste freigaben, wenn die Trägerinnen die Arme hoben. Präsident Úbico, dem eine Frau durch das Zugfenster eine Ananas verkaufen wollte, befahl schockiert die Verlängerung der Blusen.

Mixco Viejo (60 km nw): Die postklassischen Maya-Ruinen wurden 1954-67 von Henri Lehmann und dem Pariser *Musée del Homme* erforscht und restauriert, jedoch vom Erdbeben 1976 schwer beschädigt. Die anschließende erneute Restaurierung fiel leider zu perfekt aus. Der Chronist Francisco Antonio Fuentes y Guzmán bezeichnet

Mixco Viejo in seiner 1690 verfaßten *Recordación Florida* als eine der größten Städte des guatemaltekischen Altiplano. Die auf einem Felsvorsprung errichtete Festung der Pokomanes (ihr Name war vermutlich Jilotepeque) wurde wohl erst im 13. Jh. gegründet und galt als uneinnehmbar, jedenfalls für die ebenfalls recht kriegerisch gesinnten Cakchiqueles (Hauptstadt Iximché) und Quichés (Hauptstadt Utatlán), in deren Territorien die Pokomanes Enklaven (neben Mixco auch Chinautla) bewohnten. Selbst der Konquistador Pedro de Alvarado mußte Ende 1524 mit seiner spanischen Kavallerie und 200 Fußsoldaten aus dem mexikanischen Tlaxcala die Festung einen Monat lang belagern, konnte jedoch den einzigen, äußerst schmalen Zugang nicht erstürmen. Als er jedoch die herbeigeeilten Verbündeten von Mixco, die Chinautlecos, auf der Ebene vor der Festung vernichtend schlagen konnte und die Unterlegenen dem Spanier einen geheimen Zugang in die Festung verrieten, wendete sich das Blatt. Alvarados Soldaten richteten ein Massaker unter den überraschten Verteidigern an und brannten die Stadt nieder. Die überlebenden Pokomanes wurden etwa 50 km südlich im heutigen Mixco angesiedelt, zusammen mit vielen Alliierten der Spanier aus Tlaxcala. Unweit des Eingangs ist ein Modell der Anlage zu sehen. Mixco Viejo besteht aus 15 Gebäudegruppen mit insgesamt über 120 Strukturen (Plattformen, neun Tempel, Pyramiden, zwei Ballspielplätze, Altäre usw.), doch besticht der Ort in erster Linie durch seine dramatische Lage und Panoramaausblicke.

San Juan Sacatepéquez (32 km w): Die Frauen dieser etwa 6500 Einwohner zählenden Cakchiquel-Stadt, die vor allem vom Blumenexport lebt, tragen mit die schönsten Huipiles des ganzen Landes. Auf vielfarbig gestreiftem Grundstoff zeigen sie Goldbrokat und aufgestickte violette Vögel und andere Tiere. Der zylinderförmige Wickelrock *(corte)* ist kariert. Auch die Männertracht ist gelegentlich noch zu sehen: rotgestreifte, mit Vögeln bestickte *tzuts* und farbenfrohe Jacken. Im Juni feiert man den Namenspatron Johannes den Täufer mit der Aufführung des regionalen Tanzes *El Torito* (kleiner Stier). Markttage sind besonders Freitag und Sonntag, Festtage 22.–27. Juni, besonders der 24.

San Pedro Sacatepéquez (25 km w): Die Frauen dieses 1976 schwer vom Erdbeben getroffenen Cakchiquel-Orts tragen sehr schöne Huipiles in Lila oder Weiß mit aufgestickten geometrischen Bäumen und Vögeln. Diese Blusen sind als gerahmte Wandbehänge sehr begehrt. Zu den Huipiles tragen die Frauen dunkle karierte Röcke mit dekorativen Nähten *(randas)* und Gürteln aus dicker Wolle. Ins Haar flechten sie dicke Wollfäden *(tocoyales)*. Markttag ist besonders der Freitag, größter Festtag der 29. Juni.

Santiago Sacatepéquez (33 km w): Das Erdbeben von 1976 hat dafür gesorgt, daß die etwa 6500 Einwohner zählende Cakchiquel-Stadt keinen besonders attraktiven Eindruck macht. Allerheiligen lohnt sich der Ausflug aber unbedingt. Am 1. November lassen die Bewohner von Santiago über dem Friedhof riesige bunte Drachen schweben. Die spektakulärsten Exemplare steigen gegen 15 Uhr gen Himmel. An diesem Tag bestreut man die Gräber des Friedhofs mit Ringelblumen, die hier als »Todesblumen« gelten. Die Frauen tragen zu Allerheiligen eine farbenfrohe Tracht, deren ungewöhnliche Gürtel auf dem Rücken in unzähligen Quasten enden. Markttag ist der Samstag, Festtag der 25. Juli.

Guatemala-Stadt, Museo Popol Vuh, Maximón

H

Huehuetenango

Huehuetenango (Guatemala)

Einw.: 14000 Höhe: 1902 m S. 354 □ C 4

Die letzte größere Stadt vor der Grenze zu Mexiko ist für die meisten Reisenden nur eine Durchgangsstation. Die Provinzstadt (Fiesta Mitte Juli) hat außer einer Plaza mit klassizistischer Kathedrale (1874), *Palacio Municipal* (1843), *Gobernación Departamental* mit Uhrturm sowie einem Musikpavillon Besuchern tatsächlich nur wenig zu bieten, doch ist Huehuetenango (»Platz der alten Leute«) der wichtiger Ausgangspunkt für einen Ausflug in das wilde, bis zu 3600 m aufsteigene, nichtvulkanische Bergmassiv Los Cuchumatanes mit seinen traditionellen Indígenadörfern. *Warnung:* Die Region ist allerdings noch immer von Aktivitäten der Guerilla geprägt. Nach offiziellen Beteuerung gelten die Cuchumatanes zwar als »befriedet«, doch eine Busfahrt von Huehuetenango nach Nebaj endete für den Autor mit einem Überfall, bei dem maskierte und mit Maschinenpistolen bewaffnete Freiheitskämpfer den Businsassen ihre revolutionären Ideen nahezubringen suchten, jedoch nach einer »freiwilligen« Spende (und den konfiszierten Fotos des Autors) wieder abzogen. Die unangenehmere Begegnung fand dann anschließend mit der guatemaltekischen Armee statt, die alle Insassen mit vorgehaltenen MPs einer peinlichen (allerdings erwartungsgemäß ergebnislosen) Befragung unterzog. Das Auswärtige Amt warnt derzeit vor einer Reise in diese Gegend; ob sich die Situation nach der für den Herbst 1996 geplanten, aber bislang immer wieder verschobenen Unterzeichnung des »Friedenspaktes« zwischen Staat und Guerilla entspannt, bleibt abzuwarten.

Umgebung

Aguacatán (22 km ö): Die Siedlung am Fuß der Cuchumatanes wurde kurz nach der Konquista von Dominikanermönchen gegründet, wobei sie willkürlich die Dörfer zweier unterschiedlicher Volksgruppen – Chalchitecas und Aguatecas – zusammenfügten. In der Kolonialzeit mußten die Indígenas in den Gold- und Silberbergwerken der nahen Hügel schuften. Noch immer pflegt das Dorf seine alten Traditionen. Etwa 15000 Menschen sprechen das nur hier gebräuchliche Aguateca. Am Sonntag findet ein riesiger Markt statt. Die traditionelle Kleidung der Frauen ist ungewöhnlich schlicht: Ihre weißen Huipiles sind lediglich mit quergestreiften Borten verziert, die Röcke aus einfachem dunkelblauem Baumwollstoff. Eine Besonderheit von Aguacatán ist dagegen der *cinta* genannte Kopfputz: ein raffiniert in allen Farben besticktes Tuch.

Chiantla (4 km n): Das Dorf, in dessen Norden die hohen Gipfel der Cuchumatanes aufragen, besitzt eine Kolonialkirche, die ursprünglich von Dominikanermönchen errichtet wurde. Heute ist sie Ziel einer der größten Wallfahrten des Landes. Am 2. Februar pilgern zahlreiche Gläubige, darunter viele Kranke, zur *Virgen de Candelaria* des Künstlers Quirio Cataño, die dem spanischen Silberminenbesitzer Pedro de Armengol angeblich das Leben rettete, wofür dieser sich mit einem Silbermantel bedankte. Die Indígenas glauben fest an die heilende Kraft der Jungfrau.

Colotenango (34 km nw): Das an der von Huehuetenango zur mexikanischen Grenze (La Mesilla) gelegene Dorf hält am Samstag den größten Markt im Tal des Selegua ab, eine gute Gelegenheit, die traditionellen roten *cortes* (Röcke) der Frauen zu bewundern. Während der Karwoche (Semana Santa) setzt das gesamte Dorf eine Aufführung der Passion Christi in Szene, und der

San Pedro Sacatepéquez (Guatemala-Stadt), Frauen in traditioneller Tracht

Mann, der den Judas spielen muß, hat dabei nichts zu lachen. Vom 12 bis 15. August findet die große Jahresfiesta statt.

Nebaj (ca. 45 km ö): Das abgeschiedene und noch stark von indigenen Traditionen geprägte *Triángulo Ixil* (»Ixil-Dreieck«), das von Nebaj, Chajul und San Juan Cotzal gebildet wird, war (und ist) eine der am meisten umkämpften Regionen Guatemalas. Kein Wunder, denn hier hat das Militär besonders schlimm gewütet. Um die »Guerilla-Armee der Armen« *(Ejército Guerrillero de los Pobres* – EGP*)* auszurotten, vernichteten die Soldaten Hunderte von Dörfern und zwangen die Bewohner in kasernenartige »Modelldörfer«. Im Ixil-Dreieck, das etwa 85000 Einwohner zählt, wird noch das nur hier gebräuchliche Ixil gesprochen, und die Indígenas halten beharrlich an ihren Traditionen fest, obwohl dies in den blutigen 70er und 80er Jahren den Tod bedeuten konnte. Die Frauen von Nebaj, einem schönen alten Ort mit weißen Adobe-Mauern und Pflasterstraßen, tragen berühmte Huipiles mit kniffligen geometrischen Mustern in violetten, roten, gelben und grünen Farben und dazu einen leuchtend roten *corte* (Wickelrock). Das lange Haarband ist gestreift und als gedrehter Kranz so um den Kopf geschlungen, daß die dicken Quasten nach hinten hängen. Da dürfen die Männer nicht nachstehen. Ihre Tracht, ein rotes Jäckchen, das an die Uniform spanischer Offiziere erinnert, wird allerdings nur noch zu festlichen Anlässen getragen. Die beste rote Wolle kommt übrigens aus Deutschland (»rojo alemán«) und bleicht auch nach noch so vielen Waschgängen nicht aus! Eine Armee junger und jüngster Verkäuferinnen erwartet jeden Besucher schon an der Ortseinfahrt. Markttage sind Donnerstag und Sonntag. In der zweiten Augustwoche feiert Nebaj seine Fiesta mit Prozessionen, Tänzen, Feuerwerk und viel Alkohol. – In **San Juan Cotzal** (20 km nö) tragen die Frauen raffinierte grüne Huipiles, im besonders traditionellen **Chajul** (23 km nö) kleiden sie sich ganz in Rot und tragen Ohrringe aus alten, auf Wollfäden aufgereihte Münzen.

Rigoberta Menchú

Als 1992 eine 33jährige kleine, rundliche Maya-Frau aus Guatemala, »ein starkes Symbol für Frieden und Versöhnung über ethnische, kulturelle und soziale Grenzen in ihrem eigenen Land, auf dem amerikanischen Kontinent und in der übrigen Welt hinweg«, den Friedensnobelpreis erhielt, da mußten viele Journalisten erst einmal in ihren Archiven kramen. Pünktlich zur 500-Jahrfeier der »Entdeckung Amerikas« lenkte das Nobelpreiskomitee von Oslo das Augenmerk der Weltöffentlichkeit auf die flagranten Menschenrechtsverletzungen in Guatemala, denen in den 70er und 80er Jahren schätzungsweise hunderttausend Menschen zum Opfer gefallen sind. Fernab westlicher Kameras folterte und mordete die guatemaltekische Armee, deren Generäle begreiflicherweise von der Preisverleihung nicht eben begeistert waren und alles daransetzten, Rigoberto Menchú zu diskriminieren, weil sie angeblich Partei für den militanten Kampf der Guerilla ergriffen habe. Äußerst gequält gratulierte Präsident Serrano Elias der Preisträgerin nach ihrer erlaubten Heimkehr.

In Rigobertas Familiengeschichte spiegelt sich die Tragödie Guatemalas in geradezu exemplarischer Weise. Sie wurde als sechstes von neun Kindern im winzigen Dorf Chimél nördlich von Uspantán geboren, im Osten des Ixil-Dreiecks, das noch heute eine Hochburg der Guerilla ist. Schon im Alter von acht Jahren mußte sie auf einer Kaffeeplantage an der Küste arbeiten. Einer ihrer Brüder starb dort an Unterernährung und ihr bester Freund wurde durch Insektizide vergiftet. Rigobertas Vater Civente war ein Aktivist der Indígenas, der 1977 die erste Bauerngewerkschaft Guatemalas gründete, was die Familie zur Zielscheibe der Repression machte. 1979 entführte die Armee einen der Brüder Rigobertas und verbrannte ihn zusammen mit anderen Opfern bei lebendigem Leib. 1980 besetzte eine Delegation von Indígena-Führern, darunter Rigobertas Vater, friedlich die spanische Botschaft in Guatemala-Stadt, um auf die Unterdrückung der Indígenas aufmerksam zu machen, denen Großgrundbesitzer mit Unterstützung des Militärs das rechtmäßig erworbene Land streitig machten. Die guatemaltekische Armee setzte jedoch das Gebäude in Brand: Alle Besetzer kamen in den Flammen um. Drei Monate später wurde Rigobertas Mutter, Juana Túm, von der Armee entführt, vergewaltigt und zu Tode gefoltert. Rigoberta floh nach Mexiko, um dort ihre Autobiographie zu schreiben und unermüdlich für die Rechte der Indígenas von Guatemala und ganz Amerika zu kämpfen. 1983 gründete sie mit anderen Exilguatemaltekinnen die Vereingte Guatemaltekische Opposition RUOG und nahm 1987 am Nationalen Dialog Guatemalas teil. Schon lange vor der Verleihung des Nobelpreises hat sie sich vom bewaffneten Kampf distanziert. Inzwischen ist sie mehrere Male nach Guatemala zurückgekehrt, doch sind ihre Aufenthalte noch immer von Todesdrohungen begleitet.

Solomá (ca. 70 km n): Das größte und reichste Dorf in den nördlichen Cuchumatanes verdient nicht nur wegen der spektakulären Fahrt von Huehuetenango durch das frostige, karstige Hochland des *Parque Nacional Los Cuchumatanes* Erwähnung. An den Markttagen Donnerstag und Sonntag tragen die Frauen lange weiße Huipiles, wie sie auch bei den mexikanischen Lacandonen üblich sind, die im Urwald jenseits der Grenze leben. Diese Tracht kommt der Kleidung, wie sie die Maya vor der Konquista trugen, am nächsten. Die bunten Farben und Stickereien führten nämlich erst die Spanier ein, um die einzelnen Indígena-Stämme besser voneinander unterscheiden, sprich kontrollieren, zu können. – Weitere 42 km nördlich liegt, dem Territorium der Lacandonen, die niemals von Spaniern unterworfen wurden, noch näher, das Dorf **San Mateo Ixtatán**. Auch hier tragen die Frauen lange Huipiles mit sternenförmig ausstrahlenden bunten Stickereien. Die kurzen wollenen Jacken der Männer, genannt *capixay*, sind rund um den

Kragen oft mit Blumen und am Rücken mit Quetzalvögeln bestickt. Unterhalb des Dorfs liegen die unrestaurierten Maya-Ruinen von *Xolcol*: eine kleine Pyramide und ein Ballspielplatz.

Todos Santos Cuchumatán (ca. 40 km nw): Das im hintersten Winkel der Cuchumatanes in einem nachmittags fast stets nebelverhangenen Tal liegende Dorf zählt dennoch (oder gerade deshalb) zu den berühmtesten Guatemalas – wegen der faszinierenden Männertracht der hier ansässigen Mam-Indígenas. Über ihren charakteristischen handgewebten, rotweißgestreiften Hosen tragen die ungewöhnlich stattlichen Männer von Todos Santos eine die Hüften wärmende Überhose aus dicker schwarzer Wolle mit weißen Knöpfen, die vorne geschlitzt ist. Das weiße Hemd zeigt dünne Streifen und einen bunt gewebten Kragen. Unter ihrem Strohhut, um den sie ein Lederband wickeln, tragen viele Männer einen *tzut*. Die Frauentracht besteht aus komplizierten roten Huipiles und dunkelblauen Röcken. Der Fotograf Hans Namuth hat die Menschen von Todos Santos über 40 Jahre hinweg auf Film festgehalten und seine besten Bilder 1989 in seinem Buch *Los Todos Santeros* veröffentlicht. Die Fotos des Autors landeten dagegen in den Händen der Guerilleros von Nebaj. Übrigens sind die Todos Santeros von Kameras nicht allzu begeistert. Während der Allerheiligenfiesta (1. Nov.) findet ein traditionelles Pferderennen statt. Dabei wird so viel getrunken, daß derjenige gewinnt, der sich am längsten auf seinem Roß halten kann. Bei den in der Nähe des Dorfes liegenden prähispanischen Zeremonialstätten von *Toicuhanchén* halten von Zeit zu Zeit *brujos* (Zauberer) alte Riten ab.

Zaculeu (4 km w): Die alte Hauptstadt der Mam, die vor der Konquista zu den wichtigsten Hochlandstämmen zählten, fiel im 15. Jh. in die Hände der Quiché, wie das Popol Vuh berichtet, und ein halbes Jahrhundert später in die blutigen Krallen des Bruders von Pedro de Alvarado, Gonzalo. Der belagerte, nachdem er beim Dorf Malacatancito ein Massaker angerichtet hatte, die Festung, in die sich der Führer der Mam, Caibal Balam, mit seinen Truppen verschanzt hatte. Nach sechs Wochen mußten sich die verhungernden Mam dem Spanier ergeben. 1946/47 ist die Festung dann noch einmal jemandem in die Hände gefallen: der US-amerikanischen Bananenfirma United Fruit Company, die mit einer Restaurierung ihr angeschlagenes Image in Mittelamerika aufpolieren wollte. Mit ihrem bekannten Fingerspitzengefühl verkleisterte die Company die Bauten mit Beton und einer dicken weißen Gipsschicht, so daß Zaculeu (»weiße Erde«, ein Quiché-Wort) heute eher einer Hollywoodkulisse gleicht. Die Gebäude zeigen weder Dachfirste noch Skulpturenschmuck, und nur an wenigen Stellen ist der usprüngliche Stein zu sehen. Die Gebäude von Zaculeu gruppieren sich um insgesamt acht Plazas. Besonders gut zu erkennen ist der rechteckige Ballspielplatz mit seinen steinernen Böschungen.

K

Kabáh

Yucatán (Mexico)

Höhe: 25 m — S. 355 □ D 1

Anreise: *Autobuses del Sur* halten auf der Strecke Mérida-Campeche auf Wunsch am Ruineneingang von Kabáh. Bei Rückkehr nach Mérida Bus auf der östlichen Straßenseite anhalten (viele sind voll und halten nicht). Die Busgesellschaft setzt einen »Tour Puuc«-Bus ein, der von Mérida um 8 Uhr nach Uxmal fährt (Ankunft 9.30 Uhr) und danach die Ruinenstätten Labná, Sayil, Xlapak und Kabáh abklappert (Aufenthalt an jeder Stätte etwa 30 Min.) und anschließend um 13.30 Uhr wieder in Uxmal ankommt.

Kabáh, Codz Poop

Das nur 20 km von Uxmal entfernte Kabáh gehört zu den ausgedehntesten Anlagen von Monumenten in Yucatán, mit Pyramiden, Palästen, Triumphbögen und *sacbeob* (Maya-Straßen). Nur ein Bruchteil davon ist ausgegraben. Über die Geschichte der Stadt weiß man wenig. Kabáh war vermutlich eine Tochterstadt von Uxmal, mit dem es durch eine *sacbé* verbunden war. Die ersten Forscher waren John Lloyd Stephens und der Zeichner Frederick Catherwood; Teobert Maler führte gegen Ende des 19. Jh. die ersten Ausgrabungen durch. Trotz bedeutender neuerer Funde wurden die hier in letzter Zeit vorgenommenen Grabungen aus Geldmangel wieder eingestellt. Die neueren Freilegungen sind von den älteren übrigens gut durch die hellere Farbe des gesäuberten Gesteins zu unterscheiden.

Codz Poop: Die Stadt ist vor allem wegen ihres Palastes der Masken berühmt, der auch *Codz Poop* (»aufgerollte Matte«) genannt wird. Diesen Namen verdankt er der Schwelle einer Innentür, die aus einer langen Chac-Nase besteht, die wie eine Matte aufgerollt ist. Der 45 m lange Trakt ist auf einer quadratischen Esplanade mit ungefähr 80 m Seitenlänge erbaut, zu der eine Flucht von Treppen hinaufführt. Eine zweite, schmalere Plattform trägt ihrerseits den Palast. Dieser enthält zehn auf zwei Reihen verteilte und miteinander verbundene Kammern. Vom bekrönenden Dachkamm *(crestería)* sind nur noch Reste mit mäanderartiger Gliederung erhalten. Was diesen Palast aus dem 9. Jh. so einzigartig macht, ist die Tatsache, daß sowohl seine Fassade als auch die Seiten mit Chac-Masken im späten Puuc-Stil vollständig bedeckt sind. Nicht nur der Fries über dem Bindegesims weist hier die Verzierung mit drei übereinander verlaufenden Reihen von 34 Masken des Regengottes mit großen, runden, versenkten Augen und langer, S-förmig aufgerollter Rüsselnase auf (die meisten Nasen sind allerdings abgebrochen). Auch die untere (in der Puuc-Architektur gewöhnlich kahle) Partie der Fassade mit fünf Türen ist nun gänzlich mit diesen großen Reliefmotiven dekoriert, was man dem Einfluß des Chenes-Stils zuschreibt, bei dem Dekor, der bis zum Boden reicht, üblich ist. Eine aus nebeneinandergestellten Masken gebildete Basis erhöht das Gebäude. Die Eckenverstärkungen sind, wie in Uxmal, ebenfalls mit diesen, nun übereinander angebrachten Motiven konzipiert. Insgesamt waren es vermutlich 260 Masken (viele Einzelteile liegen, notdürftig geordnet, ringsum am Boden verstreut), die gleiche Zahl wie beim Gouverneurspalast in Uxmal und Hinweis auf die Zahl der Tage des heiligen Jahres. Sie geben ein beredtes Zeugnis dafür ab, welch dominierende Stellung der Regengott in dieser niederschlagsarmen Gegend einnahm. 1991 führte das mexikanische INAH unter der Leitung von Ramón Carrasco und José Ligorred ein Forschungsprojekt am Codz Pop durch. Dabei wurde im Ostteil des Gebäudes eine Fassade freigelegt, deren Dekor sich wesentlich von der mit Chac-Masken verzierten Hauptfassade unterscheidet. Es kamen sieben enorme Statuen einer Person zum Vorschein, von der bislang zwei Köpfe gefunden worden waren. Zwei Figuren wurden wieder an ihrem ursprünglichen Platz an der Fassade befestigt, und erste Forschungen haben sie mit dem lokalen Herrscher Kinich-ahau in Verbindung gebracht. Dabei bedeuten die Maya-Wörter *kin* Sonne, *ich* Auge und *ahau* Macht.

Teocalli con Edificio encima: Das unweit des Maskentempels gelegene, von Malern so genannte »Heiligtum mit darüberliegendem Gebäude« weist eine wesentlich nüchternere Architektur auf. Das Erdgeschoß ist stark zerstört. Verziert ist die Fassade mit Paneelen von aneinandergereihten Säulen zwischen zwei hervorspringenden Simsen.

Templo de las Columnas: Der Tempel der Säulen erinnert in gewisser Hinsicht an den Gouverneurspalast von Uxmal.

Gran Teocalli: Auf der anderen Seite der Straße ragt das Große Heiligtum auf, das bislang noch wie ein Schutthügel aussieht.

Arco: Um den bekannten Bogen von Kabáh zu erreichen, muß man die umzäunte archäologische Anlage verlassen und die

Kabáh, Statue am Codz Poop ▷

Kabáh, Arco

Straße überqueren. Einer *sacbé* folgend erreicht man nach wenigen Minuten diesen sog. »falschen Bogen«, der auf einer Plattform steht. Anders als in der europäischen Antike wurde die Bogenform hier nicht durch behauene Keilsteine erzielt. Die Wölbung wurde bei den Maya vielmehr dadurch erreicht, daß die raumbegrenzenden inneren Wandteile ab einer gewissen Mauerhöhe durch Vorkragen der Mauersteine immer weiter nach innen geneigt wurden, bis sie sich im oberen Bereich fast berührten und durch einen horizontalen Deckstein überdeckt werden. Das Gewölbe sieht also im Querschnitt aus wie ein auf dem Kopf stehendes großes V. Da auf diese Weise lediglich vertikale Kräfte auf die raumbegrenzenden Längsmauern abgeleitet werden konnten, spricht man von einem »falschen Gewölbe«. Aus statischen Gründen resultierte eine starke Begrenzung der konstruktiv möglichen Spannweiten. Eine größere als die hier gemessene Spannweite von 4,25 m konnte deshalb bei keinem Maya-Bogen erzielt werden. Vermutlich diente der Bogen, bei dem der *sacbé* nach Uxmal beginnt, als Eingangstor zum Kultzentrum des Ortes und empfing womöglich Prozessionszüge aus Uxmal.

Cuadrángulo del Oeste: Weiter westlich des Arco liegt das sog. »Westviereck«, das einige Säulen- und Maskendekorationen aufweist. – Im Norden dieses Vierecks befindet sich der *Templo de los Dinteles*. Die schönen, aus hartem Sapodilla-Holz geschnitzten Türstürze, nach denen der Tempel benannt ist, sind allerdings verschwunden, leider für immer. John Lloyd Stephens ließ sie nach New York verschiffen, um sie »in Sicherheit zu bringen«. Kurz nach der Ankunft verbrannten sie in einem Feuer, zusammen mit vielen weiteren Schätzen aus der Maya-Region. Glücklicherweise hatte Stephens Begleiter Frederick Catherwood vorher detaillierte Zeichnungen von den Türstürzen angefertigt.

Kabáh, Escultura de Kabáh, (Mexiko-Stadt, MNA) ▷

L

Labná
Yucatán (Mexiko)

Höhe: 28 m S. 355 □ D 1

Anreise: Mit dem »Tour Puuc«-Bus von *Autotransportes del Sur* (siehe Kabáh).

Die archäologische Maya-Stätte liegt in der Nachbarschaft von →Kabáh und →Sayil und ist ein klassisches Beispiel für die Architektur des Puuc-Stils. Auch hier gibt es kaum historische Fakten. Der Name Labná bedeutet »altes Haus«, doch ist diese Bezeichnung wohl erst im 19. Jh. entstanden. Die monumentale Architektur läßt immerhin darauf schließen, daß der Ort eine nicht unbedeutende Rolle gespielt hat, doch vermutlich unter der Herrschaft einer größeren Stadt stand. Labná war wohl seit der Frühklassik (300–600 n. Chr.) besiedelt, die wichtigsten Bauwerke stammen aus der Spätklassik (800–1000 n. Chr.). Die Entzifferung der auf der Nase einer am Palacio angebrachten Maske gefundenen Datumsglyphen ergab das Maya-Datum 10.1.13.0.0., was dem Jahr 862 unserer Zeitrechnung entspricht. Vermutlich gab es zu dieser Zeit, während der auch Uxmal, Sayil und Kabáh ihre größte Blüte entfalteten, die intensivste Bautätigkeit in Labná.
Der Besucher betritt etwa 500 m vom Eingang entfernt eine große Lichtung: Im Norden befindet sich die Palastgruppe, von der aus ein *sacbé* nach Süden zur Mirador-Gruppe führt. Von hier aus gelangt man zu dem berühmten Bogen von Labná.

Labná, Mirador

Palacio: Aufgrund seines unregelmäßigen Grundrisses muß davon ausgegangen werden, daß der zweistöckige Palast in mehreren Etappen erbaut wurde. Er steht auf einer 167 m langen Terrasse und weist eine Ost-West-Ausdehnung von fast 135 m auf. Das untere Niveau besteht aus 40 Kammern, die folgendermaßen verteilt sind: Die Kammern 1–11 befinden sich an der Ostseite und sind teilweise zerstört; die Kammern 12–31 liegen an der Südseite; nur die Kammern 12, 13 und 31 sind teilweise eingestürzt. Die Hauptfassade dieses Niveaus ist auf ihrer oberen Partie mit einem Fries von Chac-Masken verziert, die über den Eingängen von eingelassenen Säulen, Rosetten und geometrischen Ornamenten abgelöst werden. Einige Eingänge werden von Gruppen zu je drei Säulen flankiert. Bemerkenswert ist eine ungewöhnliche Chac-Maske an der Südostecke des Gebäudes, der Außenecke von Kammer 18. Sie zeigt einen Menschenkopf, der aus dem aufgesperrten Rachen einer Schlange herausschaut: eine Darstellung, die auch im ungleich berühmteren

Labná, Palacio

Nonnenviereck von Uxmal zu finden ist. An dieser Stelle wurde eine der beiden Jahreszahlen von Labná entdeckt. Das Fassadendekor der *Anexo Poniente* (Westanbau) genannten Zimmerflucht, deren Eingänge nach Osten blicken, ist einfach mit kleinen geometrischen Ornamenten über den Öffnungen gestaltet. Der Architekt George Andrews bezeichnet diesen Stil als Früh-Puuc (670–770 n. Chr.). Das obere Niveau des Palastes setzt sich aus drei Gebäudegruppen zusammen. Das Gebäude ganz im Osten bewahrt noch mehrere Eingänge, die durch je zwei zylindrische Säulen mit quadratischen Kapitellen unterteilt sind.

Nördlich des unteren Niveaus befindet sich eine der *chultún* genannten großen gemauerten Zisternen. Sie kommen in den Puuc-Orten häufig vor, da es an Wasserläufen und sogar an *cenotes*, den Dolinenbrunnen, fehlt. Sie sind im Grundriß meist kreisrund, im Boden oder in massive Anschüttungen eingetieft und mit Mörtelmauerwerk ausgemauert. Ihr Hohlraum hat Flaschenform mit einer Verjüngung nach oben bis zu einer kleinen Öffnung, die mit einer Steinplatte abgedeckt werden konnte.

Mirador: Die sehr zerfallene, »Aussichtsturm« genannte Stufenpyramide (Höhe 13 m) trägt einen Tempel mit ursprünglich vier Räumen. Ein an der Südfassade von einer durchbrochenen *cresteria* überragter Teil des überwölbten Heiligtums ist noch vorhanden. Von den reichen Stuckverzierungen auf dem 4 m hohen Dachkamm (menschliche Stuckfiguren), die auf alten Zeichnungen und Fotografien noch zu sehen sind, ist wenig geblieben.

Arco: Das interessanteste Gebäude von Labná ist der große Triumphbogen, der zwei Patios am Fuße des Mirador voneinander trennte. Der Bogen sieht noch fast genauso aus wie auf den berühmten Illustrationen von Frederik Catherwood, der, wie sein Begleiter John L. Stephens, von diesem Bauwerk schwärmte. Der als selbständiges Monument konzipierte Bogen ist, obwohl er mit Flügeln von zerfallenen Palästen verbunden war, ein eigenständiger Bau. Der von der Andeutung eines treppenförmigen, durchbrochenen Dachkammes überragte Querbogen mit einer inneren Höhe von 5 m, ein typisches Kraggewölbe wie der Bogen von Kabáh, wird auf beiden Seiten von einer Kammer flankiert. Auf der Nordwestfassade verläuft über den Kammern ein von vorspringenden Simsen eingerahmter Fries, dessen schlangenförmige Mosaiken auch in Uxmal anzutreffen sind. Über dem Fries befindet sich ein Dekor, der typische Maya-Hütten mit Strohdächern darstellt. Die Eingänge dieser Hütten dienten als Nischen, die den Zeichnungen Catherwoods zufolge Skulpturen aufnahmen. Zu beiden Seiten der Hütten sind Vierecke mit geometrischem Kreuzbanddekor (sog. *celosías*) angebracht, Auf der Südostseite des Gebäudes verläuft über dem Fries ein Fassadenschmuck aus zwei Paaren von großen, gegeneinander gerichteten Stufenmäandern. Im Hintergrund ist ein Säulenrelief zu erkennen.

Templo de las Columnas: Der »Säulentempel« befindet sich etwa 100 m östlich des *sacbé*. Sein unteres Niveau ist 40 m lang und 20 m breit; auf dem oberen Niveau erheben sich sieben Räume, deren Hauptfassaden nach Westen blicken. Der Fries ist mit der typischen Säulenornamentik dekoriert.

Umgebung

Grutas de Lol-tún (20 km nö): Über die Ortschaft Oxkutscab erreicht man die sehenswerten Tropfsteinhöhlen, deren Wände unter anderem Reste von Wandmalereien und Felszeichnungen sowie den »steinernen Kopf von Lol-tún« mit olmekischen Zügen aufweisen. Ein Besuch ist nur mit Führer gestattet, da man sich in den weitverzweigten Höhlen in totaler Dunkelheit zu leicht verlaufen kann. Einige Grotten haben Stromanschluß: der Führer knipst das Licht an und aus.

Maní (34 km nö): Ebenfalls über Oxkutzcab kommt man in das heute kleine Dorf Maní, das bei der Ankunft der Spanier die größte bewohnte Stadt Yucatáns war. Die Maya, die zu dieser Zeit nur noch ein Schatten ihrer früheren Größe waren, hatten es 1441 nach dem Fall von Mayapán gegründet. Hier faßten Priester der alten Maya-Kulte die Chronik von Maní in Maya-Sprache, aber in lateinischer Umschrift ab, eines der fünf Bücher des *Chilam Balam* (Bücher des Jaguarprie-

Maní (Labná), Codex Tro-Cortesianus ▷
(Biblioteca Nacional Madrid)

Labná, Arco

sters). Zu trauriger Berühmtheit hat der fanatische Bischof Diego de Landa dem von den Maya prophetisch »Es ist alles vorbei« genannten Ort verholfen. Hier ließ er nämlich im Jahre 1562 auf dem Marktplatz alle zusammengetragenen Maya-Schriften als Teufelswerk verbrennen und vernichtete damit unschätzbare Zeugnisse der Maya-Kultur. Nur drei Manuskripte, die bereits nach Europa geschickt worden waren, entgingen dem Autodafé. Immerhin hinterließ der Bischof eigene, sehr subjektive Aufzeichnungen *(Relación de las cosas de Yucatán – Bericht von den Dingen in Yucatán)* über die Kultur der Maya, die oft als Akt der Reue interpretiert werden. In Ermangelung besserer Quellen stellen sie heute noch die Grundlage jeder ernsthaften Maya-Forschung dar, sind aber angesichts der zuvor begangenen kulturellen Barbarei nur ein schwacher Trost. Man darf die Aktion allerdings nicht nur aus heutiger, moderner Sicht betrachten. Diego de Landa, der die gesamte Priesterschaft der Maya ausrotten ließ, war der Überzeugung, daß die Indígenas nur dann dauerhaft zum Christentum bekehrt werden könnten, wenn sie jeglicher Erinnerung an frühere Bräuche verlustig gingen. Im Gegensatz zu den Azteken, die mit dem Zusammenbruch ihres Reiches auch weitgehend den Glauben an ihre Götter verloren hatten, hielten die in viele Stammesgruppen zersplitterten Maya wesentlich hartnäckiger an ihren alten Glaubensvorstellungen fest und mußten teilweise mit brutaler Gewalt zum Abschwören gezwungen werden. Im Ort steht ein großes Franziskanerkloster, das ab 1548 errichtet wurde.

Xlapak (3 km w): Die meisten Reisenden fahren an der kleinen archäologischen Stätte an der Straße von Sayil nach Labná achtlos vorüber. Sie lohnt jedoch einen Besuch. Das wichtigste restaurierte Gebäude, der *Palacio* (Palast), ist im typischen Puuc-Stil errichtet. Über dem einfachen Erdgeschoß der Hauptfassade verläuft unter einem mit Säulenornamenten verzierten Sims ein schöner Fries. Über der mittleren der drei Türen erhebt sich ein turmähnlicher Aufsatz. Zu seinen beiden Seiten finden sich Paneele mit geometrischen Verzierungen, die nach oben in ein breites Gesims übergehen. An den Ecken sind kunstvoll übereinandergesetzte Chac-Masken angebracht.

Lago Atitlán

Sololá (Guatemala)

Höhe: 1580 m	S. 354 □ C 4; S. 356

Anreise: Busse der Gesellschaft *Rebuli* von Guatemala-Stadt über Sololá nach Panajachel, außerdem Shuttle-Busse von Antigua.

Unterkunft (Vorwahl 9): In Panajachel: *Hotel Atitlán:* 2 km w; Tel. 362-14-16. – *Hotel del Lago:* Calle Rancho Grande, Tel. 362-15-62, Fax 362-15-62. – *Rancho Grande Inn:* Calle Rancho Grande, Tel. 362-15-54, Fax 362-22-47 (unter deutscher Leitung; bestes Preis-Leistungs-Verhältnis). – *Hotel Regis:* Calle Santander, Tel. 362-11-49, Fax 362-11-52. – *Hotel Playa Linda:* Calle Rancho Grande, Tel. 362-11-59; in Santa Catarina Palopó: *Villa Santa Catarina:* Tel. 362-12-91; in San Antonio Palopó: *Hotel Bella Vista:* Tel. 362-15-66; bei Santiago Atitlán: *Posada de Santiago:* Tel./Fax 362-71-67.

Restaurants (Panajachel): *La Terraza*, Rincón Sai (beste Adresse am See; unter deutscher Leitung). Zahlreiche weitere Restaurants; die Comedores am See sind aufgrund von Hygieneproblemen nicht zu empfehlen (Ausnahme: *Los Pumpos*).

Er gilt manchen Weitgereisten als der schönste See der Welt, und wenn am frühen Morgen im royalblauen, von Vulkankegeln eingerahmten See weiße Wolken einen silbrigen Glanz auf die spiegelglatte Wasseroberfläche zaubern, dann mag man hier durchaus zustimmen. Auch die Sonnenuntergänge sind ein phantastischer Anblick. Wenn jedoch dichte Regenwolken die Berge verhüllen und tief über dem dann eisgrauen See hängen, dann erinnert die Szenerie eher an Schottland oder Norwegen. Am Morgen fahren zahlreiche Boote mit Touristen über den See zu den traditionsverhafteten Indígena-Dörfern. Am frühen Nachmittag kommt jedoch meist von der Küste her der gefürchtete *Xocomil* (»Wind, der die Sünde ausbrennt«) auf, der die Wasser des Sees aufwühlt und die kleinen *lanchas* gefährlich schaukeln läßt. Bei Touristen und reichen Einheimischen wird der Lago Atitlán immer

Lago Atitlán, Indígena aus Panajachel ▷

beliebter, und wie die Landschaft angesichts der hier herrschenden Bauwut in zehn Jahren aussehen wird, möchte man lieber nicht zu genau wissen.

Panajachel: »Gringotenango« nennt man in Guatemala etwas spöttisch die bei ausländischen Touristen beliebteste Ortschaft am Lago Atitlán. Sie liegt am Delta des Río Panajachel. Hier führte der Konquistador Pedro de Alvarado seine letzte, vernichtende Schlacht gegen die Tzutuhil. Direkt über dem Schlachtfeld hat man das Hotel Tzanjuyú (»Bergnase«) errichtet, beileibe nicht das einzige in Panajachel. Hier gibt es nicht nur zahlreiche Hotels und Restaurants, sondern auch jede Menge Galerien und Kunsthandwerksstätten. Während es in den meisten Ortschaften Guatemalas nach Anbruch der Nacht recht still wird, bietet Panajachel mit seinen vielen kleinen Cafés und Diskotheken ein lebhaftes Nachtleben. Am Wochenende nehmen deswegen sogar eine Menge Einheimische aus der Hauptstadt die drei Stunden Autofahrt auf sich. Die Begütertsten unter ihnen nennen eine Villa am Seeufer ihr eigen. Panajachel ist ein hervorragendes Standquartier, um mit dem Boot die faszinierenden Indígena-Dörfer rund um den See zu besuchen. Die Konkurrenz unter den Anbietern ist heftig, und jeder Neuankömmling wird mit der bohrenden Frage »Lancha, señor/señora?« geradezu verfolgt. Nicht minder hartnäckig sind die unzähligen Verkäuferinnen und Verkäufer aus den verschiedenen Seedörfern und aus Panajachel selbst, die Touristen mit flehenden Blicken und Worten ihre bunten Textilien anbieten. Die vom Ortszentrum zum See hinunterführende Calle Santander ist ein wahrer Reigen von Verkaufsständen der Indígenas. Neben schönen Webarbeiten wollen sie unbedingt auch die unsäglichen, gestreiften, kragenlosen Hippiehemden verkaufen, die in der Textilfabrik von Panajachel mit heißer Nadel aus grobem Baumwollstoff hergestellt werden. Die Konkurrenz der hier ansässigen Hippiekolonie wird allerdings nicht gern gesehen, der Alcalde hat sogar vor, Gringos, die keine Touristen sind und folglich kein Geld ausgeben, aus dem Ort zu vertreiben. Markttag ist der Sonntag, gefeiert wird vom 2. bis 6. Oktober, besonders aber am 4. Am Ostersamstag versammeln sich Hunderte von Dorfbewohnern aus verschiedenen Cakchiquel-Stämmen in ihren traditionellen Trachten am Strand von Panajachel, um hier ihre gemeinschaftliche Taufe zu empfangen.

◁ *Lago Atitlán, Abendstimmung*

San Antonio Palopó: Etwa 11 km sö von Panajachel liegt dieses sehr reizvolle Cakchiquel-Dorf. Über einen gewundenen Pfad geht es vom See zur weißgetünchten Kirche mit separatem Glockenstuhl hinauf. Der Blick hinunter zum hölzernen Steg, der in den am Morgen kobaltblauen See hinausragt, zählt zu den malerischsten Panoramen des Lago Atitlán. Mit dem See haben die Dorfbewohner allerdings erstaunlich wenig zu schaffen. Viele Fenster gehen auf die Landseite hinaus. Die Männer beschäftigen sich hier kaum mit Fischen oder Schilfmattenflechten wie im Nachbardorf Santa Catarina, sondern widmen sich in erster Linie der Landwirtschaft. Die Frauen fertigen an ihren Webstühlen schöne, rote Huipiles mit Streifen, Schürzen und Tzuts. Sobald ein Touristenboot anlegt, stürzen sie mit ihrer Ware hinunter zum Strand. Fotografieren lassen sie sich dagegen nicht so gerne. Oft bedecken sie ihr Gesicht, um nicht Opfer des »bösen Blicks« zu werden.

Lago Atitlán,
Indígenas aus San Antonio Palopó

Lago Atitlán, Blick auf San Antonio Palopó

Um übelwollende Geister abzuwehren, bedecken sie auch die Gesichter ihrer Babys mit *tzuts*, bis die Kleinen ein Jahr alt geworden sind. Die Männer tragen einen derben, dunklen, wollenen Teppichrock *(rodillera)*, den sie mit roten Schärpen und Ledergürteln fixieren. Als Kopfbedeckung dient ein bestickter Tzut, der über der Stirn verknotet wird, oder ein kleiner Strohhut. Die Füße stecken in schweren, oft bunten Ledersandalen. Die Frauen schmücken sich mit langen Ketten aus vergoldeten Perlen. Ihre Röcke sind dunkelblau. Ins Haar flechten sie sich ein buntes seidenes Band. Festtage sind der 12. bis 14 Juni, besonders der 13. Wie lange der Ort seine Traditionen noch bewahren wird, ist allerdings ungewiß, denn zahlreiche protestantische Sekten sind momentan dabei, San Antonio zu erobern.

San Jorge La Laguna: Das Cakchiqueldorf liegt etwa 6 km w von Panajachel. Es wurde ursprünglich von Flüchtlingen aus Antigua besiedelt, die das große Erdbeben von 1773 vertrieben hatte. Gut hundert Jahre später schlugen auch hier die Naturgewalten zu: Das Dorf fiel 1881 einer Flut zum Opfer, und die Einwohner mußten sich auf höherem Terrain ansiedeln. Die rotweißgestreiften Männerhemden zeigen hier ungewöhnliche Faltenkrägen und -manschetten. Dazu trägt man gestreifte, wadenlange Hosen, eine rote Schärpe und graue Wolljacken mit schwarzen Mustern auf dem Rücken. Die Frauen tragen Blusen mit inverser Farbgebung, dunkelblaue Röcke und auf dem Kopf einen gefalteten Tzut. In San Jorge wird, wie in Santiago Atitlán, der böse Heilige Maximón verehrt.

San Juan La Laguna: Das Dorf wurde von Indígenas aus dem nahen San Pedro besiedelt. Die Kleidung ist ähnlich wie dort, allerdings schlichter gehalten. San Juan lebt in erster Linie von der Korb- und Mattenflechterei, das Material hierzu liefert das am Ufer wachsende Schilf. Von San Juan führt ein Pfad hinauf zu den Quiché-Weilern *Santa Clara La Laguna* (Höhe 2090 m) und *Santa Clara Visitación* (Höhe 2050 m). In letzte-

Blick auf den Lago Atitlán

rem errichtet man am 12. August einen *palo volador* (→Chichicastenango) und führt traditionelle Tänze auf.

San Lucas Tolimán: Das Dorf liegt an der Südostzunge des Sees, etwa 22 km von Panajachel entfernt. Hier leben sowohl Tzutuhiles als auch Cakchiqueles. Die Frauen tragen sehr schöne Huipiles, die mit winzigen Enten und Hunden bestickt sind. Am 18. Oktober führt man auf dem Hauptplatz des Dorfes drei verschiedene Tänze auf: Maurentanz, Hirschtanz und Tanz des Kleinen Stiers. Von San Lucas führt eine Straße durch fruchtbare Kaffeeplantagen hinunter zur Pazifikküste. Dementsprechend geschäftig geht es hier zu. Markttage sind Dienstag, Freitag und Sonntag. – Im Westen der Bucht ragen die Vulkane Atitlán und Tolimán auf. Im Vordergrund erhebt sich der kleine Cerro de Oro. Die Legende erzählt, daß einige Tzutuhiles in der Zeit der Konquista unter dem Cerro Schätze vergraben haben sollen, daher der Name des »Goldhügels«. Das gleichnamige Dorf (ca. 10 km nw auf einer Schlaglochpiste, aber mit großartigen Seeblicken) liegt einige hundert Meter hinter dem See. Werfen Sie einen Blick in die Kirche. Hinter dem Altar ist ein verblaßtes Fresko mit lokalen Szenen zu sehen. In der Mitte umfängt Christus, bekleidet mit den traditionellen Hosen des nahen Santiago Atitlán, die Menschheit. Auf die Außenmauern der Kirche sind zwei Heilige gemalt, die neugierig auf das steinerne Gefängnis auf der anderen Seite der Plaza spähen.

San Pablo La Laguna: Das Dorf liegt, etwa anderthalb Kilometer vom Ufer entfernt, 50 m über dem See und bietet einen dementsprechend guten Ausblick. Die hier ansässigen Tzutuhiles fertigen aus den in dieser Gegend reichlich vorhandenen Maguey-Kakteen Henequén-Schnüre, die zu Taschen, Fischernetzen und Hängematten weiterverarbeitet werden. Die Tracht der Männer ähnelt der von San Pedro, die Frauen tragen rotweißgestreifte Blusen, dunkelblaue Rökke und rote Schürzen. Festtage sind der 23. bis 25. Januar, besonders der 25.

Stickerei aus Nahualá

San Pedro La Laguna: Die Männer dieses architektonisch modernen Dorfes – nach Santiago Atitlán das beliebteste Ausflugsziel der Touristenboote – fällen riesige Zedern, die an den Hängen des Volcán San Pedro wachsen, und schnitzen daraus große *cayucos* (Boote). Die Frauen stellen schöne Wollteppiche mit stilisierten Maya-Motiven her. Im Gegensatz zu den meisten Indígenas tragen sie ihre Babys niemals in ein Tuch gewickelt auf dem Rücken. Auch die ebenfalls sehr zierlich wirkenden Männer schleppen keine Lasten, sondern halten sich an Maultiere und Esel. Ihre Tracht ist wesentlich farbenfroher als die der Frauen. Die weiten weißen Hosen zeigen dunkelblaue Längsstreifen. Die Kniepartie ist in leuchtenden Farben mit geometrischen Mustern bestickt. Auch die Hemden zeigen eingefärbte Streifen bzw. bisweilen farbige Muster. Hosen und Hemden hält eine rote Schärpe zusammen. Festtage sind der 27. bis 29. Juni, besonders der 29. San Pedro besitzt mit den breitesten Sandstrand am Lago Atitlán.

Santa Catarina Palopó: Das etwa 4,5 km sö von Panajachel gelegene Dorf ist sowohl mit dem Auto als auch mit dem Boot leicht zu erreichen. Wie im benachbarten San Antonio hat man auch hier die Stroh- und Ziegeldächer durch Wellblechdächer ersetzt. Trotz der Höhe wachsen am Seeufer Palmen und Bananenstauden. Das Dorf besitzt eine aus Lehmziegeln *(adobe)* errichtete Kolonialkirche. Die hier ansässigen Cakchiqueles leben in erster Linie davon, aus dem am Ufer wachsenden Schilf schöne Matten zu flechten sowie Krebse und Schnecken *(jute)* zu fangen. Die Frauen tragen – das ist selten in Guatemala – von Kopf bis Fuß blaue Kleidung, dazu einen ebenfalls blauen, turbanartigen Tzut, in dem heute Kunststoffasern glitzern. Bei älteren Frauen sieht man bisweilen auch rote Blusen mit rotweißgestreiften Ärmeln und kunstvoll aufgestickten Figuren, dazu rote Tzuts. Auch die Männer tragen noch traditionelle Kleidung. Ihre Hosen sind mit kniffligen geometrischen Mustern bestickt. Festtag ist der 25. November. Der englische Schriftsteller Aldous Huxley lieferte folgenden schönen Stimmungsbericht: »Von der überdachten Terrasse des *cabildo* betrachteten die Notabeln des Dorfes ihre Welt und uns mit diesem großartigen Ausdruck würdiger Gleichgültigkeit, der so charakteristisch für die Indios ist. Im Vergleich zu diesen absolut gleichmütigen und stoischen Aristokraten ist ein englischer Lord aus alten französischen Romanen ein geschwätziger und gestikulierender Südfranzose. *Nil mirari* lautet die Devise, der sie beständig Ehre machen; und sie haben die Kunst, Menschen mit dem Blick zu durchdringen, sie so zu behandeln, als seien sie überhaupt nicht vorhanden, bis zu einem Grad vorangetrieben, der noch niemals irgendwo in dieser Vollkommenheit erreicht wurde.«

Santa Cruz La Laguna: Das Cakchiquel-Dorf wird aufgrund seiner privilegierten Lage auf einem Plateau über dem See gern das »Juwel des Sees« genannt. In 45 Minuten steigt man von der Bootsanlegestelle zur Plaza empor, an der eine weißgetünchte Kirche steht. Im Inneren stößt man auf eine Vielzahl hölzerner Heiligenfiguren. Ein malerischer Anblick ist der große Wassertank des Dorfes, an dem die Frauen ihre Wäsche waschen. Sie tragen rote Huipiles mit geo-

Die Webkunst der Maya

Die Farbenpracht auf den Märkten im westlichen Hochland von Guatemala und im mexikanischen Chiapas zählt zu den faszinierendsten Erfahrungen einer Reise in die Welt der heutigen Maya. Wer die Webkunst der Maya bewundert, sollte allerdings an einen Ausspruch der Friedensnobelpreisträgerin Rigoberta Menchú denken: »Was uns am meisten weh tut, uns anderen, den Indígenas, ist, daß sie unsere Tracht schön finden, aber die Person, die sie trägt, gleichsam nichts ist.«
Die Webkunst der Maya ist weit über tausend Jahre alt: schon auf der Keramik der klassischen Maya erscheint Ixchel, die Göttin der Webkunst, mit ihrem Webstuhl. Wer heute durch die Hochlanddörfer fährt, sieht immer wieder Frauen mit Gürtelwebgeräten am Wegrand oder vor ihren Hütten sitzen. Die prähispanischen Maya trugen lange weiße Baumwolltuniken wie noch heute die Lacandonen im Regenwald von Chiapas und die Dorfbewohner von Soloma und San Mateo Ixtatán in der Sierra de los Cuchumatanes. Die Spanier führten Wolle und Seide nach Guatemala ein, heute werden auch glitzernde Synthetikfasern verwendet. Der Einfluß, den die Kolonialherren auf die Entwicklung der individuellen Muster und Farbenpracht der heutigen Maya-Kleidung hatten (angeblich, um die Indígena-Gruppen besser zu unterscheiden und kontrollieren zu können), ist umstritten. Sicher ist jedoch, daß neben klassischen Maya-Motiven auch eine Reihe spanischer Themen Eingang in die Kleidung fanden. In Guatemala gibt es etwa 150 Dörfer, in denen die Frauen noch traditionelle Trachten tragen, doch nur wenige, in denen auch die Männer noch traditionelle Kleidung anlegen.
Wichtigster Bestandteil der Frauenkleidung ist der *huipil*, eine quadratische oder rechteckige Bluse, die mit Gürtelwebgeräten *(telar de cintura)* hergestellt wird. Früher fiel diese wie eine Tunika über den Körper, heute wird sie – mit Ausnahme der prachtvollen Zeremonial-Huipiles – in den Rock gesteckt. Der klassische Huipil besteht aus zwei Stoffbahnen. Diese nähen die Frauen an einer vertikalen, oft verzierten Naht *(randa)* zusammen. Der mit Brokatmotiven verzierte Teil bildet in der Regel ein Kreuz. Die Bluse wird zur Hälfte gefaltet, um in der Mitte die Öffnung für den Kopf herauszuschneiden. Junge Frauen nähen sich heute körperbetontere Huipiles. Jedes Dorf hat sein eigenes, unverwechselbares Muster. Die Huipiles aus Nahualá sind mit – überwiegend roten – Tiermotiven bestickt, die Huipiles aus Rabinal zeigen symbolische Zickzackmuster, auf den Huipiles von Chichicastenango erscheint in streng geometrischer Form ein doppelköpfiger Adler, Huipiles aus San Mateo Ixtatán sind fast vollständig mit konzentrischen Motiven bedeckt, und in der Region von Totonicapán tragen die Frauen leuchtend bunt bestickte Halskrausen nach spanischem Vorbild. Die Muster sind oft der Kosmologie der Maya entlehnt, auch wenn die Weberinnen deren Bedeutung oft nicht mehr kennen. Das können Motive sein, die Rauten, Pflanzenkeime, Blätter, Sonne, Mond und Sterne, doppelköpfige Tiere, Reptilien, Fledermäuse, Skorpione, Quetzales oder Lebensbäume zeigen. Pferde-, Fasanen- und Hühnermotive können dagegen nur von den Spaniern eingeführt worden sein. Über die tiefere Symbolik der Motive informiert das hervorragende *Museo Ixchel* in Guatemala-Stadt.
Extravagant ist oft der Kopfschmuck *(tocado)* der Frauen. Hier ist die lange Tradition der Maya, deren auf den klassischen Stelen und Türstürzen abgebildete Herrscher und Würdenträger stets kunstvollen Kopfputz trugen, besonders manifest. In Santiago Atitlán wickeln sich die Frauen meterlange Bänder *(tocales)* ins Haar, die heiligenscheinartige Gebilde ergeben, in Aguacatán tragen sie raffiniert bestickte Seidenbänder *(cintas)* mit Bommeln *(borlas)*, in Santa Catarina Palopó sind es turbanartige Gebilde. Oft legen sich die Frauen (bisweilen auch Männer) ein *tzut* genanntes, gefaltetes quadratisches Tuch auf dem Kopf, das im Nacken geknotet wird. Man kann es aber auch über die

Schulter drapieren oder gar als Stirnband tragen. Größere *tzuts* (auch *rebozos* genannt) dienen u.a. dazu, Markteinkäufe oder ein Baby fest eingewickelt auf dem Rücken zu tragen.
Die Röcke der Frauen, genannt *corte* oder *refajo*, sind zusammengenähte Stoffbahnen, die entweder eng um die Hüften gewickelt *(corte envuelto)* oder als Faltenrock *(corte plegado)* getragen werden. Mittlerweile weit verbreitet ist die standardisierte Form der Jaspe-Röcke, die in Salcajá, San Francisco Totonicapán und Cobán für ganze Regionen auf Trittwebstühlen hergestellt werden. Die hier angewandte spezielle Technik, mit der die Baumwollfäden eingefärbt werden, stammt allerdings nicht aus Guatemala, sondern aus Indien. Oft nähen die Trägerinnen nach dem Kauf dünne Streifen mit bunten Stickereien an, sog. *randas*. Zusammengehalten werden die Röcke mit kunstvollen und farbenprächtig bestickten breiten Schärpen *(fajas)* oder Gürteln, von denen bisweilen Quasten hängen. Viele Frauen tragen bestickte Schürzen *(delantales)*, die Bestandteil der Tracht sind. Als Halsschmuck dienen zumeist Ketten mit bunten Glas- oder Plastikperlen oder Korallen, selten auch mit aneinandergereihten kolonialzeitlichen Silbermünzen.

Traditionelle Männertrachten sind leider nur noch selten zu sehen. Am ehesten hat man Glück, wenn man das entsprechende Dorf während der Fiesta besucht. Noch recht oft begegnet man der geradezu märchenhaft bunten Tracht der Männer von Sololá, den kurzen Wollröcken *(ponchitos)* der Männer von San Antonio Palopó, den *capixays* genannten, rund um den Kragen bestickten kleinen Wollponchos in der Sierra de los Cuchumatanes sowie den rotweißgestreiften Hosen (mit schwarzer Überhose) der Männer von Todos Santos Cuchumatanes. Zu besonderen Anlässen kann man auch die prunkvolle Tracht der religiösen Bruderschaften *(cofradías)* von Chichicastenango oder Santiago Atitlán, die mit doppelköpfigen Adlern bestickte Männerjacke aus Nahualá und die »Fledermausjacke« aus Sololá bewundern. In manchen Gegenden stricken sich die Männer selbst mit groben Nadeln robuste und sehr praktische Schultertaschen *(morrales)* aus Wolle, Baumwolle oder Hanf. Im mexikanischen Chiapas werden zu festlichen Anlässen Strohhüte getragen, die mit bunten Bändern verziert sind. In Zinacantán geben sie Aufschluß über den Familienstand des Trägers. In diesem Dorf tragen die Männer besonders auffällige rosafarbene Umhänge.

metrischen Motiven auf dem Rücken, dazu indigoblaue Röcke und einen roten Gürtel. Verheiratete Frauen wickeln verschlungene Stoffbänder um ihr Haar. Sollte es ihnen gelingen, den Frauen eine ihrer Blusen abzukaufen, wird das gute Stück zunächst einmal gründlich im Wassertank gewaschen, damit Sie auch nichts von ihrer Seele mitnehmen. Aus dem gleichen Grund reagieren die Frauen auf Kameras sehr abweisend. Am 10. Mai führen die Bewohner von Santa Cruz regionale Tänze in traditionellen Kostümen und Masken auf.

Santiago Atitlán: Das am südlichen Ende des Sees gelegene Dorf ist das größte rund um den Lago Atitlán. Obwohl es das beliebteste Ausflugsziel der Touristen ist, hält das Zentrum der Tzutuhiles eisern an seinen Traditionen fest. Pedro de Alvarado zerstörte 1524 die an den Hängen gelegene alte Hauptstadt der Tzutuhiles, Chuitinamit-Atitlán, unterstützt von den mit den Spaniern verbündeten Cakchiqueles. Anfang der 80er Jahre kontrollierte die Guerilla-Armee die Region oberhalb von Santiago, bis die Armee einzog, die Dorfbewohner terrorisierte und im Lauf von elf Jahren etwa 300 von ihnen entführte, folterte und tötete. Am 1. Dezember 1990 richteten die Soldaten der Garnison ein Massaker an, bei dem 13 Menschen starben, darunter drei Kinder. Daraufhin erzwangen die Einwohner von Santiago den Abzug der Armee: ein in Guatemala bis dahin unerhörter Schritt, dessen Beispiel andere Dörfer wie Joyabaj oder Chajul zu folgen versuchen, bislang allerdings ohne

Webkunst aus Santa Catarina Palopó (Lago Atitlán) ▷

Iximché (Lago Atitlán), Blick auf die Ruinenstätte

Erfolg. Abgesehen von einer alten Kolonialkirche ist in Santiago vor allem die wunderschöne Tracht der Einheimischen sehenswert. Die weißen Huipiles der Frauen zeigen rote Streifen und kunstvoll aufgestickte Vögel und Blumen. Im gleichen Stil sind die wadenlangen Hosen der Männer gehalten. Berühmt ist der Haarschmuck der Frauen und Mädchen, die *tocales*: Sie wickeln sich ein langes Band so lange um den Kopf, bis sich der berühmte »Heiligenschein« *(halo)* ergibt. Der letzte Meter des gewebten Bandes zeigt bunte geometrische Muster, ebenso der dazu getragene Schal *(perraje)*. Um die (auf der 25-Centavo-Münze abgebildeten) *tocales* zu sehen, müssen Sie allerdings schon an Festtagen kommen. Die beste Gelegenheit dazu bietet sich während der Osterfeierlichkeiten, wenn man in Santiago die Kreuzigungsgeschichte nachspielt. Dann lassen die Atitecos (so nennt man die Einwohner des Dorfs), auch einen sehr sonderbaren Heiligen auf die Straße: Maximón. In Santiago präsentiert er sich als vogelscheuchenartige Holzpuppe mit Hut, Sonnenbrille und Zigarre im Mund. Aufgeklärten Katholiken ist er ein Greuel, die Traditionalisten verehren ihn heiß und innig. Der Ursprung dieses Heiligen, der so etwas wie eine Mischung aus heiligem Simon, Judas Ischariot und Pedro de Alvarado darstellt und als Feind der Kirche gesehen wird, liegt im dunkeln. Angeblich soll er hinter jungen Mädchen her sein und sogar vor der Jungfrau Maria nicht haltmachen. Der Aufenthaltsort des von einer *cofradía* bewachten Heiligen wechselt. Fragen Sie im Ort nach der *Casa de San Simón*, und wenn Sie ihn besuchen dürfen, bringen Sie ein Päckchen Zigaretten und eine Flasche Quezalteca-Schnaps mit. Ob Maximón auf Dauer dem missionarischen Eifer der mittlerweile auch in Santiago unübersehbar vertretenen protestantischen Sekten standhalten wird, bleibt abzuwarten. Außer in Santiago verehrt man ihn u. a. noch in →Chichicastenango und Zunil (bei →Quezaltenango).

Sololá: Auf einem Plateau hoch über dem See (2113 m ü.d.M.) liegt die etwa 6500 Einwohner zählende Hauptstadt des gleichnamigen Bezirks, die 1557 gegründet wurde. Von mehreren *miradores* (Aussichtspunkten) an der nach Panajachel hinunterführenden Straße bietet sich das Panorama des Lago Atitlán mit den im Hintergrund aufsteigenden Vulkanen dar. Nach Sololá muß man an den Markttagen Dienstag und Freitag kommen. Dann versammeln sich hier die Indígenas aus dem Hochland in ihren unterschiedlichen farbenprächtigen Trachten. Aldous Huxley beschrieb die Stadt als »Wandermuseum der Märchenkostüme«. Wohl wahr: Die Männer aus Sololá sind an ihren extrem bunten Hosen, braunen Schärpen und wieder kunterbunten Trachtenjäckchen mit auf dem Rücken aufgestickter Fledermaus (Symbol des Königshauses Xahil, das die Cakchiqueles zur Zeit der Konquista beherrschte) sofort auszumachen Die Frauen tragen kunstvoll bestickte rotweiße Blusen. Noch heute haben in Sololá die einzelnen Clans der Indígenas das Sagen. Am Sonntag ziehen die *cofradías*, die Ältesten der religiösen Hierarchie der Indígenas, in ihrer Festtracht durch die Straßen, um der 10-Uhr-Messe beizuwohnen. Man erkennt sie an ihren Stöcken mit versilberten Spitzen, ihren breitkrempigen Hüten und ihren be-

Iximché (Lago Atitlán), Blick auf die Ruinenstätte

sonders kunstvoll gearbeiteten Jacken. – Etwa 8 km ö liegt das stille Bauerndorf **Concepción**, das eine schöne restaurierte Kolonialkirche mit blendendweißer Fassade besitzt.

Umgebung

Iximché (ca. 56 km ö von Panajachel): Die ca. 3,5 km s der Stadt Tecpán Guatemala auf einem grünen Plateau gelegenen Ruinen der letzten Hauptstadt der Cakchiqueles sind ein malerischer Anblick. Iximché wurde Mitte des 15. Jh. gegründet. Die mexikanischen Hilfstruppen von Pedro de Alvarado nannten die Stadt in ihrer Náhuatl-Sprache »Guahtemallán«. Diesen Namen sollte die Republik Guatemala übernehmen. 1524 verbündeten sich die Cakchiqueles mit den spanischen Konquistadoren, um es den übermächtigen Quiché, deren Hauptstadt Utatlán Alvarado gerade zerstört hatte, heimzuzahlen. Der als »Toniatuh« (Sonnengott) verehrte Alvarado schlug sein erstes Lager innerhalb der Festungsanlagen von Iximché auf, nahm die Tochter eines der Könige als Geschenk entgegen und gründete die erste Hauptstadt der Spanier, Ciudad de Santiago. Während Alvarado weitere Kriegszüge in Mexiko unternahm, schikanierte sein Bruder Jorge die Cakchiqueles mit unmäßigen Goldforderungen so sehr, daß die Indígenas rebellierten. Die Spanier zogen nach Ciudad Vieja um (→ Antigua) und brannten 1526 Iximché nieder, dessen Ruinen durch Erdbeben noch weiter erschüttert wurden. Die Fundamente der Pyramiden und Ballspielplätze sind noch zu sehen.

Patzún (45 km ö von Panajachel): Das Dorf ist durch eine sehr schlechte Straße mit der Carretera Interamericana und dem Lago Atitlán verbunden, die für Raubüberfälle berüchtigt und daher auch am Tag gefährlich ist. Leider entgeht dem Besucher deshalb der farbenfrohe Sonntagsmarkt, an dem die Frauen ihre leuchtend roten, traditionellen Trachten anlegen.

Mérida

Yucatán (Mexiko)

Einw.: 700 000 Höhe: 8 m S. 355 □ D 1

Anreise: Flüge von Mexiko-Stadt und Cancún *(Aerocaribe* und *Mexicana)*, Villahermosa *(Aviacsa)* sowie Miami *(Aero México)* und Guatemala-Stadt *(Aviateca)*. Busverbindungen (*Terminal de Autobuses:* Calle 69 entre 69 y 70) mit Campeche (3 Std.), Cancún (6 Std.; mit Halt in Chichén Itzá), Palenque (10–11 Std.), Villahermosa (10 Std.) und Mexiko-Stadt (28 Std.; alle *ADO*) sowie Chetumal (8–9 Std.; *Autotransportes Peninsulares*) und Uxmal (90 Min.; *Autotransportes del Sur*).

Unterkunft (Vorwahl 99): *Hyatt Regency Mérida:* Avenida Colón/Calle 60, Tel. 25-67-22, Fax 25-70-02. – *Best Western María del Carmen:* Calle 63 N° 550, Nähe Calle 68, Tel. 23-91-33, Fax 23-92-90. – *Holiday Inn Mérida:* Avenida Colón 498/Calle 60, Tel. 25-68-77. – *Hotel Los Aluxes:* Calle 60 N° 444, Nähe Calle 49, Tel. 24-21-99, Fax 23-38-58. – *Mérida Misión:* Calle 60 N° 491, Nähe Calle 57, Tel. 23-95-00, Fax 23-76-85. – *Hotel El Conquistador:* Paseo de Montejo 458, Nähe Calle 56A, Tel. 26-21-55, Fax 26-88-29. – *Gran Hotel:* Calle 60 N° 496, entre 59 y 61, Tel. 24-77-30, Fax 24-76-22. – *Hotel Colón:* Calle 62 N° 483 entre 57 y 59, Tel. 23-43-55, Fax 24-49-19. – *Hotel Dolores Alba:* Calle 63 N° 464, entre 52 y 54, Tel. 21-37-45. – *Hotel Caribe:* Calle 59 N° 500, Tel. 24-90-22, Fax 24-87-33.

Restaurants: *Soberanis:* Calle 60 N° 503, entre 63 y 65. – *Restaurante Pórtico del Peregrino:* Calle 57 N° 501, entre 60 y 62, Tel. 21-68-44. – *La Casona:* Calle 60 N° 434, entre 47 y 49, Tel. 23-83-48. – *Los Almendros:* Calle 50A N° 493, entre 57 y 59, Tel. 21-28-51. – *Restaurant El Tucho:* Calle 60 N° 482, entre 57 y 55, Tel. 24-23-23. – *Cafetería El Mesón* (im Hotel Caribe), Tel. 21-92-32. – *Tiano's* (nebenan): Calle 59 N° 498, Tel. 23-71-18.

Die Hauptstadt des Bundesstaates Yucatán wird schwärmerisch oft als »Weiße Stadt« bezeichnet. Der Name rührt daher, daß die meisten Kalksteinhäuser in hellen Farben erstrahlen und die Einwohner vorherrschend weiße Kleidung tragen: die Frauen die traditionellen bestickten langen *huipiles*, die Männer plisseeverzierte Baumwollhemden, die *guayaberas*. Mérida hat sich viel von seinem kolonialen Charme bewahrt, auch wenn das zumeist drückend schwüle Klima, bei dem sich im Sommer oft kaum ein Lüftchen regt, die Smogbildung begünstigt. Zahllose Uraltbusse blasen ihre schwarzen Abgaswolken ungefiltert in die Luft. Die Lebensweise der Menschen ist, wie in Veracruz, eher karibisch als mexikanisch geprägt: Die Nächte sind, im Gegensatz zu anderen mexikanischen Städten, ziemlich laut. Die Einwohner verstehen sich auch in erster Linie als *yucatecos*, nicht als Mexikaner. Schließlich gibt es auch erst seit 1950 eine Eisenbahnverbindung mit der Hauptstadt und erst seit den 70er Jahren eine Schnellstraße nach →Villahermosa. Vorher, so erzählen die Einwohner, soll der Weg nach Paris schneller gewesen sein als der nach Mexiko-Stadt. Die Straßen der im Schachbrettmuster angelegten Innenstadt tragen Zahlen statt Namen: Gerade Zahlen für die Nord-Süd-Straßen, ungerade für die Ost-West Straßen.

Mérida wurde am 6. Januar 1542 von Francisco de Montejo dem Jüngeren gegründet. Vier Jahre später gelang dem Sohn, was der Vater, Montejo der Ältere, vergeblich versucht hatte: die Eroberung der Halbinsel Yucatán gegen den hartnäckigen Widerstand der Maya. Mérida wurde auf den Ruinen des vorher von den Spanien zerstörten Maya-Dorfes Tihó errichtet und nach der spanischen Stadt in der Provinz Extremadura benannt. Die Konquistadoren fühlen sich nämlich beim Anblick der monumentalen

Mérida, Gran Hotel

Maya-Bauten in Yucatán an die Bauwerke der Römer erinnert, von denen im spanischen Mérida zahlreiche Zeugnisse erhalten sind. Am 23. Januar 1542 bot der Kazike von Maní, Ah Kukum Tutul Xiú, ein Nachfahre des Gründers von Uxmal, den Spaniern ein Bündnis an und wurde zwei Monate später getauft. Die ersten Bauten von Mérida wurden mit den Steinen der zerstörten Pyramiden von Tihó errichtet. Zu notorischer Berühmtheit gelangte der zweite Bischof von Mérida, Diego de Landa, der mit äußerstem religiösem Fanatismus die Maya zum Christentum bekehren wollte, dabei foltern und töten ließ und das gesamte Schrifttum der Maya, deren hohes kulturelles und wissenschaftliches Niveau er nur zu gut erkannte, als »Teufelswerk« auf dem Marktplatz von Maní den Flammen übergab. Landa starb in Mérida am 29. April 1579. Mérida war zunächst dem Verwaltungsrat *(audiencia)* Neuspaniens unterstellt. Ab 1549 wurde es von Guatemala aus verwaltet, kam jedoch bald wieder zu Neuspanien zurück. König Philipp III. gewährte der Stadt am 30. April 1605 den Titel »Muy Noble y muy Leal Ciudad« (Sehr Edle und Loyale Stadt). 1648 suchte eine von afrikanischen Sklaven eingeschleppte Gelbfieberepidemie die Stadt und die ganze Halbinsel Yucatán heim und raffte viele Menschen dahin. Aufgrund seiner weiten Entfernung von der Hauptstadt war Mérida am Unabhängigkeitskrieg nicht beteiligt. Yucatán übernahm zwar drei Jahre später die bundesstaatliche Verfassung, erklärte jedoch 1840 angesichts zentralistischer Tendenzen der Bundesregierung seine Unabhängigkeit. Zu deren Verteidigung suchten die herrschenden Weißen und Mestizen Unterstützung bei den Maya, die sie bis dahin stets unterdrückt hatten: ein fataler Irrtum. Denn 1847 kehrten die Maya die Waffen gegen ihre Ausbeuter: der sog. »Kastenkrieg« *(guerra de las castas)* brach aus. Er sollte sich bis zur Jahrhundertwende hinziehen. Viele Maya-Stämme erhoben sich und lieferten sich blutige Kämpfe mit den Weißen. In der ersten Phase des Krieges hätten die verzweifelt kämpfenden Maya, die bei der Eroberung von Valladolid jeden

Mérida, Catedral

Weißen erschlugen, dessen sie habhaft werden konnten, beinahe den Sieg davongetragen. Gerettet wurden die bedrängten Weißen vom Auftauchen fliegender Ameisen, deren Schwärme den Maya die nahende Regenzeit und damit den Zeitpunkt für die überlebenswichtige Maisaussaat ankündigten. Die Weißen schlugen anschließend nicht weniger grausam zurück. Unzählige Indígenas wurden getötet, Gefangene in die Sklaverei nach Kuba verkauft. Zwar kehrte das Kriegsglück 1857 noch einmal zu den Maya zurück. Hilfeersuchen der Weißen an Spanien, Frankreich und die USA blieben unerwidert, obwohl man das Land als Belohnung für einen Sieg über die Indígenas angeboten hatte. Schließlich gewannen mexikanische Regierungstruppen die Oberhand. Mit dem Anbau von Henequén (Agavenfasern, später Sisal genannt), das zu Seilen geflochten wurde und in gepreßten Ballen über den Hafen Sisal in die USA und nach Europa exportiert wurde, erlebte die Wirtschaft zwischen 1875 und 1916 einen stürmischen Aufschwung. Aus dieser Zeit stammen die prächtigen Villen nach französischem Vorbild entlang des *Paseo Montejo*, welche sich die reichen *hacenderos* errichten ließen: auf dem Rücken der in den Sisalplantagen als Fronarbeiter geschundenen Indígenas. Die Zeiten, in denen Mérida das »Paris Mexikos« genannt wurde, sind allerdings längst vorbei. Ein Sisal-Monopol gibt es heute nicht mehr, und auch vom Touristenboom heutiger Tage hat Mérida nur bedingt profitiert, obwohl es zum idealen Ausgangspunkt für Exkursionen nach Chichén Itzá und Uxmal geworden ist. Die Armut ist immer noch sehr groß, da das meiste Geld in den Bundesstaat Quintana Roo fließt, wo die Luxushotels von →Cancún und Cozumel stehen.

SAKRALBAUTEN

Catedral (Plaza Mayor): Der Grundstein der Kathedrale, an deren Stelle sich früher ein Maya-Tempel erhob, wurde 1563 von Bischof Tovar gelegt. Sie ist das größte sakrale Gebäude der Halbinsel Yucatán. Erbaut wurde sie von Pedro de Aulestía, unter Mitwirkung von Juan Miguel Agüero, der die Kuppel um 1598 vollendete. Die dreischiffige Hallenkirche wurde, wie üblich, in west-östlicher Richtung angelegt und weist zwei schlanke Glockentürme auf. Die Fassade ist ohne architektonische Besonderheit und zudem aufgrund der hohen Bäume des Zócalos nicht mit gebührendem Abstand zu betrachten. Typisch für die frühe Erbauungszeit sind die im Verhältnis zur Portalhöhe relativ kleinen Eingänge. Über einem Tor im Inneren der Kathedrale ist das Bild des Maya-Kaziken von Maní, Titul Xiú, angebracht, das ihn bei seiner Kapitulation vor Francisco de Montejo in Tihó zeigt. Links vom Hauptaltar ist in der Kapelle des »Christus der Brandblasen« *(Capilla del Cristo de las Ampollas)* eine indigene Holzschnitzerei zu beachten. Mit ihr hat es, einer Legende zufolge, eine besondere Bewandtnis. Sie wurde aus einem Baum geschnitzt, der nächtelang gebrannt habe, ohne daß nachher Spuren des Feuers zu erkennen gewesen seien. Ursprünglich war die Skulptur in der Kirche von Ichmul aufgestellt. Einen Brand in dieser Kirche überstand die Skulptur nahezu unversehrt: sie wurde lediglich schwarz und mit Blasen übersät aufgefunden. Seit 1645 steht sie in der Kathedrale

Mérida, Convento de las Monjas

und ist alljährlich Anfang Oktober das Ziel von Wallfahrten. Links neben der Kathedrale liegt der Erzbischöfliche Palast, in dem heute Verwaltungseinrichtungen untergebracht sind.

Convento de las Monjas: Der Klosterbau aus dem ausgehenden 16. Jh. besitzt einen Aussichtsturm von 1633.

Ermita de Santa Isabel: In dieser Kirche beteten besonders Reisende, die während der Kolonialzeit die gefährliche Reise von →Campeche unbeschadet überstanden hatten. Im Garten der Kirche sind Maya-Skulpturen aufgestellt.

Santa Lucía: In der Kolonialzeit war dies die Kirche der Sklaven, denen die Teilnahme am Gottesdienst in anderen Kirchen nicht erlaubt war.

Tercera Orden (Parque Hidalgo): Die auch *Iglesia de Jesús* genannte Kirche wurde 1818 von den Jesuiten errichtet. Hier feiern die Einwohner von Mérida besonders gern ihre Hochzeiten. Zur Linken des Hochaltars ist ein Retabel aus geschnitztem und vergoldetem Holz im plateresken Stil des 16. Jh. zu sehen.

PROFANBAUTEN

Casa de Montejo (Plaza Mayor): Der Konquistador Francisco de Montejo ließ sich diesen Bau, in dem heute eine Filiale der *Banamex*, der Nationalbank Mexikos, untergebracht ist, an der ehemaligen Plaza de Armas errichten. Das prunkvolle Portal mit platereskem Schmuck ist eines der schönsten aus der frühen Kolonialzeit und alles, was von der prunkvollen Fassade des Hauses übrigblieb, die sich einst über die gesamte Südfront des Hauptplatzes erstreckte. Das hohe, schmale Rechteck des Tors umschließt eine zweigeschossige Portalarchitektur auf erhöhten Sockeln. Die Rahmenfläche zwischen dem Tor und dem sie außen begrenzenden Pilaster ist mit Grotesken und Medaillons verziert, den kräftigen Türsturz

Mérida, Casa de Montejo

Mérida, Casa de Montejo, Detail des Portals

schmücken Kassetten und Köpfe; seinen Schlußstein stützt eine hockende Figur. Kompositkapitelle schließen die schlanken Säulen und die Pilaster ab, die einen mit Tierfiguren versehenen Fries tragen und darüber das zur Balkonplatte auskragende Gesims. Um das reizvoll ornamentierte Gewände der Balkontür im oberen Geschoß setzt sich die Architektur des Portals in sehr origineller Weise fort. Da stehen zwei riesige, mit Hellebarden und Schwertern bewaffnete und gepanzerte Ritter auf den Köpfen von Indígenas und begrenzen eine ganz mit plateresken Ornamenten bedeckte, bis an das Giebelsims reichende Fläche. Deren Mitte betont ein großes, von einem Helm gekröntes, fast rechteckiges, mit feinen heraldischen Zeichen überzogene Wappenschild. Zu Füßen der Ritter stehen – in viel kleinerem Verhältnis – zwei behaarte, bärtige, mit Keulen bewaffnete Männer, die wohl ebenfalls Indígenas darstellen sollen. Die Architektur schließt oben ein Gesims mit zierlichen Profilen ab, in dessen Fries sich Tierfiguren und nahezu vollplastische Köpfe aneinanderreihen. Im Giebel ist ein weiteres originelles Relief zu sehen: Ein Bärtiger zeigt ein auseinandergerolltes Pergament, das von zwei Löwen bewacht wird. Einige Innenräume mit kolonialer Originalausstattung sind noch zu besichtigen

Mercado Municipal: Nirgendwo sonst läßt sich das yucatekische Leben besser beobachten als auf dem städtischen Markt von Mérida, auf dem noch viel yucatekisches Maya gesprochen wird. Hier gibt es alle landestypischen Produkte zu kaufen: von tropischen Früchten und höllisch scharfen Chili-Schoten *(chile habanero)* bis zu den hier besonders hochwertigen Hängematten, die es in allen Größen gibt, sogar Exemplare, in denen nicht nur Ehepaare, sondern eine ganze Familie Platz findet! Natürlich gibt es auch die traditionelle Kleidung: *huipiles* für die Frauen, *guayaberas* für die Männer, die von den einheimischen Käufern noch viel getragen werden.

Palacio del Gobierno (Plaza Mayor): Von der Kathedrale aus gesehen auf der rechten Seite, also an der Nordostecke des Zócalo, befindet sich der Regierungspalast aus dem Jahre 1892, der im französischen Stil angelegt ist. Sehenswert ist er besonders wegen

Mérida, Palacio del Gobierno, Wandgemälde des Kastenkrieges

der hier nach Büroschluß zu besichtigenden, 1971–74 entstandenen Wandmalereien und Gemälde von Fernando Castro Pacheco aus Campeche. Sie vereinigen kosmologische Maya-Vorstellungen mit der modernen Geschichte Yucatáns. Die *murales* des Treppenaufganges zeigen einerseits den Kampf zwischen Tag und Nacht, zwischen Gut und Böse, andererseits die Entstehung des Menschen aus der Maispflanze, wie sie im *Popol Vuh*, der Schöpfungsgeschichte der Maya, beschrieben ist. Die riesigen Gemälde in den Festsälen des Palastes (von dessen Fenstern man übrigens den einzigen einigermaßen unverstellten Blick auf die Kathedrale genießt) veranschaulichen die Geschichte Yucatáns: Konquista, Christianisierung, den Kastenkrieg und die brutale Ausbeutung der Indígenas auf den Sisal-Plantagen.

Palacio Municipal (Plaza Mayor): Auf der der Kathedrale gegenüberliegenden Seite des Zócalo steht das Rathaus, an seiner weißgrauen Kolonnadenfassade und dem Uhrtürmchen leicht zu erkennen. Mit dem Bau wurde schon im 16. Jh. begonnen, in seiner heutigen Form wurde es jedoch erst 1735 fertiggestellt.

Teatro Peón Contreras (Parque de la Madre, Calle 60/Calle 57): Das Theater wurde 1900–08 von italienischen Architekten im neoklassizistischen Stil errichtet. Die Treppe im Inneren ist aus Carrara-Marmor, die Kuppel wurde von italienischen Künstlern mit Fresken ausgemalt.

Universidad de Yucatán (Calle 60): Die Universität wurde 1938 an der Stelle des alten Jesuitenkollegs San Pedro (das 1618 gegründet und bis 1767, dem Jahr ihrer Vertreibung aus Lateinamerika, von der Compañia de Jesús geleitet wurde) im neomaurischen Stil errichtet. Im Ratssaal ist ein Fresko zu sehen, das Manuel Lizama im Jahre 1961 malte. Die zentrale Person ist Felipe Carrillo Puerto, der Gründer der Universität, hinter ihm steht General Manuel Cepeda Peraza, der 1867 das Jesuitenkolleg in ein staatliches Bildungsinstitut umwandelte.

Mérida, Palacio Municipal

STRASSEN, PLÄTZE UND PARKS

Parque Cepeda Peraza: Hübscher Park mit tropischer Vegetation und vielen Straßencafés. Hier stehen auch die Pferdekutschen *(calesas)*, die man für eine Spazierfahrt mieten kann.

Paseo de Montejo: An diesem eleganten Boulevard von Mérida, der ein wenig an die Champs-Élysées von Paris erinnert, reihen sich schmucke Villen und Wohnpaläste aneinander. Das bekannteste unter den hier zu findenden Denkmälern ist das patriotische *Monumento a la Patria* (Monument ans Vaterland), das der Kolumbianer Rómulo Rozo im Pseudo-Maya-Stil geschaffen hat.

Plaza de Armas: Am von Palmen, Lorbeer- und Palisanderbäumen überschatteten Hauptplatz von Mérida liegen die wichtigsten Gebäude: Kathedrale, Casa Montejo, Regierungspalast und Rathaus. An Festtagen und oft am Sonntag finden Veranstaltungen statt, bei denen viel getanzt wird, oft in der Regionaltracht. Nicht selten wird er jedoch auch von Demonstrationen unzufriedener Arbeiter und Bauern in Beschlag genommen, deren Lebensverhältnisse aufgrund der konkurrenzlos niedrigen Löhne immer noch außerordentlich ärmlich sind.

MUSEEN

Museo de Antropología e Historia (Paseo de Montejo/Calle 43): Das Anthropologische Museum von Mérida ist jetzt im Palast des Generals Cantón untergebracht, einem Prachtbau des Fin de siècle im Stil der Ära Porfirio Díaz. Es zeigt in den nicht numerierten Sälen eine bedeutende Kollektion von Maya-Artefakten und auf Wandtafeln didaktisch sehr gut aufbereitete Informationen über die Kultur der Maya. Sehenswert sind besonders die schönen Statuetten, die als Grabbeigaben auf der Insel Jaina gefunden wurden, sowie der aus dem heiligen *cenote* von →Chichén Itzá geborgene Schmuck, darunter ein herrliches Jadeitkollier. Zu sehen sind außerdem Skulpturen

Mérida, Plaza de Armas

verschiedener Maya-Kunststile: Chenes, Puuc und solche jüngeren Datums. Die meisten Skulpturen im maya-toltekischen Stil stammen aus Chichén Itzá. Bemerkenswert ist besonders ein sehr gut erhaltener Standartenträger. Großes Interesse erwecken auch die ausgestellten Fragmente von Maya-Wandmalereien aus Mul Chic, einer archäologischen Stätte in der Nähe von →Uxmal. Sie stammen wahrscheinlich aus dem 7. Jh. n. Chr. und waren Teil einer Kampfesszene. In der Mitte sieht man einen Baum, an dem ein blutspuckender Mensch hängt, ein weiterer Erhängter ruht teilweise am Boden. Links ist eine Prozession zu erkennen, bestehend aus maskierten Kriegern. Darüber verläuft ein Glyphenband. Als letztes ist *Estela 3* aus Oxkintok bemerkenswert. Sie stammt aus klassischer Zeit. Das angegebene Datum lautet vermutlich 10.1.0.0.0. 5 Ahau 2 Kayab (849 n. Chr.).

Museo Nacional de Arte Popular (Calle 59 Nähe Calle 50): Das Volkskunstmuseum ist im ehemaligen *Convento de la Mejorada* untergebracht, einem Ende des 17. Jh. von den Franziskanern erbauten Kloster. Hier sind unter anderem Sammlungen von Kostümen, Werkzeugen und Haushaltsgeräten aus Yucatán zu sehen. Die ausgestellten Masken kommen aus anderen Staaten Mexikos: aus Guerrero, Morelos und Oaxaca. Sehenswert sind auch einige schöne Kostüme, vor allem das eines Huichol-Indígena. Im Erdgeschoß werden verschiedene Produkte des yucatekischen Kunsthandwerks verkauft.

Pinacoteca del Estado/Museo Juan Gamboa (Calle 59, entre 58 y 60): Das Museum zeigt eine Sammlung yucatekischer Malerei und Bildhauerei.

Umgebung

Aké (35 km ö): Die Ruinenstätte Aké ist aufgrund der imposanten Ruinen eines Palastes mit einer Treppe von 40 Stufen für archäologisch Interessierte einen Besuch wert.

Mérida, Museo de Antropología, Ah Mucen Cab (Gott des Honigs) (l); Stele aus Oxkintok (r)

Izamal (91 km ö): Die etwa 30000 Einw. zählende Stadt erhebt sich über einer Maya-Stätte. In prähispanischer Zeit wurden hier der höchste Gott der Maya, Itzamná, und der Sonnengott Kinich-kakmó verehrt. Im Ort sind verfallene Maya-Pyramiden und das große Franziskanerkloster *San Antonio de Padua* zu besichtigen, das zwischen 1553 und 1561 vermutlich von Juan de Mérida errichtet wurde. Die Kirche *Santuario de la Virgen de Izamal* besitzt ein riesiges, auf einer ehemaligen Pyramidenplattform gelegenes Atrium von rund 8000 m², das von einer Arkade mit 75 Bögen umgeben ist. Nach dem Petersplatz in Rom soll dies das zweitgrößte der Welt sein. Die Kirche mit schlichter Fassade (der hufeisenförmige Bogen über der Arkade wurde erst im 19. Jh. in das Mauerwerk gebrochen), weist im Inneren ein gotisches Kreuzrippengewölbe auf. Die wundertätige, aus Guatemala stammende Madonnenstatue von Izamal wurde 1829 während eines Brandes zerstört und durch eine Replik ersetzt. In einem der seltenen spanischen Berichte aus Yucatán, der *Historia de Yucatán*, beschreibt Bernardo de Lizana die Maya-Stadt Itzmal. Seine im von Walter Krickeberg herausgegebenen Sammelband *Märchen der Azteken und Maya* (1968) enthaltene Schilderung verdient es, ausführlich zitiert zu werden. »Es gibt in dem Orte Itzmal fünf hohe Tempelpyramiden, alle aus Trockensteinen errichtet ... Heute ist keiner der Bauten mehr vollständig zu sehen, doch sind die Reste noch deutlich bei dem einen, der im Süden liegt. Hier hatten die Alten ein Götterbild, das das berühmteste von allen war und Itzmat ul genannt wurde, das heißt: ›Der, der die Gnade oder den Tau oder die Kraft des Himmels empfängt und besitzt.‹ Das Idol hatte keinen anderen Namen, oder wenigstens gibt man von ihm keinen anderen an; es heißt, es sei ein König, ein großer Herrscher des Landes gewesen, dem man als dem Sohn der Götter gehorcht habe ... Noch einen zweiten Altar und Tempel errichteten die Indianer in heid-

Mérida, Museo de Antropología, Räuchergefäß aus Mayapán ▷

mide zu Ehr
Kukulkán, ei
»Castillos« v
Teil der Maya-
wald überwuch

O

Orange Walk

Orange Walk (Belize)

Einw.: ca. 11 000 Höhe: 20

Anreise: Häufige Busverbi
City und Corozal (mexikani

Unterkunft: *D'Victoria H*
Victoria Ave (PO Box 74), T
Fax 2-28-47. – *Hotel Mi Am*
Victoria Ave (PO Box 117, Te
Fax 2-34-62.

Das landwirtschaftliche und
trum von Nord-Belize hat Besu
zu bieten, ist jedoch ein wicht
quartier für Ausflüge zu den
schen Stätten der Umgebung, zu
lerweile organisierte Touren
werden. Wirklich lohnend ist jedo
Besuch des flußaufwärts am New
legenen **Lamanai**. Die frühklassisc
ten **Cuello** und **Cerros** (bei Coroza
zwar in der Archäologie klingende
sind aber nur für absolut eingefleisc
thusiasten von Interesse.
Orange Walk wurde 1849 von Misch
aus Yucatán gegründet, die vor den bl
Kastenkriegen geflohen waren. Alle

Palenque, Jademaske (MNA, Mexiko-Stadt)

bietet sich ein schöner Blick auf den Urwald, in dessen Bäumen sich Brüllaffen lautstark bemerkbar machen. Aus dem 6. Jh. stammt die Pyramide *Structure P9–56*, die eine vier Meter hohe Maske eines Mannes mit krokodilrachenartigem Kopfputz ziert. Die Pyramide wurde über mehreren älteren Bauten errichtet, der älteste ist gut erhalten und datiert von etwa 100 v. Chr. Neben dieser Struktur befinden sich ein kleiner Tempel und eine schön gemeißelte, zerbrochene Stele, die im Basrelief eine majestätische Figur zeigt. Im Süden des Dorfs **Indian Church** sind die Ruinen von zwei Kirchen zu sehen, die von spanischen Missionaren errichtet wurden: Beweis dafür, daß Lamanai bei der Ankunft der Spanier noch von Maya besiedelt war. Im Westen liegen die Überreste einer Zuckermühle aus dem 19. Jh., die von konföderierten Flüchtlingen des amerikanischen Bürgerkriegs errichtet wurden. Das kleine *Archäologische Museum* (bislang das einzige in Belize) zeigt eine reiche Sammlung an Artefakten, überwiegend Figurinen, die Götter und Tiere darstellen.

P

Palenque

Chiapas (Mexiko)

Einw.: 9000 Höhe: 150 m S. 354 □ B3

Anreise: Flugverbindung (einmotorige Maschinen) mit Mérida. Busverbindung (*ADO*) mit Villahermosa, um 9 Uhr direkt nach Mérida. *Autotransportes Tuxtla Gutiérrez* fährt über San Cristóbal de las Casas nach Tuxtla Gutiérrez. Zugverbindung mit Campeche und Mérida (nur 1. Klasse zu empfehlen; vielstündige Verspätungen üblich).

Unterkunft (Vorwahl 934): *Hotel Misión Palenque:* Rancho San Martín de Porres, Tel. 5-02-41, Fax 5-03-00 (beste Adresse). – *Motel Chan-Kah:* km 3 Carretera Ruinas, Tel. 5-03-18, Fax 5-04-89. – *Best Western Plaza Palenque:* km 27 Carretera Catazajá-Palenque, Tel. 5-05-55, Fax 5-03-95. – *Maya Tulipanes:* Merle Green 6, Tel. 5-02-01, Fax 5-10-04. – *Hotel La Cañada:* Tel./Fax 5-01-02.

Restaurants: *La Selva:* Carretera Hidalgo (beste Adresse). – *Montes Azules:* Calle Juárez 120. – *La Jícara Picara:* Calle Allende. – *Las Tinajas:* Calle 20 de Noviembre. – *Restaurante La Oaxaqueña.*

Vielen Mexiko-Reisenden gilt Palenque als die schönste aller Ruinenstädte, und in der Tat ist seine Lage im dichten Regenwald am Fuß der Chiapas-Berge, von einem Bach durchflossen, unvergleichlich schön. Lange Zeit lag die Geschichte von Palenque (span.

»Befestigte Häuser«) völlig im dunkeln. Man wußte zwar, daß Palenque bereits vor der Zeitenwende, also in präklassischer Zeit, bewohnt war, aber seine Hochblüte nicht vor dem 6. Jh. n. Chr. erlebte. Seitdem jedoch in den letzten Jahren die Mayalogen entscheidende Durchbrüche bei der Entzifferung der Hieroglyphenschrift erzielt haben, sind die in Palenque so zahlreich eingemeißelten Glyphen kein Buch mit sieben Siegeln mehr.

GESCHICHTE

Die entschlüsselten Glyphen von Palenque ergeben eine ungewöhnlich vollständige Herrscherfolge. Die Könige von Palenque präsentierten sich mit den immer gleichen äußeren Machtsymbolen, vollzogen die gleichen Riten, um den Fortbestand der Welt zu sichern, überfielen ihre Nachbarn, machten Gefangene und opferten sie. Seine Blütezeit erlebte Palenque unter den Herrschern Pakal (»Schild«), Chan Bahlum (»Schlange-Jaguar«) und K'an Xul im 7. Jh. In dieser Zeit wurden die wichtigsten Bauten errichtet, und Palenque erreichte seine größte Ausdehnung von etwa 8 km^2. Wie der amerikanische Mayaloge Robert J. Sharer zusammenfaßt, erlauben die Ergebnisse aus der Entzifferung der von Pakal und seinen Nachfolgern hinterlassenen Hieroglyphentexte nicht nur die Rekonstruktion der Herrscherfolge, sondern gewähren auch einen Einblick in die Jenseitsvorstellungen der klassischen Maya und die Methoden, mit denen diese Könige diese Glaubensvorstellungen zum Erhalt ihrer Macht nutzten. Da Pakal und damit auch sein Sohn Chan-Bahlum väterlicherseits keinen Herrschaftsanspruch anmelden konnten, mußten sie die Abweichung von der normalen Thronfolgeregelung auf irgendeine plausible Weise legitimieren. So griffen sie in kühner Weise auf den Schöpfungsmythos der Maya zurück, indem sie den Anspruch erhoben, Wiedergeburten mythologischer Wesen zu sein, die bei der Erschaffung der gegenwärtigen Welt eine Rolle gespielt hatten. In diesem Schöpfungsmythos hatten die drei Schutzgötter der Maya-Herrscher ihre Macht von der Urmutter geerbt, die aus der vorangegangenen Schöpfung stammte, und damit eine neue Ordnung geschaffen, die gegenwärtige Welt. Indem sie nun Sak K'uk', die der vorangegangenen Herrscherlinie entstammte, in den Götterstand erhoben und sie mit der Urmutter identifizierten, erhoben Pakal und sein Sohn nicht nur einen göttlichen Anspruch auf das Herrscheramt, sondern sie vollzogen die Schöpfung einer neuen Weltordnung nach. Auf Pakal, der in der Krypta der Pyramide der Inschriften bestattet wurde, folgte 132 Tage nach seinem Tod sein 48jähriger Sohn Chan-Bahlum, der nur wenig mehr als 18 Jahre regierte. In seinen berühmten Bauwerken östlich des väterlichen Begräbnistempels führte Chan-Bahlum die Argumentation, mit der er seinen von Pakal ererbten Herrschaftsanspruch erhärtete, noch weiter aus. Er vergöttlichte seinen Vater, dessen Pyramide er zu Ende bauen ließ, beschrieb darauf die Vorgänge bei der Erschaffung der Welt und zeigte, wie diese durch den Wechsel von einer alten zu einer neuen Erbfolgeregelung in Palenque nachvollzogen wurde. Die Zeremonien, mit denen unter anderem seine Einsetzung zum Herrscher und die Einweihung der Tempel selbst feierlich begangen wurden, werden in diesen Inschriften als eine Art Neuauflage

Palenque, Stuckmaske (MNA, Mexiko-Stadt)

Palenque, Pirámide de las Inscripciones

der Erschaffung der gegenwärtigen Welt durch die Götter, die seine Vorfahren sind, beschrieben. Chan-Bahlum starb 702 n.Chr., und sein jüngerer Bruder K'an Xul wurde 53 Tage später mit 57 Jahren Herrscher. Während der Regierung K'an Xuls scheint das Reich von Palenque seine größte Ausdehnung erreicht zu haben, mußte dann aber seinen stärksten Rückschlag hinnehmen. K'an Xul veranlaßte den Bau des Nordtraktes des *Palacio*. Bei Grabungsarbeiten fand man hier eine große Steinplatte mit der Darstellung einer Inthronisation und einem langen hieroglyphischen Text. Dieser beschreibt die Regierungszeiten vergangener Herrscher und stellt offenbar K'an Xuls Amtsübernahme im Beisein seiner Mutter dar. Eine Relieftafel aus Toniná (→San Cristóbal de las Casas, Original im *Museo Regional de Antropología e Historia* von →Tuxtla Gutierrez), die, dort völlig unüblich, im Reliefstil von Palenque gearbeitet ist, macht deutlich, daß K'an Xuls Schicksal eine unglückliche Wendung nahm. Sie zeigt eine zurückgebeugte Figur, die aufgrund der drei Glyphen auf dem rechten Oberschenkel eindeutig identifiziert werden kann. Offenbar war K'an Xul bei einem militärischen Schlag gegen Toniná, der zur Einbringung neuer Opfergefangener dienen sollte, selbst in Gefangenschaft geraten und schließlich geopfert worden. Vermutlich mußte ein Steinmetz aus Palenque als besondere Tributleistung das Schicksal seines unglücklichen Herrschers in Stein bannen. Mit dem Tod K'an Xuls begann der allmähliche Niedergang von Palenque, und Daten nach 799 sind nicht mehr überliefert. Die Stätte geriet völlig in Vergessenheit und wurde vom Regenwald überwuchert.

Die spanischen Eroberer entdeckten Palenque nie. Erst Reisende des 18.Jh., Ordónez y Aguilar, José Antonio Calderón und Antonio Bernanconi, berichteten von der Existenz einer alten Urwaldstadt. Im Auftrag Karls III. von Spanien untersuchte daraufhin Hauptmann Antonio del Río die Stätte. 1805 erforschte Guillermo Dupaix den Ort und fertigte einen illustrierten Bericht an. Von 1832 bis 1834 lebte Jean Frédéric de Waldeck in Palenque, und 1841 kamen John Lloyd Stephens und Frederik Catherwood, deren Berichte und Zeichnungen die Phantasie des Lesepublikums im 19.Jh. anregte. Später wurde die Stätte von Desiré Charnay, Teobert Maler, Alfred Maudslay und Frans Blom erforscht. Der wichtigste Archäologe von Palenque war Alberto Ruz Lhuillier, der die Krypta des Inschriftentempels entdeckte. Nur ein verhältnismäßig kleines Areal der Ruinenstadt ist bislang ausgegraben. Die archäologische Zone mißt etwa 300 m von Osten nach Westen sowie 500 m von Norden nach Süden. Derzeit sind in Palenque umfangreiche Ausgrabungsarbeiten im Gange, die vermutlich noch über Jahre fortgesetzt werden. Sie betreffen unter anderem die Pyramiden des Chan-Bahlum mit ihren Tempeln, die aufgrund der herrlich reliefierten Steinplatten sehenswert sind, für die nächste Zeit jedoch nicht betreten werden dürfen. Dabei hat man einen Sensationsfund gemacht, ein zweites Grab an der Basis des Templo de la Cruz. Hier lagen die kopflosen Gebeine eines Mannes, umgeben von 630 Jadestücken, fünf perfekt erhaltenen Räuchergefäßen und einigen besonders kunstvollen Keramikfigurinen. Eines dieser Figürchen, das im neuen Museum ausgestellt ist, gilt bereits als eine der schönsten Maya-

Palenque, Templo de las Inscripciones

skulpturen überhaupt: Es zeigt einen Mann, der auf einer quadratischen Bank sitzt. Sein Kopf war abgebrochen, doch hat man seinen Helm in Form eines Vogels in der Nähe gefunden. Das Grab selbst ist bislang der Öffentlichkeit nicht zugänglich.

Besichtung: Die augenblicklichen Öffnungszeiten gestatten es leider nicht mehr, Palenque am frühen Morgen kennenzulernen, wenn die Nebelschleier sich heben und die später fast unerträglich heiße und feuchte Ruinenstadt vom einem geheimnisvollen Zauber umgeben ist. An der Zufahrt zur Ruinenstätte (ca. 1 km außerhalb) wurde im Mai 1993 ein neues Besucherzentrum eröffnet. *Warnung:* Im Sommer suchen riesige Schwärme von Moskitos die Urwaldstätte heim, und das Gebiet gilt als malariagefährdet. Wegen des hohen Touristenaufkommens sind Diebstähle leider an der Tagesordnung

Museo: Zum Komplex des Besucherzentrums gehört ein architektonisch eindrucksvolles Museum. Es zeigt in endlich angemessener Form einige der bisher völlig unzureichend im alten, etwa 200 m östlich der Nordgruppe gelegenen Museum ausgestellten Meisterwerke, die man in Palenque gefunden und nicht in andere Museen verbracht hat. Im alten Museum werden heute Objekte gelagert, die im Verlauf der neuen Ausgrabungsarbeiten gefunden werden. Das neue Museum zeigt nicht nur authentische Kunstwerke, sondern auch Repliken der Skulpturen und Wandbilder der Ruinen. Absolut sehenswert ist der berühmte, im Nordgebäude des *Palacio* gefundene *Tablero del Palacio*. Auf der mit Flachreliefs verzierten feinen Kalksteintafel ist die für Palenque typische Inthronisationsszene dargestellt, mit dem Herrscher in der Mitte, dem als Zeichen seiner Würde Helm und Schild gereicht werden. Der einrahmende Hieroglyphentext gibt die Genealogie des neuen Herrschers wieder. Ebenso schön ist auch eine weitere, 2,75 m hohe und 1,50 m breite Steintafel, genannt *Tablero de los Esclavos*. Die Szene erinnert an die Palasttafel:

eine zentrale Person nimmt Geschenke von zwei anderen entgegen. Die Person zur Linken überreicht eine Art federgeschmückte Tiara aus kostbaren Steinen, vielleicht Jade, die Person zur Rechten, mit Sicherheit eine Frau, präsentiert einen merkwürdigen Kopf. Interessant ist auch die Platte der 96 Glyphen *(Lápida de los 96 Glifos)*, die an der Basis des Palastturmes gefunden wurde. Unter den feingravierten Glyphen konnten einige Daten entziffert werden. Das Werk datiert vermutlich von 783 n.Chr. Man beachte auch einen hohlen Terrakottazylinder *(Cilindro de barro modelado)*, der an der Basis des Blattkreuztempels gefunden wurde. Man erkennt das Antlitz des Sonnengottes, der im Kopfputz die Maske eines Wasservogels und anderer mythologischer Wesen trägt. An der Basis befindet sich die Maske des Erdmonsters. Des weiteren sind unter anderem einige schöne Exemplare der Keramik aus Palenque sowie eine Vitrine mit Schmuck zu sehen, darunter eine Jadefigur, die im Inneren des Sarkophags gefunden wurde.

Templo de las Inscripciones: Die 21 m hohe Pyramide mit dem »Tempel der Inschriften« ist die berühmteste aller Maya-Bauten. Hier wurde der Beweis erbracht, daß nicht nur ägyptische, sondern auch Maya-Pyramiden als Begräbnisstätten gedient haben. Der Tempel erhebt sich auf einer Pyramide, die aus acht aufeinandergesetzten Plattformen besteht, wobei die unterste 65 m breit ist. Beim Bau wurde der natürliche Hang, an dem sie liegt, mit einbezogen. Eine einzige Treppe führt auf der Nordseite zum Heiligtum hinauf. Sie besteht aus vier Fluchten mit abnehmender Zahl von Stufen. Das restaurierte Gebäude entspricht heute wieder seiner ersten Bauphase. Anfügungen aus späterer Zeit haben die Archäologen wieder entfernt. So waren in der zweiten Bauphase mehrere Plattformen durch Füllungen vereinigt worden, welche die Stufen ausglichen, wobei aber die Winkel in ihrer ursprünglichen Form sichtbar blieben. Die in einer dritten Phase vorgenommene Verbreiterung des unteren Teils der Treppen, die mit Wangen versehen wurden, ist teilweise erhalten geblieben. Das Heiligtum steht auf einem hohen Sockel, dessen Treppe von Rampen flankiert wird, die anthropomorphe Figuren zieren.

Der Tempel selbst weicht mit seinem rechteckigen Grundriß von den verhältnismäßig quadratischen Formen der übrigen Heiligtümer von Palenque ab. Die fünf Fassadentüren werden von sechs Pfeilern umrahmt, auf denen noch die aus Stuck modellierten Gestalten zu erkennen sind, die auf ihren Armen kleine Wesen tragen, deren Gesicht mit einer Maske – vermutlich der des Regengottes – bedeckt ist und deren Fuß in einem Schlangenkörper endet. Die Maya-Forscher glauben, daß hier die Zeremonie dargestellt wird, in der König Pakal seinen sechs Jahre alten Sohn vor der Menge zum rechtmäßigen Thronerben und fleischgewordenen Gott erhob.

Die Eingänge führen in eine Säulenhalle. Durch drei gewölbte Türen gelangt man in eine Flucht mit drei Kammern. Die mittlere zeigt an der Rückwand eine mit Hieroglyphen bedeckte Steinplatte. Diese Inschriftentafel wird von zwei anderen Steinplatten eingerahmt, die auf beiden Seiten der Pforte auf der Scheidemauer zwischen den Sälen angebracht ist. Die drei Schriftkomplexe, denen das Gebäude seinen Namen verdankt, gehören zu den bedeutendsten Maya-Inschriften überhaupt. Sie umfassen etwa 620 Schriftzeichen, von denen 140 auf die Mitte und je 240 auf die Seitenplatten verteilt sind. Mayalogen wie Linda Schele konnten einen Teil der Glyphen entziffern: eine Abfolge von Daten, die jeweils durch einen *katún* (Periode von 20 Jahren im Maya-Kalender) getrennt werden und insgesamt einen Zeitraum von 200 Jahren umfassen. Das mit der Errichtung des Gebäudes gleichzusetzende Datum unseres Kalenders ist 692 n.Chr. Die Texte sollten bei der Entzifferung der Maya-Schrift eine bedeutende Rolle spielen. Auf dem Tempeldach sind Reste einer *crestería* (Dachkamm) zu sehen.

Palenque 1 Templo de las Inscripciones (Tempel der Inschriften) **2** Palacio (Palast) **2a** Patio de la Torre (Turmhof) **2b** Patio Oeste (Westhof) **2c** Patio Este (Osthof) **3** Edificio XIV (Gebäude XIV) **4** Templo del Sol (Sonnentempel) **5** Templo de la Cruz (Tempel des Kreuzes) **6** Templo de la Cruz Foliada (Tempel des Blattkreuzes) **7** Templo del Conde (Tempel des Grafen) **8** Grupo del Norte (Nordgruppe) **9** Altes Museum

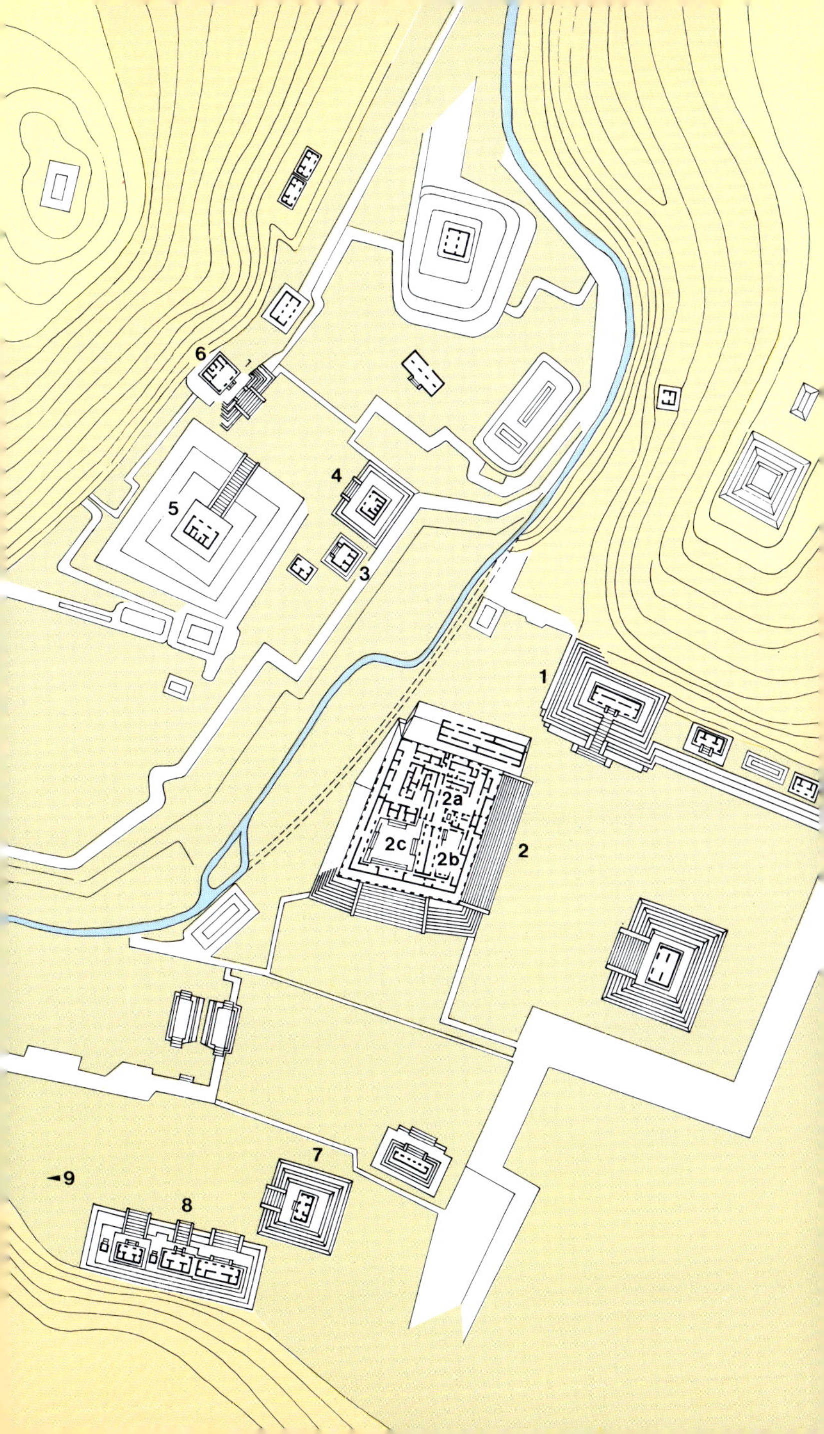
1
2
2a
2b
2c
3
4
5
6
7
8
9

Die Götter der Maya

Das Pantheon der Maya war von zahlreichen Göttern bevölkert. Sie tragen in der Forschung lediglich prosaische Buchstabenbezeichnungen. Diese sollen vorschnelle Klassifizierungen verhindern, denn die Namen der meisten Götter sind bislang unbekannt und ihre Namensglyphen können noch nicht gelesen werden. Aus den Codices läßt sich nicht entnehmen, in welchem Verhältnis die Gottheiten zueinander stehen. So bleibt die Hierarchie des Götterhimmels unklar. Einige Götter tauchen jedoch besonders häufig auf. Folgende Gottheiten sind auch von Laien einfach zu erkennen.

Die bekannteste Gottheit der Maya ist *Gott B*, der Regengott Chac. Er ist an seiner charakteristischen Rüsselnase und seinen tränenumflorten Augen leicht auszumachen. Im regenarmen Yucatán trifft man ihn besonders häufig an: Viele im Puuc- und Chenes-Stil errichtete Bauten sind mit seinen Masken geradezu übersät. In den Codices der Maya zeigt er oft eine aus dem Mundwinkel hängende Zunge und einen schleifenartig gebundenen Kopfputz. Das Beil, das er in der Hand hält, erinnert an den Glauben vieler Mayavölker, daß die Regengötter durch den Wurf eines Steinbeils den Donner auslösen.

Ebenfalls sehr häufig abgebildet wurde *Gott D*, der Schöpfergott Itzamna, den Keramiken stets auf einem Thron oder einem Band aus rechteckigen Hieroglyphen sitzend zeigen, die Himmelskörper und Himmelsphänomene bezeichnen. Man erkennt Itzamna außerdem an seiner Hakennase, seinen eingefallenen Backen, seiner Tränenvolute und einem mehrteiligen Stirnanhang, der in Blätter und Zeichen für Vegetation ausläuft. Im yucatekischen Maya bedeutet Itzamna »Haus der Eidechse«. Darin findet sich die kosmologische Vorstellung der Maya wieder, daß die Erde auf dem Rücken einer Eidechse ruhe und der Himmel der gewölbte Leib einer Eidechse sei.

Gott E, der junge Maisgott, ist vor allem an seinem charakteristischen Kopfschmuck in Form eines von Blättern flankierten Maiskolbens zu erkennen, der aus der Hieroglyphe *kan* (Mais) herauswächst. In Palenque und Copán hat man besonders schöne Skulpturen dieses Gottes gefunden. Sie zeigen den Kopf eines jungen Mannes, der alle klassischen Schönheitsideale der Maya aufweist: eine hohe, deformierte Stirn, eine lange Nase, nach unten gezogene Mundwinkel, eine vorgeschobene Unterlippe und schrägstehende Mandelaugen. Die

Kaum ein Tourist versäumt es, durch den feuchten Gang in das berühmte Grab von Palenque hinabzusteigen, um die großartige Grabplatte zu bewundern (Taschenlampe mitnehmen!). Klaustrophobisch veranlagte Naturen sollten daran denken, daß der Abstieg über die glitschigen Stufen äußerst schwierig und die Luft stickig ist und man zudem von einer unaufhörlichen Schlange von Nachfolgern zur Eile gedrängt wird. Entdeckt hat das Grab Alberto Ruz Lhuillier, dem 1949 als Leiter des mexikanischen Grabungsteams in Palenque auf dem Steinboden des Tempelvorraums ein großer, flacher Stein auffiel. Dieser wies kegelförmige Löcher auf, die mit Steinpfropfen verschlossen waren. Es stellte sich heraus, daß die Steinplatte den Zugang zu einem überwölbten Gang und einer von Schutt und Erde verschütteten Treppe verbarg, einem geheimen Zugang zum Inneren der Treppe. Die Freilegung erforderte vier Grabungskampagnen, wobei etwa 300 Tonnen Steinschutt mühselig nach oben befördert werden mußten. Nach 26 Stufen machte die bisher in südöstlicher Richtung verlaufende Treppe an einem Absatz einen Knick und wandte sich nach Nordosten. Nach weiteren 23 Stufen endete die Treppe vor einer gemauerten Wand. Davor lagen Weihegaben, drei Muscheln, elf Jadestücke und eine Perle. Der Einriß der Mauer gab den Blick auf eine gewaltige, dreieckige Platte frei, die den Zugang zur Grabkammer versperrte und vor der sich die Reste einer Grabstätte mit fünf bis sechs schlecht erhaltenen Skeletten be-

Nase schmückt oft ein Pflock, von den Ohren hängen große Ohrringe. Auf Vasen ist der Maisgott häufig tanzend oder in einem geborstenen Schildkrötenpanzer (dem Symbol der Erdoberfläche) stehend abgebildet.
Während der Maisgott geradezu der Inbegriff des blühenden Lebens ist, verkörpert *Gott A*, der Todesgott, mit seinem skelettierten Körper, seinem Schädel mit fleischlosem Unterkiefer, den schwarzen Verwesungsflecken und dem Totenkragen, der mit ausgerissenen Augen besetzt ist, die abstoßende Seite der Unterwelt. Eine wesentlich erfreulichere Erscheinung ist dagegen *Göttin D*, die junge Mondgöttin Ixchel (»Regenbogenfrau«). Sie gilt als Göttin der Heilkunst, gleichzeitig aber auch als Überbringerin von Krankheiten. In den Codices erscheint sie auch als Göttin der Fruchtbarkeit und der sexuellen Freizügigkeit und wird oftmals kopulierend dargestellt. Man erkennt sie an ihrer über den Rücken herunterhängenden Haarlocke und der großen weiblichen Brust. Die alte *Göttin O* kann als Erscheinungsform der Ixchel gesehen werden. In den Codices ist sie sowohl als Göttin der Webkunst als auch als Wassergöttin abgebildet, die einen Krug mit der Öffnung nach unten hält und dadurch Wasser verschüttet.
Rein negativ besetzt ist wiederum *Gott Q*, der Gott des Opfers und des Krieges. Man erkennt ihn sofort an der Streifenbemalung des Gesichts und an einer punktartigen Bemalung einiger Körperteile, die möglicherweise die abgezogene Haut von Geopferten bedeutet, mit der sich der Gott bekleidet. Ebenfalls leicht zu identifizieren ist *Gott G*, der Sonnengott, auf dessen Körper die Hieroglyphe *kin* (Sonne, Tag) erscheint. In einem Grab von Altun Ha (Belize) hat man einen über 4 kg schweren Jadekopf des Sonnengottes gefunden.
Der berühmte Federschlangengott Kukulkán, ein Import aus dem mexikanischen Hochland, wo er als Quetzalcóatl Verehrung genoß, wurde vor allem in Chichén Itzá verehrt. Er trat in verschiedenen Erscheinungsformen auf, u.a. als Morgenstern und als Windgott, und war Schöpfer des heutigen Zeitalters der Fünften Sonne. Dazu drang er mit seinem Begleiter, dem Hund Xolotl (einer seiner Manifestationen), in die Unterwelt ein und stahl Mictlantecuhtli, dem Herrn des Totenreichs, die Knochen der Vorfahren. Diese zerrieb er und erweckte sie mit dem Blut seines Genitals zum Leben. Quetzalcóatl brachte den Menschen den Mais. Der Federschlangengott verbindet das Himmlische mit dem Irdischen, Materie mit Geist.

fanden. Als man die Platte (am 15. Juni 1952) um ihre eigene Achse gedreht hatte, war der Zugang frei zu der 1,5 m unter dem Niveau des Platzes liegenden großen Krypta von etwa 7 m Höhe, 9 m Länge und 3 m Breite. Sie wies eine Gewölbedecke auf, deren Einsturz unter dem ungeheuren Druck der Masse des Gebäudes mächtige Querverstrebungen aus Stein mit Erfolg verhinderten. Die Wände zierten Stuckreliefs, auf denen neun fürstlich gekleidete und mit Federkopfputz geschmückte Priester, angetan mit dem Schild des Sonnengottes und dem Zeremonialstab des Regengottes, in feierlicher Prozession um den Grabraum schreiten. Sie symbolisieren nach Ruz die *Bolonti-kú*, d.h. die »Herren der Nacht«, und die neun Unterwelten der Maya-Kosmologie. Die Darstellungen waren mit einer Kalkschicht bedeckt, die sich durch eindringende Feuchtigkeit gebildet hatte. Von der Decke hängen an vielen Stellen Stalaktiten von unterschiedlicher Größe herab. Die Figuren auf den Wänden schienen eine große Platte (Höhe 0,25 m, Länge 3,80 m, Breite 2,20 m) auf dem Fußboden zu bewachen, vor der zwei formvollendete Stuckköpfe standen. Die gesamte Oberfläche der Steinplatte ist mit einem eingemeißelten Relief bedeckt.
Im Zentrum der Platte ist ein junger Mann zu erkennen, der mit einem Lendenschurz bekleidet ist. Er trägt einen Brustschmuck in Form einer Schildkröte oder eines Gürteltiers, Arm- und Fußspangen, Nasenschmuck, ein Kollier sowie ein Diadem. Man erkennt die typische Kopfdeformie-

Diego Rivera, Illustration des Popol Vuh, (Museo Diego de Rivera, Guanajuato, Mexiko)

rung, das Haar wird von mehreren Schleifen zusammengehalten. Mit angezogenen Knien und rückwärts geneigtem Oberkörper sitzt er auf einer Maske des die Unterwelt symbolisierenden Erdmonsters, dessen Nase und Kinnlade, wie in der Maya-Ikonographie üblich, entfleischt sind. Es zeigt die großen Augen des Sonnengottes und präsentiert auf der Stirn ein Symbol, das »Ende« oder »Besiegung« bedeutet, sowie die vier Elemente, auf denen der Körper des Menschen direkt ruht: eine Muschel oder durchschnittene Schnecke, die in Beziehung zum Tod steht, einige Maissamenkörner, ein Zeichen, das unserem Prozentzeichen (%) ähnelt und ebenfalls mit dem Tod assoziiert wird, sowie eine Blume oder einen Maiskolben. Die Maske des Erdmonsters trägt einen Bart. Über der Person steigt ein kreuzförmiges Motiv auf. Auf dessen Spitze sitzt ein Quetzalvogel mit der Maske des Regengottes. Über dem Querbalken des Kreuzes hängt eine doppelköpfige Schlange, aus deren Rachen zwei Homunkuli herausschauen. Die Querarme des Kreuzes verlängern stilisierte, mit Juwelen verzierte Schlangenköpfe. Der übrige Platz ist mit Symbolen verziert, darunter Schilder mit Zügen des Sonnengottes oder die elfmal wiederholte Glyphe für die Zahl Null, die sich aus drei übereinandergesetzten Kreisen zusammensetzt. Rings um die Bildkomposition verläuft ein Fries mit kosmologischen Symbolen, darunter Sonne, Mond, Venus und sechs Menschenköpfe. Auf den Seiten der Platte sind weitere 52 Glyphen eingemeißelt, u. a. ein Datum, das dem Jahr 633 n. Chr. entspricht.

Die religiöse Bedeutung des Flachreliefs tritt klar zutage. Die dualen Eigenschaften des Erdmonsters (Leben–Tod, Besiegung–Sonne, Muschel–Samen, %–Maiskolben) verweisen darauf, daß der Todesgott durch seine Verbindung zur Unterwelt nach dem Glauben der Maya zugleich der Gott der fruchtbaren Erde ist. Das komplizierte Kreuzgebilde, das dem Pflanzenstrunk im Zentrum der Tafeln im *Templo de la Cruz* ähnelt, stellt nach Alberto Ruz die Maispflanze dar, die mit der Fruchtbarkeit assoziiert wird. Der junge Mann, dessen Gesicht an das des

Palenque, Palacio

Maisgottes erinnert, könnte deshalb die Inkarnation der keimenden Natur sein. Nach dem Maya-Buch *Popol Vuh* ist der Mensch aus Mais gemacht.

Diese formvollendet verzierte Steinplatte konnte erst am 27. November 1952 gehoben werden. In dem rot bemalten Sarkophag lag ein menschliches Skelett: die Gebeine des Herrschers Pakal von Palenque (reg. 615 bis 683 n. Chr.). Er war in ein zerfallenes rotes Leichentuch gehüllt, dessen Farbpigmente Knochen und Schmuck gefärbt hatten. Den Schädel umgaben Jadefragmente, die man wieder zu der ursprünglichen, wunderschönen Maske zusammensetzte. Auch Finger, Hals und Arm waren mit Jadeschmuck versehen. In jeder Hand hielt der Tote ein Stück Jade, und ein weiteres lag in seinem Mund. Im Sarkophag wurden auch zwei Jadefiguren gefunden, die den Sonnengott darstellen. Der Schmuck ist, nachdem er für einige Zeit in der Hand von Dieben war, wieder im Anthropologischen Museum in Mexiko-Stadt zu besichtigen, wo auch eine Rekonstruktion der Krypta zu sehen ist. Übrigens ging von dem Sarkophag ein Tonrohr in Gestalt einer riesigen Schlange aus, das der Treppe entlang bis zu der senkrecht stehenden Platte lief, die den gewölbten Gang abschloß. Sie gestattete der Seele des Verstorbenen die Verbindung mit der Außenwelt.

Palacio: Der sogenannte »Palast« mit seinen verwirrend ineinander verschachtelten Bauten erhebt sich auf einer riesigen, künstlichen, trapezförmigen Plattform. Sie ist etwa 10 m hoch, 100 m lang und 80 m breit. Das gute Dutzend Gebäude des Palastes wurde in verschiedenen Bauphasen zwischen 650 und 770 n. Chr. auf älteren Bauwerken errichtet und ist um vier Innenhöfe angeordnet. Das Ensemble beherrscht ein eleganter, 15 m hoher Turm.

Man betritt die Plattform über die große Westtreppe. Sie ist über 63 m lang und besteht aus drei Treppenfluchten. Im Süden (also zur Linken) befand sich eine Reihe von drei parallelen Galerien, unterirdische Passagen, die mit dem Namen *Subterráneos* bezeichnet wurden und vermutlich die ältesten

Bauelemente darstellen. Drei Treppen verbanden sie mit den übrigen Palasträumen. Man hat hier drei große Steintafeln gefunden, darunter zwei Monolithen. Auf dem Weg zum Turm sind rechts die kargen Reste von *Edificio G* und *Edificio H* zu sehen. Im *Patio de la Torre* (Turmhof), einem der vier Innenhöfe des Palastes, erhebt sich, auf einem 4 m hohen, beinahe quadratischen Sockel (7 m×7,50 m), ein hoher dreistökkiger Turm, der einzigartig in der mesoamerikanischen Architektur ist. Eine äußerst enge Treppe führt von der ersten Etage ins Obergeschoß hinauf, in dem sich eine Art Tisch, Bank oder Altar befindet. Man nimmt an, daß dieses Gebäude für astronomische Beobachtungen genutzt wurde. Der Aufstieg lohnt sich aufgrund des herrlichen Blicks auf die gesamte Ruinenanlage.

Wieder zur Westtreppe zurückgekehrt, gelangt man zum *Edificio D* (zur Linken, in Aufstiegsrichtung), das aus zwei parallel verlaufenden Gängen besteht und dessen Dach sowie ein Teil der *cresteria* erhalten sind. An der Außenseite befinden sich fünf Türen, deren Pfeiler sehr schöne, leider aber schon stark beschädigte Reliefs mit Priesterdarstellungen zieren. Über die Galerien gelangt man in den *Patio Occidental* (Westhof), auf dessen anderer Seite das *Edificio C* liegt, das wiederum aus zwei Galerien besteht. Dach und *cresteria* sind noch verhältnismäßig gut erhalten. Zu beiden Seiten des Treppenaufganges sind Steinplatten in die Sockelwand eingelassen, die mit Glyphen verziert sind. Die Mauerflächen, welche die Türöffnungen voneinander trennen, sind mit Stuckreliefs verziert, die je eine Person mit prächtigem Kopfschmuck im Lotussitz abbilden. Reste der polychromen Bemalung sind noch erhalten. Eine kleine Treppe führt an der Südseite des Gebäudes in den Turmhof. Von diesem aus geht es zum vermutlich ältesten Gebäude des Palastes, dem *Edificio E*, dessen zwei parallele Gänge mit den typischen Kraggewölben der Maya versehen sind. Das Gebäude liegt auf tieferem Niveau als die übrigen Strukturen. Gebäude E ist das einzige, in dem sich Wandmalereien (Westfassade) erhalten haben. An einer der Wände dieses Raumes fand man die sogenannte

◁ *Palenque, Steinplatte des Palacio*

Palenque, Stuckverzierungen im Palacio ▷

Palenque, Steinplatte des Palacio

Palenque, Templo del Sol

Lápida Oval (ovale Platte). Das Relief dieser Platte zeigt zwei sitzend abgebildete Figuren. Die eine überreicht der erhöht auf einem doppelköpfigen Jaguarthron sitzenden Person einen Kopfschmuck. Die oben angebrachten Glyphen nennen den Namen Pakals und den seiner Mutter Sak K'uk': Pakal nimmt also die Insignien der Macht aus den Händen seiner Mutter entgegen. Bemerkenswerterweise fehlen sämtliche Datumsangaben. Über dem Zugang zum *Patio Este* (Osthof) befinden sich die Reste eines Stuckreliefs. Es stellt die Maske eines Uhus mit ausgebreiteten Schwingen dar, von denen mit astronomischen Zeichen bedeckte Bänder ausgehen, die in Schlangenköpfen enden.

Man gelangt nun in den größten und interessantesten Patio des Palastes, den Osthof, der im Westen vom *Edificio C*, im Osten von *Edificio A* und im Süden von *Edificio B* umschlossen wird. Die Treppe am gegenüberliegenden Gebäude A ist zu beiden Seiten von großen, geneigten Steinplatten eingerahmt, in die links vier und rechts fünf wuchtige Figuren eingraviert sind. Reste polychromer Bemalung blieben erhalten. Die monumentalen Personen sind in verschiedenem Maßstab und in einem sehr freien und kräftigen Stil behandelt und als Flachrelief in oft übernatürlicher Größe skulptiert. Die Pfeiler, welche die Eingänge an der äußeren, östlichen Fassade des Gebäudes unterteilen, sind mit schönen, allerdings stark beschädigten Stuckreliefs versehen. Die zwei äußeren Paneele tragen Hieroglyphen, während die anderen Herrschergestalten darstellen.

◁ Palenque, Turm des Palacio

Edificio XIV: Im Norden des *Templo del Sol* befindet sich Gebäude XIV. Es besteht aus einer niedrigen Plattform aus zwei Ebenen, über die eine von Rampen flankierte Treppe in zwei Fluchten (die obere ist enger als die untere) hinaufführt. Der stark zerstörte Tempel, wie üblich aus drei Kammern und einem dreigeteilten Portikus bestehend, wurde 1968 von Jorge R. Acosta restauriert,

Palenque, Grupo del Norte

der ihm sein heutiges Aussehen gab. Nur im Südteil ist das Dach erhalten. In der mittleren Kammer sind die Reste einer aus Stuck modellierten Figur zu sehen, die sich dem Eingang zuwendet. Der Sockel ist mit drei Masken des Regengottes Chac verziert, der aus einer Maispflanze zu kommen scheint. Farbreste sind erhalten. Die Rückwand des Tempels schmückt eine grandiose, reliefierte Steintafel, die im klassischen Stil von Palenque eine zentrale Szene zeigt, die auf beiden Seiten von Glyphenkolonnen flankiert wird. Das Motiv zeigt eine vornehme Person, deren Kopf nach links gewandt ist und eine Frau anblickt. Diese reicht ihm eine kleine Statue, die vermutlich den Regengott Chac darstellt. Die Kalenderglyphen beginnen nicht mit der Initialserie, sondern mit dem Jahr 9 Ik 10 Mol, was dem hier nicht angegebenen Datum 9.10.3.10.2 der Langen Zählung, also dem Jahr 636 unserer Zeitrechnung, entspricht.

Templo del Sol: Der »Sonnentempel« erhebt sich auf einer 23 m hohen Pyramidenplattform, die vier sich verjüngende, allerdings schlecht erhaltene Ebenen aufweist. Der Tempel selbst besteht aus zwei parallelen Galerien, wobei die zum Platz, auf dem sich auch der Kreuz- und der Blattkreuztempel erheben, hin orientierte einen Portikus mit drei Eingängen aufweist. Auf den vier Wänden der Fassade sind schlecht erhaltene Reliefs zu sehen, die in Stuck modellierte Personen und Glyphen darstellen. Auf dem Tempelfries haben sich Reste der Stuckdekoration erhalten. Das Heiligtum ist mit dem typischen Kraggewölbe der Maya überdacht, wobei der über 4 m hohe Dachkamm noch sehr schön erhalten ist. Im Inneren befindet sich, an der Rückwand der zweiten Galerie, eine sehr schöne Steintafel. Das zentrale Motiv zeigt das Symbol der Sonne in Form eines runden Schildes mit den Sonnenaugen und einem Paar gekreuzter Lanzen. Der Sonnenschild ruht auf einer Art Altar oder Thron, den zwei sitzende Figuren tragen. Sie symbolisieren möglicherweise die Götter der Himmelsrichtungen, die sogenannten *bacabs*, vielleicht aber auch nur

Sklaven. Glyphenkolonnen und zwei Priester, die Opfergaben darbringen, flankieren die zentrale Szene. Unter den Glyphen konnte man das Datum 642 n.Chr. entziffern.

Templo de la Cruz: Der Tempel des Kreuzes steht auf der Spitze einer hohen Pyramide im Nordosten der Terrasse, um die sich auch der Blattkreuztempel (im Osten) und der Sonnentempel (im Westen) gruppieren. Den amerikanischen Mayalogen Linda Schele und David Freidel zufolge sind diese Tempel das Werk Chan-Bahlums, der mit ihnen den weit zurückliegenden Ursprung seines Herrschaftsanspruchs hervorheben wollte. Die Anzahl der Plattformen des Kreuztempels ist bisher nicht bekannt. Das Heiligtum folgt in der Anlage dem Sonnentempel, ist jedoch nach Süden ausgerichtet. Der Portikus ist nicht mehr vorhanden, der Dachkamm dagegen schön erhalten. Seinen Namen verdankt der Tempel der großen Steintafel auf der Rückwand der hinteren Kammer, auf der, in der Mitte, ein Kreuz dargestellt ist. Sie befindet sich heute im Anthropologischen Museum in Mexiko-Stadt. Die zwei flankierenden Steintafeln wurden beim Bau der Kirche *Santo Domingo* in Palenque wiederverwendet. Sie stellen reichgekleidete Priester dar, die einen aufwendigen Kopfputz tragen. Der rechte Priester, ein Greis in einem Jaguarfell, ist beim Rauchen einer Art Pfeife dargestellt.

Templo de la Cruz Foliada: An der Ostseite der *Plaza del Sol*, dem Sonnentempel gegenüber, befindet sich der Tempel des Blattkreuzes. Er zeigt die gleiche Anlage wie seine Nachbarn, doch ist seine Westfassade zusammengebrochen. Auf einer Steintafel ist ein Motiv zu sehen, das dem auf der Tafel des Sonnentempels ähnelt, mit dem Unterschied, daß der Sonnenschild hier durch ein Blattkreuz, d.h. durch eine Maispflanze, ersetzt ist, die der großen Maske des Erdmonsters entsprießt. Statt Maiskolben zeigt die Pflanze Köpfe des jungen Maisgottes: im oberen Teil ist das Abbild des Sonnengottes zu erkennen, auf das sich ein

Palenque, Templo de la Cruz Foliada

Quetzalvogel mit der Maske des Regengottes gesetzt hat. Außer den flankierenden Priestern sind im Bereich der Glyphenkolonnen verschiedene weitere symbolische Darstellungen zu sehen. Man konnte ein Datum entziffern, das dem Jahr 692 unserer Zeitrechnung entspricht.

Templo del Conde: Der im Südwesten der *Grupo Norte* gelegene »Tempel des Grafen« erhielt seinen Namen aufgrund der Tatsache, daß Baron Jean Frédéric de Waldeck während seines Aufenthalts in Palenque das Heiligtum zu seinem Quartier erkoren hatte. Der Tempel erhebt sich auf einer Pyramide mit vier Ebenen. Eine breite, von Rampen flankierte Treppe führt zum Heiligtum hinauf, das in seiner Anlage typisch für den Stil von Palenque ist: zwei Galerien, die vordere mit drei Türbogen, die hintere mit drei Kammern; überdachendes Kraggewölbe und – hier allerdings kaum erhaltener – Dachkamm. Reste des Stucküberzugs mit Glyphen sind auf den zwei Pfeilern der Fassade erhalten.

Grupo del Norte: Nördlich des Grafentempels schließen sich die Tempel II, III, IV und V der Nordgruppe an, die zwischen 695 und 730 n.Chr. errichtet wurden.

Umgebung

Agua Azul (64 km s): Wildromantisches Kaskadensystem, das allerdings nur nach längerer Trockenheit die berühmte blaue Farbe aufweist. Man kann kilometerweit das Ufer hinaufwandern und sich immer wieder im klaren, sauberen Wasser abkühlen. Beide Naturattraktionen liegen etwas abseits der Straße von Palenque nach San Cristóbal de las Casas. *Warnung:* An vielen Stellen ist das Schwimmen lebensgefährlich. Auf dem flußaufwärts führenden Weg kommt es gelegentlich zu Überfällen.

Misol-Ha (20 km sö): Schöne Kaskade, die vor urwaldähnlicher Kulisse aus 30 m Höhe in einen großen Teich fällt.

Quezaltenango

Quezaltenango (Guatemala)

Einw.: ca. 100 000 Höhe: 2333 m S. 354 □ C 4

Anreise: Busse der ersten Klasse (*Rutas Lima*, *Lineas Américas*, *Transportes Galgos* und *Transportes 'Alamo'* fahren in ca. 4 Std. nach Guatemala-Stadt. Busse der zweiten Klasse nach Chichicastenango, Huehuetenango, Panajachel und La Mesilla (mexikanische Grenze), zahllose Busse zu den Straßenknotenpunkten Cuatro Caminos und Los Encuentros an der Carretera Interamericana. Camionetas in alle unten beschriebenen Dörfer. Seit neuestem Linienflüge von und nach Guatemala-Stadt (Mo, Mi, Fr) mit *Jungle Flying* (Ave. Hincapié/18 Calle, Zona 13, Hangar N° 21, Aeropuerto La Aurora, Tel. 360-49-20).

Unterkunft (Vorwahl 9): *Pensión Bonifaz:* 4a Calle 10–50, Zona 1 (Nordostecke des Parque Centroamérica), Tel. 361-22-79 (beste Adresse). – *Hotel del Campo:* km 224, Camino a Cantel, Tel. 361-20-64. – *Hotel Modelo:* 14a Avenida 'A' 2-31, Zona 1, Tel. 363-02-61, Fax 363-13-76. – *Hotel Villa Real Plaza:* 4a Calle 12-22, Zona 1, Tel. 361-40-45, Fax 361-67-80. – *Hotel Casa Florencia:* 12a Avenida 3–61, Zona 1, Tel. 361-23-26.

Restaurants: Beste Adresse *Pensión Bonifaz.* – *Restaurant Shanghai:* 4a Calle 12–22, Zona 1, Tel. 361-41-54. – *Pizza Ricca:* 14a Avenida 2–52, Tel. 361-81-62. – *Restaurant El Kopetin:* 14a Avenida 3–31, Tel. 361-24-01. – *El Rincón de los Antojitos:* 15a Avenida/5a Calle, Zona 1.

Die zweitgrößte Stadt Guatemalas scheinen Welten von der größten zu trennen. Vom Chaos der Hauptstadt ist hier kaum etwas zu spüren. In der Innenstadt sieht man viele Schüler und Studenten in weißen Hemden oder Blusen und mit sorgfältig gescheiteltem Haar mit Collegemappen unter dem Arm durch die Straßen huschen. Quezaltenango ist auch bei Ausländern beliebt, die hier einige Monate lang Spanisch studieren, zu Bruchteilen des Preises, den sie dafür zu Hause bezahlen müßten. Die Nächte in dieser hochgelegenen Stadt sind bitterkalt, so erwacht Quezaltenango erst am Vormittag richtig zum Leben, wenn die tropische Sonne für milde Frühlingstemperaturen gesorgt hat. Wer gerade dem weitgehend gesetzlosen Chaos der Hauptstadt entronnen ist, wird die Höflichkeit und Bildung der *chivos*, wie man die Einwohner Xelas wegen der zahlreichen, im Hochland grasenden Schafe oft nennt, als wohltuende Abwechslung empfinden, bis sich nach einigen Tagen dann doch die Langeweile einstellt. Denn in Quezaltenango geht man nach wie vor mit den Hühnern schlafen. Ideal ist die Stadt jedoch als Standquartier für Ausflüge in die zahlreichen interessanten Dörfer des westlichen Hochlandes. Festtage sind der 12. bis 18. September, besonders der 15.

GESCHICHTE

Im 14. Jh. kam der ursprünglich von den Mam besiedelte Ort unter die Herrschaft der Quiché von Utatlán. Aus dieser Zeit rührt der alte Name der Stadt, *Xelajú*, dessen Abkürzung Xela (gesprochen Schela) vor Ort wesentlich gebräuchlicher ist als die spätere Náhuatl-Bezeichnung »Ort des Quetzals«. Bei Xelajú traf der mächtige Quiché-Führer Tecún Umán am 12. Februar 1524 auf die Truppen von Pedro de Alvarado. Wie man weiß, gewannen die Spanier, Tecún Umán blieb auf dem Schlachtfeld zurück (heute abgebildet auf der 1/2-Quetzal-Note), und Alvarado verleibte sich Guatemala ein. Nach der Unabhängigkeitserklärung Neuspaniens und dem kurzzeitigen Anschluß an das me-

Kaffee

In der Fernsehwerbung lächeln sie stets, die Menschen aus Afrika, Brasilien, Kolumbien und Guatemala, die angeblich »die Leidenschaft für den Kaffee miteinander verbindet«. Was die in bunter Tracht gezeigten Indígena-Frauen tatsächlich mit den schwarzen Menschen im Lendenschurz verbindet, sind die Hungerlöhne, die für die Plackerei in den Kaffeeplantagen bezahlt werden (umgerechnet drei bis vier Mark am Tag). Seit anderthalb Jahrhunderten wird Kaffee in Guatemala angepflanzt. Quezaltenango erlebte Ende des 19.Jh. einen Kaffeeboom, der die Stadt reich machte. Deutsche Einwanderer führten den Kaffeeanbau ab 1860 auch in der Provinz Verapaz ein. Noch heute kann man rund um Cobán die prachtvollen Herrenhäuser bewundern, die sich die reichen Finqueros errichten ließen. Im Zweiten Weltkrieg zwangen die Amerikaner die guatemaltekische Regierung jedoch dazu, die dortigen deutschen Plantagenbesitzer zu enteignen und zu deportieren, weil man ihnen zuviel Sympathie mit dem Dritten Reich vorwarf. Heute sind jedoch viele Kaffeefincas des Landes wieder im Besitz deutschstämmiger Familien, die in dem Ruf stehen, zwar knallharte Geschäftsleute und effiziente Verwalter zu sein, gleichzeitig ihre Saisonarbeiter jedoch besser zu behandeln als guatemaltekische Finqueros. So kümmert sich beispielsweise die Kaffeefamilie Hahnstein, der das *Hotel Rancho Grande Inn* in Panajachel (Lago Atitlán) gehört, auch um soziale Nöte der Saisonarbeiter und plant mittlerweile sogar, Touristen die Unterkunft auf ihrer großen Finca zu ermöglichen, um dort den Kaffeeanbau aus erster Hand zu erleben.

Nach wie vor ist Kaffee das wichtigste Exportprodukt Guatemalas, das fast ein Drittel der Deviseneinnahmen des Landes erwirtschaftet, gefolgt von der Zuckerrohr- und Bananenindustrie. Etwa eine Million Menschen arbeiten – permanent oder saisonal – in der Kaffeewirtschaft, und gegen die bestens organisierten Finqueros kann kein guatemaltekischer Präsident regieren, ob er nun demokratisch gewählt oder durch einen Putsch an die Macht gekommen ist. Um so empfindlicher reagiert das Land auf Schwankungen des Kaffeepreises, zuletzt 1989, als die Weltmarktpreise zusammenbrachen. Die Westliche Welt, allen voran die USA, diktiert den kaffeeproduzierenden Ländern atemberaubend niedrige Erzeugerpreise, zudem muß sich Guatemala mit einer recht geringen zugestandenen Quote der weltweiten Kaffeproduktion abfinden.

Kaffee wird auch im mexikanischen Chiapas angebaut. Die Arbeits- und Lohnverhältnisse sind hier allerdings auch nicht besser. Immerhin gibt es beispielsweise im Kaffeedorf San José (bei Juchitán) ein Projekt, das den Campesinos faire Festpreise garantieren soll, in erster Linie dadurch, daß man die kostspieligen Zwischenhändler ausschaltet und auf ökologischen Anbau setzt. Damit öffnet sich der Weg zu einem alternativen Markt, auf dem man nicht mehr mit Billigstangeboten konkurrieren muß. »Fair trade« oder »sauberer Kaffee« heißt die Zauberformel, die besonders in Holland und Deutschland immer mehr Anhänger findet. Davon können die Campesinos in Guatemala nur träumen. Wie viele von ihnen jährlich an Pestizidvergiftung erkranken und sterben, will niemand so genau wissen. Die Hochglanzanzeigen und bunten Werbefilmchen der großen Kaffeefirmen erweisen sich, bei näherem Hinsehen, als reine Augenwischerei.

xikanische Kaiserreich Iturbides bildete der Westen Guatemalas von 1828 bis 1840 den unabhängigen Staat Los Altos, als Teil der Zentralamerikanischen Föderation. 1840 wurde Quezaltenango Bestandteil von Guatemala. Durch den Kaffeeboom des späten 19.Jh. wurde Quezaltenango reich. Hier versorgten sich die Fincabesitzer mit Vorräten,

Kaffeefrucht ▷

Quezaltenango, Catedral

und hier standen die Lagerhäuser der Kaffeehändler. 1883 wurde in Quezaltenango mit dem *Banco del Occidente* die älteste Bank Guatemalas gegründet. Ein Erdbeben und ein Vulkanausbruch beendeten 1902 die wirtschaftliche Blüte der Stadt, die zu dieser Zeit mit Guatemala-Stadt rivalisierte: Quezaltenango wurde fast völlig zerstört. Beim Wiederaufbau dominierte der Neoklassizismus, wie heute an den öffentlichen Gebäuden rund um den *Parque Centro América* abzulesen ist. Wirtschaftlich konnte sich die Stadt allerdings nie wieder völlig erholen, und noch heute scheint die Provinzstadt im 19. Jh. stehengeblieben zu sein.

Parque Centroamérica: Etwas verloren wirkende griechische Säulen, die seinerzeit wohl den kulturellen Anspruch Xelas unterstreichen sollten, sorgen für die würdige Atmosphäre dieses Platzes, auf dessen Bänken die Einwohner sich dem ewigen Zeitvertreib aller Lateinamerikaner hingeben: Zeitung lesen, plaudern und sich dabei von einem der unzähligen Jungen die Schuhe putzen lassen. Im Gegensatz zu anderen, größeren, von Ladinos beherrschten Städten haben die Indígenas von Xela ihre schöne Tracht nicht mit westlicher Keidung vertauscht. Noch immer sieht man auf dem Parque die prachtvoll bestickten gelben und lila Huipiles der Frauen leuchten. Fast alle Gebäude von Rang säumen den Parque: Die lange Ostseite des Platzes nehmen die *Kathedrale*, hinter deren zerbröckelnder alter Fassade man einen modernen Zementbau gesetzt hat, sowie die monumentale neoklassizistische Kolonnadenfront der *Municipalidad* (Rathaus) mit begrüntem Innenhof ein. Die gegenüberliegende Westfassade des Parque gehört drei Banken: *Banco de Guatemala*, *Banco Nacional de Desarrollo Agrícola* und *Banco del Café*. Von den großen Zeiten der Stadt kündet der das Nordende der Plaza dominierende grandiose *Banco del Occidente*, dessen Fassade skulptierte flammende Fackeln zeigt. Das Wechseln eines

◁ *Quezaltenango, Catedral, Detail der alten Fassade*

Quezaltenango, Municipalidad

Quezaltenango, Indígenas

50-Dollar-Scheins kommt hier immer noch einem Staatsakt gleich, der wenigstens eine halbe Stunde in Anspruch nimmt. Zur Rechten dieser Bank geht es über Stufen hinauf zur *Pensión Bonifaz*, dem besten Hotel der Stadt. Hier schreiten bei den örtlichen Mißwahlen graziös die Schönheiten der Provinz über die Treppe hinab, oft gewandet in traditionelle Tracht, doch eine Indígena ist nur selten dabei. Am Südende des Parque ahmt schließlich die graue *Casa de la Cultura del Occidente* (mit Touristenbüro und mehreren Lokalmuseen) einen griechischen Tempel nach. – Zwei Quadras (Häuserblocks) westlich des Parque versucht die 14a Avenida den Anschein einer Geschäfts- und Einkaufsstraße zu erwecken. An der Kreuzung mit der 1a Calle erhebt sich ein weiteres Denkmal des Neoklassizismus, das *Teatro Municipal*.

Umgebung

Almolonga (5 km sö): Auf dem Weg von Quezaltenango in das wohlhabende, von Landwirtschaft lebende Quiché-Dorf passiert man die Thermalquellen von *Los Baños*. Almolonga (»Ort, wo Wasser entspringt«) selbst bietet am Mittwoch und besonders am Samstag einen geschäftigen Markt: eine großartige Gelegenheit, die Trachten der Frauen von Almolonga zu bewundern, die sich in Huipiles mit orangen, gelben und roten Zickzackstreifen kleiden und schöne gewebte Kopfbänder tragen. Das Dorf ist fast völlig protestantisch geworden, und es heißt, die neue Arbeitsethik (und Alkoholabstinenz) habe ihm seinen Wohlstand gebracht. Tatsächlich wird das Gemüse von Almolonga bis nach Mexiko und in die USA verkauft, und die Pickups auf dem Markt sind größtenteils neuesten Datums.

Nahualá (42 km ö): Der »Platz des Nahual« (ein menschlicher Geist, personifiziert in Tierform) liegt 2467 m über dem Meeresspiegel. Zunächst wirkt das etwa einen Kilometer nördlich der Carretera Interamericana liegende Quiché-Dorf, dessen Traditionen sich über die Jahrhunderte kaum geändert haben, etwas düster und abweisend, vielleicht wegen der schwarzen, fast drohenden Tracht der Männer. Hier hat man sich stets

Almolonga (Quezaltenango), Marktszene

mit ungemeiner Hartnäckigkeit gegen das Eindringen der Ladinos gewehrt. Als die Regierung Ende des 19. Jh. den größten Teil des Lands von Nahualá konfiszierte und den Kaffeepflanzern verkaufte, marschierte die gesamte männliche Bevölkerung von Nahualá 150 km in die Hauptstadt und verlangte Präsident Barrios persönlich zu sprechen. Die Männer verließen den Regierungspalast erst, als man ihnen gestattete, das Land zurückzukaufen. Auch später, in den 30er Jahren, stellten die Quiché von Nahualá ihren Unabhängigkeitssinn unter Beweis. Als ihnen Präsident Ubico Krankenschwestern, Telegraphenbeamte und Soldaten schickte, die Ladinos waren, bestand man in Nahualá darauf, die eigenen Leute für diese Arbeit ausbilden zu lassen. Auch einen von der Regierung betriebenen Alkoholausschank wollten sie nicht dulden, und wer sich anderswo betrank, riskierte 20 Peitschenhiebe auf der Plaza des Orts. So konsequent war man in Nahualá darauf bedacht, fremden Einfluß fernzuhalten, daß vor noch gar nicht allzulanger Zeit alle Besucher das

Quezaltenango, Banken

Dorf bei Sonnenuntergang verlassen mußten, Übernachten war strengstens verboten. Am freundlichsten gibt sich Nahualá am Sonntag, wenn der Markt stattfindet, noch ausgelassener während der (längst nicht mehr alkoholfreien) Fiesta vom 23. bis 26. November (Haupttag der 25.). Dann stellt man fest, daß die Männer des Dorfs unter ihren schwarzen Umhängen höchst farbenfrohe Hemden (rot und gold) mit handbestickten Krägen und Ärmeln sowie kurze Wollröcke tragen. Sticken ist in Nahualá übrigens keine »Frauenarbeit«. Ihre Tzuts und Schärpen aus schwarzem Stoff besticken die Männer selbst in dunklen Farben mit geometrischen Motiven. Die Frauen kleiden sich in dunkle, tintenblaue Röcke und weiße Huipiles mit orange- und rotfarbenen kniffligen, geometrischen Mustern, überwiegend Tiermotive. Diese faszinierten die Spanier besonders, da sie darin einen doppelköpfigen Adler entdeckten, das Emblem des Hauses Habsburg. Die Schals zeigen dunkle Streifen, lediglich die breiten Schärpen sind in hellen Farben gearbeitet. Die Männer von Nahualá verstehen sich aber nicht nur auf den Umgang mit Nadel und Faden, sie sind auch exzellente Flötenspieler. Am Abend sieht man sie oft auf dem Hauptplatz stehen und die *chirimía* (eine indigene Bambusflöte) spielen und dazu mit alten Trommeln den Takt dazu schlagen. Bekannt und begehrt sind auch die Marimbas sowie die einfach verzierten Kiefernholzmöbel und naiv bemalten, an kolonialzeitliche Kunst erinnernden Holzskulpturen des Orts. Sie werden am Straßenrand der Interamericana verkauft. Spezialisiert ist Nahualá auch auf das Behauen von Basaltblöcken, die als Mahlsteine *(petates)* dienen. Das meiste Korn wird heute allerdings mit Maschinen gemahlen. Werfen Sie einen Blick in die *Kolonialkirche*, in der schöne Altäre und ein Bildnis der hl. Katharina zu sehen sind. – Westlich von Nahualá klettert die Interamericana auf ein eindrucksvolles Hochplateau hinauf, das *Alaska* genannt wird und von Weizenanbau und Schafzucht

Almolonga (Quezaltenango), Marktszene ▷

Almolonga (Quezaltenango), Marktszene

geprägt ist. Hier passiert man den höchsten Punkt der Interamericana (geläufiger unter dem Namen Panamericana) zwischen Alaska und Feuerland: 3671 m. Der Ausblick ist entsprechend großartig: Im Osten eine Kette von Vulkanen, im Westen das Tal von Totonicapán.

Olintepeque (5 km n): Bei Olintepeque soll einigen Berichten zufolge eine riesige und entscheidende Schlacht zwischen den Spaniern und den Quiché stattgefunden haben, wobei sich der Fluß Xequijel (»Blutfluß«) während des Massakers rot gefärbt haben soll. Heute ist Olintepeque ein friedliches kleines Weberstädtchen an der alten Straße nach Huehuetenango. An der Plaza steht eine kleine Kolonialkirche. Markt ist am Dienstag.

Salcajá (7 km nö): Das Dorf (»Bittere Wasser«) soll die erste Gründung der Spanier in Guatemala gewesen sein. Heute ist Salcajá das bedeutendste Zentrum für handgefärbte Stoffe, genannt *ixat* oder Jaspe. Die meterlangen Baumwollfäden werden auf Holzvorrichtungen aufgespannt und so geknüpft und zusammengebunden, daß sich nach dem Färbebad die typische Jaspe ergibt. Die ganze Stadt scheint zu färben und zu weben. An schönen Tagen kann man die gefärbten Stoffe, zum Trocknen ausgebreitet, am Straßenrand sehen. Sie sind eine besonders begehrte Ware auf dem Dienstagsmarkt. Bekannt ist auch der *caldo de frutas* von Salcajá, ein kräftiger Obstschnaps. – Über einen einige Kilometer nördlich von Salcajá abzweigenden Felsweg erreicht man das Dorf **San Andrés Xecul**, das an und für sich nichts Besonderes wäre, gäbe es da nicht eine sehr alte *Kolonialkirche* mit dicken Mauern und einer senfgelben Fassade, die mit naiven roten Weinranken und kleinen, blauweiß gewandeten Engeln und Heiligenfiguren verziert ist. Die Fassade wurde neugestaltet, die Kirche ist allerdings wesentlich älter. Die bekannte Künstlerin Carmen Pet-

◁ *Nahualá (Quezaltenango), Berglandschaft an der Interamericana*

San Cristóbal Totonicapán (Quezaltenango), San Francisco

terson, die in den 70er Jahren hier malte, machte San Andrés aus einem anderen Grund bekannt. Sie behauptete, hier eine »Universität« für die Schamanen *(brujos)* der Indígenas entdeckt zu haben, die junge Studenten aus allen Quiché-Dörfern des Landes anziehen würde. Man wird davon allerdings nichts bemerken.

San Cristóbal Totonicapán (11 km n): Das auf 2330 m Höhe unweit der wichtigen Straßenkreuzung *Cuatro Caminos* am Zusammenfluß von Sija und Salamá gelegene San Cristóbal wurde 1565 von den Spaniern gegründet und lebt heute von Töpferei, Möbelherstellung und besonders Textilien. Hier tragen die Frauen noch Huipiles mit leuchtend bunt bestickten Halskrausen nach spanischem Vorbild. In San Cristóbal stellt man viele der Kostüme her, die von Tänzern und Teilnehmern während der reinszenierten Konquista-Aufführungen auf den Fiestas im ganzen Land getragen werden. In den örtlichen, *morerías* genannten Läden (z.B. 5a Calle 3–20) kann man sie kaufen oder mieten. An der Plaza erhebt sich eine unlängst restaurierte Franziskanerkirche aus dem 17. Jh., deren langes, düsteres Schiff zahlreiche kolonialzeitliche Altäre mit Heiligenbildern und Silberarbeiten säumen. Am schönsten ist eine Silberfigur des hl. Michael. Der Hauptaltar ist besonders prunkvoll gestaltet. Markttag ist der Sonntag, gefeiert wird vom 22. bis 27 Juli, besonders am 25. – Etwa 3 km n von San Cristóbal blickt das hochgelegene **San Francisco El Alto** (2610 m) über das Tal von Quezaltenango. Das Quiché-Dorf besitzt nicht nur eine Kolonialkirche mit einem schönen Silberaltar und einigen Wandfresken, hier findet am Freitag der größte Wochenmarkt des Landes statt. Schon am Vortag strömen Händler aus ganz Guatemala in das Dorf, und bereits um vier Uhr früh beginnt der erste Verkauf im Kerzenschein. Am Vormittag sind die steilen, kopfsteingepflasterten Gassen des Dorfs hoffnungslos überfüllt. Ganz oben findet auf einem offenen Feld der chaotische Tiermarkt statt, weiter unten auf der Plaza dominieren Textilien, und neben importierter Ware findet man auch eine erstklassige Auswahl traditioneller Stoffe. Noch weiter unten verkauft man Gemüse, Obst und Möbel, während unzählige billige *comedores* für das leibliche Wohl von Käufern und Verkäufern sorgen. Am Nachmittag beginnt der große Exodus, und am Abend versinkt San Francisco wieder im Dämmerschlaf: bis zum nächsten Freitag! – Von San Francisco führt eine quälend schlechte Piste in das 15 km n (1 Stunde) liegende **Momostenango** (»Platz der Altäre«), das auf farbenfrohe (aber nicht sehr farbechte) Wolldecken *(chamarras)*, Schals und flauschige Teppiche spezialisiert ist. Man kauft sie am besten auf dem Sonntagsmarkt. Die Wolle von Momostenango findet für zahlreiche traditionelle Trachten Verwendung. Momostenango ist das Zentrum eines alle 260 Tage stattfindenden Neujahrsritus' der Quiché, der »Acht-Affe« *(Guaxaquib Batz)* genannt wird. Der religiöse Kalender von Momostenango folgt nämlich immer noch dem aus 260 Tagen (13 Monate à 20 Tage) bestehenden *Tzolkin*-Jahr. Dann sammeln Indígenas aus dem ganzen Land die Scherben der im Laufe des vergangenen Jahres zerbrochenen Tongefäße, um sie ihren Göttern darzubringen, reinigen sich durch stundenlange Gebete und opfern Kopal-Weihrauch und Alkohol. Damit die Zeremonie auch einen katholischen Anstrich erhält, feiert die Kirche die Nacht zuvor einen Gottesdienst. In den von Kiefern bewachsenen Hügeln rund um Momostenango findet man Altarhügel aus diesen Opfergaben. An die 300 Schamanen *(brujos)* sollen in Momostenango tätig sein. Besuchern werden diese Kalenderzeremonien jedoch weitgehend verborgen bleiben, selbst wenn sie zufällig am richtigen Tag in Momostenango sein sollten. Am besten kommt man daher am 1. August, wenn »Momo« seine große Fiesta feiert. In der Nähe von Momo ist eine bizarre geologische Formation, genannt *Los Riscos*, zu sehen: eine Reihe von seltsam geformten Sandsteinpfeilern. 3 km n liegen die heißen Quellen von *Pala Chiquito*, in denen die Weber von Momo ihre Decken waschen und die Farben fixieren.

San Juan Ostuncalco (15 km w): Auf dem Sonntagsmarkt von San Juan, der auch Besucher aus der weiteren Umgebung anzieht, werden bunt bemalte Korbmöbel verkauft. Eine weitere Attraktion ist die Dorfkirche: Sie bewahrt eine wundertätige *Virgen del Rosario*. – Etwa 2 km s liegt an der von San Juan nach Coatepeque abzweigenden Straße das stille und traditionsverhaftete Dorf **Concepción Chiquirichapa**, auf dessen Donnerstagsmarkt Sie vermutlich der einzige Außenstehende sein werden. Nach weiteren Serpentinenkilometern durch steiles, bewaldetes Hügelland erreicht man das isolierte Dorf **San Martín Sacatepéquez**, eine Enklave der Mam. 1902 wurde das Dorf aufgegeben, nachdem ein Ausbruch des Vulkans Santa María das Land unter einer meterhohen Bimssteinschicht begraben und Tausende getötet hatte. Mittlerweile sind die Einwohner wieder zurückgekehrt. Die Männer von San Martín tragen eine besonders ungewöhnliche Tracht: eine lange weiße Jacke mit dünnen roten Streifen, deren Ärmelmanschetten kunstvoll bestickt sind. Um die Hüften schlingen sie eine rote Schärpe. Die Frauen tragen schöne rote Huipiles und blaue Wickelröcke *(cortes)*. Auf einer gut zwei Stunden dauernden Wanderung gelangt man zur *Laguna Chicabal*, dem schönen Kratersee des Vulkans Chicabal. Hier finden religiöse Rituale der Indígenas statt. Am 3. Mai feiern Schamanen aus verschiedenen Stämmen hier die Fiesta des Heiligen Kreuzes, bei der sich Außenstehende äußerst diskret verhalten sollten.

Zunil (Quezaltenango), Kirche

Totonicapán (24 km nö): Die etwa 9000 Einwohner zählende Hauptstadt des gleichnamigen Departamento (2495 m) liegt in einem schönen, von Kiefern bewachsenen Tal. Totonicapán (»Bei den warmen Wassern«) war in prähispanischer Zeit die zweitwichtigste Siedlung der Quiché nach Utatlán (→Chichicastenango). 1820 fand hier eine der berühmtesten Rebellionen der Indígenas statt, die sich an Steuerforderungen entzündete. Die Indígenas trieben alle Ladinos aus dem Ort und krönten ihren eigenen Führer, Atanasio Tzul. Dessen Herrschaft dauerte allerdings nur 29 Tage. Heute sind die Indígenas von »Toto« friedlich und besonders geschickte Kunsthandwerker. Dazu beigetragen hat vielleicht der Einfluß der Tlaxcalteken (aus der mexikanischen Stadt Tlaxcala), die Pedro de Alvarado bei der Unterwerfung von Xelajú (Quezaltenango) Hilfstruppen stellten und sich später hier an-

Zunil (Quezaltenango), Indígenas

Zunil (Quezaltenango), Straßenszene

siedelten. »Toto« ist ein Zentrum industriell hergestellter Textilen, die Huipiles und Jaspe-Röcke werden überall im Hochland getragen. Leider ist auf dieser Weise die traditionelle, überaus kunstvolle und farbenprächtige Tracht fast völlig verschwunden. Die schönen, mit Blumen bestickten und mit Spitzenbesatz und goldenen Knöpfen versehenen Huipiles der Frauen sind fast nur noch auf dem Markt (Dienstag) oder während der Fiestas zu sehen. Davon leistet sich »Toto« gleich mehrere. Am 15. Januar feiert man die *Fiesta de Esquipulas*, am 8. Mai die Erscheinung des Erzengels Michael (der Ort heißt eigentlich San Miguel Totonicapán) mit Feuerwerk und traditionellen Tänzen. Am letzten Sonntag im Juni findet auf der Plaza Central das *Festival del Baile Tradicional* statt. Getanzt und gefeiert wird natürlich auch auf der *Fería Titular de San Miguel Arcángel*, die vom 24. bis 30. September stattfindet. Hauptag ist der 29. Wie im nahen San Cristóbal gibt es auch in »Toto« eine *morería*, die Kostüme für traditionelle Indígena-Tänze verleiht oder verkauft. Die *Casa de la Cultura Totonicapense* (8a Avenida 2–17, Zona 1) präsentiert nicht nur Kunsthandwerk der Indígenas, sondern organisiert seit 1991 auch ein Programm, bei dem Touristen die Künstler und ihre Werkstätten kennenlernen können, wo Keramik, Spielzeug, Holzmasken, Musikinstrumente und Textilien hergestellt werden. Auf der alten Plaza erhebt sich ein klassizistischer Theaterbau (1924), der an das Theater von Quezaltenango erinnert. Achten Sie an der Ortseinfahrt auf die schöne, von neogotischen Säulen gesäumte *pila* (Gemeindewaschplatz).

Zunil (10 km sö): In Zunil versteht man etwas von Farben. Zwar leuchtet bei schönem Wetter die blendendweiße, mit gedrechselten Säulen verzierte Fassade der Kolonialkirche unter einem blauem Himmel, meist jedoch tauchen tiefhängende Wolken das ganz von hohen Bergen eingeschlossene und von einem Vulkan drohend überragte Dorf in eine düstere, verschlossen wirkende Atmosphäre. Hier soll es noch viele *brujos* (Schamanen) geben. Doch das ungemein leuchtende Lila der Dorftracht durchdringt den hartnäckigsten Nebel, besonders am Montag, wenn Markt ist. Die Frauen hüllen sich in weiße Blusen, lila Umhänge und riesige Schals der gleichen Farbe. Die Männer tragen lange weiße Jacken und Hosen mit lila Streifen, dazu karminrote Schärpen. Wie in Santiago Atitlán und San Andrés Itzapa wird auch in diesem Dorf der seltsame Heilige Maximón verehrt. In Zunil besitzt er ein Babygesicht aus Plastik, in das man angezündete Zigaretten steckt. Er trägt europäische Kleidung. Abends steckt man ihn in einen Schlafanzug, und wenn das Militär Urlaub hat, in eine Khakiuniform. Ostern trägt man ihn mit großem Trara durch die Gassen des Dorfs. Jedes Jahr am 1. November, am Ende der jährlichen Fiesta, wechselt er seine Behausung. Wer ihn besuchen will, muß diskret nach der *Casa de Maximón* fragen, doch kommen Sie bloß nicht ohne Geschenk, am besten Schnaps, Zigaretten oder Geld. Die Asche der Zigaretten, die Maximón »geraucht« hat, wird übrigens später als Heilmittel gegen Schlaflosigkeit verkauft, die Kippen sollen vor Dieben schützen. Besucher, die sich über diesen Heiligen lustig machen, bezahlen dies gelegentlich mit einer gebrochenen Nase. – Etwa 9 km s von Zunil und über eine Holperpiste zu erreichen sind die heilkräftigen Thermalquellen der *Fuentes Georginas*, die nach dem Diktator Jorge Ubico (1931–1944) benannt wurden. Die schöne, trotz der Höhe tropisch wirkende Berglandschaft ist allerdings stets von dichten Dunstwolken verhüllt.

Quiriguá

Izabal (Guatemala)

Höhe: 50 m S. 355 □ D4

Anreise: Busse der *Transportes Litegua* (15a Calle 10–42, Zona 1; auch Pullman-Busse) halten auf ihrem Weg von Guatemala-Stadt nach Puerto Barrios (Karibikküste) in Los Amates sowie (auf Wunsch) auch an der Abzweigung der zu den Ruinen führenden Zufahrtsstraße (ca. 4 Std.). Dort warten zumeist Motorradtaxis (Rückfahrt vereinbaren!). Die Zugverbindung von Guatemala-Stadt ist völlig unzuverlässig, die Fahrt extrem langwierig. Die schwülheiße Ruinenstätte wird oft von Moskitoschwärmen heimgesucht und trotz gegenteiliger Beteuerung ist die Malariagefahr ernst zu nehmen.

Quiriguá, Estela K

Unterkunft: Im Dorf Quiriguá gibt es nur das sehr bescheidene *Hotel Royal*.

Die bedeutende Maya-Stätte wäre wegen ihrer Gebäude wenig Aufsehen wert, doch findet man hier an Ort und Stelle einige der schönsten Stelen und zoomorphen Blöcke (vermutlich fälschlich »Altäre« genannt) der gesamten Maya-Region. Ihre Ausführung ist eng mit der Technik von →Copán verwandt. Die Personen auf den Stelen zeigen Herrscher mit prächtigem Kopfputz und Bärten. Viele umklammern einen Zeremonialstab – ein Symbol der Herrschaft – auf dessen einem Ende ein langnasiger Gott (vielleicht der Regengott Chac) und auf dem anderen ein Schlangenkopf abgebildet ist. Dieses doppelköpfige Zepter wird *manikin* genannt. Auf sieben Stelen (A, C, D, E, F, H und J) erscheint Cauac-Himmel. Dieser Herrscher prägte die glorreiche Zeit des Stadtstaats.
Quiriguá wurde schon in der späten Präklassik (250 v.Chr. bis 300 n.Chr.) besiedelt, vielleicht von Putun-Maya aus Yucatán,

United Fruit Company

Die Länder Mittelamerikas werden allzugern »Bananenrepubliken« genannt. Schuld an diesem Ruf ist die legendäre US-amerikanische United Fruit Company, die während der Amtszeit des guatemaltekischen Präsidenten Estrada Cabrera (reg. 1898–1921) geradezu zu einem Staat im Staat wurde. Dieser Diktator diente übrigens dem Schriftsteller Miguel Angel Asturias als Vorbild für seinen berühmten Roman *El señor presidente*. Die Karriere der United Fruit hatte in Costa Rica begonnen, wo ein Mann namens Minor Keith den Auftrag bekommen hatte, eine Eisenbahnlinie von der Hauptstadt San José zur Pazifikküste zu bauen. Da ihm das Geld ausging, war er gezwungen, auf dem ihm zugestandenen Land Bananen anzupflanzen. Das Geschäft erwies sich bald als so lukrativ, daß Keiths Firma, die Tropical Trading and Transport Company, mit der Hauptrivalin, der Boston Fruit Company, fusionierte, woraus die United Fruit Company entstand. 1901 erwarb die United Fruit einen Streifen Land in Guatemala, um dort Bananen anzupflanzen. 1904 erhielt sie den Auftrag, eine Eisenbahnlinie von Guatemala-Stadt nach Puerto Barrios an der Karibikküste zu bauen. Dieser Zug transportiert noch heute Passagiere, dürfte aber mittlerweile zu den langsamsten der Welt gehören. Die United Fruit erhielt links und rechts der Eisenbahntrasse einen etwa 100 m langen Streifen Land und wurde für 99 Jahre von Steuerzahlungen befreit. Ab 1912 besaß die United Fruit nahezu das Transportmonopol in Guatemala und baute nunmehr Bananen in großem Stil an. 1934 kontrollierte die Gesellschaft riesige Ländereien und exportierte an die 3,5 Millionen Bananenstauden. Ihr Einfluß im Land war so beträchtlich, daß man sie »El Pulpo« nannte, einen Kraken, der auch Ananas, Kakao, Vanille und Zucker exportierte und bei der Ausfuhr von Kaffee, Tropenhölzern und Bodenschätzen über seinen Hafen Puerto Barrios kräftig mitverdiente. Miguel Angel Asturias schildert in seiner »Bananentrilogie« den Aufbau des Imperiums. Die United Fruit, von Asturias »Grüner Papst« genannt, genoß die uneingeschränkte Unterstützung der USA, und wenn ein guatemaltekischer

doch von dieser Zeit weiß man wenig. Quirigúa liegt im an Jadevorkommen reichen Tal des Río Motagua, das in der Mayazeit eine wichtige Handelsroute war. In der Frühklassik (250–600 n.Chr.) stand Quiriguá unter der Kontrolle des nur 50 km entfernten Copán, das möglicherweise sogar die Herrscher schickte oder einsetzte. Die Namensglyphe des Orts wurde erstmals 731 in Stein gemeißelt, sechs Jahre, nachdem Cauac-Himmel (725–784) den Thron bestiegen hatte. Der Inthronisationsritus fand am 2. Januar 725 »im Lande von Achtzehn-Kaninchen« (also Copán) statt, wie auf der Westseite der berühmten *Estela E* zu lesen steht. Die gleiche Inschrift berichtet, daß Achtzehn-Kaninchen am 3. Mai 737 in Quiriguá den Opfertod starb, offensichtlich gefangengenommen von seinem Vasallen Cauac-Himmel, der um die Unabhängigkeit Quiriguás kämpfte. Aus der Folgezeit stammen die meisten großen Stelen von Quiriguá, das ein Jahrhundert lang das untere Motaguatal beherrschte. 78 Tage nach dem Tod von Cauac-Himmel übernahm dessen Sohn Himmel-Xul (784–800) das Zepter, bis er von Jade-Himmel vom Thron gestoßen wurde. Unter diesem letzten großen König erlebte Quiriguá seine Hochblüte: ein halbes Jahrhundert baute man wie besessen und errichtete unter anderem die *Acrópolis* neu. Auf einer Inschrift in Quiriguá steht zu lesen, daß König Yax Pac von Copán am 9.19.0.0.0 (28. Juni 810) bei seinem früheren Gegner ein Aussä-Ritual vollzog, was auf ein mögliches Exil des copanekischen Herrschers schließen läßt. Nach dem Ende von Jade-Himmel Mitte des 9. Jh. verblaßt die historische Überlieferung: Die Zeit des Wohlstands und der Macht war offensichtlich vorüber. Quiriguá geriet in Vergessenheit, bis John Lloyd Stephens 1840 die Stät-

Diktator oder Präsident nicht spurte, wie beispielsweise Carlos Herrera oder Lazaro Chacon, dauerte es nicht lange, bis er amerikatreueren Putschisten weichen mußten. Präsident Jorge Ubico band Guatemala dagegen fest an die USA, unterstützte die United Fruit nach Kräften und wurde schwerreich, während das Land verelendete. Die Gesellschaft profitierte von einem Gesetz, das arbeitslose Indígenas zur Zwangsarbeit auf den Plantagen verpflichtete. Die Landbesitzer durften jeden Indígena wegen Schmuggels, Diebstahls oder Betrugs auf der Stelle hängen, und wenn es dabei nur um eine Banane ging. 1952 verabschiedete Präsident Arbenz jedoch das Gesetz zur Agrarreform, das 884000 Hektar Land an etwa 100000 Bauernfamilien verteilte. Dabei wurden auch 162000 Hektar Grundbesitz der Company enteignet, die nur 15 Prozent ihres Landes wirtschaftlich genutzt hatte. Als Arbenz dann auch noch einen neuen Hafen an der Karibikküste plante, der das Monopol der Amerikaner gebrochen hätte, war das Maß voll. 1954 unterstützte, ja inszenierte der CIA, dessen neuer Direktor praktischerweise im Aufsichtsrat der United Fruit saß, nach einer beispiellosen Hetzkampagne gegen die »kommunistischen Umtriebe« einen Putsch gegen die demokratisch gewählte Regierung Guatemalas. Die Entmachtung der United Fruit wurde jedoch nicht rückgängig gemacht. Inzwischen hatte man in den USA nämlich durchschaut, daß die Gesellschaft mit einem Tarnnetz formal selbständiger Tochtergesellschaften ihren Verstoß gegen das amerikanische Antitrust-Gesetz verschleierte. Die United Fruit mußte ihre Produktionsflächen in Mittelamerika verkaufen. Heute kontrolliert die US-Gesellschaft Del Monte (Markenname Chiquita), die mit knapp 5000 Hektar mehr Anbaufläche besitzt als alle einheimischen Produzenten zusammen, das US-guatemaltekische Bananengeschäft. Über ihre guatemaltekische Tochtergesellschaft BANDEGUA gehen 70 Prozent der Bananenproduktion in die USA, während die einheimischen Produzenten über die nationale Vertriebsfirma COBIGUA hauptsächlich nach Saudi Arabien und Italien exportieren. Der Europahandel steckt in einer Krise, seit die EU die Einfuhrsteuern von 5 auf 20 Prozent angehoben hat, um die Produktion der (zur EU gehörenden) französischen Antillen zu begünstigen.

te wiederentdeckte. Wie im Falle Copáns wollte Stephens die Stätte kaufen, um die Stelen nach New York verschiffen zu können. Das Vorhaben scheiterte jedoch, weil der Besitzer, Señor Paynes, aufgrund des Diplomatenstatus von Stephens irrtümlicherweise annahm, daß die US-Regierung den Preis bezahlen würde, und daher eine exorbitante Summe nannte. Zwischen 1881 und 1894 führte Alfred P. Maudslay Ausgrabungsarbeiten durch. Anfang des 20. Jh. verwandelte die allmächtige United Fruit Company das Land rund um Quiriguá in Bananenhaine. In den 30er Jahren restaurierten Archäologen der Universität von Pennsylvania die Stätte, zwischen 1974 und 1979 führte die gleiche Universität weitere wichtige Forschungsarbeiten durch.

Grupo Norte: Dieser Komplex (nach dem Eingang links) besteht aus einer in Ruinen liegenden Pyramide und zwei Bauten. Am Fuß der Pyramide findet man mehrere Stelen und einen Altar. *Altar B* trägt das Maya-Datum 9.17.10.0.0 (780 n. Chr.). Dieser zoomorphe Block aus rötlichem Sandstein zeigt auf der Schauseite den aufgerissenen Rachen eines Ungeheuers, das eine menschliche Gestalt ausspeit. Die Glyphen stellen – eine große Seltenheit – vollständige menschliche Figuren dar. Zur Linken des Altars befinden sich die *Stelen A, C* (775 n. Chr.) und *D* (766 n. Chr.), jeweils auf beiden Seiten mit Personen und sehr schönen (auf Stele D vollplastischen) Glyphen skulptiert.

Plaza Central: Auf diesem Platz befinden sich die schönsten Stelen von Quiriguá. Ihre zum Schutz vor der Witterung angebrachten Strohdächer machen allerdings das Fotografieren fast unmöglich. *Estela E* (in der Nähe von *Altar B*) ist nicht nur die höchste Stele

Quiriguá, Zoomorpher Block P

Quiriguás, sondern mit exakt 10,66 m die höchste der Maya überhaupt. Sie wiegt nicht weniger als 60 Tonnen. Ursprünglich war sie drei Meter tief in die Erde gerammt, in ein Fundament aus unbehauenen Steinen und rotem Ton, doch hat man sie 1934 in einen Betonsockel gesetzt. Sie zeigt auf beiden Seiten eine reichgekleidete Person, die auf einer Maske des Erdungeheuers oder eines Jaguars steht. Der Kopfschmuck besteht aus einem oder mehreren Helmen, gekrönt von einer Maske und einem Federbusch. Die Schmalseiten sind mit Hieroglyphen skulptiert. Ihr Datum lautet 9.17.0.0.0, 13 Ahau 18 Cumkú (771 n. Chr.). Zur Linken erhebt sich *Estela F*. Der auf der Südseite abgebildete Würdenträger hält einen Zeremonialstab in der Hand, die Person auf der Nordseite das Zepter des »Kleinen Gottes«. Auf den Schmalseiten erscheinen zwei besonders schön skulptierte Glyphenkolonnen. Etwas weiter entfernt liegt *Altar G* (785 n. Chr), dessen Ausführung dem bereits erwähnten *Altar B* (am Eingang) ähnelt. Im Südteil der Plaza steht *Estela H* (751 n. Chr.), die älteste der archäologischen Zone. Auf der Hauptseite erscheint ein Würdenträger mit doppelköpfigem Zeremonialstab. Hinter der weniger bemerkenswerten *Estela I* befindet sich auf einem mit einer Maske geschmückten Sockel *Estela J* (756 n. Chr.). Ihr zur Seite steht *Estela K* (805 n. Chr.). Letztere zeigt in ihrer Mitte eine sitzende, frontal dargestellte Person, die eine Krone trägt: eine Ikonographie, wie sie von früheren Stelen aus Piedras Negras am Río Usumacinta bekannt ist.

Plaza Ceremonial: Der sich im Norden zur Plaza Central öffnende Platz ist auf drei Seiten von Stufen begrenzt. Am Fuß der Osttreppe wurden drei *Altäre (L, M, N)* aus dem 8. Jh. entdeckt, weitere zwei *(O und P)* fanden sich am Fuß der Südtreppe. *Altar P* (795 n. Chr.) ist der bemerkenswerteste unter ihnen. Er stellt eine ungeheure, glyphenverzierte Schildkrötenschale dar, vor der man eine mit gekreuzten Beinen sitzende Person erkennt, die einen phantastischen Prunkkopfputz trägt. Die Feinheit der Skulp-

San Cristóbal de las Casas, Straßenszene

tur und die zart verflochtenen Motive verteilen sich symmetrisch über den kolossalen Block. Auf der Rückseite dieses Monuments erscheint eine riesige Maske mit Glyphentafeln. Im Süden der Plaza liegt die weniger fesselnde *Acrópolis*.

Umgebung

Río Dulce (80 km n): Bei Touristen wird die über den See *El Golfete* und durch eine spektakuläre Schlucht zum Karibikhafen **Livingston** führende Bootsfahrt immer beliebter. Auch in Livingston haben sich, wie an der Südküste von Belize, die »schwarzen Kariben« (Garifuna) angesiedelt, die Ende des 18. Jh. von den Briten von der Antilleninsel St Vincent nach Roatán (Honduras) deportiert worden waren. So ist Livingston ein Unikum in Guatemala, da sich hier guatemaltekische Elemente mit der »schwarzen« Kultur der Karibik mischen: Marimba und Reggae!

S

San Cristóbal de las Casas

Chiapas (Mexiko)

Einw.: 98 000 Höhe: 2100 m S. 354 □ B3

Anreise: Busverbindung *(Autotransportes Tuxtla Gutiérrez* oder *Cristóbal Colón)* mit Tuxtla Gutiérrez (2 Std.; über spektakuläre Serpentinenstraße), Palenque (6 Std.), Villahermosa (nur *Cristóbal Colón;* 8 Std.), Tapachula (9 Std.; Grenze zu Guatemala), Mexiko-Stadt (ca. 21 Std.).

Unterkunft (Vorwahl 967): *Casa Mexicana:* 28 de Agosto 1, Tel. 8-06-98, Fax 8-26-27 (1993 eröffnet; beste Adresse). – *Hotel Posada Diego de Mazariegos:* Calle 5 de Febrero 1 und Calle María Adelina Flores 2 (zwei Gebäude), Tel. 8-08-33, 8-06-21 oder 8-05-13, Fax 8-08-27. – *El Paraíso:* Calle 5 de Febrero 19, Tel./Fax 8-00-85 (1993 eröffnet). – *Hotel Flamboyant Español:* Calle 1 Marzo 16, Tel. 8-00-45, Fax 8-05-14. – *El Jacarandal:* Calle Comitán 7, Tel. 8-10-65. – *Hotel Palacio de Moctezuma:* Avenida Juárez 16, Tel. 8-03-52.

Restaurants: *Los Magueyes* (im Hotel Casa Mexicana). – *El Puente:* Calle Real de Guadalupe 55, Tel. 9-22-50 (gleichzeitig Kulturzentrum). – *La Parilla:* Calle Belisarío Domínguez 32, Tel. 8-22-20. – *Fogón de Jovel:* Avenida 16 de Septiembre 11, Tel. 8-11-53.

In unnachahmlicher Weise brachte ein US-Besucher die Faszination dieser ältesten spanischen Siedlung in Chiapas auf den Punkt:

Der Aufstand der Zapatisten

Eigentlich wollte die mexikanische Regierung am Neujahrstag 1994 das langersehnte Inkrafttreten des North American Free Trade Agreement (NAFTA) feiern, des zwischen den USA, Kanada und Mexiko geschlossenen Freihandelsabkommens, doch dann kam alles ganz anders. In den frühen Morgenstunden besetzte eine bewaffnete Guerillagruppe von Indígenas für kurze Zeit einige Orte und Städte in Chiapas, darunter San Cristóbal de Las Casas, entführte Regierungsbeamte und verwüstete manche Amtsstube. Ein mysteriöser Subcomandante Marcos verkündete, das Gesicht unter einer schwarzen Skimaske verborgen, die Forderungen des bis dato völlig unbekannten *Ejército Zapatista de Liberación Nacional* (Zapatistische Armee der Nationalen Befreiung): Widerruf des NAFTA-Abkommens, Landreformen zugunsten der Indígenas, Demokratie auf allen Ebenen der mexikanischen Republik und Kampf gegen die Korruption in der Regierung. Verwundert rieb sich das politische Mexiko die Augen: Der Musterknabe Lateinamerikas war plötzlich wieder ein Krisengebiet, der erst ein Jahr zuvor eingeführte Neue Peso, durch verfehlte Wirtschaftspolitik ohnehin bereits angeschlagen, geriet noch stärker unter Druck und verlor binnen weniger Monate fast die Hälfte seines Werts. Präsident Carlos Salinas de Gortari, Führer der seit 1946 ununterbrochen regierenden Staatspartei PRI (Partido Revolucionario Institucional), ließ zunächst Truppen aufmarschieren. Doch unter den Augen der Weltöffentlichkeit waren die Möglichkeiten, das Problem auf die übliche Weise mit Waffengewalt, Bombenabwürfen, Folter und Häftlingsermordung zu lösen, recht begrenzt. So schickte die Regierung Manuel Camacho Solis, einen Mitbewerber um die Nachfolge von Salinas de Gortari, nach Chiapas. Dieser erzielte tatsächlich einige Verhandlungserfolge: Die Regierung machte Zugeständnisse und man vereinbarte die Einstellung der Feindseligkeiten, denen zwischen 150 und 400 Menschen (je nachdem welcher Seite man glauben will) zum Opfer gefallen waren. Zapatistenführer Subcomandante Marcos vertauschte das Gewehr mit der Feder, stieg zum Darling der linken Intellektuellen-

San Cristóbal sei deshalb so sehenswert, »weil die Indianer hier frei herumlaufen«. Am Neujahrstag 1994 machten diese Indianer jedoch ernst: Eine bewaffnete Guerilla-Bewegung, von der man bis dahin noch nie etwas gehört hatte, der *Ejército Zapatista de Liberación Nacional*, besetzte das Rathaus der Stadt und einige weitere umliegenden Gemeinden, verlangte das Ende des Feudalsystems in Chiapas und den Widerruf des mit den USA und Kanada geschlossenen Freihandelsabkommens NAFTA und zog nach 30 Stunden friedlich wieder ab. Die Armee folgte den maskierten Guerilleros auf dem Fuß: mit Bombenabwürfen auf Zivilisten und der Ermordung von Häftlingen. Chiapas war wieder einmal zum Krisengebiet geworden. Doch schnell lernten die hartnäckigen Verkäuferinnen von San Cristóbal, für die nein keine Antwort ist, Zapatistas und Touristen unter einen Hut zu bringen, und jetzt verkaufen sie den Ausländern als Souvenirs Puppen, die den in Mexiko zum mythischen Helden aufgestiegenen Subcomandante Marcos zeigen: mit Skimaske und Gewehr.

Von den 3,2 Millionen Menschen, die im Bundesstaat Chiapas leben, sind etwa 600 000 Indígenas, darunter die besonders auf ihre Eigenständigkeit bedachten (und extrem fotoscheuen) 150 000 Tzotzils und 200 000 Tzeltales. Kaum eine Stadt in Mexiko ist stärker von Indígenas geprägt als San Cristóbal. Vor allem deshalb wird die lange abgeschiedene, kühle und feuchte Stadt, die auch heute nur über endlose Serpentinenstraßen zugänglich ist, immer stärker vom internationalen Tourismus berührt.

Gegründet wurde San Cristóbal 1528 von Diego de Mazariegos unter dem Namen Villa Real. Insgesamt zehn Namen hat die Stadt geführt; ihr heutiger Zuname erinnert

szene Mexikos auf und wurde zum erotischsten Mann des Landes gekürt. Die linksliberale Tageszeitung *La Jornada* druckte seine Manifeste, Briefe und Diatriben gegen die Regierung ab, und scharenweise reisten Revolutionsschwärmer nach Chiapas, um sich mit dem Subcomandante ablichten zu lassen. Vergeblich versuchte die Regierung, das Incognito von Marcos zu lüften; er selbst beschreibt sich als mexikanischen Linksradikalen, der Anfang der 80er Jahre in den lacandonischen Regenwald zog, um die Indígenas zu organisieren, und daraus als Anführer einer Revolte hervorging. Als am 23. März 1994 der Reformer Luis Donaldo Colosio, den Salinas mit seinem Fingerzeig (»dedazo«) zum Präsidentschaftskandidaten des PRI erklärt hatte, in Tijuana einem Attentat zum Opfer fiel (dessen poltische Hintergründe bis heute noch nicht geklärt sind), zerstoben viele Hoffnungen auf einen baldigen Dialog. Der Nachfolger von Salinas, Ernesto Zedillo, verlegte sich auf eine Hinhaltetaktitk. Doch die Indígenas warten schon zu lange, seit 500 Jahren. In ganz Chiapas folgen sie dem Beispiel der Revolution von 1910, als die Campesinos unter der Führung des legendären Emiliano Zapata auf die Fincas der Großgrundbesitzer marschierten und diese in Kollektive *(ejidos)* umwandelten. Über 1700 Fincas sind in Chiapas inzwischen besetzt worden, doch nicht alle Besitzer waren reiche Ausbeuter und sind deshalb entsprechend verbittert. Die Indígenas legen neue Maisfelder an, bauen Häuser und stellen sich darauf ein, ihren neuen Besitz mit Waffengewalt zu verteidigen. Subcomandante Marcos flüchtet sich inzwischen in schwere Selbstopferrhetorik: »Wir wurden in der Nacht geboren, und in der Nacht leben wir. Und in der Nacht werden wir sterben. Doch für alle anderen wird am Morgen das Licht erscheinen, für alle, die heute in der Nacht weinen, für alle, denen man den Tag verweigert, für alle, für die der Tod ein Geschenk ist. Für alle von ihnen, das Licht.« Mitte 1996 flammte der bewaffnete Konflikt in Chiapas wieder auf, auch die Bundesstaaten Guerrero und Oaxaca sind zu Unruheherden geworden. Es geht nicht um ein paar überfällige Reformen, sondern um die Erneuerung des gesamten Landes. Mexiko, das spüren und sagen viele, wird und darf nie wieder so werden wie vor dem Neujahrstag des Jahres 1994.

an den berühmten Beschützer der Indígenas, Bartolomé de las Casas, der ab 1544 Bischof von Chiapas war. Die Ausbeutung der Indígenas konnte Las Casas jedoch nicht verhindern: Noch im 19. Jh. kam es zu Aufständen, und die soziale Lage ist heute noch gespannt. Die Indígena-Stämme der umgebenden Dörfer haben sich indes viel von ihrer Eigenart bewahrt, tragen oft noch ihre traditionelle Kleidung und üben einen synkretistischen Glauben aus, der alte Maya-Bräuche mit katholischer Heiligenverehrung verbindet. Protestantische Missionierungen waren in Chiapas recht erfolgreich, haben jedoch dadurch viele Dorfgemeinschaften erschüttert. Bei den Chamulas müssen alle bekehrten Protestanten ihr Dorf verlassen und werden zu Entwurzelten, die sich zumeist in den Außenbezirken von San Cristóbal ansiedeln. Der einst so farbenprächtige Markt von San Cristóbal, zu dem die Indígenas der Dörfer in ihren jeweiligen Trachten strömen, hat seit der Errichtung einer Markthalle leider viel an Charakter verloren. Nicht häufig genug kann man darauf hinweisen, daß die meisten Indígenas fotografische Schnappschüsse als persönliche Aggression empfinden.

San Cristóbal ist Ausgangspunkt für Besuche verschiedener Indígena-Dörfer der Umgebung. *Warnung:* In den Hügeln rund um die Dörfer kommt es regelmäßig zu Überfällen. Wandern Sie keinesfalls allein von Dorf zu Dorf!

Catedral (Zócalo): Die Kathedrale *Nuestra Señora de la Asunción* mit plateresker Fassade wurde ab 1528 errichtet, später jedoch mehrmals umgebaut. In ihrem Inneren sind mehrere Barockaltäre zu besichtigen, außerdem Gemälde und Skuplturen aus dem 17.–19. Jh. Das Bild der hl. Magdalena

San Cristóbal de las Casas, Catedral (l); Santo Domingo, Detail der Fassade (r)

stammt von Miguel Cabrera, das Hauptbild des *Altar del Perdón* von Juan Correa. Die Kanzel ist mit schönen Holzschnitzereien verziert. Die der Kathedrale angeschlossene Pfarrkirche *San Nicolás* wurde zwischen 1613 und 1620 erbaut und 1815 restauriert.

Santo Domingo (Calle Lázaro Cárdenas): Die schönste Kirche der Stadt wurde ab 1546 unter Bischof Francisco de Maroquín von Guatemala errichtet, ihr heutiges Aussehen stammt jedoch aus dem 17. Jh. Sie besticht besonders durch ihre herrliche, große, reichverzierte Barockfassade aus rosafarbenem Stein, auf deren dritten Ebene an den Seiten der habsburgische Doppeladler, das Wappen Karls V., erscheint. Im Inneren sind mehrere mit Blattgold überzogene Holzaltäre, Skulpturen und eine besonders kunstvoll geschnitzte Kanzel sehenswert. In den angeschlossenen ehemaligen Klostergebäuden mit schönem Kreuzgang sind das kleine Museo de *Arqueología, Etnografía, Historia y Arte* (1996 wegen Restaurierung geschlossen) sowie die *Casa del Tejido* (Haus der Weberei) untergebracht, die sehr schöne Webarbeiten aus über zwanzig Indígena-Gemeinschaften ausstellt und verkauft. Die recht hohen Preise sind der außergewöhnlichen Qualität der Produkte durchaus angemessen. Preiswerter sind *artesanías* der Indígenas auf dem farbenprächtigen Markt zu erhalten, der auf dem Platz vor der Kirche stattfindet: bestickte Blusen, handgewebte Röcke, *sarapes*, Gürtel und Puppen. Die Herkunft der Frauen ist an ihren verschiedenen Trachten leicht zu erkennen. Der Besucher sollte sich beim Tragen der gekauften Kleidungsstücke vor Ort besondere Zurückhaltung auferlegen, um keine Gefühle zu verletzen.

Casa de Mazariegos (Calle Mazariegos/Insurgentes): Am Portal der Residenz des Stadtgründers sind noch die steinernen Köpfe der kastilischen Löwen zu sehen. In diesem Gebäude ist heute das *Hotel Santa Clara* untergebracht.

San Cristóbal de las Casas, Santo Domingo ▷

Bartolomé de Las Casas – »Apostel der Indios«

Der spanischen Krone wurden die selbstherrlichen Konquistadoren bald unbequem, und so schickte sie ihnen fast auf dem Fuß zweierlei Kontrolleure hinterher: Staatsbeamte und Ordensbrüder. Während erstere Spaniens weltliche Herrschaft garantieren sollten, dienten die Missionare nicht zuletzt dazu, den Anspruch auf die eroberten Länder kirchenrechtlich abzusichern, die der Papst als Stellvertreter Christi im Vertrag von Tordesillas Spanien (und Portugal) unter der Bedingung der Missionierung heidnischer Völker anvertraut hatte. Doch nur in der Frühzeit der Evangelisierung vermochten einzelne beherzte Missionare ihre Stimme laut zu erheben; das Interesse der Mönche an der Kultur der Indios erschien Philipp II. bald so suspekt, daß er laut königlichem Erlaß vom 22. April 1577 verbot, über Dinge zu schreiben, »die Aberglauben und Lebensgewohnheiten dieser Indios behandeln«.

Schon vorher war die Arbeit der besonders um das Wohlergehen der indigenen Bevölkerung besorgten Mönche äußerst schwierig gewesen. Ein Sonderfall ist Fray Bartololomé de las Casas, der trotz seiner flammenden Proteste gegen die unmenschliche Behandlung der Indios durch Konquistadoren und Encomenderos (siehe Fachwortregister) das Wohlwollen der spanischen Krone genoß. Aus gutem Grund, dienten die Vorwürfe doch dazu, die suspekt gewordene Macht der Encomenderos zu beschneiden, die, anstatt die Indios väterlich dem rechten Glauben zuzuführen, diese rücksichtslos ausbeuteten, beraubten und scharenweise massakrierten. Der noch heute als »Beschützer der Indios« verehrte Las Casas hatte 1513 an der Eroberung Kubas teilgenommen und war mit einer Kommende belohnt worden, auf die er schon zwei Jahre später verzichtete, um sich mit aller Energie gegen die Versklavung der Indios einzusetzen. Die Brandbriefe, die er an die Krone und den Papst schrieb, beinflußten maßgeblich die humane Gesetzgebung Karls V., der in den *Nuevas Leyes* der Ausbeutung der Indios Schranken auferlegte – theoretisch zumindest. Daß auch die Kirche der Position von Las Casas wohlwollend gegenüberstand, zeigt seine Einsetzung als Bischof von Chiapas. Diese Position konnte der streitbare Mönch allerdings nur ein Jahr lang ausüben, bevor er vor den aufgebrachten Großgrundbesitzern nach Spanien fliehen mußte. Kein Wunder: Las Casas hatte unter anderem die Konquista als ungerecht und tyrannisch bezeichnet und Konquistadoren wie Encomenderos, die das Geraubte nicht zurückgeben wollten, mit Exkommunikation bedroht. Mit dieser Forderung stand er allerdings durchaus auf festem Boden: Papst Paul III. hatte in seiner Bulle *Sublimis Deus* die Versklavung und Beraubung der Indios untersagt und ihre Bekehrung durch gutes Beispiel verlangt. In der Kürze und Radikalität seiner 1542 verfaßten und 1552 erstmals in Sevilla gedruckten *Brevísima Relación de la destrucción de las Indias* (Kurzgefaßter Bericht von der Zerstörung Westindiens) liegt vermutlich der ungeheure Erfolg, der dieser Klageschrift von Las Casas in ganz Europa beschieden war. Das Werk, das die am 20. November 1542 von Karl V. unterzeichneten *Nuevas Leyes* propagandistisch unterstützen sollte, ist eine einzige Aneinandereihung von Berichten und Beschreibungen von Massakern, Zerstörungswerken und barbarischen Brutalitäten, die Spanier in der gesamten Neuen Welt angerichtet haben. Wie »tollwütige Wölfe in einer friedlichen Schafherde« hätten die Christen unter den Indios gehaust, die ihnen soviel Gastfreundschaft entgegengebracht hätten, und Las Casas findet unzählige Synonyme für die »teuflischen Werke der Christen«, die Mord- und Foltermethoden der Spanier.

Der Krone waren die Anschuldigungen von Las Casas zunächst sehr opportun gewesen, doch lieferten die Berichte des Dominikanermönchs, die zur Entstehung der »Schwarzen Legende« führten, auch den Gegnern Spaniens willkommene Munition. Als besonders gefährlich erwies sie sich in den spanischen Niederlanden, wo man Las Casas' Beschreibungen wörtlich in Werke über Greueltaten der Spanier gegen Holländer einbaute. Kein Wunder, daß Philipp II. bald die Veröffentlichung weiterer skandalöser Berichte von Mönchen verbot und 1573 sogar den offiziellen Gebrauch des Begriffs *conquista* untersagte. Doch selbst viele Kleriker wandten sich dezidiert gegen Las Casas. Der Franziskaner Fray Toribio de Benavente Motolinía verurteilte in einer *Carta al emperador* (1555) wütend die Schriften von Las Casas, die er in Neuspanien schon vorher hatte konfiszieren und verbrennen lassen. Erstaunlich bleibt, warum Las Casas, der so vehement für die Belange der Indios eintrat, sich nie die Mühe machte, ihre Sprache zu lernen, was ihm Motolinía vorwarf. Seine jahrhundertelang ungedruckten historischen Werke, die *Apologética historia* und die *Historia de las Indias*, aus denen sich der Historiker Antonio de Herrera ungeniert bediente, gelten daher als unzuverlässig. Dies trotz der Tatsache, daß Las Casas viele heute verlorengegangene Dokumente auswertete, besonders die *Historia general* zu einer unschätzbaren Geschichtsquelle macht, die durch Las Casas' Verurteilung von Kolonisation und seiner Einforderung von Menschenwürde und Widerstandsrecht gegen ungerechte Tyrannei (»ein Recht, das niemals verfällt bis zum Tage des Jüngsten Gerichts«) geradezu radikal modern anmutet.

Hotel Diego de Mazariegos (Calle 5 de Febero): Das beste Hotel am Ort befindet sich in einem schönen Kolonialbau mit zwei Patios. Die Zimmer sind ganz im alten Kolonialstil eingerichtet. Leider wurden die Innenhöfe etwas verunstaltet.

Na-Bolom Centro de Estudios Científicos (Calle Chiapa de Corzo/Calle Guerrero) Das Wohnhaus (tzotzil: »Haus des Jaguars«) des 1963 verstorbenen dänischen Archäologen Frans Blom steht seit 1963 Studenten, die archäologische oder anthropologische Forschungen betreiben und sich für sechs Monate verpflichten, als Wohn- und Arbeitsstätte zur Verfügung. Bis zu ihrem Tod im Jahre 1993 hielt die über 92 Jahre alte Witwe, Gertrude Duby-Blom, die energisch für die Erhaltung der *Selva Lacandonica* kämpfte, die Fäden in der Hand und ließ es sich bisweilen nicht nehmen, anstelle der zumeist US-amerikanischen Volontäre selbst durch die Räume zu führen, in denen eine reiche ethnologische Sammlung und eine Bibliothek untergebracht sind. Die Schweizerin Trudy Blom war eine engagierte Kämpferin gegen den Nationalsozialismus und widmete sich nach ihrer Emigration nach Mexiko der Rettung der vom Aussterben bedrohten Lacandonen, Nachfahren der Maya, die bis ins 20. Jh. nicht mit der weißen Zivilisation in Berührung gekommen waren. Faszinierend ist die Ausstellung der Fotos, die Trudy Blom von den Lacandonen im Regenwald gemacht hat und die in Schwarzweiß eine traumverlorene Welt zeigen, die der auf mexikanischer Seite fast völligen Abholzung des Regenwaldes zum Opfer gefallen ist.

Umgebung

Comitán (57 km sö): Die hübsche Kolonialstadt (84000 Einw.) liegt in gartenartiger Umgebung und besitzt ein interessantes Regionalmuseum *(Casa de la Cultura)*. Comitán ist Ausgangspunkt für Fahrten zu den in traumhafter, noch weitgehend unberührter Landschaft liegenden Montebello-Seen *(Lagunas de Montebello)*. In diesem Seengebiet befindet sich auch die Maya-Ruinenstätte **Chinkultic** (48 km sö von Comitán) aus spätklassischer Zeit, die vor allem aufgrund ihrer einzigartigen Lage sehenswert ist. Freigelegt wurden unter anderem die Akropolis *El Mirador*, ein 50 m langer Ballspielplatz mit kleinen Stelen und größere Monumente mit Flachreliefs.

San Juan Chamula (11 km nw): Das Dorf ist malerisches Zeremonialzentrum der etwa 40 000 Chamula-Indígenas, des größten

San Cristóbal de las Casas, Indígena aus Zinacantán

Stammes der Tzotzil-Maya, die zum größten Teil weitverstreut in den Bergen leben. Die Chamulas waren stets rebellisch: 1524 leisteten sie den Spaniern erbitterten Widerstand, und 1869 inszenierten sie einen berühmten Aufstand. Die Männer tragen hier noch wollene weiße oder schwarze *sarapes*, die um die Taille mit Ledergürteln zusammengehalten werden, und zuweilen noch kurze Hosen. Die Frauen legen weiße oder blaue, mit einer Borte verzierte Blusen, lange blaue *rebozos* (Schals) und lange braun-schwarze Wickelröcke an. Die weißgetünchte Kirche mit türkisen Blumenbogen über dem Portal darf nur nach Bezahlung von Eintritt besichtigt werden. Ob man sie wirklich betreten sollte, muß jeder für sich allein entscheiden. Nirgendwo sonst in Mexiko ist man wie hier in diesem Gotteshaus als Tourist fehl am Platz. Im Inneren herrscht eine einzigartige Atmosphäre. Durch dicke Wolken von Weihrauch sieht man Betende singend auf dem mit Kiefernnadeln bedeckten Kirchenboden knien. Zwischen den Kerzen stehen Pepsi- und Coca-Cola-Flaschen: Opfergaben an die Seelen der in der Nähe begrabenen Angehörigen. Die Chamulas glauben daran, daß Christus vom Tode auferstand, um zur Sonne zu werden. *Warnung:* Das strenge Fotografierverbot in der Kirche (und während der Fiestas) ist unbedingt zu befolgen, Zuwiderhandlungen haben schon Todesfälle zur Folge gehabt. Eigentlich sollte man der Abneigung der Chamulas gegen Fotoaufnahmen, die gegen ihre religiösen Gefühle verstoßen, im ganzen Ort Rechnung tragen und den Menschen ihre Würde nicht gegen Geld abkaufen. Aus diesem Grund wurde auf Abbildungen aus den Dörfern ganz verzichtet.

Tenejapa (28 km nö): Das Dorf ist Zentrum von insgesamt 15 000 Tzeltal sprechenden Indígenas, die für ihre reichen Stickereien berühmt sind. Die traditionelle Tracht wird hier immer mehr von moderner Kleidung verdrängt. Viele Frauen tragen aber noch reichbestickte Blusen und dunkelblaue Röcke mit einem breiten bunten Gürtel. Markttag ist der Sonntag.

Toniná (85 km ö): Eine sehr schlechte, 12 km lange Straße führt von dem Ort Ocosingo (Anfang 1994 von den Zapatisten besetzt) zu dieser bedeutenden spätklassischen Ruinenstätte der Maya, die jedoch vergleichsweise wenig besucht wird. Beschreibungen der archäologischen Zone laufen jedoch im Moment Gefahr, aufgrund der im Gange befindlichen umfangreichen Ausgrabungsarbeiten zum Zeitpunkt der Drucklegung bereits überholt zu sein. Die Bauwerke der Stadt sind teilweise auf der Kuppe und den künstlich angelegten Terrassen eines Naturhügels errichtet worden. Bisher freigelegt sind zwei Tempelruinen im Gipfelbereich, eine Grabkammer mit monolithischem Sarkophag sowie auf einer tiefer gelegenen Terrasse ein kleiner, verschachtelter Baukomplex, wobei ein mit Stuckornamenten versehener Altar besonders beachtenswert ist. Die erste in Toniná (tzeltal: »Haus des Steins«) gefundene Datumsangabe stammt von 593 n. Chr. Im Jahr 805 n. Chr. muß es eine Dynastie gegeben haben, die mit Steinmonumenten an Geburten, Hochzeiten, militärische Siege und Begräbnisse von Herrschern, darunter des bedeutendsten mit dem Namen »Kaninchenschädel«, erinnerte. Toniná war eine militärische Macht; man hat Darstellungen von in Stein und Stuck gemeißelten Gefangenen entdeckt, darunter das berühmte Bildnis eines Herrschers von Palenque. In Toniná wurden zahlreiche rundplastische Steinskulpturen gefunden, die in der Maya-Kunst eher unüblich waren. Sie sind teilweise im dortigen Museum, teilweise aber auch *in situ* zu besichtigen.

Zinacantán (12 km w): Das Dorf ist das religiöse und politische Zentrum der rund 14000 Zinacantecos, eines Tzotzil-Stammes. In der Tracht der Indígenas dominiert rotweißgestreifte (und daher rosa erscheinende) Kleidung. Die von den flachen Strohhüten in unterschiedlicher Weise herabflatternden bunten Bänder verraten den Familienstand des Trägers: Ledige Männer tragen längere und breitere Bänder. Zwischen dem 8. und 11. August werden der Namenspatron San Lorenzo, im Januar San Sebastián mit farbenfrohen Fiestas geehrt, bei denen uralte Maya-Riten wieder aufleben. Im ganzen Ort herrscht absolutes Fotografierverbot.

San Ignacio

Cayo (Belize)

Einw.: 8000 Höhe: 80 m S. 355 □ D3

Anreise: Charterflüge von Belize City. Busverbindung mit Belize City und Benque Viejo (Grenze zu Guatemala; *Novelo* und *Batty*).

Unterkunft (Vorwahl 92): *San Ignacio Hotel*, Box 33, Tel. 2034/2125, Fax 2134 (im Süden der Stadt; Queen Elizabeth übernachtete hier 1994!). – *Piache Hotel:* Box 54, Tel. 2032, Fax 2685. – *Rose's Guesthouse:* 1178 Cahal Pech Hill, Tel. 2282. – *Plaza Hotel:* 4A Burns Ave, Tel. 3332/3375. – *New Balmoral Hotel:* 17 Burns Ave, Tel. 2024, Fax 3502. – *Central Hotel:* 24 Burns Ave, Tel. 2253. – *Venus Hotel:* 29 Burns Ave, Tel. 3203, Fax 2225.

Restaurants: *Eva's Restaurant and Bar:* 22 Burns Ave, Tel. 2267. – *Serendib Restaurant:* 27 Burns Ave, Tel. 2302. – *Maxim's Chinese Restaurant:* 23 Far West St, Tel. 2283.

In der freundlichen Hauptstadt des Districts Cayo gibt es außer der *Hawksworth Bridge*, immerhin die einzige Hängebrücke von Belize, nichts zu sehen, doch ist San Ignacio Treffpunkt der Traveller und ideales Standquartier für Ausflüge zu den Maya-Stätten der Umgebung und in die *Mountain Pine Ridge Forest Reserve*.

Umgebung

Cahal Pech (1 km s): Die stark restaurierten Ruinen von Cahal Pech (9. Jh.) liegen auf einem Hügel oberhalb der Stadt San Ignacio. Die überwölbten Türen des Palastes gelten als sehr ungewöhnlich für die Maya-Architektur.

Caracol (81 km s): Die über eine oft unpassierbare, extrem schlechte Piste zugängliche größte Ruinenstätte in Belize darf nur mit vorheriger Genehmigung des *Department of Archaelogy* und/oder des *Forestry Department, Western Division,* besucht werden.

Sayil, Palacio

Caracol war nämlich eines der bedeutendsten Zentren der Maya-Zivilisation, doch Grabräuber plündern die isolierte Stätte nahezu ungeniert. Noch ist Caracol die Domäne der Archäologen, die Tag für Tag neue Entdeckungen machen, doch irgendwann einmal wird Caracol eine große Touristenattraktion sein. Die größte Pyramide, genannt *Canaa*, ist mit 42 m die höchste von Belize. Eine der Besonderheiten von Caracol sind die großen und datierten Inschriften auf den runden Altarsteinen. Viele Datierungen stammen aus der Zeit zwischen 300 und 600 n.Chr. Die Glyphen verraten, daß Tikal und Caracol des öfteren Kriege miteinander ausfochten: Nach einem Konflikt im Jahre 562 n.Chr. dominierte Caracol die Region für ein Jahrhundert, bis sich Tikal erholte.

Xunantunich (14 km s): Die nahe der guatemaltekischen Grenze gelegene Mayastätte wurde in der Zeit zwischen 150 und 900 n.Chr. errichtet und vermutlich in spätklassischer Zeit durch ein Erdbeben zerstört. Xunantunich (»Steinerne Jungfrau«) wird beherrscht von der El Castillo genannten Pyramide, die teilweise freigelegt und erforscht wurde. Von der Spitze (40 m; mühseliger Aufstieg) bietet sich ein großartiger Blick über den Urwald des Petén, die Maya Mountains und den District Cayo. Die Ostseite der Pyramide zeigt ein ungewöhnliches Stuckfries. Auf der Plaza stehen drei reliefierte Stelen. *Warnung:* Auf der Zufahrtsstraße kommt es zu Überfällen.

Sayil

Yucatán (Mexiko)

Höhe: 28 m — S. 355 □ D 1

Anreise: Mit dem »Tour Puuc«-Bus von *Autotransportes del Sur* (siehe Kabáh).

Über die Geschichte der wenig erforschten Maya-Stätte Sayil (»Platz der Ameisen«) ist noch wenig bekannt. Die beiden wichtigsten Gebäude stammen aus dem 8. und 9. Jh.

Sayil, Chac-Maske am Palacio

Palacio: Der imposante, dreistöckige Palast (über 85 m lang, 40 m breit) erinnert mit seinen übereinander zurückversetzten Niveaus an das »Haus der fünf Stockwerke« von →Edzná. Eine große axiale Treppe mit drei Fluchten teilt das in verschiedenen Konstruktionsphasen errichtete Gebäude. Das erste, an der Ostseite restaurierte Geschoß fällt mit seinen kleinen Fenstern und dem fehlenden Dekor an dem einfachen Säulenfries sehr bescheiden aus. Prunkvoll ist dagegen der Westtrakt des zweiten Stockwerks, das weiträumige, in zwei Reihen angeordnete Zimmer vereint, die miteinander verbunden sind. Die überwölbten Kammern sind an der Vorderseite durch eine breite Türöffnung zugänglich, deren Oberschwelle und Fries von zwei runden Säulen aus zwei Trommeln getragen werden, die von quadratischen Kapitellen gekrönt sind. Der Wohnraum an der Fassade erhält dadurch viel Licht. Zwischen den Öffnungen ahmen Mauerpartien aus eingebundenen Säulen (mit drei Ringen in der Mitte und an den Enden) die Rundhölzer der traditionellen, heute noch anzutreffenden Maya-Hütten *(chozas)* nach. Der im Puuc-Stil angefertigte Fries darüber zeigt eingebundene Säulen und Chac-Masken. Über jeder Türöffnung ist das stilisierte Motiv des »herabsteigenden Gottes« angebracht, wie man es eigentlich erst bei den postklassischen Bauten an der Karibikküste (→Tulum) häufig antrifft. Es handelt sich um eine von zwei Schlangenrachen flankierte Person, die kopfabwärts, mit senkrechtem, von hinten gesehenem Körper und mit den in Taucherstellung gebeugten Beinen in der Höhe dargestellt wird: das Bild der Sonne, die in der Abenddämmerung zum Horizont hinabsteigt. Das letzte Geschoß zeigt fensterartige Öffnungen und ist wieder sehr nüchtern gestaltet.

Mirador: Das etwa 400 m vom *Palacio* entfernt auf einer Plattform gelegene Tempelgebäude, zu dem eine *sacbé* führt, weist noch einen schönen Dachkamm (*crestería*) auf. Vom Mirador führt ein Pfad durch den Buschwald zu einer Stele, die eine Figur mit übergroßem Phallus zeigt.

T

Tikal
Petén (Guatemala)

Höhe: 283 m — S. 355 □ D3

Anreise: Flüge mit den Gesellschaften *Aviateca*, *Tikal Jets* und *Aerovías* (letztere weniger empfehlenswert) von Guatemala-Stadt nach Flores (Santa Elena), von dort Shuttle-Busse nach Tikal (60–90 Min.). Aviateca und Aerovías fliegen auch von Belize City, *Aerocaribe* von Cancún (mit Zwischenstop in Chetumal). Von und nach Flores Busverbindung mit Guatemala-Stadt (*Transportes La Petenera*; 14–15 Std.), Belize City (*Transportes Pinita* bis zur Grenze, in Belize *Novelo*; 7 Std.), Chetumal (spezieller Direktbus am Morgen; 9 Std.) und Sayaxché (*Transportes Pinita*; 2 Std.).

Unterkunft: In Tikal selbst gibt es nur drei relativ bescheidene Hotels ohne Telefon: *Jungle Lodge:* Tel. (in Guatemala-Stadt): (2) 476-02-94 (unlängst modernisiert; beste Unterkunft). – *Jaguar Inn*. – *Tikal Inn*. Die meisten Touristen übernachten in Flores/Santa Elena: *Hotel Camino Real:* Tel. (in Guatemala-Stadt): (2) 333-46-33. – *Hotel Villa Maya:* 10 km ö von Santa Elena am See: Tel. (in Guatemala-Stadt): (2) 334-81-36, Fax: 334-81-34. – *Hotel Tziquina-ha:* Tel. (9) 250-13-59. – *Hotel del Patio Tikal:* Tel. (in Guatemala-Stadt): (2) 250-33-65, Fax 250-43-13. – Hotel Petén: Tel./Fax (9) 250-06-62.

Restaurants: In Tikal: Außer dem Restaurant im Besucherzentrum und im Hotel Jungle Lodge drei kleine Comedores; in Flores: *Restaurant La Mesa de los Maya*. – *El Bistro de Flores (Chez Michel)*. – *Restaurant Palacio Maya*. – *Restaurant Posada El Túcan*. – *Restaurant La Canoa*. – *Restaurant La Jungla*.

Die inmitten des dichten tropischen Regenwalds von Petén (587 km nördlich von Guatemala-Stadt) gelegene Ruinenstadt der Maya ist eine der faszinierendsten Stätten Mesoamerikas. Sie liegt im 576 km² großen *Parque Nacional Tikal*. Auf einem 16 km² großen Gebiet hat man über 4000 Strukturen identifiziert, darunter Plätze, Tempel, Paläste, Pyramiden, Ballspielplätze und Mayastraßen *(sacbés)*. Nur ein kleiner Bruchteil davon ist ausgegraben und erforscht. Besucher beschränken sich fast ausschließlich auf den zentralen Zeremonial- und Palastbezirk, die Nordgruppe und den Inschriftentempel. 1979 erklärte die UNESCO Tikal zum Kulturerbe der Menschheit, 1988 zum Weltmonument.

GESCHICHTE

Kein Glyphenmonument von Tikal geht bis in die späte Präklassik zurück, doch haben archäologische und ikonographische Zeugnisse in der *Acrópolis Norte* ergeben, daß dort wenigstens zwei Herrscher bestattet wurden, und zwar in den Gräbern 166 (50 v. Chr.) und 85 (um die Zeitenwende). In der frühen klassischen Zeit wächst die Zahl der Inschriften, und biographische Daten der einzelnen Herrscher werden verfügbar. 577 Jahre ununterbrochener Erbfolge sind dokumentiert: Diese Dynastie begann 292 n. Chr. und endete 869. Sie brachte es auf die Zahl von mindestens 39 Herrschergenerationen.
Wie in Palenque und Copán erwähnen auch die Inschriften Tikals einen Dynastiegründer, *Yax Moch Xoc*. Ob dieser wirklich existiert hat, oder nur mythischer oder legendärer Natur ist, konnte bislang nicht geklärt werden, da sich aus seiner Regierungszeit keine Monumente erhalten haben. Es läßt sich jedoch rekonstruieren, daß Yax Moch Xoc 219–238 n. Chr. regierte, also mindestens anderthalb Jahrhunderte nach der Herrschaft des Königs, der sich auf *Estructura 5D-sub-10-1* der Nordakropolis verewigte.

Tikal, Templo I im Abendlicht ▷

Quetzal – geflügelter Götterbote der Maya

Moctezuma, der berühmte Aztekenherrscher, besaß ein prächtiges Stirnband aus Quetzalfedern, das heute im Naturhistorischen Museum von Wien bewahrt wird, doch der herrliche Vogel genoß schon lange vorher geradezu göttliche Verehrung. In Teotihuacán (im mexikanischen Hochland) entwickelte sich der Federschlangenkult um Quetzalcóatl, der sich über ganz Mesoamerika ausbreitete. So wurde beispielsweise der große Quiché-Häuptling Gucumatz, der die Hauptstadt Utatlán errichten ließ, als »Federschlange« verehrt. Den Maya galt der Quetzalvogel als Götterbote, als Inbegriff der Schönheit, mit dessen Insignien sich nur die Herrscher und Priester schmücken durften. Rauch-Frosch aus Tikal, der Eroberer von Uaxactún, ließ sich auf Stele 5 mit einem Quetzalvogel abbilden, ebenso wie Herrscher Pacal auf der berühmten Grabplatte von Palenque. Die Würdenträger auf den Fresken von Bonampak tragen ebenso einen Kopfputz aus Quetzalfedern wie die Herrscher auf den Stelen von Copán und Tikal oder auf den Türstürzen von Yaxchilán. Auf das Töten eines Quetzals stand die Todesstrafe. Zur Zeit der Konquista wurde der Quetzal von den Quiché Guatemalas hochverehrt; er galt als *náhual*, als spiritueller Beschützer der Häuptlinge. Tecún Umán, der große Quiché-Führer, trat in der Entscheidungsschlacht von Xela (heute Quezaltenango) gegen Pedro de Alvarado in einem Gewand aus grünen Quetzalfedern zum Zweikampf an. Der Legende zufolge soll sich nach dem Kampf ein Quetzal auf dem gefallenen Tecún Umán niedergelassen haben, um dessen Herz zu schützen. Das ausströmende Blut des Quiché-Helden färbte dabei die Brust des Vogels scharlachrot.

Die Spanier erkannten schnell den Wert des Quetzals und trieben lebhaften Handel mit dessen Federn. Oftmals mußten die Indígenas Quetzalfedern als Tribut abliefern. Die Bestände wurden dementsprechend schnell dezimiert, ein übriges tat die Abholzung der feuchten Höhenwälder, in denen der Vogel lebt. Legendär ist die Freiheitsliebe des Quetzals. Bei Käfighaltung geht er schnell zugrunde. Bei den Maya war es verboten, den Vogel in Gefangenschaft

Yax Moch Xoc war also keineswegs der erste Monarch von Tikal, muß sich indes als König in so überragender Weise hervorgetan haben, daß seine Nachfolger ihn zum Dynastiegründer erhoben. Der älteste historisch belegte König von Tikal, von dem wir ein Porträt kennen, ist auf *Estela 29* abgebildet. Der Monarch namens Voluten-Ahau-Jaguar erscheint hier inmitten eines komplizierten Arrangements von Emblemen, das seinen Rang und seine Macht bezeichnete. Das verdrehte Seilstück, das vor seinem Ohrschmuck herabhängt, macht aus seinem Kopf die Namensglyphe der Stadt. Über ihm schwebt als Geistererscheinung der dynastische Vorfahre, von dem die Herrschaft auf ihn übergegangen ist. Ein anderes Bildelement fordert das »Gottesgnadentum« des Herrschers ein: Im rechten Arm hält der Dargestellte einen Schlangenstab, aus dessen Ende der Sonnengott als Menschenhaupt hervortritt. Nachfolger von Voluten-Ahau-Jaguar waren Groß-Jaguar-Tatze I (317 n. Chr.) und Mond-Null-Vogel. Letzterer ist auf einem königlichen Gürtelornament abgebildet, das als Leidener Platte bekannt wurde. Die Inschrift auf der Rückseite dieser Nephritplatte datiert Mond-Null-Vogels Thronbesteigung auf den 17. September 320 n. Chr. Wie sein Vorgänger hält der aufrecht stehende König einen Schlangenstab, aus dem jedoch nicht nur der Sonnengott, sondern auch Gott K, der Gott der Abstammung, hervortritt. Wieder trägt der Herrscher als Zeichen seiner Würde auch einen kunstvoll gearbeiteten Gürtel, von dem im Rücken bis in Höhe der Kniekehlen eine Kette mit einer Gottheit als Anhänger herabhängt. Im mächtigen Kopfputz des Herrschers erscheinen die ikonographischen Elemente »Jaguar« und »Gott Narr«. Zu Füßen der Figur kauert ein zur Opferung vorgesehener adeliger Gefange-

zu halten. Nach der liberalen Revolution von 1871 wurde der Vogel als Symbol der Freiheit ins Nationalwappen von Guatemala aufgenommen, wo er zwischen zwei gekreuzten Bajonetten thront. 1924 benannte man auch die neue Landeswährung nach ihm (übrigens die stabilste Mittelamerikas). Verdiente Bürger Guatemalas werden mit dem Quetzalorden ausgezeichnet. Auch sonst ist der Quetzal in Guatemala als Motiv omnipräsent, gestickt, gemalt, skulptiert und geprägt.

Wer den Quetzal einmal in freier Wildbahn erblickt hat, wird die Faszination, die dieser Vogel seit Jahrtausenden auf die Menschen ausübt, sofort verstehen. Schwerelos schwebend wirkt sein Flug, und wenn der Vogel auf einem Ast sitzt, hängen seine langen Schwanzfedern überaus dekorativ herab. Nur die Männchen des etwa taubengroßen Quetzals *(Paromachrus mocinno)* besitzen die je nach Lichteinfall atemberaubend grün und blau schimmernden Federn, die äußeren Schwanzfedern sind weiß, die Brust ist scharlachrot. Die Weibchen zeigen dagegen ein eher unauffälliges bräunliches Kleid. Die Größe ihrer Schwanzfedern – bei Männchen können sie eine Länge von bis zu einem Meter erreichen – zwingt die Vögel dazu, sich in vermoderten Baumstämmen drei bis fünf Meter über dem Boden tunnelförmige Nester anzulegen. Die Brutzeit fällt etwa in den Beginn der Regenzeit (März/April). Männchen und Weibchen wechseln sich dabei ab. Nach etwa zwei Wochen hat sich das Federkleid der nacktgeborenen Jungen voll entwickelt, doch bleiben sie noch einige Zeit in der Nähe des Nestes, bevor sie ihre eigenen Wege gehen.

Außerhalb der Brutzeit ist der Quetzal ein Einzelgänger. Wer sich nicht mit den eher deprimierenden ausgestopften Exemplaren im Naturhistorischen Museum von Guatemala-Stadt oder im Empfangsaal des Nationalpalasts begnügen will, muß in den *Biotopo del Quetzal* fahren. In diesem nebligen, regenreichen Schutzgebiet südlich von Cobán (Baja Verapaz) herrschen noch ideale Lebensbedingungen für den Quetzal, der in anderen Landesteilen kaum mehr zu finden ist. Auch im Biotopo versteckt sich der Quetzal meist vor den Augen der Wanderer, die größte Chance, einen dieser Vögel zu sehen, bietet sich in der Morgendämmerung.

ner. Dieser dokumentiert, daß schon die Maya der frühklassischen Zeit Kriege führten, um im Zweikampf Gefangene zu machen, die anschließend in einem öffentlichen Opferritual gefoltert und getötet wurden. Königliche Gefangene bedeuteten für den Sieger einen enormen Prestigegewinn: Nicht selten fügte der Herrscher seinem eigenen Namen die Namen seiner bedeutendsten Gefangenen hinzu, um sich deren Heldenmut einzuverleiben. Einige Epigraphen sehen Mond-Null-Vogel nicht als Herrscher Tikals an. Träfe dies zu, so könnte es sich bei dessen Nachfolgern, Groß-Jaguar-Tatze II und Groß-Jaguar-Tatze I, um einen einzigen Herrscher handeln, der über den extrem langen Zeitraum von 320 bis 376 n.Chr. regierte. Die nur fragmentarisch erhaltene *Estela 39* (376 n.Chr.) identifiziert Groß-Jaguar-Tatze II als neunten Herrscher von Tikal. Mit dessen Thronbesteigung begann in Tikal eine große Blütezeit, die von den Nachfolgern – Huh Chaan Mah K'ina (»Schnute«) und K'awil Chaan (»Sturmhimmel«) – fortgesetzt wurde. 378 n.Chr. eroberte eine Armee Tikals unter Führung von Rauch-Frosch, vermutlich eines jüngeren Bruders von Groß-Jaguar-Tatze II, die ca. 25 km nördlich gelegene Nachbarstadt Uaxactún (→Umgebung). Das Datum dieses großen Sieges – 8.17.1.4.12, 11 Eb 15 Mac – ist zweimal in Uaxactún *(Estela 5* und *Estela 22)* und zweimal in Tikal *(Estela 31* sowie auf einer Spielfeldmarkierung im *Grupo 6C-XVI)* protokolliert. Auf Stele 5 in Uaxactún erscheint Rauch-Frosch als siegreicher Anführer der Streitmacht von Tikal. Er trägt die älteste bekannte Abbildung der aus Teotihuacán übernommenen Tlaloc-Venus-Kriegsbekleidung, Symbol der heraufdämmernden Variante des Eroberungskriegs. Diese Tracht wurde in verschiedenen Ab-

Tikal, Estela 3 mit Namensglyphe von König Groß-Jaguar-Tatze II

wandlungen zu einer Art Standarduniform der Maya-Könige auf ihren Kriegs- und Eroberungszügen. Bald nachdem die Maya zu dieser Form der Kriegführung übergegangen waren, legten sie die Termine für ihre Feldzüge auf markante Punkte im Venuszyklus (insbesondere das erste Erscheinen des Abendsterns). In der rechten Hand hält Rauch-Frosch eine mit Obsidianklingen besetzte Keule und in der Linken die Speerschleuder, neben seinem Turban erkennt man einen Quetzalvogel.

Mit der Eroberung von Uaxactún stieg Tikal zum größten und blühendsten frühklassischen Königreich im Herzland der Maya auf und dehnte seinen Herrschaftsbereich 100 km nach Norden aus. In der Regierungszeit von Schnute und Sturmhimmel pflegte Tikal enge kulturelle und wirtschaftliche Beziehungen mit Kaminaljuyú (bei Guatemala-Stadt) und Copán. Daß auch die Kontakte mit der zentralmexikanischen Metropole Teotihuacán von Bedeutung gewesen sein müssen, läßt sich nicht nur an der von dort übernommenen Kriegsikonographie, sondern auch an den im *talud-tablero* genannten Stil errichteten Gebäuden ablesen. Die Nachfahren des Siegers Groß-Jaguar-Tatze führten ehrgeizige Bauprogramme durch und errichteten auf dem Platz vor der *Acrópolis Norte* eine Vielzahl von Stelen, auf denen sie sich selbst darstellten. Uaxactún wurde in der Zwischenzeit von Nachfahren des Eroberers Rauch-Frosch regiert. Man nimmt außerdem an, daß »Herrscher X« (434–463) von Río Azul ebenfalls ein enger Verwandter der Königsfamilie von Tikal war. Nach dem Tod von Sturmhimmel verdüsterte sich für Tikal jedoch der Horizont. Der nächste Herrscher, Kan-Eber (475 n.Chr.), war offensichtlich nicht der legitime Nachfolger. Sein Sohn, Schädel-Groß-Jaguar-Tatze III (488 n.Chr.), heiratete eine aus der Königsfamilie stammende Frau, wohl um seine Thronbesteigung dynastisch zu legitimieren. Nach der Herrschaft von Schädel-Groß-Jaguar-Tatze III muß es in Tikal zu internen Problemen gekommen sein: Bis 527, dem Jahr der Thronbesteigung von Ringelkopf, sind keine Daten verfügbar. Die Dynastie setzte sich mit der, allerdings sehr kurzlebigen, Herrschaft von Schädel-Groß-Jaguar-Tatze IV fort, dessen Sohn, Zweifach-Vogel, 537 den Thron bestieg. Zweifach-Vogel eroberte 556 n.Chr. Caracol (heute Belize) und ließ einen von dort stammenden Adeligen enthaupten. Später erlitt er jedoch eine vernichtende Niederlage gegen Herr-Wasser aus Caracol, was in Tikal dynastische Konflikte und politische Instabilität zur Folge hatte. Der Nachfolger von Zweifach-Vogel, Tier-Schädel (593 n.Chr.), wurde jedenfalls als Usurpator angesehen, nach dessen Tod Tikal verarmte und an politischem Einfluß verlor. Ein Zweig der Königsfamilie von Tikal wanderte sogar in die Region von Petexbatún aus, um dort 645 n.Chr. die Stätte Dos Pilas zu gründen. Der nächste Herrscher, Schild-Schädel, festigte jedoch die dynastische Macht der Königsfamilie: Tikal wurde wieder wohlhabender. Im Jahre 679 n.Chr. wurde Schild-Schädel aber von Herrscher 1 aus Dos Pilas, der vermutlich Ansprüche auf den Thron von Tikal erhob, gefangengenommen und geopfert. Dennoch gelang es Schild-Schädels Sohn, Ha Sawa Chaan K'awil (früher Ah-Cacau oder Herrscher A genannt), im Jahre 682 das Zepter zu übernehmen. Ha Sawa Chaan K'awil regierte 51 Jahre lang und bescherte Tikal die zweite große Blütezeit. Er erneuerte die religiösen Rituale, führte erfolgreiche Kriege gegen andere Städte und schmiedete durch geschickte Heiratspolitik politische Allianzen mit so entlegenen Regionen wie Piedras Negras und Yaxchilán am Río Usumacinta sowie Copán. Im Jahre 695 n.Chr. führte Ha Sawa Chaan K'awil zwei erfolgreiche Kriege gegen Calakmul, den Hauptverbündeten von Dos Pilas, wobei er zwei Adelige gefangennahm und opfern ließ. Einer von ihnen war Herrscher Jaguar-Tatze. Unter Ha Sawa Chaan K'awil stieg Tikal zu einer Metropole auf, die ein dramatisches Bevölkerungswachstum verzeichnete, in der Maya-Welt einen ungemeinen politischen Einfluß erlangte und sich in den Künsten und der Architektur verfeinerte. In dieser Zeit errichtete man die massiven Tempel mit ihren hohen Dachkämmen, die verschwenderisch mit skulptierten Masken und Götterdarstellungen verziert wurden. Wie bedeutend und reich Ha Sawa Chaan K'awil war, läßt sich an den Beigaben ablesen, die in seinem unter *Templo I* verborgenen Grab *(Entierro 116)* entdeckt wurden.

Sein Nachfolger, Yaxkin Chaan K'awil (früher Herrscher B), bestieg 734 n.Chr. den Thron und regierte 32 Jahre lang. Unter seiner Herrschaft entstanden eine Vielzahl von Monumentalbauten, darunter *Templo IV*, das höchste Bauwerk Mesoamerikas. 743 führte er einen siegreichen Krieg gegen Yaxha, das Tikal noch geraume Zeit kontrollieren sollte, wie ein dort 793 n.Chr. nach dem Vorbild Tikals errichteter Zwillingspyramidenkomplex nahelegt. Zwei Söhne von Yaxkin Chaan K'awil bestiegen nacheinander den Thron, Nachtsonne (ca. 766 n.Chr.) und Chitam (früher Herrscher C; 768 n.Chr.). Danach versinkt Tikal allmählich im Dunkel der Geschichte. Man nimmt heute an, daß der auf *Estela 24* abgebildete Herrscher 810 n.Chr. *Templo III* errichten ließ. Der letzte bekannte König regierte um das Jahr 869 n.Chr. Man weiß so wenig von ihm, daß er einfach »Herrscher der Stele 11« genannt wird. Nach ihm wird kein weiterer Herrscher Tikals mehr erwähnt. Über den Untergang von Tikal läßt sich – wie im Falle vieler Mayastätten – nur spekulieren. Verantwortlich für den um 900 n.Chr. erfolgten Zusammenbruch der Maya-Klassik dürfte eine

Tikal, Estela 26, Bericht über mehrere Könige

Reihe von Faktoren gewesen sein: Schwächung der Zentralgewalt, kriegerische Auseinandersetzungen, Überbevölkerung, Raubbau an der Natur usw. Die Elite verließ kurz nach 900 das Zentrum von Tikal, das in Ermangelung eines organisierten Gemeinschaftswesens bald völlig aufgegeben wurde. In Vergessenheit ist Tikal bei den Maya jedoch nie geraten. Einige Itzá-Gruppen, die in der Nähe des Lago Petén Itzá siedelten, nutzten Tikal als Wallfahrtsstätte und bestatteten in einer der Kammern von *Templo I* eine Frau. Mitte des 19.Jh. registrierte Ambrosio Tutz, Gouverneur des Petén, Lacandonen in der Umgebung von Tikal, wobei nicht klar ist, ob diese aus der Region des Río Usumacinta oder aus einer Tikal näher gelegenen Gegend stammten.

Der erste Europäer, der Tikal erreichte, soll Fray Andrés de Avendaño gewesen sein. Dieser war 1696 aus Tayasal, der Hauptstadt der Itzá, geflohen, nachdem er von einer Verschwörung gegen ihn erfahren hatte. Der Pater berichtet in seiner Chronik, er habe

Tikal, Plaza Este, Rückseite von Templo I

sich in der Nacht davongestohlen und sei durch eine alte Stadt mit hohen Gebäuden und weißen Häusern mit Gewölben gezogen. Der erste offizielle Bericht über Tikal wurde jedoch erst 1848 geschrieben. Eine Abordnung aus Guatemala-Stadt hielt sich sechs Tage in Tikal auf, sammelte Daten und fertigte Zeichnungen von Tempeln, Gebäuden, Stelen und Altären an. Ambrosio Tutz, Gouverneur des Petén, war der erste, der Tikal erreichte. Er teilte seine Entdeckung Modesto Méndez, Verwaltungsbeamter des Petén, mit, der den offiziellen Bericht der Entdeckung anfertigte. Der Name Tikal stammt aus dem Maya der Itzá und bedeutet »Stätte der Stimmen«. Der Bericht von Méndez wurde in einer guatemaltekischen Zeitung und dann in Deutschland veröffentlicht, woraufhin eine Reihe von Europäern und Nordamerikanern in den Urwald des Petén pilgerte. John Carmichael besuchte Tikal 1869, 1890 und 1903, im Jahre 1877 entfernte Gustave Bernouilli mehrere geschnitzte hölzerne Türstürze von den Tempeln I und IV. Diese sind heute im Basler Ethnologischen Museum zu sehen. Alfred Percival Maudslay fertigte 1881/82 die erste Karte Tikals an und schlug sein Lager im *Palacio 5D–52* (Palast der Fünf Stockwerke) auf. 1895 besichtigte der Deutsche Teobert Maler erstmals die Stätte. 1904 kam er wieder, um einen neuen Ruinenplan anzufertigen. Sein eingraviertes Autogramm ziert noch immer die Wand einer Kammer im sog. Palacio Maler, in dem er sein Quartier aufgeschlagen hatte. 1910 vervollständigten A. M. Tozzer und E. E. Merwin den Lageplan Tikals und fotografierten die Stätte. Zwischen 1914 und 1937 stattete Sylvanus G. Morley Tikal fünf Besuche ab, auf denen er sich bemühte, Inschriften zu entziffern. Im Jahre 1956 begann die University of Pennsylvania das ehrgeizige Tikal Projekt: Jetzt wurde die Stätte ausgegraben und intensiv erforscht. Leiter des 1969 abgeschlossenen Projekts waren Edwin Shook, William Coe (der den noch heute maßgeblichen Führer zu den Ruinen Tikals schrieb) und George Guillemin. In dieser Zeit fertigte man einen vollständigen Lageplan Tikals an und legte Tempel, Paläste, Wohnbezirke, Ballspielplätze, den Marktplatz und weitere Wohngebiete in benachbarten Zonen frei. Die Archäologen restaurierten die *Gran Plaza* mit ihren beiden Tempeln, Nord- und Zentralakropolis sowie mehrere Gruppen mit Zwillingspyramiden. Seit den 80er Jahren führt das Proyecto Nacional Tikal weitere Ausgrabungsarbeiten durch: Jüngstes Projekt ist die Restaurierung von *Templo V*, die im Jahr 2000 abgeschlossen sein soll. Manche Monumente von Tikal, darunter der berühmte Tempel I, befinden sich inzwischen allerdings in einem bedenklichen Zustand, da die für die Erhaltung der Stätte vorgesehenen Summen sowie die Eintrittsgelder der Touristen offensichtlich in dunklen Kanälen verschwinden. Da Tikal heute in einem Naturreservat liegt, dürfen keine weiteren Hotels mehr gebaut werden, auch die kleine Landebahn ist nicht mehr in Betrieb. Als Präsident Arzú höchstpersönlich ein großes Hotel an der Ruinenstätte errichten wollte, erhob sich ein Sturm der Entrüstung (angeführt von den Hoteliers aus Flores), so daß das Projekt Anfang 1996 stillschweigend beerdigt werden mußte.

Tikal, Estela 31 (Rückseite), Herrscherchronologie ▷

BESICHTIGUNG

Vom *Hotel Jungle Lodge* sind es nur wenige Minuten bis zum Kartenhäuschen der Ruinenstätte, das bereits ab 5 Uhr morgens besetzt ist, um Besuchern, die in einem der drei Hotels von Tikal übernachtet haben, die Möglichkeit zu geben, Tikal im kühlen Morgengrauen zu erleben. Zu dieser Zeit teilt man die riesige Stätte nur mit einer Handvoll Frühaufsteher und wird besonders viele Urwaldtiere hören und sehen, darunter Affen und Papageien. *Tip:* Lassen Sie sich auf ihre Eintrittskarte einen Stempel drücken, der Sie berechtigt, sich auch nach der offiziellen Schließung um 18 Uhr innerhalb der Ruinenstätte (bis 20 Uhr) aufzuhalten, um den Sonnenuntergang von der Spitze eines der Tempel (am besten Tempel II oder IV) zu erleben. In den Tropen bricht die Nacht sehr schnell herein, daher benötigen Sie für den etwa 20minütigen Rückweg eine Taschenlampe.

Schräg gegenüber des Kartenhäuschens erhebt sich ein riesiger Ceiba-Baum, der den Maya heilig war. Von dort sind es nur wenige Minuten bis zu einer Weggabelung. Beide Urwaldpfade führen zur *Plaza Mayor*. Schlagen Sie am besten den rechten Weg ein. (Der linke führt über den weniger interessanten *Grupo F*, einen nur teilweise konsolidierten Komplex aus vier palastähnlichen Strukturen, zum gleichen Ziel.) Nach wenigen Minuten erreichen Sie zwei Zwillingspyramidenkomplexe, *Complejo Q* und *Complejo R*.

Complejo Q: Zur Rechten des Wegs sehen Sie zwei sich gegenüberliegende Pyramiden, die auf einer riesigen, etwa 2,5 ha großen Plattform errichtet wurden. In Tikal hat man bislang sechs weitere vergleichbare Gebäudegruppen entdeckt. Diese Zwillingspyramiden wurden errichtet, um das Ende eines *katun*, einer Periode von 20 Jahren à 360 Tagen, zu markieren. Die Pyramiden sind jeweils über vier Treppen zugänglich; die sie einst bekrönenden Tempel sind verschwunden. Vor der Ostpyramide (die man zuerst erreicht) wurden unbehauene Stelen und Altäre aufgestellt. Im Norden der Plattform befindet sich eine Umfriedung mit Kragbo-

◁ *Tikal, Templo 1,*
Vase aus Grab 116 (Museo Morley)

Nachfolgende Grundrisse zeigen:
Tikal 1 Complejo Q (Komplex Q) **2** Complejo R (Komplex R) **3** Grupo F (Gruppe F) **4** Plaza Este (Ostplatz) **5** Plaza Mayor (Hauptplatz) **6** Templo I (Tempel I) **7** Juego de Pelota (Ballspielplatz) **8** Templo II (Tempel II) **9** Plaza Oeste (Westplatz) **10** Acrópolis Norte (Nord-Akropolis) **11** Acrópolis Central (Zentral-Akropolis) **12** Templo V (Tempel V) **13** Acrópolis Sur (Süd-Akropolis) **14** Plaza de los Siete Templos (Platz der Sieben Tempel) **15** Mundo Perdido (Verlorene Welt) **16** Palacio de los Murcielagos (Fledermauspalast) **17** Complejo N (Komplex N) **18** Calzada Tozzer (Tozzer-Dammweg) **19** Templo IV (Tempel IV) **20** Templo III (Tempel III) **21** Calzada Maudslay (Maudslay-Dammweg) **22** Complejo M (Komplex M) **23** Complejo P (Komplex P) **24** Grupo H (Gruppe H) **25** Calzada Maler (Maler-Dammweg) **26** Calzada Mendez (Mendez-Dammweg) **27** Templo de las Inscripciones (Inschriftentempel) **28** Hotel Jungle Lodge **29** Museo Sylvanus G. Morley **30** Hotel Jaguar Inn **31** Hotel Tikal Inn **32** ehemalige Flugzeuglandebahn **33** Restaurants **34** Besucherzentrum (mit Museo Lítico)

geneingang, in der eine Stele mit Altar aufgestellt wurde. Dabei handelt es sich um *Estela 22*. Auf der Schauseite war eine in vollem Ornat abgebildete Person zu sehen: Tikals letzter namentlich bekannter Herrscher Chitam. Sein Gesicht wurde jedoch in postklassischer Zeit zerschlagen. Damit hoffte man, die der Stele innewohnende Macht oder die Macht der dargestellten Person zu schwächen. Die skulptierte Hand scheint entweder Wasser oder Maiskörner zu verstreuen. Die zwei vertikalen Glyphenkolonnen sind gut erhalten. Das Datum ist in den ersten vier Glyphen der oberen zwei Reihen angegeben: Die erste Glyphe registriert den Tag 13 Ahau, auf den der Monat 18 Cumhú folgt. Die linke Glyphe der zweiten Reihe gibt den 17. Katun an, die Glyphe daneben sagt aus, daß der Haab oder Tun vollendet ist. Damit ergibt sich das Datum 9.17.0.0.0 oder 771 n. Chr. Auf der sehr verwitterten Oberfläche des Altars läßt sich eine gefesselte Person erkennen. Der skulptierte Rand zeigt gefesselte und durch Mattenverzierungen voneinander getrennte Personen in sitzender Stellung.

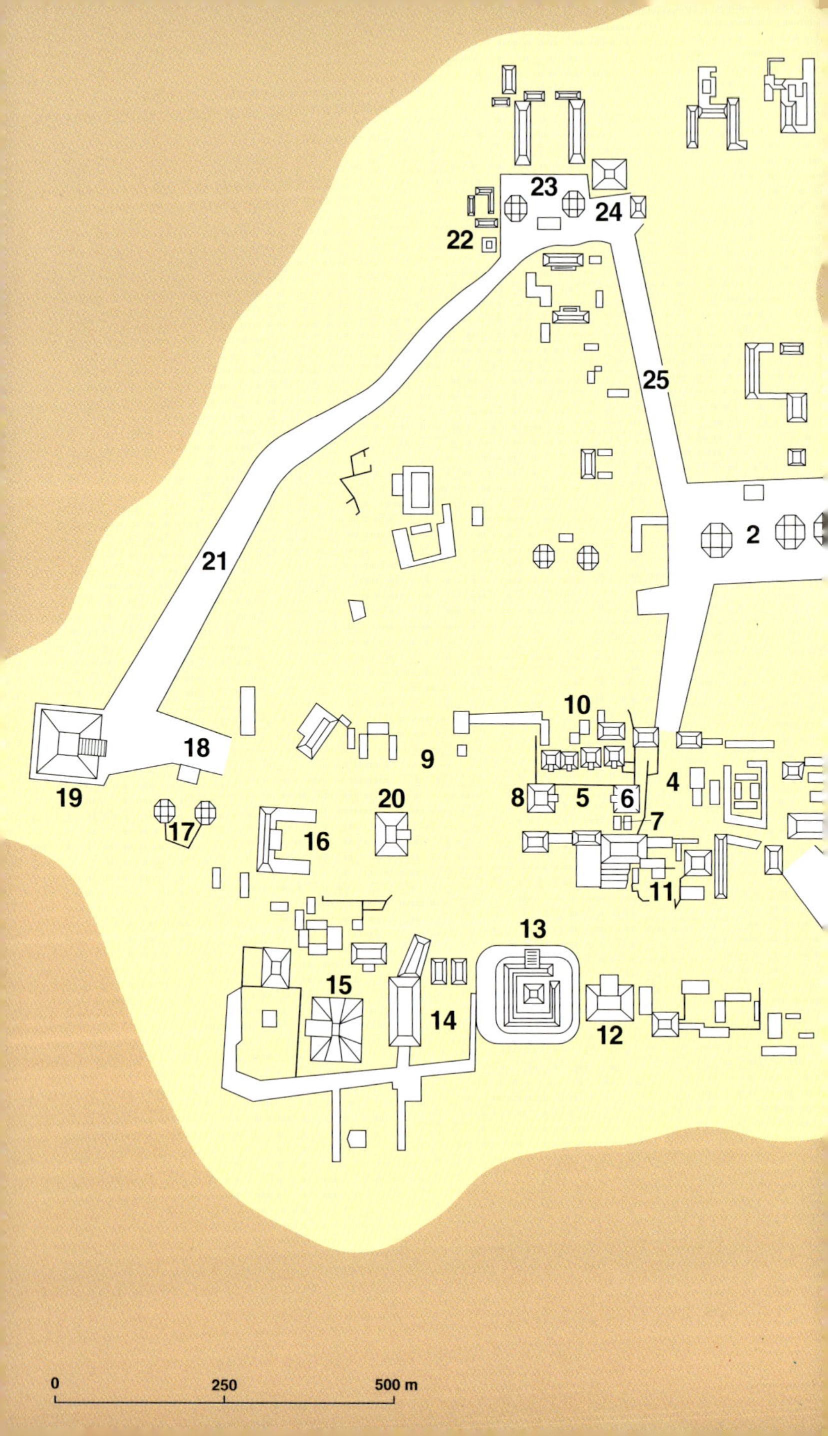

23
24
22
25
2
21
10
18
9
4
19
20
8
5
6
7
17
16
11
13
15
14
12
0
250
500 m

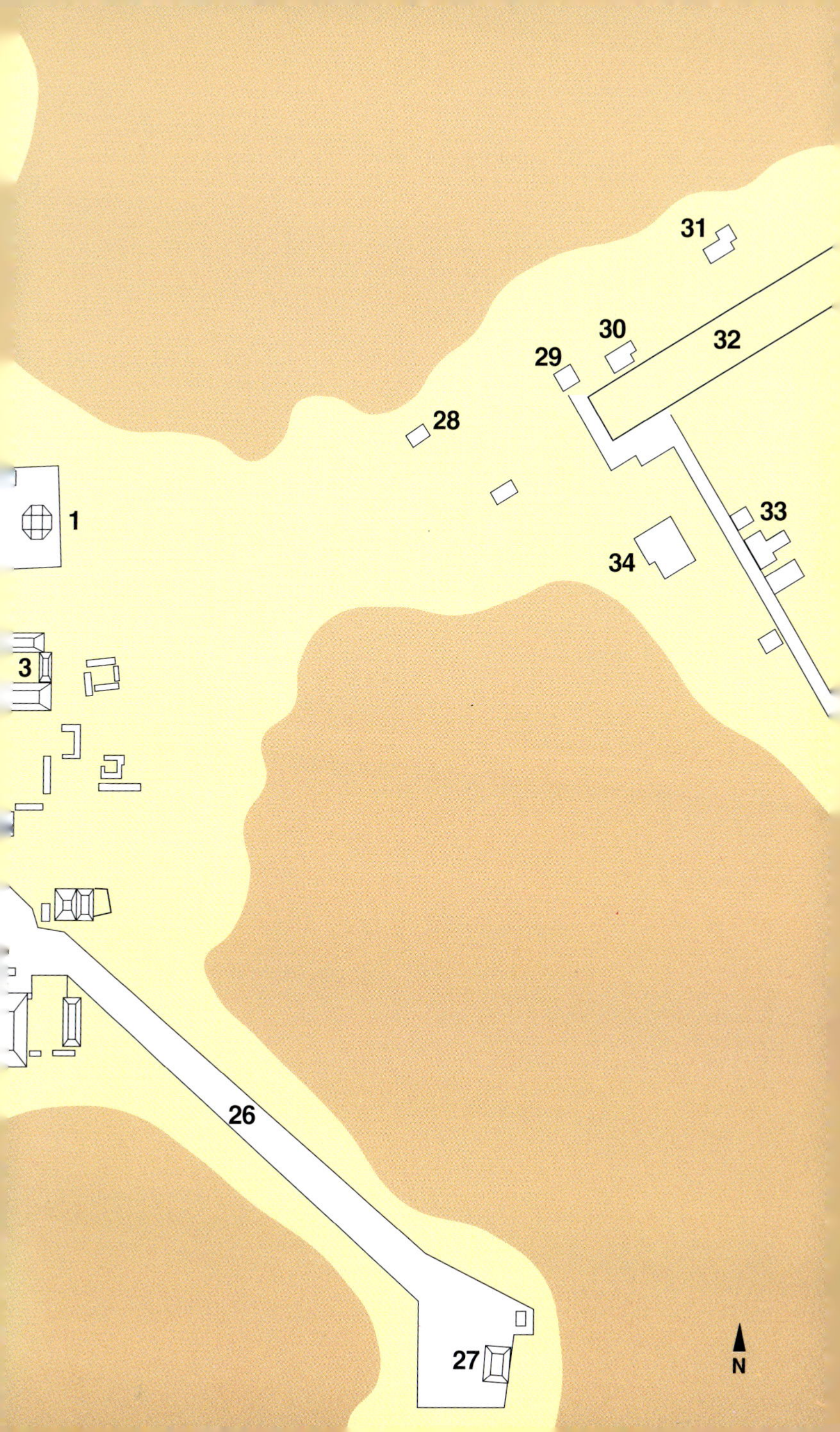
31
30
32
29
28
33
1
34
3
26
27
N

Complejo R: Das unmittelbar auf *Complejo Q* folgende Gebäudcensemble folgt dem Schema der Zwillingspyramidenkomplexe von Tikal. Die Stele des unüberdachten Raums zeigt weder Inschriften noch Skulpturen, soll aber 731 n.Chr. errichtet worden sein. Nach der Ostpyramide des Komplexes ist die *Calzada Maler* erreicht, ein *sacbé* (Plural *sacbeob*) der Mayazeit, der einst gepflastert und von Brüstungen gesäumt war. Die Straße verbindet die Strukturen im Norden *(Grupo H)* mit der *Plaza Este*.

Plaza Este: Die hinter *Templo I* liegende Plaza bildete so etwas wie den Vorhof des wichtigsten Zeremonialzentrums von Tikal. Von hier gingen drei der wichtigsten Straßen der Stadt aus. Eine (namenlose) führte zur Plaza Mayor, die *Calzada Maler* zu den Zeremonialstätten im Norden, die *Calzada Méndez* zu den Anlagen im Südosten. Den Ostplatz beherrschen *Acrópolis Central* und die massige Rückseite von *Templo I*, dessen imposante Höhe von hier aus erst richtig deutlich wird. Hinter einem kleinen, spätklassischen Ballspielplatz liegt eine breite Plattform mit einer Reihe kleiner Gebäude, die *Mercado* (Marktplatz) genannt wird. In der Südostecke der Plaza befindet sich ein Tempel, unter dem man die Reste mehrerer abgeschlagener Köpfe gefunden hat, ein sicheres Indiz dafür, daß in Tikal Menschenopfer dargebracht wurden. Hinter dem Marktplatz liegt ein Schwitzhaus, in dem sich die Mayapriester vermutlich vor ihren religiösen Zeremonien reinigten.

Gran Plaza: Die einen Hektar große Plaza ist zwar nicht der größte Platz von Tikal, sie war jedoch das zeremonielle Zentrum der Maya-Stadt, und das schon in präklassischer Zeit. An ihren Seiten erheben sich die bedeutendsten Bauten von Tikal und vielleicht die eindrucksvollsten der gesamten Maya-Welt. Von *Complejo Q* und *R* kommend biegt man links in die Calzada Maler ein, und bald blickt man auf die Rückseite von *Templo I*, der 51 m über die ausgedehnte *Plaza Este* ragt. Um die Absperrung des Tempels herum geht es an der *Acrópolis Central* entlang auf die Gran Plaza. Blickt man von der *Acrópolis Central* auf die Gran Plaza, so erhebt sich rechts *Templo I*. Ihm gegenüber liegt der etwas niedrigere *Templo II*. Gegenüber der *Acrópolis Central* führt die 70 m breite Treppe der *Terraza Norte* mit ihren Stelen- und Altarreihen hinauf zur *Acrópolis Norte*. Die Gran Plaza besteht aus vier übereinanderliegenden Stuckfußböden, deren durchschnittliche Dicke insgesamt etwa 42 cm beträgt, während der Kalksteinuntergrund größtenteils nur etwa 60 cm unter der Oberfläche liegt. Der früheste Boden ist schätzungsweise um 150 v.Chr. gelegt worden, der letzte um 700 n.Chr.

Templo I *(Estructura 5D-1)*: Dieses Wahrzeichen von Tikal wird auch Tempel des Großen Jaguars genannt, weil man auf einem der hölzernen Türstürze ein geschnitztes Jaguarmotiv gefunden hat (heute in Basel). Der Tempel war 1996 wegen Einsturzgefahr eingerüstet und durfte nicht bestiegen werden. Wie man mittels Radiokarbonuntersuchungen des Holzes herausgefunden hat, wurde das Bauwerk um 700 n.Chr., also um die Mitte der spätklassischen Zeit, errichtet. Der Dachkamm des Tempels ragt ungefähr 44 m über die Gran Plaza. Der riesige Unterbau zeigt neun stufenförmige Terrassen (9 ist die heilige Zahl der Maya) und trägt eine Sockelplattform, auf der sich ein Tempel mit seinen drei Kammern erhebt. Der verzierte, früher vermutlich grellrot und in Pastellfarben angestrichene Dachkamm besteht aus zwei aufeinandergesetzten, in sich versiegelten und gewölbten Räumen. Sein Äußeres zeigt das stark verwitterte und daher nur im frühen Nachmittagslicht zu erkennende Relief eines monumentalen Herrschers auf einem Thron, flankiert von Voluten und angedeuteten Schlangen. Die steile, zum Tempel hinaufführende Treppe ist eigentlich eine »Bautreppe«, über die man Kalkmörtel und Steinquader hinaufschleppte. Später überbaute man diese durch eine Zeremonialtreppe aus großen, verkragten und dick verputzten Steinquadern. Ihre Überreste sind auf der Höhe der Gran Plaza noch erhalten.

Der eigentliche Tempel besteht aus drei Kammern, die das typische Kraggewölbe der Maya zeigen und durch Querbalken aus hartem rotbraunem Zapote (dem nicht verfaulenden Holz des im Petén häufig vorkommenden Sapodilla-Baums) gestützt wurden. Die großartigen geschnitzten hölzernen Tür-

Tikal, Templo I, ▷
Vase aus Grab 116 (Museo Morley)

Tikal, Complejo Q, Estela 22

stürze der Tempeldurchgänge wurden bis auf zwei Ausnahmen entfernt und sind heute in Museen in London, Basel und New York zu sehen. Zwei geschnitzte Teile des ehemals vierteiligen Türsturzes im mittleren Durchgang blieben an Ort und Stelle (wo die beiden übrigen, im 19. Jh. entfernten Sturzteile gelandet sind, ist nicht bekannt). Im Nachmittagslicht läßt sich ein Priester erkennen, der auf einer Schlange sitzt. Inzwischen hat man Abgüsse aus Epoxydharz der Türstürze aus Basel und London unter den neuen Betonbalken angebracht. Die roten Handabdrücke in den äußeren Räumen stammen aus späterer Zeit: vielleicht »Graffiti« der postklassischen Maya. Unter dem Boden in der Mitte der hinteren Kammer entdeckte man 1958 eine tiefe Grube, die zum Grab einer wichtigen Person führte, die dort nach der Fertigstellung des Tempels, aber noch vor 900 v. Chr., begraben wurde. Zerbrochene Weihrauchgefäße aus Ton und Kopalreste weisen daraufhin, daß die Maya der postklassischen Zeit die Grabkammer im 12./13. Jh. als Kultstätte nutzten.

Unter der Pyramide wurde mit *Tumba 116* eines der reichsten Gräber des Spätklassikums in Tikal entdeckt: eine große gewölbte Kammer, die 6 m tief in die Gran Plaza eingelassen wurde, bevor man mit dem Bau von Tempel I begann. Die teilweise eingestürzte Grabkammer maß 4,30 m ×2,40 m mit einer Innenhöhe von 3,90 m. Auf einer Steinbank lag, mit dem Kopf in Richtung Norden ausgestreckt, auf dem Rücken das Skelett eines großen Mannes. Die Entschlüsselung der Hieroglyphen ergab, daß der hier bestattete Herrscher Ha Sawa Chaan K'awil hieß (auch unter dem Namen Ah-Cacau oder Herrscher A bekannt). Nach mühsamer Arbeit bargen die Archäologen eine herrliche Sammlung von Jade, Perlen, Keramik, Alabaster, mit Schnitzereien verzierte Knochen sowie Pazifikmuscheln, die das Skelett schmückten oder in dessen Umgebung angeordnet waren. Der Körper lag auf einer geflochtenen Matte, deren Fransen mit Jadekugeln und dornigen Austernschalen verziert waren. Eine Nachbildung des Grabes und zahlreiche Grabfunde sind im *Museo Silvanus G. Morley* ausgestellt.

Juego de Pelota *(Estructura 5D-74)*: Unmittelbar südlich des Tempels liegt ein kleiner Ballspielplatz. Er besteht aus zwei parallelen Bauten mit einem recht engen und kurzen Spielfeld dazwischen.

Templo II: Das *Templo I* gegenüberliegende Bauwerk (ebenfalls um 700 n. Chr. errichtet) wurde wegen seiner reich ausgeschmückten Fassade »Tempel der Masken« genannt. Sein Unterbau zeigt drei gestaffelte Terrassen. Darüber befindet sich eine Plattform, auf der sich der Tempel erhebt. Die zwei großen Masken, welche die Treppe auf der Höhe der Plattform flankieren, sind bis zur Unkenntlichkeit verwittert. Tempel II ragt heute noch 38 m über die Gran Plaza, war jedoch mit seinem kompletten Dachkamm ursprünglich 42 m hoch. Das Heiligtum des Gebäudes ähnelt in der Anlage seinem Pendant gegenüber. Allerdings war nur der Türsturz des mittleren Durchgangs mit Schnitzereien versehen (heute im *American Museum of Natural History*, New York), die übrigen blieben unverziert. Im reich dekorierten Dachkamm läßt sich ein zerfallenes Gesicht mit Ohrspulen oder kreisförmigen

Schmuckstücken erkennen. Geritzte Zeichnungen der Maya überziehen die Wände der Tempelkammern, darunter Darstellungen einiger Tempel und sogar die eines gefesselten Opfers, das von einer maskierten Figur mit einem Speer durchbohrt wird. Leider wurden die aus klassischer und postklassischer Zeit stammenden Graffiti durch moderne Kritzeleien gedankenloser Besucher verunstaltet. Vor der Basis der Treppe befindet sich das größte Monument Tikals, die unverzierte *Estela P83* (ursprünglich 3,36 m hoch), die zusammen mit dem begleitenden Altar zerstört am Fuße der Pyramide aufgefunden wurde. Beide sind mittlerweile restauriert worden. Über die restaurierte, aber sehr steile Treppe kann man nach oben steigen. Das Erlebnis des Sonnenuntergangs, der die Plaza und ihre Gebäude in ein magisches Licht taucht, ist mit Worten kaum zu beschreiben. *Tip:* Bleiben Sie nach dem Versinken der Sonne noch etwa 20 Minuten sitzen! – Unmittelbar südlich von Tempel II steht eine nach Norden gerichtete, hohe und steil abfallende Pyramide, genannt *Estructura 5D-73*. Unter dem spätklassischen Tempel stießen die Archäologen auf *Entierro 196*, das unterhalb des Platzniveaus lag. Neben einem auf eine gemauerte Bank gebetteten Skelett – als »Herrscher B« bezeichnet, der am 8. Dezember 734 (9.15.3.6.8) den Thron bestieg – fand man an die 50 Tongefäße, viele von ihnen polychrom und mit sehr schönen Figuren bemalt. Einer der spektakulärsten Funde war ein aus solider Jade gemeißelter schlafender Jaguar. Die nach dem berühmten Kopf des Sonnengottes K'inich Ahau aus Altun Ha (Belize) größte bekannte Jadefigur Mesoamerikas wiegt 1,6 kg. Der Jaguar wurde mit der Nachtsonne in Verbindung gebracht, die durch die gefährliche Unterwelt reisen muß. Als wertvolles Amulett sollte die kleine Figur vermutlich die Seele auf ihrer Reise durch Xibalba begleiten oder als Grabbeigabe den Jaguar-Gott der Unterwelt besänftigen. Das Auge des Tiers zeigt die Glyphe des Tageszeichens *Hix* (»Jaguar«). Unter den übrigen Kunstschätzen aus Jade ist ein einzigartiger Anhänger mit Darstellungen von Akrobaten hervorzuheben. Während sich zwei von ihnen an der Hand halten, stützen sich die beiden anderen mit ihren Ellenbogen. Beide Schmuckstücke sind im *Museo Sylvanus Morley* zu besichtigen.

Tikal, Templo 2

Plaza Oeste: Auf dem im Nordwesten von *Templo II* gelegenen Platz versorgen fliegende Händler die durstigen Besucher mit eisgekühlten Getränken. Die Nordseite dieser Plaza nimmt ein hoher und großer spätklassischer Palast *(Estructura 5D-15)* ein. Der relativ kleine Hügel auf der Westseite der Plaza ist *Estructura 5D-11*, ein unvollendeter Bau aus klassischer Zeit. Die vor diesem Bau aufgestellte skulptierte *Estela 15* stammt aus frühklassischer Zeit, wurde jedoch erst in der Postklassik auf den Westplatz verbracht. Die Maya der postklassischen Zeit haben vermutlich auch die übrigen spätklassischen Stelen auf die Plaza Oeste geschleppt. Unter dem rudimentären Tempelbau hat man *Entierro 77* entdeckt, ein reich mit spätklassischer Keramik ausgestattetes Grab. Der hier bestattete Mann trug einen der schönsten Jadeanhänger der Mayawelt. 1981 wurde das 9 cm große, hellgrüne, eine tanzende Figur zeigende Kunstwerk jedoch leider aus dem *Museo Sylvanus Morley* gestohlen. Im Gegensatz zum Grabschmuck von Palenque ist sie nicht mehr aufgetaucht.

Tikal, Stele auf der Plaza Mayor

Tikal, Stele auf der Plaza Mayor

Stelen und Altäre der Plaza und Nord-Akropolis: Von der oberen Plattform des *Templo II* bietet sich ein großartiger Blick auf die *Acrópolis Norte*. Vor ihrer Terrasse stellte man in klassischer und postklassischer Zeit zwei Stelenreihen auf, oft begleitet von einem kleinen Altar und einer Krypta, in der man Opfergaben wie exotisch geformte Feuersteine und Obsidiane (»exzentrisch« genannt) und Meeresmuscheln deponierte. Einige sind skulptiert, andere unbehauen. Ursprünglich waren sie mit roter Farbe bemalt. Die Stelen aus frühklassischer Zeit sind kleiner als die später angefertigten Denkmäler und auch weniger symmetrisch geformt. Ihr echter Kalkstein, der durch seine feuersteinartige Qualität dazu tendiert, muschelförmig zu brechen, hat den Witterungseinflüssen besonders schlecht standgehalten. Die Stelen aus spätklassischer Zeit wurden aus härterem Dolomit oder dolomitischem Kalkstein gehauen, sind gewöhnlich größer und zeigen eine abgerundete Oberseite. Auf den skulptierten Stelen erkennt man Glyphen mit Daten der (vom Jahre 3113 n. Chr., dem Jahr Null der Maya, kalkulierten) Initialserie, bisweilen aber auch nach anderen Systemen berechnete Kalenderdaten. Auf einigen Stelen erscheinen Reliefs reichgekleideter Würdenträger (wahrscheinlich Priester) mit prunkvollem Kopfputz. Wenn die Maya der klassischen Zeit eine Plastik zerstörten, achteten sie besonders darauf, das Gesicht der darauf abgebildeten Person planvoll zu zerschlagen, sie also auf diese Weise rituell zu »töten«. Unter den Stelen der zweiten (hinteren) Reihe sind (von Ost nach West, also von Tempel I nach Tempel II gesehen) folgende Stelen besonders bemerkenswert. *Estela 12* (dritte von rechts; Kopie) ist auf ihrer Schauseite mit einem Relief, auf den übrigen Seiten mit Glyphen verziert, die das Datum 9.4.13.0.0 (527 n. Chr.) verraten. *Estela 11* (neunte von rechts) datiert von 10.2.0.0.0 (869 n. Chr.) und ist damit die späteste der klassischen Zeit. *Estela 10* (elfte von rechts) wurde um 550 n. Chr. aufgestellt, *Estela 9* (zwölfte von rechts; Kopie) datiert von 9.2.0.0.0 (475 n. Chr.) und ist mit dem Relief einer Person

Tikal, Acrópolis Norte

verziert, die schlichter gekleidet ist als die Würdenträger auf den meisten anderen Monumenten. *Estela 18* (14. von rechts) scheint das Datum 8.18.0.0.0 (396 n.Chr.) zu tragen, *Estela 8* (16. und vorletzte von rechts) wurde möglicherweise um 500 aufgestellt. Auf der Terrasse an der Basis der Acrópolis Norte sind folgene Monumente besonders zu erwähnen: *Estela 3* (erste von West nach Ost, also von Tempel II nach Tempel I; Kopie) datiert von 9.2.13.0.0 (488 n.Chr.), *Estela 4* (vierte von links; Kopie) trägt vermutlich das Datum 8.17.10.0.0 (386 n.Chr.), was sie zur ältesten der Gruppe macht. *Estela 5* (fünfte von links) mit *Altar 2* schließlich datiert von 9.15.13.0.0 (744 n.Chr.) und ist mit prächtigen Hieroglyphen verziert.

Acrópolis Norte: Auf einer Fläche von etwa einem Hektar erheben sich 16 auf verschiedene Ebenen verteilte Tempel oder Bauwerke aus klassischer Zeit, unter deren Ruinen an die hundert ältere Strukturen identifiziert wurden. An der Nord-Akropolis wurde also an die tausend Jahre, von etwa 200 v.Chr. bis etwa 800 n.Chr., gebaut, so daß die oberste Plattform der Akropolis etwa 12m oberhalb der Plaza Mayor liegt. Die heute zu sehenden Tempel wurden zwischen 500 und 800 n.Chr. errichtet. Grabungsarbeiten in den untersten Schichten haben Bauten aus präklassischer Zeit zutage gefördert.

Um 100 v.Chr. war die Bautätigkeit besonders intensiv. Damals begrub man die älteren Strukturen unter mehreren Plattformen, die große, mit polychromen Stuckskulpturen überzogene Tempel trugen. Mitte des 3.Jh., zu Beginn der klassischen Epoche, ließ man die Überreste der präklassischen Strukturen unter einer neuen Plattform verschwinden, auf deren Mittelpartie man vier Gebäude mit Kraggewölbe errichtete. Deren Reste sind heute noch teilweise sichtbar, da sie in der Folgezeit, um 350 und um 500 n.Chr., zwei- bis dreimal überbaut wurden. Ihr heutiges Aussehen nahm die Acrópolis im Verlauf von drei Jahrhunderten, zwischen 500 und 800 n.Chr., an.

Tikal, Acrópolis Norte

Die Nord-Akropolis ist von der Plaza Mayor aus über eine große Treppe zugänglich, von der aus man bereits die hintere Reihe der Stelen und Altäre besichtigt hat. Die in der Mitte der Vorderseite der Acrópolis zu findende *Estructura 5D-33* ist wahrscheinlich der am intensivsten erforschte und ausgegrabene Tempel von Tikal. Drei Strukturen, eine über der anderen, sind teilweise heute noch sichtbar. Die späteste wird als *33-1* bezeichnet. Ursprünglich waren die Pyramide und ihr Zweikammerngebäude an die 33 m hoch, wurden allerdings in sehr zerfallenem Zustand aufgefunden. Darunter entdeckte man aber die prächtig verzierten frühklassischen Tempel 33-2 und den wiederum darunter befindlichen Tempel 33-3. Die Archäologen entschieden sich dafür, die notwendigen Teile von Tempel 33-1 abzutragen, um den wesentlich besser erhaltenen Tempel 33-2 freizulegen. Dessen Fassade ist von prächtigen Masken geschmückt, auf beiden Seiten der Zugangstreppe der tragenden Plattform erkennt man monströse Köpfe mit Ohrspulen, durch die sich Schlangen winden. Die früheste Plattform, genannt *33-3*, zeigt zwei 3 m große Masken, die den langnasigen Gott darstellen. Beide sind heute durch ein Tunnelsystem zu erkennen. Während der Tunnelarbeiten stieß man auf drei Gräber. Das älteste, *Entierro 48*, stammt aus präklassischer Zeit. Das Grab wurde in den Fels geschlagen, die Wände mit farbigen Hieroglyphen verziert. Das Datum entspricht dem 18. März 457 n.Chr. Einige der schönen Grabbeigaben sind im *Museo Sylvanus G. Morley* zu sehen. Die beiden jüngeren Grabkammern *(Entierro 23* und *24)* wurden kurz vor dem Bau von Tempel *33-1* angelegt.

Im vollkommen ausgefüllten hinteren Raum von Tempel *33-2* entdeckte man 1960 *Estela 31*, die zu den hervorragendsten Werken der Frühklassik zählt und dort im 8. Jh. bestattet wurde. Trotz ihrer rituellen »Tötung«, sprich Verstümmelung (Brandspuren im unteren Teil zu sehen), blieb sie bemerkenswert gut erhalten. Heute ist sie nicht, wie die meisten übrigen Stelen, im neuen *Museo Lítico* (im Besucherzentrum von Tikal) zu bewundern, sondern weiterhin im *Museo Sylvanus G. Morley*. Ihr Weihedatum lautet 9.0.10.0.0, 7 Ahau 3 Yax (14. Okt. 445 n.Chr.). Die auf allen vier Seiten mit äußerster Meisterschaft skulptierte Stele zeigt auf ihrer Schauseite K'awil Chaan (früher »Sturmhimmel« genannt), einen der großen Herrscher der Frühklassik. Über der Figur schwebt der Kopf des Vaters, Huh Chaan Mah K'ina, dessen Namensglyphe Teil des kunstvollen Kopfputzes von Sturmhimmel ist. Auch Sturmhimmels Namensglyphe ist auf dem Kopfputz abgebildet. Der Herrscher ist äußerst prunkvoll gekleidet: Er trägt einen Gürtel mit Köpfen der Götter GI und GIII. Die rechte Hand hält ein Kette aufgereihter Ohrspulen in die Höhe, von der die Köpfe zoomorpher Götter baumeln. Der rechte Arm fixiert den Kopf des Gottes GI, in dessen Kopfputz der Hauptteil der Emblemglyphe von Tikal erscheint, begleitet vom Herrschertitel Ahau. Zu beiden Seiten der Stele erscheinen »Spiegelbilder« des Vaters, die diesen in verschiedenen Lebensabschnitten zeigen, wie die kleinen Texte über den Figuren erläutern. Die beiden Figuren halten Speerschleudern *(atlatl)*, die aus Zentral-

Tikal, Acrópolis Norte, Estela 31 ▷
(Museo Morley)

Tikal, Acrópolis Norte, (Museo Morley), Schale (l) und Dreifußgefäß (r) aus Entierro 10

mexiko zu stammen scheinen, vielleicht aus Teotihuacán. Die Rückseite der Stele ist mit 232 Glyphenblöcken skulptiert, die sich zu acht vertikalen Säulen formieren. Auf der linken und rechten Schmalseite der Stele sind weitere Glyphenblöcke skulptiert, die sich zu einer vierfachen vertikalen Säule gruppieren. Die komplizierte Inschrift der Rückseite verzeichnet nicht weniger als 15 Daten zwischen den Jahren 278 n. Chr. und 445 n. Chr. Sie beziehen sich auf verschiedene dynastische Ereignisse und erwähnen mehrere Herrscher. Offensichtlich sollen sie die legitime Thronbesteigung von Sturmhimmels Vorfahren bekräftigen.

Die relativ schlecht erhaltene *Estructura 5D-34*, links von der zuvor beschriebenen 5D-33 gelegen, ist in erster Linie als Fundort von *Estela 26* bemerkenswert. Deren Datum lautet 9.5.0.0.0, 1 Ahau 3 Yax? (534 n. Chr.). Bei der frontal abgebildeten Person der Schauseite soll es sich, dem Begleittext zufolge, um den Herrscher Schädel-Groß-Jaguar-Tatze III handeln. Allerdings wurde die Stele in prähispanischer Zeit weitgehend zerstört, nur das untere Fragment blieb erhalten. Die unvollständige Inschrift der linken Schmalseite bezieht sich auf drei alte Gottheiten sowie auf mehrere Herrscher Tikals, darunter Huh Chaan Mah K'ina, K'awil Chaan, Groß-Jaguar-Tatze II und Yax Moch Xoc, Vorfahren von Schädel-Groß-Jaguar-Tatze III. Im *Entierro 10* der Struktur hat man schöne Vasen und Räuchergefäße gefunden, die teilweise im *Museo Sylvanus G. Morley* zu besichtigen sind.

Zur Linken von *Estructura 5D-34* befindet sich die heute als grasüberwachsener Hügel erscheinende *Estructura 5D-35*. Ihr großer Pyramidensockel läßt vermuten, daß es sich um einen recht wichtigen Tempel handelte.

Zur Rechten der Mittelstruktur *(5D-33)* erhebt sich *Estructura 5D-32*, die Anfang des 7. Jh., also im Spätklassikum, errichtet wurde. Sie besteht aus einem hohen Pyra-

Tikal, Acrópolis Norte, (Museo Morley), Anthropomorphes Räuchergefäß aus Entierro 10 ▷

Tikal, Acrópolis Central mit Templo I im Hintergrund

midensockel mit großer Treppe, die zum eigentlichen Tempel führt. Dessen drei Kammern zeigen heute keinen Dachkamm mehr. Tief im Fundament hat man eine intakte Grabkammer *(Entierro 195)* entdeckt. Das Skelett war von meisterhaft auf Holz aufgetragenen Stuckarbeiten umgeben, darunter vier 38 cm hohe identische hölzerne Figuren, die mit einer feinen aquamarinblauen Schicht überzogen waren und den Gott K'awil darstellen. Er war der Patron der Herrscherlinien und Adelsfamilien der Maya und ist zu erkennen an seinem im Schädel steckenden Beil und dem Spiegel zwischen den Händen. Des weiteren begleiteten herrlich verzierte Tonteller, ein mit Stuck überzogener hölzerner Thron sowie ein Paar Nagetiere aus Alabaster den Bestatteten auf seiner Reise ins Jenseits. Die hölzernen Gegenstände waren zwar verfault, doch konnten die Archäologen durch Einspritzen von Gips den dünnen Mayaputz in seiner Originalform einfangen. Der Tempel selbst wurde im postklassischen 10. Jh., als Tikal von Krisen geschüttelt wurde, geplündert. Die noch weiter rechts an der Ostseite der Stelenterrasse gelegenen drei kleinen Strukturen aus klassischer Zeit zeigen nur unbedeutende Reste.

Die Mittelachse der oberen Terrasse der Nord-Akropolis beherrscht *Estructura 5D-22*, die mindestens dreimal überbaut wurde. Teile des westlichen und nordwestlichen Baus der endgültigen Version wurden entfernt, um so die Substrukturen und die Ausbauten eines früheren Tempels (um 350 n. Chr.) und dessen sorgfältig ausgearbeitete und bemalte Stuckmasken freizulegen. Dieser Tempel liegt wiederum über einem vollkommen vergrabenen und wesentlich kleineren Tempel, der um 250 n. Chr. gebaut wurde.

Acrópolis Central: Während die Nord-Akropolis einen zeremoniellen Gebäudekomplex darstellt, kann man die Zentral-Akropolis als »Palastensemble« ansehen, das auf einer Fläche von anderthalb Hektar ebenfalls auf mehreren Ebenen errichtet wurde. Sie nimmt die Südseite der Plaza Mayor sowie einen Teil der Südseite der Plaza Este ein. In ihrem letzten Baustadium besteht sie aus sechs Innenhöfen *(patios)* unterschiedlichen Niveaus, die von palastartigen Bauten gesäumt werden und durch ein Labyrinth aus Gängen und Treppen miteinander verbunden sind. Ein Bauschema ist nicht zu erkennen: Die ständigen Überbauungen scheinen eher auf politisch-religiösen als auf ästhetischen Überlegungen zu beruhen. Über die dem Ballspielplatz gegenüberliegende Treppe geht es zum oberhalb der Plaza Mayor gelegenen und noch unangetasteten *Patio 1*. Auf drei Seiten wird er von den Hügeln dreier getrennter, niedrig liegender Paläste flankiert, die auf den Hof gerichtet sind. Auf der vierten und östlichen Seite ragen die Wände zweier Gebäude auf, die auf den benachbarten und höhergelegenen *Patio 2* gerichtet sind. Man erreicht diesen durch *Estructura 5D-120*, ein Gebäude mit mehreren Kammern. *Patio 2* besitzt einige der am besten erhaltenen Paläste des gesamten Komplexes. Die zweistöckige *Estructura 5D-65* ist auch unter dem Namen *Palacio Maler* bekannt, weil der deutsche Archäologe, der sich 1895 und 1904 in Tikal auf-

Tikal, Acrópolis Central ▷

Tikal, Acrópolis Central

hielt, hier sein modriges und weiß Gott ungemütliches Quartier aufschlug. Das untere Stockwerk besteht aus Räumen, die in zwei parallelen Reihen angeordnet sind. An deren Enden sind im rechten Winkel zusätzliche Räume angegliedert, wodurch sich ein I-förmiger Grundriß ergibt. Über den drei dem Hof zugewandten Türeingängen ist ein skulptierter Fries zu sehen, der einst das gesamte Gebäude umgab. In den Ecken der Türpfosten sind oft hölzerne Dübel angebracht, an denen man von innen Vorhänge befestigen konnte. Der Mauerputz und die Holzbalken der Innenräume sind original erhalten, ebenso einige in den Stuck eingeritzte Graffitidarstellungen. Die Steinbänke innerhalb der Gebäude dienten teilweise als Sitze oder Throne, teilweise als Schlafgelegenheiten. Im Osten des *Palacio Maler* führt ein Gang zum *Palacio de los Cinco Plataformas*. Der »Palast der 5 Stockwerke« besteht in Wirklichkeit aus zwei Strukturen, die eine *(5D-52)* zur Linken mit drei Stockwerken, die den auf tieferem Niveau gelegenen *Patio 3* beherrschen, die andere *(5D-50)* später zur Rechten mit zwei Stockwerken auf tieferem Niveau an der Südflanke der Akropolis errichtet.

Weiter ostwärts geht es, treppauf treppab, zum *Patio 4*, einem sehr kleinen rechteckigen Hof. An dessen Nordostecke führen Stufen hinunter in den L-förmigen *Patio 6*, den größten Hof der Acrópolis Central. Unter den vielen, bei Aufzählung den Leser nur verwirrenden Gebäuden ist *Estructura 5D-46* besonders zu erwähnen. Dieser im Westen gelegene, über eine breite Treppe zugängliche große Palast zeigt einen komplexen Grundriß. Seine zwei Stockwerke (das obere ist weitgehend verschwunden) sind innen durch die einzige in Tikal bekannte Wendeltreppe miteinander verbunden. Die größeren spätklassischen Anbauten, die an die Nord- und Südenden des Hauptgebäudes angrenzen, besitzen kleine Innenhöfe. Den nördlichen ziert ein sehr gut erhaltener ornamentaler Fries. Über den bislang noch nicht freigelegten *Patio 5* geht es anschließend hinunter zur *Plaza Este* hinter dem *Templo I*.

Tikal, Templo V

Tikal, Mundo Perdido, Estructura 5C-54

Templo V: Hinter der *Acrópolis Central* ragt der 57 m hohe Dachfirst von Tempel V über das Blätterdach des Urwalds hinaus. Er wurde um 700 n. Chr. errichtet und erhebt sich auf einem Pyramidenunterbau mit abgerundeten Ecken. An den Seiten der großen Treppe sind Friese zu sehen. Der Tempel selbst besitzt nur einen einzigen, lediglich 75 cm breiten Raum mit über 4 m dicken Wänden. Von der Spitze bietet sich ein großartiger Blick auf den zentralen Zeremonialbezirk von Tikal, doch ist die (ohnehin sehr schwierige) Besteigung augenblicklich nicht gestattet, da das Bauwerk von 1996 bis 2000 mit spanischer Unterstützung restauriert werden soll, wie ein Schild verkündet.

Acrópolis Sur: Die sich westlich an Templo V anschließende Süd-Akropolis ist ein mächtiges Rechteck (ca. 2,2 ha) mit einer Vielzahl von spätklassischen Palästen, die sich um einen zentralen, nach Norden gerichteten Tempel *(Estructura 5D-104)* gruppieren. Sie ist bislang noch nicht ausgegraben worden.

Plaza de los Siete Templos: Der Fußweg führt an der Nord- und Westflanke der südlich der Palastzisterne liegenden *Acrópolis Sur* vorbei auf den »Platz der Sieben Tempel«, eine große Plaza mit sieben aneinandergereihten spätklassischen Tempeln. Der restaurierte mittlere Tempel, *Estructura 5D-96*, ist der größte des Komplexes. Vor ihm steht eine spätklassische Stele mit Altar. Der Tempel zeigt einen Fries, auf dem unter anderem ein Totenschädel sowie gekreuzte Knochen erscheinen. An der Südseite der Plaza befinden sich drei spätklassische Paläste *(Estructuras 5D-90, 91, 92)*. Der mittlere besitzt einen langen Korridor, der durch später eingefügte Wände in mehrere Räume unterteilt wurde. Jede Ecke der oberen Fassade zeigt einen hervorspringenden menschlichen Kopf. Im oberen Teil sind mehrere Verzierungen zu erkennen, die an kleine Dachkämme erinnern. Die Westseite der Plaza wird von Tempelgebäuden eingenommen, die allerdings noch nicht freigelegt wurden. Auf der Nordseite der Plaza erkennt man einen dreifachen Ballspielplatz *(Estructuras*

Tikal, Mundo Perdido

5D-78 bis *81)*: größere Ausführungen des unmittelbar südlich von *Templo I* liegenden Spielfelds.

Mundo Perdido: Nördlich der Ballspielplätze zweigt ein Pfad nach Westen ab und führt zum »Komplex der Verlorenen Welt«, dessen harmonische Gebäudeanordnung ursprünglich astronomischen Zwecken diente. Hauptstruktur dieses Bezirks, der von einem guatemaltekischen Archäologenteam des »Tikal-Projekts« zwischen 1979 und 1985 ausgegraben wurde, ist eine große, fast 30 m hohe Pyramide *(Estructura 5C-54)* mit quadratischem Grundriß. Treppen führen auf allen vier Seiten zur Plattform hinauf, von der sich ein großartiger Blick auf den Zeremonialbezirk der Ruinenstadt bietet. Die monumentale Westtreppe dieser präklassischen Pyramide wird von Terrassen und riesigen Masken flankiert. Etwa 30 m westlich dieser Pyramide befindet sich eine niedrigere, um 600 n. Chr. errichtete Plattform *(Estructura 5C-53)*, auf der man keine Spuren eines darauf errichteten Bauwerks entdecken konnte. Die Reliefs entlang der Seiten zeigen den Einfluß der zentralmexikanischen Metropole Teotihuacán. Unter den weiteren, zahlreichen Bauten dieses Komplexes ist besonders die nördlich von *Estructura 5C-53* gelegene *Estructura 5C-49* hervorzuheben, die als *Templo de Talud-Tablero* bekannt ist. Ihre drei Bauphasen sind an der unteren Südwestecke sichtbar, die während der Restaurierung für die Besucher freigelassen wurde.

Palacio de los Murcielagos: Von der »Verlorenen Welt« führt der Fußweg weiter zu einem nördlich gelegenen riesigen Palastbezirk, in dem man ein Bauwerk *(Estructura 5C-13)* freigelegt hat. Der sog. »Fledermauspalast« erinnert in seiner I-förmigen Anlage an den *Palacio Maler* in der Acrópolis Central. Er besteht aus einem doppelreihigen unterem Stockwerk und einer einreihigen oberen Etage. Die miteinander verbundenen Räume zeigen abgestufte Kraggewölbe und Steinbänke, die Wände sind mit zahlreichen Ritzzeichnungen verziert.

Tikal, Mundo Perdido, Estructura 5C-33 (Templo de Talud-Tablero)

Complejo N: Auf dem Weg vom Fledermauspalast zum *Templo IV* passiert man diesen Zwillingspyramidenkomplex, in dem man eine der berühmtesten Stelen von Tikal *(Estela 16)* sowie einen ebenfalls kunstvoll gearbeiteten Altar *(Altar 5)* gefunden hat. Die beiden im nördlichen unbedachten Raum aufgestellten Großplastiken sind allerdings Repliken, die Originale sind im neuen *Museo Lítico* zu sehen. Da beide im Museum jedoch (jedenfalls im August 1996) flach auf dem Boden lagen und daher nur schwer zu betrachten sind, sollten Sie sich die Repliken (die von den Originalen kaum zu unterscheiden sind) an Ort und Stelle näher ansehen. Die Schauseite von Stele 16 ist mit einem reich gekleideten Würdenträger skulptiert. Der Glyphentext ist abgekürzt zu einem Widmungsdatum, das nur die Vollendung eines 14. Katun in einem 9. Baktun festhält, also das Datum 9.14.0.0.0 oder 711 n.Chr. Die Oberseite des kreisrunden *Altars 5* (Durchmesser 1,66 m) zeigt ein umlaufendes Band schön skulptierter Glyphen sowie in der Mitte eine Szene, in der zwei reich gekleidete Priester hinter einem Altar stehen, auf dem sich ein Stapel Oberschenkelknochen und ein menschlicher Schädel befinden.

Templo IV: Im Westen von *Komplex N* ragt Tempel IV auf, mit seinen 64,40 m vom Fuß der Sockelplattform bis zur Spitze des Dachkamms das höchste Bauwerk Mesoamerikas. (Dabei muß allerdings außer acht gelassen werden, daß die Sonnenpyramide von Teotihuacán, deren Tempel verschwunden ist, ursprünglich einst etwas höher war. Eine der präklassischen Pyramiden von El Mirador soll überdies fast 100 m hoch gewesen sein.) Man steigt nicht über die zerstörte Treppe der Ostfassade hinauf, an deren Fuß sich eine unbearbeitete Stele mit Altar befindet, sondern muß über wurzelverschlungene Terrassen und Felsen an der Nordostecke der Pyramide hinaufklettern: eine mühselige und schweißtreibende Angelegenheit. Oben angelangt wird man jedoch mit einem großartigen Blick auf das Urwalddach von Tikal belohnt, über das sich die Dachkämme

Tikal, Complejo N, (Museo Lítico), Estela 16 (l); Altar 5 (r)

der höchsten Tempel erheben. Am frühen Morgen, wenn sich der über dem Regenwald hängende Nebel langsam hebt und die Sonne die Dachfirste in goldgelbes Licht taucht, sowie bei Sonnenuntergang ist die Besteigung von Templo IV ein unvergeßliches Erlebnis. Blickt man, unter dem unbearbeiteten äußeren Türsturz stehend, nach Osten, erkennt man *Templo III* und dahinter *Templo I* und *II*. Der massive Komplex am Horizont im Südosten ist die *Acrópolis Sur*. Hinter ihr ragt der Dachkamm von *Templo V* auf. Früher übernachteten die unerschrockensten Traveller auf der oberen Plattform. Erlaubt war dies allerdings nie, doch waren früher die Wärter der Ruinenstätte mit einigen Quetzales leichter dazu zu »überreden«, in die andere Richtung zu sehen. Über eine Metalleiter auf der Südseite des Gebäudes kann man auf das noch höher gelegene Dach am Fuß des riesigen Dachkamms klettern. Den mittleren und inneren Durchgang des Tempels zierten einst großartig geschnitzte hölzerne Türstürze, die ins Museum nach Basel verbracht wurden. Ein Expoxydabguß ist im *Museo Nacional de Arqueología y Etnología* von Guatemala-Stadt zu sehen. Auf den Glypheninschriften der Türstürze hat man ein Datum von ungefähr 9.15.10.0.0 (741 n.Chr.) entziffert. Radiokarbonuntersuchungen des Zapote-Holzes (720 n.Chr. mit 60 Jahren Toleranz) haben die angewandte Korrelationsrechnung bestätigt.

Templo III: Über den der Sacbé *Calzada Tozzer* in etwa folgenden Fußweg können Sie nach der Besteigung von *Templo IV* zur *Plaza Mayor* zurückkehren. Dabei kommt man an den baumbewachsenen Flanken von Tempel III vorbei. Der 55 m hohe Tempel wurde nach einer Türsturzabbildung auch als »Tempel des Jaguarpriesters« bezeichnet. Am Fuß der Tempeltreppe befindet sich die in postklassischer Zeit zerstörte *Estela 24*, deren fragmentarischer Text das Weihedatum 9.19.0.0.0 (810 n.Chr.) enthält, möglicherweise gleichzeitig das Baudatum des Tempels. Der begleitende Altar ist zwar beschädigt und unvollständig, doch läßt sich auf einer seiner Seiten der in einer dreifüßi-

Tikal, Templo IV

Tikal, Dachkamm von Templo III

gen Schale befindliche groteske Kopf einer Gottheit erkennen. Eine geflochtene Matte, Symbol der Autorität, ist auf beiden Seiten eingemeißelt. Die Treppe und die Räume des schwer zugänglichen Heiligtums wenden sich nach Osten. Der äußere Eingang mit seinen Türstürzen wurde restauriert. Der innere Durchgang wird von einem fast intakten und skulptierten Türsturz überspannt, auf dessen Mitte eine grotesk fettleibige Person abgebildet ist. Sie ist in ein Jaguarfell gekleidet und wird von zwei Personen flankiert, die Stäbe und möglicherweise dreizackige Feuersteine in ihren Händen halten. Im frühen Morgenlicht erkennt man die Darstellung am besten.

Complejo M, P und Grupo H: Von *Templo IV* erreichen Sie in etwa 15 Minuten über die ca. 800 m lange, 40 bis 58 m breite Sacbé *Calzada Maudslay* die nördlichen Gebäudegruppen von Tikal, bestehend aus *Complejo M, P* und *Grupo H*. Am Morgen dürften Sie einigen Spinnaffen und bunten Papageien begegnen, möglicherweise auch einigen Taranteln oder einer Schlange. Die im Urwald von Tikal noch heimischen Jaguare halten sich allerdings glücklicherweise von Menschen fern. Zunächst erreicht man *Komplex M*, dessen Zwillingspyramiden 692 n.Chr. (9.13.0.0.0) errichtet wurden, heute allerdings nur noch schlecht erhalten sind. In einem unüberdachten Raum befinden sich die mit einer Priesterfigur skulptierte *Estela 30* und der *Altar 14*, dessen Glypheninschrift die Datierung des Ensembles ermöglichte. Nordöstlich dieses Komplexes mündet die Calzada Maudsley in eine große Plaza, die auf ihren Nord- und Ostseiten durch spätklassische Tempel begrenzt wird, von den *Estructuras 3D-40* bis *43* und dem *Zwillingspyramidenkomplex P*. Der ganze Bezirk wurde einst als *Grupo H* bezeichnet. Die ausgegrabenen und teilweise restaurierten Tempel wurden um 700 n.Chr. errichtet. Die riesige Plattform, auf der die nördlich orientierten und kleineren Zwillingsstrukturen *3D-41* und *42* sowie die massive *Estructura 3D-43* ruhen, überdeckt höchstwahrscheinlich eine Menge früherer Bauwerke.

Tikal, Museo Lítico, Estela 1

Tikal, Museo Lítico, Estela 12

3D-43 weist außer einem Dachkamm alle Merkmale eines Tempels auf. Die Innenwände zeigen Graffiti. Der westlich dieser Plattform gelegene *Complejo P* ähnelt in der Anlage den übrigen Zwillingspyramidenkomplexen von Tikal. Im nördlichen, nicht überdachten Raum befindet sich die bearbeitete *Estela 20*, die von 9.16.0.0.0 (751 n.Chr.) datiert. Ihr großartiger *Altar 8* schildert eine Gefangenenszene. – Über die *Calzada Maler* geht es anschließend wieder nach Süden in Richtung Plaza Mayor. Beim Zwillingspyramidenkomplex R können Sie rechts abbiegen, um zu den Hotels und zum Besucherzentrum zurückzukehren.

Templo VI (Templo de las Inscripciones): Der abgelegenste Tempel von Tikal ist in etwa 20 Minuten von der Plaza Este über die 800 m lange *Calzada Méndez* zu erreichen. (*Warnung:* Auf dem einsamen Urwaldweg soll es gelegentlich zu Überfällen kommen.) Vom Besucherzentrum führt auch eine Autostraße dorthin. Der Tempel ist nach den Hieroglypheninschriften benannt, welche die Schmalseiten sowie die Rückfront des 12 m hohen Dachkamms sowie das Tempelgesims zieren. In dieser riesigen Inschrift hat man das Datum 7.16.15.0.0 (766 n.Chr.) identifiziert. Der Tempel selbst wurde erst 1951 im Urwald entdeckt. Am Fuß der Tempeltreppe befinden sich *Estela 21* (große Teile fehlen) und Altar 9. Die zerstört aufgefundene Stele zeigt noch einen schön gemeißelten Glyphentext in der unteren linken Hälfte der Vorderseite, in der das Datum 9.15.5.0.0 (736 n.Chr.) eingemeißelt ist. Auf dem Altar ist ein auf dem Bauch liegender Gefangener abgebildet.

Museo Lítico: Im neuen Besucherzentrum von Tikal wurde eine große Halle eingerichtet, in die die bedeutendsten Stelen und Altäre von Tikal verbracht wurden, um sie vor den Einflüssen der Witterung zu schützen. *Estela 29*, auf der König Voluten-Ahau-Jaguar erscheint, besitzt die älteste

Tikal, Blick vom Templo IV auf ▷
Templo I und II

Tikal, Museo Sylvanus G. Morley,Vase aus Entierro 116 (l); Jaguarschale(r)

Glypheninschrift von Tikal. Sie datiert von 8.12.14.8.15, 13 Men 3 Zip (8. Juli 292 n.Chr.). *Estela 4* wurde am 8.17.2.16.17, 5 Caban 10 Yaxkin (13. Sept. 379) geweiht. Sie zeigt einen der größten Herrscher der Frühklassik, auf einem Glyphenthron sitzend: Huh Chaan Mah K'ina (»Schnute«). *Estela 39* trägt das Datum 8.17.0.0.0, 1 Ahau 8 Chen? (21.Okt. 376). Die erhaltene untere Partie zeigt auf der Schauseite Herrscher Groß-Jaguar-Tatze II, dessen linke Hand eine Axt in Form einer Jaguarpfote hält. Zu seinen Füßen krümmt sich ein Gefangener mit auf der Brust gefesselten Händen. Die Rückseite zeigt noch 16 Glyphenblöcke, die u. a. ein Blutopfer dieses Herrschers protokollieren. Von 8.18.10.8.12, 1 Eb 10 Yax (5.Nov. 406 n.Chr.) datiert die in postklassischer Zeit »getötete« und daher kopflose, auf der Schulter mit Glyphen reliefierte Skulptur eines Mannes, genannt *Hombre de Tikal*. Die Inschrift berichtet von Taten des Herrschers Huh Chaan Mah K'ina. Auf der nicht datierten, aber aus frühklassischer Zeit stammenden *Estela 32*, die nur fragmentarisch erhalten ist, erkennt man einen auf der Schauseite im Kriegsornat von Teotihuacán erscheinende Figur. Unweit des Eingangs sind die Stelen 1 bis 3 aufgestellt. *Estela 1* wurde in der *Acrópolis Norte* gefunden und datiert entweder von 455 oder von 475 n.Chr. Sie ist besonders kunstvoll skulptiert und zeigt vermutlich Herrscher K'awil Chaan. Dieser ist besonders reich gekleidet. In seiner Hand hält er den doppelköpfigen Schlangenstab, das Zeichen seiner göttlichen Herrschaft. Auf den Schmalseiten erscheinen zwei Schlangenköpfe, aus deren Rachen zwei anthropomorphe Gesichter schauen. Sie symbolisieren wahrscheinlich den Sonnengott. Schön reliefiert ist auch die im Museum ausgestellte Oberseite von *Estela 2* (die Unterseite wurde von den Maya als *Altar 15* der auf der Plaza Mayor zu findenden *Estela P21* wiederverwendet), die entweder 455 oder 475 n.Chr. geweiht wurde. Auch sie stellt – in ähnlicher Ikonographie

◁ *Tikal, Museo Sylvanus G. Morley, Räuchergefäß*

wie Stele 1 – möglicherweise K'awil Chaan dar. Auf *Estela 3*, die von 9.12.13.0.0, 4 Ahau 13 Kayab (7. März 488) datiert, ist Herrscher Groß-Jaguar-Tatze II im Profil abgebildet. Auf den Schmalseiten sind Glyphenkolonnen eingemeißelt: Auf der rechten Seite erkennt man das Weihedatum, auf der Linken den Namen des Herrschers, der als Sohn von Kan-Eber bezeichnet wird. Letzterer ist auf *Estela 9* (9.2.0.0.0, 4 Ahau 13 Uo oder 15. Mai 475 n. Chr.) im Profil zu sehen. Die Stele markiert einen Übergang zu einem weniger überladenen Stil, doch ist auch hier der Herrscher mit allen Insignien der Macht ausgestattet.

Diesen schlichteren Bildhauerstil manifestiert auch *Estela 12*, datierend vom 9.4.13.0.0, 13 Ahau 13 Yaxkin (11. Aug. 527 n. Chr.), auf deren Schauseite Herrscher Ringelkopf im Hochrelief abgebildet ist. Auf dem Begleittext steht u. a. zu lesen, daß Ringelkopf der 19. Nachfolger von Yax Moch Xoc war, dem Gründer der königlichen Dynastie von Tikal. Eine besonders schön skulptierte Glypheninschrift besitzt die fragmentarisch erhaltene *Estela 26* (9.5.0.0.0, 1 Ahau 3 Yax? oder 534 n. Chr.), auf der einst Herrscher Schädel-Groß-Jaguar-Tatze III erschien Die 18 Glyphenblöcke der linken Schmalseite protokollieren die Aufstellung der Stele und beziehen sich auf drei Ahnengottheiten sowie auf verschiedene Herrscher von Tikal, darunter Huh Chaan Mah K'ina, K'awil Chaan, Groß-Jaguar-Tatze II und Dynastiegründer Yax Moch Xoc. Der nicht datierte *Altar 12* zeigt auf seiner Oberseite eine Schlange, aus deren Rachen ein sitzend im Profil dargestellter Mann in Herrschertracht erscheint. Glanzstück des Museums ist die leider am Boden liegende *Estela 16* (9.14.0.0.0, 6 Ahau 13 Uo oder 5. Dez. 711 n. Chr.), die vom *Complejo N* hierher verbracht wurde. Vor Ort wurde eine Kopie aufgestellt. Sie zeigt im äußerst kunstvoll und detailfreudig ausgeführten Basrelief Herrscher Ha Sawa Chaan K'awil. Sein Kopfschmuck zeigt die Zeichen für die Nacht, das Gesicht des Gottes K und den Kopf des Abendsterngottes, mit dem Zeichen der Venus identifiziert. Ebenfalls meisterhaft skulptiert ist der zu dieser Stele gehörende *Altar 5* (gleiches Datum), der zwei adelige, ins Gespräch vertiefte Priester während einer Opfer- oder Begräbniszeremonie zeigt.

Museo Sylvanus G. Morley: Das unweit des Hotels *Jungle Lodge* befindliche Museum zeigt rund um einen Innenhof einige der schönsten Keramikfunde aus Tikal, außerdem die berühmte *Estela 31* (unter *Acrópolis Norte* beschrieben). Zu bewundern sind u. a. zylindrische Dreifußgefäße und Vasen mit faszinierenden Darstellungen von Palastszenen, anthropomorphe und zoomorphe Räuchergefäße, polychrome Schalen, die berühmten vier Stuckfiguren des Gottes K'awil, kleine Knochen mit zinnoberrot eingefärbten Gravierungen (darunter Tiere, die in Verbindung mit Sternenkonstellationen stehen und den Herrscher Ha Sawa Chaan K'awil auf seiner Jenseitsreise begleiten).

Umgebung

Flores (68 km s): Die am Lago Petén-Itzá gelegene Insel ist ein hübsches Marktdorf mit Häusern aus Adobe und bunt bemalten Brettern, das immer mehr vom steigenden Wasserspiegel des Sees bedroht wird. So hat sich das Wachstum inzwischen auf die Vororte Santa Elena San Benito verlagert. Hier landen und übernachten die Flugpassagiere, bevor sie mit Bussen nach Tikal gebracht werden. Flores gegenüber lag die alte Hauptstadt der aus Yucatán eingewanderten Itzá: Tayasal. Das letzte Königreich der Maya wurde erst 1697 von den Spaniern zerschlagen. – Flores ist Ausgangspunkt für einige Expeditionen zu den entlegenen Maya-Stätten des Petén. Wer die im unberührten Urwald verborgenen Ruinen von **El Mirador** aufsuchen will, muß sich auf eine mühselige Expedition einrichten. Von der Kautschuksiedlung Carmelita (64 km n; Boot bis San Andrés, ab dort Lkw) erreicht man die Stätte nach einem zweitägigen Fußmarsch. In der Präklassik, zwischen 150 v. Chr. und 150 n. Chr. war El Mirador die beherrschende Stadt des Petén. Ihre riesigen, über 60 m hohen Pyramiden *(El Tigre* und *Danta)* zählen mit zu den höchsten der Maya-Welt. – 13 km s von El Mirador liegt die aus der mittleren Präklassik (1000–400 v. Chr.) stammende Stätte **Nakbé**. Die Archäologen

Tikal, Museo Sylvanus G. Morley, Räuchergefäß ▷

Flores (Tikal), Lago Petén-Itzá

haben hier vier riesige Masken entdeckt, von denen eine freigelegt zu sehen ist.

Sayaxché (130 km s): Das 62 km s von Flores gelegene Sayaxché hat selbst wenig zu bieten. Von hier erreicht man jedoch mit einer Bootsfahrt auf dem Río de la Pasión die bezaubernd gelegene spätklassische Maya-Stätte **El Ceibal** (»Platz des Kapok-Baums«), die ab 830 n.Chr. ihre Blütezeit erlebte. Auf den zwei Plazas (und abseits davon) stehen einige schön skulptierte Stelen, die bereits yucatekischen Einfluß aufweisen. *Estela 9* zeigt einen Krieger mit einem Kopfputz aus Quetzalfedern. Ein weiterer schöner Bootsausflug führt von Sayaxché zum Urwaldsee *Lago Petexbatún*, in dessen Nähe sich die Maya-Stätten **Aguateca** (schöne Stelen) und **Tamarindito** befinden. Mit dem Boot (plus 12 km Fußmarsch) erreicht man auch die Ruinenstätte **Dos Pilas**.

Uaxactún (25 km n): Über eine in der Regenzeit oft unpassierbare Piste (Bus oder Jeep von Tikal) erreicht man in ungefähr einer Stunde die in der mittleren Präklassik gegründete Stätte. 378 n.Chr. wurde Uaxactún, »Acht Steine«, von Tikal erobert und verlor anschließend an Bedeutung. Auf fünf Hügeln errichtete Gebäudegruppen bildeten das Zentrum der Stadt. Die interessantesten Bauten der bereits 1926 von Archäologen (teilweise mit Dynamit) erforschten Stätte sind im *Grupo E* zu finden. Hier bilden drei aneinandergereihte Tempel ein Observatorium. Von der Spitze eines vierten Tempels kann man sehen, wie die Sonne zur Sommersonnenwende direkt hinter dem Nordtempel, zur Tag- und Nachtgleiche hinder dem mittleren Tempel und zur Wintersonnenwende hinter dem Südtempel aufgeht. Unter einem dieser Tempel legte man das älteste bekannte Gebäude des Petén *(E-VII-Sub)* frei, dessen Fundamente wahrscheinlich bis 2000 v.Chr. zurückreichen. Viele Keramikfunde aus Uaxactún sind in den Museen von Guatemala-Stadt zu sehen. Eine in der Trockenzeit bisweilen (mit Geländewagen) befahrbare Piste (zu Fuß anderthalb Tage) führt von Uaxactún zur völlig unrestaurierten Stätte **El Zotz**, deren drei Haupttempel völlig mit Erde und Urwaldvegetation bedeckt sind, doch kann der höchste über eine Staffelei erklommen werden. – Die entlegene Stätte **Río Azul** (104 km nö) erreicht man in der Trockenzeit über eine schwer befahrbare Piste: hin und zurück eine Dreitagereise. Río Azul, das seine Blütezeit in der späten Präklassik erlebte, aber noch in der Klassik ein bedeutendes Zentrum war und in enger verwandtschaftlicher Beziehung zu Tikal stand, wurde erst 1962 entdeckt und ist noch völlig unrestauriert. Von *Templo AIII* (47 m hoch) bietet sich ein großartiger Blick über den Urwald. In Río Azul wurden zahlreiche Gräber freigelegt. *Entierro 1* (417 n.Chr.) besaß die reichsten Beigaben. Weiße Stuckverzierungen mit grellroten Glyphen schmückten *Entierro 12*. Leider haben Grabräuber in Río Azul wie die Vandalen gehaust und auch die Fresken abgehackt. Als Einzelstücke wurden sie an private Sammler verscherbelt. 1983–87 barg ein Team der National Geographic Society und der University of Texas jedoch großartige Objekte, die wertvolle Aufschlüsse über die frühe Klassik liefern.

El Ceibal (Tikal), Stele mit Krieger

Tulúm

Quintana Roo (Mexiko)

Höhe: 14 m — S. 355 □ E 1

Anreise: Busverbindung mit Cancún und Cobá.

Unterkunft: *Hotel El Paraíso:* Tel. (987) 2-17-17 (1,5 km s der Ruinen). – *Motel El Crucero:* Carretera 307/Carretera a Tulúm. – *Hotel Acuario* (gegenüber Motel Crucero). – *Aldea Dzib-Ak-Tum Cabañas:* Aptdo Postal 100. – *Ana y José:* Aptdo Postal 15, Calle Boca Paila.

Die postklassische »weiße« Maya-Stadt beeindruckt weniger durch ihre schon von Dekadenz geprägte Architektur als vielmehr aufgrund ihrer einzigartigen Lage über der türkisblauen Karibischen See. Für viele Badeurlauber aus dem 127 km entfernten →Cancún, denen der Weg nach →Chichén Itzá zu weit ist, bleibt Tulúm die einzige Begegnung mit der prähispanischen Kultur. Dementsprechend überlaufen ist die an blendendweißen Sandbuchten gelegenene archäologische Zone, während deren Besichtigung man sich immer wieder in das nicht allzu kühle Wasser stürzen kann.

Tulúm wurde möglicherweise bereits in klassischer Zeit, ab dem 6. Jh. unserer Zeitrechnung, gegründet, wenn man sich auf die Inschrift einer hier aufgefundenen Stele beruft, die das Datum 564 n.Chr. trägt. Man geht jedoch davon aus, daß diese Stele von einem anderen Ort hierhertransportiert wurde. Architektonisch ist nämlich eine Besiedelung vor dem 12./13. Jh. nicht nachweisbar. Der ursprüngliche Name der Ortschaft war *Zamá* (Stadt der Morgenröte), der heutige Name Tulúm bedeutet im yucatekischen Maya »Verschanzung« oder »Festung«. Neben Mayapán ist Tulúm die zweite Festungsstadt in Yucatán. Der hier festzustellende toltekische Einfluß ist insofern verständlich, als man die Überreste einer Straße *(sacbé)* gefunden hat, die von Chichén Itzá über →Cobá nach Tulúm führ-

Mais – Pflanze der Götter

Aus Maiskolben, Maisbrei und Wasser formten die Götter »gute und schöne Menschen.« So steht es im *Popol Vuh*, dem Schöpfungsbericht der Maya. In den Codices ist der Maisgott nach Regen- und Schöpfergott die dritthäufigst erwähnte Gottheit. Der Mais, die Ernährungsgrundlage der Maya, war heilig, und ist es heute noch. Als während der Kastenkriege von Yucatán Schwärme fliegender Ameisen die nahende Regenzeit und damit den Zeitpunkt für die Maisaussaat ankündigten, kehrten die aufständischen Maya vor dem entscheidenden Angriff auf die Maisfelder zurück, denn der Mais war für das Überleben unabdingbar. Die Ladinos nutzten die Zeit, um Verstärkung zu holen. Miguel Angel Asturias erzählt in seinem 1949 erschienenen Roman *Hombres de Maíz* (Maismenschen) die Geschichte des Häuptlings Gaspar Ilóm, der gegen die Ladinos rebelliert, die den Mais zu Profitzwecken anbauen und damit die Götter beleidigen.

Wie bedeutend der Mais in Mexiko und Zentralamerika heute noch ist, wird jeder Reisende unverzüglich feststellen. Zu jeder Mahlzeit wird ein Körbchen mit – in ein heißes, feuchtes Tuch gewickelten – warmen Tortillas gereicht. An jeder Straßenecke verkaufen Indígenas diese dünnen runden Maisfladen, in jedem Dorf sieht man am späten Vormittag Frauen an Feuerstellen sitzen, um Tortillas zu klopfen. Sie sind oft alles, was die ärmsten Indígenas – neben einem gebratenen Brei aus vorher gekochten schwarzen Bohnen *(frijoles refritos)* – zu essen haben. Für die Kellner der Restaurants ist es daher oft schwer verständlich, wenn die Gringos die Tortillas unberührt zurückgehen lassen.

Als Kulturpflanze wird der Mais, ein Wildgrasgewächs, wohl schon seit 3000 v.Chr. gezüchtet. Die Anbauflächen heißen Milpas. Dieser Ausdruck stammt aus der Náhuatl-Sprache und bedeutet »gerodetes Land«. Da der Mais den nährstoffarmen Waldboden schnell auslaugt, entwickelten die Maya einen Wanderfeldbau. Nach einem Anbau von drei Jahren liegt das Feld bis zu 15 Jahre brach. Zunächst rodet man das Waldstück mit Beilen und Macheten, gewöhnlich im August, wenn das Holz

te. Hier setzten zahlreiche Pilger auf die Insel Cozumel über, um dort die Göttin Ix-Chel zu verehren. Die erste Beschreibung von Tulúm lieferte Juan Díaz, der Chronist der Expedition von Juan Grijalva (1518). Er verglich die an der Küste gesichtete Stadt mit Sevilla und sprach von einem großen Turm, was sich ohne Zweifel auf das *Castillo* bezieht. Ob die Stadt nach der spanischen Eroberung 1544 bald verlassen wurde, ist nicht mit Gewißheit zu sagen. 1842 beschrieben die englischen Reisenden John Lloyd Stephens und Frederick Catherwood die wichtigsten Bauten des Zeremonialbezirks. 1847 brach der sog. »Kastenkrieg« aus, und bis 1871 war Tulúm ein Heiligtum des Kultes der »Sprechenden Kreuze«. Initiiert hat diesen Kult der revolutionär gesinnte Mischling José María Barrera, der sich den Glauben der Maya zunutze machte, daß Gott durch Götzenbilder zu seinen Priestern spräche. Barrera engagierte den indigenen Bauchredner Manuel Nahuat, und ließ ihn durch ein Kreuz in einem Urwaldschrein in Chan (heute Felipe Carrillo Puerto) zu den Indígenas sprechen, die aufgefordert wurden, wieder die Waffen gegen die Mexikaner zu erheben. Das Originalkreuz wurde durch drei andere Kreuze ersetzt. Diese »sprachen« immer wieder zu den Indígenas. Bald war eine gutbewaffnete und urwalderfahrene Guerilla-Armee der Chan Santa Cruz-Indígenas entstanden (auch Cruzob genannt), die 50 Jahre lang mit Erfolg die mexikanische Regierung aus Quintana Roo fernhielt. Um 1895 verlangten die Indígenas die Annexion von Quintana Roo durch British Honduras, doch die mexikanische Regierung lehnte ab und schickte Truppen, die zwar die »Hauptstadt« Chan Santa Cruz einnehmen konnten, dort jedoch fast ein Jahr eingeschlossen blieben. Vier Jahre später

noch weich ist. Dabei achteten die Maya stets darauf, keinen Baum überflüssigerweise zu fällen. Bäume galten nämlich als Vorfahren und waren daher heilig. Nach dem Abholzen werden die Felder abgebrannt und so von Zweigen und Ästen befreit. Die Asche dient als Dünger für den eher wenig fruchtbaren Boden. Ausgesät werden die Maiskörner mit einem Pflanzstab. In prähispanischer Zeit besaß dieser eine im Feuer gehärtete Holzspitze, heute verwendet man eine Eisenspitze. In die gleiche Furche streut man nach alter Tradition die Samen von Bohnen und Kürbissen. Der Mais dient den Bohnen als Kletterstange, während die Bohnen der Maisstaude Stickstoff und Mineralien liefern. Die großen Kürbisblätter mildern die von starken Regenfällen bewirkte Bodenerosion. Von Zeit zu Zeit häuft man am Fuß der Pflanze Erde zum Schutz gegen den Wind auf. Zur Zeit der *canícula* (Hundstage), einer etwa 14tägigen Zwischentrockenzeit im August, knickt man den Stiel der reifen Maiskolben um. Damit vermeidet man das Verfaulen der Körner durch das Eindringen von Regenwasser und schützt den Mais vor Vögeln und Ungeziefer. Etwa 600 kg Mais pro ha ist der durchschnittliche Ertrag. Im Petén können die Bauern aufgrund der fast ganzjährigen Niederschläge jährlich zwei Maisernten einbringen. Durch den Anbau devisenbringender Agrarprodukte wie Kaffee, Bananen und Zuckerrohr wurde der Maisanbau jedoch auf schlechte Böden zurückgedrängt. So muß Guatemala das Grundnahrungsmittel in großen Mengen importieren, vor allem aus Mexiko. Nach der Ernte werden die Körner zu Mehl verarbeitet, gelegentlich noch immer mit Mahlsteinen *(metates)*, meist aber mit Hand- oder Motormühlen. Mais gibt es in unterschiedlichen Farben: gelb, schwarz und rot. Neben den allgegenwärtigen weißen und schwarzen Tortillas, deren leicht verbrannter, rauchiger Geschmack Sie auf Ihrer Reise begleiten wird, macht man aus Mais vor allem *tamales:* Das ist ein um Maisblätter gewickelter fester Maisbrei, der gelegentlich mit Hühnerfleisch vermischt wird. Besonders während der Erntezeit werden am Straßenrand auch ganze gekochte Maiskolben verkauft. *Atole*, das klassische Getränk der Indígenas, ist ein verdünnter Maismehlbrei, dem Rohrzucker *(panela)* zugesetzt wird.

kapitulierte die mexikanische Armee und gab die Hauptstadt den Indígenas zurück, die Quintana Roo noch bis 1935 als unabhängigen Staat regierten und eifersüchtig über ihre kulturelle Eigenständigkeit wachten. 1935 gaben die von Hunger, Masernepidemien und Malaria dezimierten und zermürbten Indígenas auf und unterzeichneten mit Mexiko einen Friedensvertrag. Tulúm war eines der letzten reinen Chan-Dörfer: Viele der heutigen Bewohner sind Nachfahren dieser unabhängigen Maya. 1916 bis 1922 wurden im Auftrag des Washingtoner Carnegie Institute unter der Leitung von Sylvanus G. Morley Grabungsarbeiten durchgeführt. Miguel Angel Fernández erkundete 1938 die Stätte von neuem. Seit 1974 führt das INAH weitere Forschungsarbeiten durch. Das lange so verschlossene Dorf Tulúm hat sich mittlerweile auf den Massentourismus eingestellt. Die meisten Besucher werden mit Bussen aus Cancún angekarrt und verschwinden nach ein paar Stunden wieder. Mit unzähligen Andenkenständen und Imbißbuden versucht man vor Ort, das Beste aus der Situation zu machen. Wer kann, sollte unbedingt über Nacht bleiben: Sowohl der Sonnenaufgang über den dann menschenleeren Ruinen, in denen sich ab dem späten Vormittag Tausende tummeln, als auch der ebenso friedliche Sonnenuntergang sind unvergeßliche Erlebnisse. Von der im Süden der Hauptgruppe gelegenen *Estructura 54* bietet sich der schönste Blick auf die Ruinenstätte.

Muralla: Man betritt die Ausgrabungsstätte durch eine Öffnung in der Mauer, welche die Stadt von drei Seiten umschließt (die vierte wird durch das Meer geschützt). Dieser 4 m hohe und bis zu 6 m dicke begehbare Wall, der von Norden nach Süden 380 m und von

Tulúm, Templo de los Frescos

Osten nach Westen 170 m mißt, diente weniger Verteidigungszwecken als vielmehr der Abgrenzung des Zeremonial- und Verwaltungsbereichs von den Wohngebieten, die sich in beide Richtungen entlang der Küste erstreckten. Die aus verderblichem Material gebauten Wohnhäuser sind allerdings längst verschwunden.

Templo de los Frescos: Der mehrmals überbaute Freskentempel (*Edificio 16*) in der Mitte des ummauerten Stadtbezirks und der Ost-West-Achse ist das wichtigste Bauwerk von Tulúm. Der älteste Bauteil mit Malereien auf Innen- und Außenwänden wurde später durch einen Portikus erweitert. Über einem von vier Säulen durchbrochenen Eingang an der Westseite verläuft zwischen zwei Simsleisten ein Fries mit drei Nischen. In der mittleren Nische sind die Reste einer Stuckskulptur des sog. »Niederfahrenden Gottes« oder »Herabsteigenden Gottes« *(Dios Descendente)* zu sehen. Diese in Tulum immer wieder auftretende Gottheit ist mit dem Kopf nach unten und den gespreizten Beinen nach oben dargestellt. Sie trägt einen Vogelschwanz und Flügel an Armen und Beinen. Die Hände sind vor der Brust gefaltet, auf dem Kopf sitzt eine einfache Krone. Gedeutet wurde diese Figur unter anderem als herabfliegende Biene, niedergehender Abendstern, untergehende Sonne oder als Blitz. Heute identifizieren manche Forscher die Darstellung als Gott E, den Maisgott. An den Ecken der Simse befinden sich zwei große, ursprünglich bemalte Flachreliefmasken, die wahrscheinlich Itzamná, den alten Himmelsgott der Maya, abbilden.

Auch über der Tür des zeitlich jüngeren Obergeschosses ist eine Nische mit Resten eines Stuckreliefs des Niederfahrenden Gottes angebracht. Die teilweise restaurierten Fresken der Innenwände, deren Ausführung dem Stil mixtekischer Handschriften ähnelt, zeigen vor allem Maya-Götter. Im oberen Teil stehen sich zwei Verkörperungen des Himmelsgottes Itzamná gegenüber, rechts

Tulúm, Blick auf die Ruinenstätte ▷

flankiert vom Regengott Chac. Den mittleren Teil dominiert die Mond- und Fruchtbarkeitsgöttin Ix-Chel, die Frau des Itzamná. Die menschliche Gestalt erscheint, eingerahmt von verflochtenen Schlangenleibern, inmitten von Blumen und Feldfrüchten, darunter sieht man Maiskolben und Bohnen. Im unteren Teil findet sich auf der rechten Seite eine weitere Darstellung der Ix-Chel, deren Basis eine Meeresszene mit stilisierten Fischen bildet. Die Malereien sind nur durch ein Metallgitter zu betrachten. Vor dem Tempel steht auf einem Altar die 1,30 m hohe *Estela 2* mit nachklassischer Datumsinschrift (1004, 1261 oder 1517 n. Chr.).

El Castillo: Juan de Grijalva hielt 1518 das am Felsrand hoch über dem Meer aufragende größte Bauwerk *(Edificio 1)* von Tulúm für einen Turm. Der Komplex entstand in drei Bauperioden. Eine breite, rampengesäumte Freitreppe, die heute allerdings nicht mehr bestiegen werden darf, führt zu einer Terrasse, auf welcher der aus zwei Räumen bestehende Tempel ruht. Der Stein vor dem Heiligtum wurde vermutlich als Altar für Menschenopfer benutzt. Der Tempeleingang ist durch zwei Schlangensäulen unterteilt, die den steinernen Türbalken stützen. In der Nische über der mittleren Tür erscheint wieder der Niederfahrende Gott.

Templo del Dios Descendente: Unmittelbar nördlich vom *Castillo* steht der »Tempel des Niederfahrenden Gottes« *(Edificio 5)*, der auf einem älteren Bauwerk errichtet wurde. Man beachte die oben nach außen geneigten Mauern *(muros caídos)*; die Türpfeiler sind gegenläufig nach innen geneigt. Die Nische über dem Eingang zum einzigen Tempelraum enthält wieder eine Stuckplastik des in der Postklassik so allgegenwärtigen Gottes. Von der früheren Bemalung der Hauptfassade und der Ostwand im Inneren des Tempels ist heute fast nichts mehr zu sehen. Die Besteigung ist nicht mehr gestattet.

Templo de la Serie Inicial: Der »Tempel der Initialserie« *(Edificio 9)* liegt südlich des *Castillo*. Dieser Tempel wurde nach der *Estela 1* benannt, die Stephens hier auf seiner Forschungsreise durch Yucatán fand. Sie ist mit 564 n. Chr. datiert und befindet sich heute im Londoner *British Museum*.

Umgebung

Akumal (27 km n): Luxuriöser Badeort mit blendendweißen Sandstränden. Im Süden schließen sich die weit weniger erschlossenen Strandorte **Chemuyil** und **Xcacel** an.

Tulúm, El Castillo

Xel-há (22 km n): In diesem Naturschutzpark mit zahlreichen Lagunen befindet sich eine nachklassische Kultstätte der Maya, deren Gebäude teilweise unter Wasser liegen. Die Stätte mit ihrem ungemein klaren Wasser ist bei Schnorchlern dementsprechend beliebt. Eindrucksvollstes Bauwerk ist der von einem Strohdach geschützte *Templo de Pájaros* (»Tempel der Vögel«). Eine Wand zeigt noch Überreste von Fresken mit Vogeldarstellungen, deren Umrisse noch zu erkennen sind. Um sie aus der Nähe sehen zu können, muß man auf eine kleine Plattform aus Bambus klettern.

Tuxtla Gutiérrez

Chiapas (Mexiko)

Einw.: 300 000 Höhe: 532 m S. 354 □ B3

Anreise: Flugverbindung mit Mexiko-Stadt *(Mexicana* und *Aviacsa)* sowie Oaxaca, Cancún, Mérida, Villahermosa und Tapachula *(Aviacsa* und *Aerocaribe)*. Busverbindung *(Autotransportes Tuxtla Gutiérrez, Cristóbal Colón)* mit San Cristóbal de las Casas (2 Std.; auch *ADO*), Palenque (6 Std.), Villahermosa (6 Std.), Mérida (16 Std.), Ciudad Cuauthémoc (Grenze zu Guatemala; 4 Std.), Tapachula (Grenze zu Guatemala; 7 Std.), Oaxaca (10 Std.), Mexiko-Stadt (19 Std.; auch *ADO*), Chiapa de Corzo (20 Min.; *Transportes Chiapas-Tuxtla*).

Unterkunft (Vorwahl 961): *Hotel Flamboyant:* Belisario Dóminguez km 1081, Tel. 5-08-88, Fax 5-00-87. – *Hotel Bonampak:* Belisario Domínguez 180, Tel. 3-20-50 (im Foyer Reproduktion der Wandmalereien von Bonampak). – *Hotel María Eugenia:* Avenida Central Oriente 507, Tel. 1-01-85. – *Gran Hotel Humberto:* Avenida Central Poniente/1 Poniente Norte.

Restaurants: *Restaurant Las Pinchanchas:* Avenida Central Oriente 857, Tel. 2-53-51. – *Restaurant Flamingo:* 1 Poniente 17. – *Pizza Real Restaurant:* 2 Sur Orniente 540.

Die moderne Hauptstadt des Bundesstaates Chiapas, die bis ins 19. Jh. nur eine unbedeutende Ortschaft war, ist hauptsächlich aufgrund ihres Regionalmuseums und eines vorbildlichen Zoos (eine Seltenheit in Mexiko), der ausschließlich die Tierwelt von Chiapas in großzügigen Freigehegen zeigt, einen Aufenthalt wert.

Museo Regional de Antropología e Historia: In dem modernen Bau des Regionalmuseums für Anthropologie und Geschichte ist eine bedeutende Sammlung archäologischer Funde aus der Zeit der Olmeken und der Maya zu besichtigen. Um die Chronologie zu wahren, sollte man den Rundgang rechts vom Eingang beginnen und gegen den Uhrzeigersinn weitergehen. Aus präklassischer Zeit stammen einige Terrakotta-Figurinen der Ocós-Kultur (1500–1000 v. Chr.) sowie weitere Figurinen und Skulpturen olmekischer Herkunft, darunter der Schädel eines Jünglings, der die typische Deformation aufweist. In der Mitte des Saals zeigen Vitrinen Objekte einer Kultur aus dem Tal des Río Grijalva, die zu Beginn der klassischen Zeit, im Zeitraum zwischen dem Verschwinden der Olmeken und dem Auftauchen der Maya, einen eigenen Stil entwickelte, der von Teotihuacán beeinflußt wurde. Des weiteren sind zwei Stelen aus Izapa zu sehen, einem Ort, an dem eine olmekisch beeinflußte Zivilisation entstand, die anschließend unter dem Begriff *Soconusco* eine

Tuxtla Gutiérrez, Museo Regional de Antropología e Historia, Räucherurne

Tuxtla Gutiérrez, Museo Regional de Antropología e Historia, »Gefangener von Toniná«

Cañon El Sumidero (Tuxtla Gutiérrez), Blick in die Schlucht

eigene Kultur entwickelte. Einige Beispiele dieser schönen, nüchtern dekorierten Keramik sind in Vitrinen zu sehen. Der linke Saalteil widmet sich der Kunst der Maya. Besonders zu erwähnen sind zwei große, reliefgeschmückte Steinscheiben, Begräbnisurnen im Río-Bec-Stil, Stelen aus Tonalá sowie eine weitere reliefierte Stele aus Comitán mit dem Datum 874 n.Chr. Vielleicht das Glanzstück dieser Kollektion ist jedoch der berühmte *Gefangene von Toniná*, eine Steintafel, die im Reliefstil von Palenque gearbeitet ist und K'an Xul, den Herrscher von Palenque, zeigt: eine zurückgebeugte Figur, die aufgrund der drei Glyphen auf dem rechten Oberschenkel eindeutig identifiziert werden kann. Zum Schluß sind noch postklassische Keramik aus Chinkultic und aztekische Artefakte aus der Region zu sehen. Im 1. Stock befindet sich eine Sammlung von Objekten aus der Zeit nach der spanischen Konquista, darunter einige Kolonialgemälde, sowie eine ethnologische Ausstellung mit Puppen, die Festkostüme und rituelle Masken tragen. Ganz in der Nähe des Museums befindet sich ein sehenswerter botanischer Garten mit riesigen Bambussträuchern.

Umgebung

Cañon El Sumidero: Eine 22 km lange Straße führt zu mehreren Aussichtspunkten *(miradores)* über der Stadt, von denen aus man faszinierende Einblicke in die fast 1000 m tiefe Schlucht El Sumidero hat. Hier sollen sich 1528 die Indígenas des Ortes Chiapa vor den herandrängenden spanischen Eroberern zu Tode gestürzt haben.

Chiapa de Corzo (18 km ö): Die kleine Stadt wurde 1528 von Diego de Mazariegos an der Stelle einer prähispanischen Ortschaft gegründet. Auf der Plaza errichteten Dominikaner über einer Quelle den *Fuente Monumental de Ladrillo*, ein riesiges Bauwerk aus rotem Ziegelstein, das die Form einer überdimensionalen Königskrone hat. Sein gewölbtes Kuppeldach ruht auf acht durch Strebebögen verstärkten eckigen Pfeilern. Innerhalb des *Fuente*, vom Gewölbe überdacht, liegt etwas erhöht das Hauptbecken, von dem das überlaufende Wasser durch Wasserspeier in vier langestreckte Behälter geleitet wird, zwischen denen die außen zum Hauptbecken führenden vier Treppen liegen. Das obere Becken versorgte die Menschen mit Trinkwasser, die unteren Behälter dienten als Viehtränke. Eine Besichtigung wert ist auch das schöne *Lackmuseum*. 300 m vom Hauptplatz entfernt liegt die Anlegestelle, von der aus man spektakuläre Bootsfahrten in die Schluchten des Río Grijalva, den *Cañon El Sumidero*, unternehmen kann.

U

Uxmal

Yucatán (Mexiko)

Höhe: 12 m S. 355 □ D 1

Anreise: Busverbindung mit Mérida und Campeche (Autotransportes del Sur und andere Gesellschaften). Nach Fertigstellung einer Landepiste wird es möglich sein, Uxmal von Cancún aus per Flugzeug zu besuchen.

Unterkunft und Restaurants: *Hotel Hacienda Uxmal:* Tel. (997) 4-71-42. – *Hotel Villa Arquelógica Uxmal:* Tel. (99) 24-70-53. – *Hotel Misión Park Inn Uxmal:* Tel./ Fax (99) 24-73-08 (2 km von den Ruinen entfernt).

»Die Sonne ist Zeit, die Zeit, Sonne aus Staub; der Stein, Blut. / Das Licht flimmert nicht, die Zeit entleert sich der Minuten, ein Vogel blieb stehen in der Luft. / Das Licht stürzt herab, es erwachen die Säulen und

Auf den Spuren versunkener Maya-Städte – Stephens und Catherwood

Die Geschichte der Wiederentdeckung alter Mayastätten liest sich stellenweise spannender als jeder Abenteuerroman. Zwei Amateurarchäologen, der amerikanische Rechtsanwalt, Diplomat und Abenteurer John Lloyd Stephens und der geniale englische Architekt und Zeichner Frederik Catherwood, trugen entscheidend dazu bei, das Interesse Europas und Nordamerikas für die Altertümer Mittelamerikas zu wecken. Die spanischen Missionare des 16. Jh. studierten die »vom Teufel inspirierte« Kultur der Maya in erster Linie, um sie desto gründlicher ausmerzen zu können. Der Bücherverbrenner Diego de Landa ahnt gottlob nicht, welch Teufelswerk in den Urwäldern von Chiapas und Petén verborgen liegt. Fray Andrés de Avendaño zieht 1696 vermutlich als erster Europäer durch die Mayastadt Tikal. 1746 durchstreift Pater Juan Díaz de Solis die Ruinen von Palenque, das 1786 Hauptmann Antonio del Río ausgiebig plündert. Der irischstämmige Juan Galindo fertigt 1834 die ersten Skizzen von Copán an. 1830 macht der Reisebericht des österreichischen Hauptmanns Guillermo Dupaix, der im Auftrag König Karls IV. die Ruinen von Palenque besucht, eine breitere europäische Öffentlichkeit mit den Altertümern Mexikos bekannt. Eine besonders schillernde Persönlichkeit ist Graf Johann Friedrich Maximilian von Waldeck, der 1832 romantisierende Ansichten der Monumente von Palenque, Uxmal, Mayapán und Toniná anfertigt. 65 seiner Lithographien, deren dokumentarischer Wert allerdings fragwürdig bleibt, erscheinen 1866 in dem von Pater Brasseur de Bourbourg herausgegebenen Buch *Alte Baudenkmäler Mexikos*.

Von bleibendem wissenschaftlichen Wert erweisen sich jedoch die 1841 erschienenen und sehr erfolgreichen *Incidents of Travel in Central America, Chiapas and Yucatán* (Begebenheiten einer Reise in Zentralamerika, Chiapas und Yucatán) von John Lloyd Stephens, zu denen Frederik Catherwood die Illustrationen liefert. Stephens beschreibt in dem fast 1500 Seiten umfassenden Werk nicht nur die Bauwerke der Maya, sondern liefert eine packende und amüsante Darstellung der Abenteuer und Schwierigkeiten während der mühsamen Ritte durch die zecken- und malariaverseuchten Urwälder Mittelamerikas und Südmexikos. Stephens hat sich bereits als Autor des Buches *Arabia Petreae* einen Namen gemacht, in dem er die Altertümer des Vorderen Orients und Nordafrikas beschreibt, Catherwood hat eine archäologische Expedition nach Ägypten geleitet. Gemeinsam sind die beiden ein unschlagbares Team. Am 3. Oktober 1839 brechen sie nach Britisch Honduras auf, Stephens mit dem Paß eines US-Botschafters in der Tasche, der die Reise durch das von Bürgerkriegen, selbstherrlichen Militärkommandanten, Banditen und Korruption heimgesuchten Mittelamerika erst möglich macht. »Der abenteuerlustige Stephens hat die Suche nach einer unauffindbaren Regierung mit einer erfolgreicheren Jagd nach Ruinenstädten verbunden«, schreibt Catherwood später.

Erste Station der zehnmonatigen Rundreise ist Copán. Stephens vermag sich dort erst durch Anlegen seines Diplomatenfracks Respekt zu verschaffen und kauft dem Eigentümer der Stätte, der ihm den Zutritt verweigern will, die Ruinen kurzerhand ab: für ganze 50 Dollar. »Es gab gar keine Schwierigkeiten wegen des Preises. Ich bot diesen Betrag, und Don José hielt mich deswegen nur für verrückt.« Catherwoods Zeichnungen der Stelen sind von faszinierender Detailtreue. Stephens Plan, die Stelen von Copán nach New York schaffen zu lassen, scheitert allerdings. Auch Quiriguá, das die beiden als nächstes besuchen, will Stephens kaufen, doch der Eigentümer wittert irrtümlicherweise das große Geld der US-Regierung, und die Sache scheitert. Fasziniert sind die beiden Forscher auch von Palenque, wenngleich dort der Empfang ebenfalls unwirsch ausfällt. Wieder will Stephens in die Geldtasche greifen. Für 1500 Dollar könnte er Palenque haben, doch ergibt sich ein Problem: Der mexikanische Staat erlaubt Landverkäufe an Ausländer nur, wenn sie mit einer Mexikanerin verheiratet sind. Der eingefleischte Junggeselle Stephens, 34 Jahre alt, geht also auf Brautschau, doch die einzige in Frage kommende Hübsche, erst zarte 14 Jahre alt, ist bereits unter der Haube. So ziehen die Forscher schließlich nach Uxmal weiter. Doch Catherwood wird mittlerweile von heftigen Malariaanfällen geschüttelt und kollabiert nach den ersten fieberhaften Zeichnungen. Die Reise muß abgebrochen werden.

Die Veröffentlichung der *Incidents of Travel* in New York (1840) macht beide über Nacht berühmt. 1841 sind sie wieder in Yucatán, wo sie Uxmal, Kabáh, Sayil, Labná, Chichén Itzá und Tulúm erforschen und zeichnen. Doch ein Jahr später brennt in New York die Rotunde ab, in der Catherwood die zusammengetragenen Maya-Kunstschätze ausstellt: Neben vielen Zeichnungen und Plänen Catherwoods werden auch die geschnitzten hölzernen Balken aus Uxmal, Kabáh und Labná ein Raub der Flammen. Dennoch erscheint 1842 das neue Buch von Stephens und Catherwood, *Bericht einer Reise nach Yucatán*, das zum Klassiker wird. Das ehrgeizige Projekt, ein umfangreiches wissenschaftliches Werk mit dem Titel *Die Amerikanischen Altertümer* zu veröffentlichen, scheitert, da sich die erforderlichen 300 Subskribenten für das 100 Dollar teure Buch nicht auftreiben lassen. So veröffentlicht Catherwood sein zeichnerisches Werk unter dem Titel *Die Ansichten antiker Monumente in Mittelamerika, Chiapas und Yucatán* (London 1844) auf eigene Kosten.

Beide Forscher leiden mittlerweile an Geldknappheit. Stephens macht immerhin Karriere als Präsident der *Panama Railroad Company*, stirbt jedoch am 13.Oktober 1852 an den Folgen der Malaria. Auch Catherwood geht ins Eisenbahngeschäft und ernährt seine Familie als Vermessungsingenieur in Britisch Guyana. Die Pannen beim dortigen Eisenbahnbau werden jedoch einseitig ihm angelastet: 1849 löst man seinen Vertrag auf. Catherwood geht zu Stephens nach Panama, wo ihn jedoch das Chagres-Fieber ereilt. Dann verliert er auch noch in Kalifornien viel investiertes Geld. 1854 gibt er zu Ehren seines toten Freundes in London eine einbändige Ausgabe der *Incidents* heraus. Sie wird sein Vermächtnis. Während der Rückkehr von Liverpool nach New York kollidiert sein Schiff, die *Arctic*, im Nebel mit der französischen *Vesta* und sinkt vor Neufundland. Wie sehr Catherwoods Stern in dieser Zeit bereits gesunken ist, zeigt die lakonische Todesnachricht der New *York Herald Tribune*: »Auch Mr Catherwood wird vermißt.«

tanzen bewegungslos.« So beschrieb der mexikanische Schriftsteller und Nobelpreisträger Octavio Paz in seinem Gedicht *En Uxmal* die Faszination dieser Ruinenstätte. Viele Besucher ziehen das fast ausschließlich im reinen Puuc-Stil erbaute und architektonisch sehr geschlossen wirkende Uxmal (maya: »dreimal erbaut«) der monumentaleren Ruinenstätte →Chichén Izá vor. Den Archäologen zufolge war Uxmal die Hauptstadt einer bedeutenden politischen Einheit im Südosten und spielte eine der von Izamal, Chichén Itzá und Tho (Mérida) für andere Regionen vergleichbare Rolle. Trotz der Bedeutung von Uxmal wissen wir jedoch wenig über die soziale Struktur und Organisation der Bewohner. Moderne Radiokarbonuntersuchungen datieren die Gründung von Uxmal auf das 6.Jh. n.Chr. zurück und postulieren eine spätklassische Blütezeit (600–900). Bewohnt war die Gegend jedoch schon in der Präklassik, etwa ab 800 v.Chr. Uxmal wurde also nicht erst von der Xiú-Dynastie in maya-toltekischer Zeit gegründet, wie man den *Chilam-Balam*-Büchern und weiteren, von spanischen Chronisten gesammelten Berichten entnehmen konnte. (Das *Chilam Balam* von Maní spricht von einer Besiedelung am *Katún 2 Ahau*, was dem Maya-Datum 10.9.0.0.0., also dem Zeitraum zwischen 987 und 1007 n.Chr. entspräche.) Selbst der Ursprung der

Uxmal, Blick auf die Ruinenstätte

Xiú ist umstritten. Einer Maya-Chronik der Kolonialzeit zufolge soll Uxmal von einem gewissen Ah Zuitok Tutul Xiú gegründet worden sein, der aus dem mexikanischen Hochland stammte; oder zumindest seine Vorfahren, die dem Weg Kukulkáns und der Itzá nach Yucatán folgten, kamen von dort. Andere Quellen dementieren jedoch diese Behauptung. In der Zeit, als sich die Xiú angeblich in Uxmal niederließen (möglicherweise besetzten sie erst im 13. oder 14. Jh. den verlassenen Ort), wurde von Mayapán, Chichén Itzá und Uxmal die »Liga von Mayapán« gegründet, deren späteres Zerbrechen zu einem Krieg zwischen den Itzá und den Cocomes von Mayapán führte, in dessen Verlauf auch die gar nicht beteiligten Xiú die Oberherrschaft der siegreichen Cocomes akzeptieren mußten. Im Jahr 1441 gelang es dem Xiú-Fürsten Ah Xupán Xiú, der eine Koalition gegen die Cocomes anführte, Mayapán einzunehmen und zu zerstören. Dies führte zu einer fatalen Aufsplitterung Yucatáns in kleine, unabhängige Herrschaftsbereiche, was den Spaniern später die Eroberung erleichtern sollte. Mitte des 15. Jh. verließen die Xiú Uxmal und gründeten Maní. Der Amerikaner John Lloyd Stephens beschrieb auf seiner Yucatánreise, die ihn 1841–42 auch nach Uxmal führte, den Ort. Erste Untersuchungen führte Franz Blom durch. Mit Restaurierungsarbeiten wurde 1943 begonnen. Sie dauern bis heute an. Allabendlich findet bei Einbruch der Dunkelheit eine suggestive *Licht-und-Ton-Schau* statt. Dabei werden die Runen effektvoll in buntes, mystisches Scheinwerferlicht getaucht, dazu erzählen verschiedene Stimmen die Geschichte und Legenden von Uxmal.

Pirámide del Adivino: Gegenüber dem Eingang zur archäologischen Zone ragt das höchste Bauwerk von Uxmal auf, die 35 m hohe »Pyramide des Wahrsagers«. Der Legende zufolge soll ihr Baumeister ein Zwerg gewesen sein, der mit Unterstützung seiner Großmutter, einer Hexe, das Bauwerk in einer Nacht aufgeführt habe. In Wahrheit hat man mehr als drei Jahrhunderte, zwischen

dem 6. und dem 10. Jh., an dieser Pyramide gebaut, die insgesamt fünf übereinanderliegende und deutlich voneinander zu unterscheidende Baukörper enthält. Auf diese Weise kam es zu der hier zu beobachtenden Stilmischung, bei der sich Puuc-, Chenes- und sogar toltekische Elemente verbinden. Untypischerweise weist die Basis dieses kegelstumpfförmigen Bauwerks einen fast ovalen und keinen rechteckigen Grundriß auf.

Ein heute nicht öffentlich zugänglicher Tunnel, der in die erste Etage der Pyramide gebohrt wurde, führte zur Entdeckung der Rückseite von Tempel 1 *(Edificio Inferior Poniente)*. An dessen von außen sichtbaren Westfassade mit fünf Eingängen sind abwechselnd Säulchenreliefs und glatt behauene Steinquader zu sehen. Ein hier gefundener Türsturz aus Zapote-Holz wurde mit der Radiokarbonmethode (Karbon 14) untersucht. Dabei ergab sich, daß dieser Teil des Bauwerks von 569 n. Chr. (mit 50 Jahren Toleranz) datiert. Die Archäologen mußten also ihre Schätzungen, die vorher nur bis ins 9. und 10. Jh. zurückreichten, erheblich revidieren. Der Säulenbalken stützte einst einen Fries, das ein Relief mit geometrischen Motiven, Flechtwerk, stilisierten Blumen, Kalendersymbolen und einer Reihe weiterer Motive schmückte, wovon die an der Nordostecke erhaltenen Reste zeugen. Glanzstück der Fassade war jedoch eine heute im Anthropologischen Museum von Mexiko-Stadt ausgestellte Skulptur, die berühmte »Königin von Uxmal«. In Wahrheit handelt es sich um einen tätowierten Priesterkopf, der aus einem stilisierten Schlangenrachen blickt. Er wurde an dem unter der Westtreppe verborgenen zentralen Eingang gefunden. Es gibt Hinweise darauf, daß es über den anderen Eingängen eine Maskendekoration gab, bei der sich Darstellungen des Chac mit denen des Tlaloc (der Wassergottheit des mexikanischen Hochlands) abwechselten. Die Tlaloc-Maske trug das Jahreszeichen und war mit Paneelen verbunden, die Federn darstellten. Drei dieser Skulpturen wurden 1969 während Ausgrabungsarbeiten im Süden der Pyramidenbasis aufgefunden.

Die außerordentlich steile Osttreppe (60°) ohne Rampen (eine Kette erleichtert die Besteigung) führt auf der Rückfassade der Pyramide direkt zur obersten Plattform, auf der ein Tempel steht. Sie überdeckt eine ältere Stufenfolge, die zu einem früheren Heiligtum, dem Tempel II *(Templo Interior Oriente)*, hinaufführte. Um diesen Tempel zu erreichen, schlugen die Archäologen eine Öffnung in die obere Mitte der Osttreppe. Das Heiligtum enthielt einen Saal im Osten und zwei Säle im Westen, die von einem hohen Dachkamm überragt waren. Dieser ist dann in der Masse der Überschichtungen untergegangen. Der von außen nicht sichtbare Tempel III *(Templo Interior Poniente)* schließt sich an den hinteren Teil des Tempels II an und besteht aus einem kleinen Schrein und einem Vorraum. Über die ebenfalls überaus steile Westtreppe, die ihrerseits zum Tempel II hinaufführende Stufen überdeckt, gelangt man zum würfelförmigen Tempel IV *(Templo Chenes)*. Dessen mit Chac-Masken und Gitterornamenten überzogene Eingangsfassade ist für sich allein eine riesige zoomorphe Maske, wobei die Türe den aufgesperrten Rachen darstellt. Im Gegensatz zu dem sonst in Uxmal üblichen Puuc-Stil ist dieser Tempel im reinen Chenes-Stil gehalten.

Zu dem aus der letzten Bauepoche (um 1000 n.Chr.) stammenden Tempel V, auch »Haus des Wahrsagers« genannt, gelangt man entweder direkt über die Treppe auf der Ostseite oder über zwei seitliche schmale Treppen entlang des Chenes-Tempels auf der Westseite. Das rechteckige Bauwerk stammt vermutlich aus der Zeit um 1000–1050 n.Chr., als der maya-toltekische Stil in Chichén Itzá seine Blütezeit erlebte. Die Westfassade des Tempels, welcher aus drei Kammern besteht, ist mit Gitterornamenten verziert. – Vom Gipfel der Wahrsagerpyramide genießt man einen unvergleichlichen Blick auf die anderen Bauten von Uxmal.

Cuadrángulo de las Monjas: Im Nordwesten der Wahrsagerpyramide schließt sich das wunderschöne »Viereck der Nonnen« an, das seinen Phantasienamen den Spaniern verdankt, welche die zahlreichen Räume für Wohnzellen von Maya-Priesterinnen hielten. Dieser Komplex datiert größtenteils aus der Spätphase des Puuc-Stils (900–1000 n.Chr.), doch haben Radiokarbonuntersuchungen einen hier gefundenen hölzernen Türsturz auf das Jahr 653 (100 Jahre Toleranz) zurückdatiert. Die vier langgestreckten Gebäude, die den etwa 65 m×45 m großen trapezförmigen Innenhof umschließen und zu unterschiedlichen Zeiten erbaut wurden, stehen auf Terrassen verschiedener Höhe. Dadurch ergibt sich von der Nordseite der großen Plattform des Gouverneurspalastes eine atemberaubende Perspektive, da schon von weitem der Blick auf die reiche Ornamentik der verschiedenen Friese frei ist. Seiner Anordnung und Dekoration wegen gilt der auf einer künstlichen Plattform ruhende Komplex als die faszinierendste Leistung der Puuc-Achitektur.

Man betritt den Innenhof über eine Treppe durch den großen Kragbogeneingang am *Südgebäude (Edificio Sur)*, dem zweitältesten Gebäude dieser Anlage. Der Bogen liegt auf einer Achse mit dem vor dem Viereck befindlichen stark zerstörten Ballspielplatz. Die Struktur mißt in der Länge 80 m, in der Breite 9 m und in der Höhe 5,70 m. Sie ist damit das kleinste der vier Gebäude. Im Unterschied zu den übrigen Trakten weist sie an beiden Hauptfassaden (Nord und Süd) Zugänge auf. Rechts und links vom Mittelgang sind jeweils acht Räume angeordnet, von denen die eine Hälfte nach außen, die andere Hälfte nach Norden in den Innenhof schaut. Über ihren Eingängen ist jeweils eine kleine, mit Federn statt mit Stroh gedeckte Maya-Hütte *(choza)* im Relief dargestellt, auf deren Dach Chac-Masken angebracht sind. Aus den Augen des Gottes quillt Wasser: Symbol für den lebensnotwendigen Regen. Die Eingänge dieser Hütten sind als Nischen ausgebildet. Von den Figuren, die sie sicherlich beherbergten, ist keine Spur mehr vorhanden.

Uxmal 1 Pirámide del Adivino (Pyramide des Wahrsagers) **2** Cudrángulo de las Monjas (Viereck der Nonnen) **3** Juego de Pelota (Ballspielplatz) **4** Casa de las Tortugas (Schildkrötenhaus) **5** Palacio del Gobernador (Gouverneurspalast) **6** Adoratorio (Heiligtum) **7** Pirámide de la Vieja (Pyramide der Alten Frau) **8** Gran Pirámide (Große Pyramide) **9** Grupo de El Palomar (Taubenhausgruppe) **10** Templo de los Falos (Phallus-Tempel) **11** Grupo del Cementerio (Friedhofsgruppe).

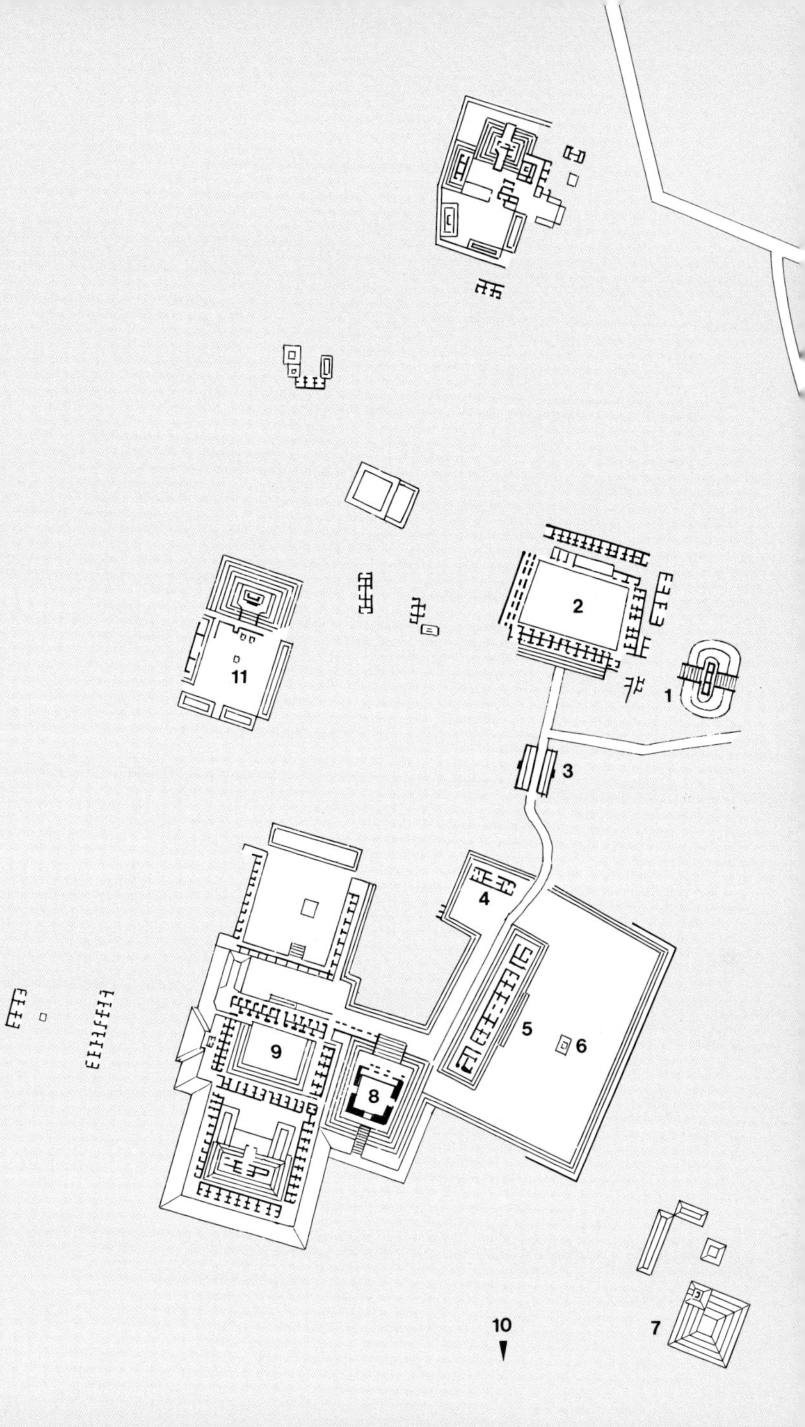

1
2
3
4
5
6
7
8
9
10
11

Uxmal, Cuadrángulo de las Monjas, Venustempel des Nordgebäudes

Gegenüber erhebt sich auf einer fast 7 m hohen Plattform das älteste und bedeutendste Gebäude des Nonnenvierecks, das fast 100 m lange *Nordgebäude (Edificio Norte)*. Diese Struktur ruht auf einer etwa 100 m langen, 20 m breiten und 8 m hohen Plattform, zu der eine 30 m lange Treppe hinaufführt, flankiert von zwei kleinen Tempeln. Das linke (westliche) Heiligtum hat man Venustempel genannt, weil man auf den Chac-Masken, die das Fries dekorieren, das Symbol dieses Planeten zu erkennen glaubte. Der Portikus des Tempels mit fünf Eingängen, die zu einer ersten Kammer führen, die mit weiteren drei kleinen Räumen verbunden ist, ruht auf vier monolithischen Pfeilern, die eine Halle bilden. Es ist das einzige Gebäude von Uxmal, das Pfeiler aufweist. Nur die Südfassade dieses Tempels ist mit einem Fries geschmückt, der auf einem Kreuzbanddekor stilisierte Chac-Masken zeigt und an den Ecken mit den üblichen Maskensäulen abschließt. Das wesentlich schlechter erhaltene rechte (östliche) Heiligtum besteht aus einem Portikus mit zwei Pfeilern, die drei Eingänge zu einer Kammer bilden, die mit weiteren, leider zusammengebrochenen Räumen verbunden war. Die Friesdekoration ist völlig zerstört. Das Nordgebäude selbst umfaßt 26 Kammern, die in 13 unabhängige Einheiten von zwei miteinander verbundenen Räumen unterteilt sind. Elf Eingänge gehen zum Innenhof hinaus, zwei weitere befinden sich an der Ost- und Westseite des Gebäudes. Der zentrale Eingang ist größer als die übrigen. Wie bei Puuc-Bauten üblich, ist das Untergeschoß nicht ornamentiert. Über dem Gesims erheben sich noch vier von ursprünglich sieben Maskengiebeln, die jeweils vier übereinandergesetzte Chac-Masken tragen und über das Dachniveau hinausragen. Charakteristisch sind die rüsselförmigen Nasen, die kugelförmigen Augen, die verzierten Augenbrauen, die grinsenden Münder mit ihren Reißzähnen und die atrophischen oder überhaupt fehlenden Kinnpartien. Die Chac-Masken werden von einer Darstellung des

Uxmal, Pirámide del Adivino ▷

Uxmal, Cuadrángulo de las Monjas, Klapperschlange mit Gott Kukulkán

Regengottes Tlaloc aus Teotihuacán bekrönt, der das Jahreszeichen trägt. Zwischen diesen Maskenkolonnen erkennt man die Abbildungen von Maya-Hütten, auf deren Dächern diesmal keine Chac-Masken, sondern drei doppelköpfige Schlangen erscheinen. Diese Motive bekrönen auf dem Dachsims sitzende, stilisierte Tlaloc-Masken. Den übrigen Raum des Frieses nehmen Kreuzbandmotive, Mäanderornamentik, menschliche Figuren und Vögel ein. Unterhalb der jeweiligen Eingänge zu den Maya-Hütten waren die vollplastischen Skulpturen zweier Jaguare angebracht, deren Leiber durch ein Schlangenmotiv zusammengehalten wurden. Nur ein Exemplar ist noch erhalten. Die vier Ecken des Gebäudes werden von vier übereinander angeordneten Chac-Masken abgeschlossen.

Die drittälteste Struktur ist das *Ostgebäude (Edificio Oriente)*, das auf einer etwa 2,50 m hohen, über eine schmale Treppe zu erreichenden Plattform ruht. Das Gebäude mit fünf Eingängen ist etwa 48 m lang, 10,50 m breit und 8,50 m hoch, fällt also im Vergleich mit den anderen Trakten bescheidener aus. Es besteht aus zwei Zimmerfluchten, die in fünf unabhängige Abschnitte geteilt sind, jede mit zwei Räumen. Die zentrale Partie weist außerdem vier kleine Altäre auf. Das Gesims besteht aus einem Schlangenornament, die Köpfe schauen an der Nordseite hervor. Der Fries setzt sich aus Kreuzstäben zusammen, die das Flechtwerkmuster von Schlangenhäuten imitieren. Dieses Muster wird von Reihen übereinander angebrachter waagrechter Balken belebt, an deren Enden Schlangenköpfe erscheinen. Sie bilden sich nach unten verengende Trapeze, in die Eulenköpfe mit Federkopfputz eingefügt sind. Eulen wurden auch bei den Maya mit der Nacht und dem Tod in Verbindung gebracht. Über dem zentralen Eingang befindet sich eine Säule aus zoomorphen Masken, die von einem sich nach unten verengenden Trapez aus drei waagrechten doppelköpfigen Schlangen gekrönt wird. An

◁ *Uxmal, Cuadrángulo de las Monjas, Klapperschlange am Westgebäude*

Uxmal, Cuadrángulo de las Monjas, Flechtwerkmuster am Ostgebäude

Uxmal, Cuadrángulo de las Monjas, Mayahütte am Südgebäude

der Südwestecke des Gebäudes sind die drei übereinandergesetzten Masken des Regengottes Chac noch mit der typischen hakenförmigen Nase versehen, die an den übrigen Ecken abgebrochen sind.

Der jüngste Trakt, das Westgebäude *(Edificio Poniente)*, ruht auf einer Plattform, die in der Größe etwa der des Ostgebäudes entspricht, doch ist der sieben Eingänge zählende Bau etwas länger (54 m). Sein Fries gilt als der kunstvollste in der Puuc-Architektur. Über dem Haupteingang befindet sich ein Thron mit Baldachin. Darauf sitzt eine seltsame Gestalt mit dem federgeschmückten Kopf eines alten Mannes und dem Körper einer Schildkröte. Über den Eingängen links und rechts des Haupteingangs finden sich ähnliche, jedoch kleiner gestaltete Throne, auf denen jedoch niemand mehr sitzt. Bei den übrigen Türöffnungen wechseln sich Säulen aus drei übereinandergesetzten Masken mit Strohhütten ab, auf deren Dächern wieder eine Chac-Maske erscheint. Der übrige Raum wird von Kreuzstabverzierungen und Mäandermotiven eingenommen, auf denen menschliche und zoomorphe Figuren erscheinen. Vermutlich in späterer Zeit (11. oder 12. Jh.) wurden die Darstellungen zweier Klapperschlangen hinzugefügt, die zum ersten Mal in der Maya-Architektur eindeutig gefiedert auftreten. Sie winden sich durch den gesamten Fries, ohne die Ecken zu berühren. Ihr klapperndes Schwanzende kommt jeweils über dem geöffneten Rachen zu liegen, in dem ein menschliches Gesicht erscheint: das alte Thema des aus den Kiefern der Erde hervorkommenden Gottes Kukulkán, einer Entsprechung des Quetzalcóatl. Den Federschlangenkult haben die Tolteken in die Maya-Kunst eingeführt, wo er vor allem in Chichén Itzá florierte. Seine Präsenz in Uxmal läßt auf Veränderungen in der politisch-religiösen Ideologie von Uxmal schließen. An den Kanten des Gebäudes befinden sich jeweils drei übereinandergesetzte Masken des Regengottes Chac. Octavio Paz inspirierte diese Mauer zu folgendem Gedicht: »Die Mauer atmet in der Sonne, vibriert und windet sich, / Stück eines lebenden, tätowierten Himmels: / der Mensch trinkt Sonne, ist Wasser, ist Erde. / Und über so viel Leben die Schlange, / sie trägt einen Kopf in den Kiefern: / die Götter trinken Blut, verschlingen Menschen.«

Uxmal, Cuadrángulo de las Monjas, Detail des Flechtwerkmusters am Ostgebäude

Juego de Pelota: Zwischen dem Nonnenviereck und der nördlichen Seite der Plattform des Gouverneurspalastes liegt auf einem aus optischen Gründen künstlich abgesenkten Terrain der 34 m lange und 10 m breite Ballspielplatz. Dessen zwei parallele, in Nord-Süd-Richtung orientierte Gebäude (Breite 7,40 m, Höhe 6 m) weisen zwei Steinringe mit Kalenderdaten auf. Nach Alberto Ruz steht auf dem östlichen Ring das Datum 9.10.16.6.14, 6 Ix 17 Pop und auf dem westlichen 9.10.16.6.15, 7 Men 18 Pop. Beides entspricht dem Jahr 649 n.Chr., doch sind andere Mayalogen zu abweichenden Ergebnissen gekommen. Ein näherer Kontakt mit den Ringen konfrontiert den Besucher allerdings mit der verblüffenden Tatsache, daß die Maya offensichtlich auch den Kunststoff erfunden haben ...

Casa de las Tortugas: Der Klarheit seiner Linien und der harmonischen Proportionen wegen wird das Schildkrötenhaus (Länge 29 m, Breite 10,5 m, Höhe 6,75 m) viel gerühmt. Seine Bauweise entspricht dem frühen Puuc-Stil (800–900 n.Chr.) der Spätklassik. Der Unterbau bleibt ohne Schmuck. An allen vier Seiten befinden sich Eingänge, die zu insgesamt sieben Räumen führen, wobei die drei zentralen Kammern eine Nord-Süd-Ausrichtung zeigen. Der über dem mittleren Sims verlaufende Fries zeigt eine Reihe eingebundener Säulen im Maya-Hüttenstil. Der Name des Gebäudes rührt von den Verzierungen des oberen Gesimses her: eine Reihe von Schildkröten mit stark gewölbtem Panzer. Diese sehen nur scheinbar alle gleich aus, bei näherer Betrachtung zeigen sich Unterschiede in Größe und Gestaltung. Die Schildkröte wird mit dem Regen in Verbindung gebracht; ihre Präsenz sollte vermutlich Niederschläge anziehen. So war das Schildkrötenhaus sicherlich ein Tempel, der dem Regenkult geweiht war, auch wenn die fehlende Pyramidenplattform eher an ein profanes Gebäude denken läßt.

Palacio del Gobernador: Der im späten Puuc-Stil (900–1000 n.Chr.) errichtete Gouverneurspalast zählt zweifellos zu den

Uxmal, Palacio del Gobernador

schönsten prähispanischen Bauten des amerikanischen Kontinents. Seine ausgewogene Harmonie beeindruckte schon die spanischen Konquistadoren so sehr, daß sie glaubten, nur ein Gouverneur habe ein so großartiges Gebäude bewohnen können. Der Palast von 98 m Länge liegt auf drei Plattformen, wobei die erste durch ihre Größe (187 m Länge, 153 m Breite, 12 m Höhe) beeindruckt. Eine breite Treppe führt an der Ostseite zum Palastgebäude hinauf. Es muß erwähnt werden, daß an dieser Treppe eine 18 km lange prähispanische Straße *(sacbé)* endete, die bis zur archäologischen Zone von →Kabáh führte und dabei die Orte Chetulix und Nohpat passierte. Der Palast ist etwa 100 m lang, 12 m breit und 9 m hoch. Er ist in drei Abschnitte unterteilt, wobei der Mittelteil der größte ist und aus zwei Zimmerfluchten mit insgesamt sieben Eingängen besteht. Auf seiner Ostseite führen drei Öffnungen zum zentralen Raum. Der Mittelbau unterteilt sich in fünf unabhängige Gemächer aus jeweils zwei Kammern, alle mit dem typischen Kraggewölbe der Maya, wobei die Größe der zentralen Räume Hinweise auf ihre repräsentative Funktion gibt. Die zwei Seitenbauten bestehen aus jeweils drei Gemächern; zwei von ihnen haben Eingänge auf der Ostfassade und das verbleibende einen auf der Nord- bzw. Südseite. Zwischen dem Mittelbau und den Seitenbauten führten ursprünglich zwei Gänge mit Kraggewölben, die zu den höchsten der Maya-Welt gehören, hindurch. Später wurden beide Gänge durch Querwände in zwei kleine Zellen unterteilt, denen jeweils ein Portikus von zwei Säulen vorangestellt wurde. Der Gebäudesockel bleibt ohne Verzierung, um so prächtiger ist der 3 m hohe Fries über dem mittleren Gesims gestaltet, der den gesamten Baukomplex umgibt und eine Fläche von 700 m² bedeckt. Man hat errechnet, daß allein für die Gitterelemente, die sein Grundmotiv darstellen, mindestens 10 000 bearbeitete Steine nötig waren. Auf diese das Muster der Schlangenhaut imitierende Dekoration setzte man geometrische Motive wie Mäander, die teilweise gestuft sind, oder Steinwürfel. Auf einer dritten

Uxmal, Ostfries des Palacio del Gobernador

Ebene erscheinen dann zoomorphe Masken und weitere Motive. Insgesamt zählt das Mosaik ca. 20000 vorfabrizierte Elemente, die in beeindruckender Serienproduktion und rigoroser Arbeitsteilung behauen wurden.
Der Ostfries zeigt über dem Haupteingang ein trapezförmiges Schlangenmotiv, das Gemeinsamkeiten mit den Trapezen auf dem Ostbau des Nonnenvierecks aufweist. Von ihm hebt sich das Relief eines halbkreisförmigen Throns ab, auf dem eine stark beschädigte Figur mit riesigem Kopfschmuck sitzt. Dabei handelt es sich um einen sog. *halach uinic*, den obersten politischen Verwalter der Region, wie ihn die kolonialen Quellen der Geschichte Yucatáns beschreiben. Man beachte die kunstvolle Anordnung der insgesamt 103 (von vermutlich 260) erhaltenen Chac-Masken (Höhe 70 cm, Breite 100 cm) auf dem Fries. Jede Ecke der drei Sektionen des Palastes wird von einer Kolonne aus fünf übereinandergesetzten Masken abgeschlossen. Über alle Fassadenteile setzen sich die Masken ondulierend fort und erwecken den Eindruck einer sich bewegenden Schlange: Symbol des Sonnenlaufes. Des weiteren zeigt der Fries fünf menschliche Figuren von Würdenträgern. Die obere Simsleiste weist ein Schlangenmotiv auf.
Jüngere astronomische Untersuchungen an dem Palastgebäude haben zu interessanten Erkenntnissen geführt. Schon der Archäologe Eduardo Seler hatte aufgrund einer vermeintlichen Glyphe auf den Chac-Masken angenommen, daß dieses Bauwerk die Residenz der Venuspriester gewesen sei. Messungen, die Horst Hartung und Anthony Aveni am zentralen Eingang des Gouverneurspalastes vorgenommen haben, ergaben, daß eine visuelle Linie in Richtung der einzigen Erhebung des Horizonts (*montículos* der archäologischen Zone von Nohpat) einen rechten Winkel mit der Gebäudefront bildet. Die Linie endet genau am südlichsten Erscheinungpunkt der Venus, des hellsten Himmelskörpers nach Sonne und Mond, am Horizont. Angeblich sind auch Phänomene von Licht und Schatten an den Ecken und an den Eingängen zu beobachten, vor allem an den zentralen Türöffnungen.

mexikanischen Westkulturen aus Nayarit, Colima und Jalisco sowie postklassische Artefakte der Tarasken (Michoacán), Mixteken (Oaxaca) und Azteken zu sehen. Das Stockwerk tiefer ist den Olmeken und Maya gewidmet und zeigt unter anderem olmekische Jadeitfiguren aus La Venta und eine Anzahl der berühmten Maya-Statuetten aus Jaina. Aus dem in der Nähe von Villahermosa liegenden Comalcalco kommen einige Tonplatten aus gebrannten Ziegeln, die mit Reliefs verziert sind. Die Glanzstücke sind jedoch im Hochparterre versammelt. Besondere Aufmerksamkeit erregt ein aus La Venta stammender *olmekischer Zeremonialdolch* aus Jadeit, auf dem die Figur eines Jaguarkriegers eingraviert ist. Man beachte aber auch die *Teyapa-Urne* mit der Figur eines sitzenden Maya-Priesters sowie ein wunderschön bemaltes, *zylindrisches Gefäß* aus der Maya-Spätklassik (800–900 n. Chr.), das leider zerbrochen ist. Im Erdgeschoß sind schließlich sehr schöne monumentale Skulpturen der Olmeken und Maya zu sehen.

Parque-Museo de la Venta: Nehmen Sie am besten ein Taxi, um zu dieser größten Attraktion von Villahermosa zu gelangen (ca. 3 km vom Stadtzentrum entfernt), denn kein einziges Schild weist Ihnen den Weg. In dieses archäologische Freilichtmuseum am Südwestufer der Laguna de los Ilusiones wurden auf Initiative von Carlos Pellicer fast alle olmekischen Monumentalskulpturen – Altäre, Stelen, Tierskulpturen – verbracht, die im unzugänglichen Sumpfgebiet von La Venta gefunden wurden. Im Halbdunkel der urwaldartig angelegten Umgebung tritt das Mysterium dieser alten Kultur noch deutlicher zutage als in den Museen von Mexiko-Stadt, Jalapa und Villahermosa, auf die sich die bedeutendsten Funde der Olmeken-Zivilisation verteilen. Über diese schrieb der Schriftsteller Egon Erwin Kisch in seiner unnachahmlichen Weise: »Über die Olmeken wissen wir, daß sie vom Gummiland an der Küste des Golfes kamen, daß sie sich tätowierten, ihren Schädel kahl schoren, die Zähne feilten und schwärzten, Nasenringe trugen, die Knaben beschnitten, die Gesichtshaut des getöteten Feindes über die eigene spannten, Sünden beichteten, Ball

◁ *Villahermosa, Parque-Museo de la Venta, Stele 1 (Nr. 18)*

Villahermosa, Parque-Museo de la Venta, Altar 4 (Nr. 6)

spielten, die Sodomie legal ausübten und einen Kalender mit Jahren zu 18 Monaten besaßen. Nur eine einzige Frage, die die Olmeken betrifft, ist bisher noch umstritten, die Frage nämlich: Haben die Olmeken überhaupt existiert?«

Zur Orientierung des Besuchers wurden vor Ort die Skulpturen von 1 bis 30 durchnumeriert (hier in Klammern angegeben), wobei diese Zahlen nicht den wissenschaftlichen Numerierungen der Altäre, Monumente und Stelen entsprechen (im Text kursiv). Kurz nach dem Eingang stößt man auf *Altar 1*. Er zeigt den Kopf eines mythischen Tieres, das mit seinen jaguar- und schlangenartigen Zügen die Verbindung zwischen Erde und Wasser symbolisiert (1). Es folgt *Monument 56*, eine Basaltstatue in Form einer Person mit affenartigen Zügen, die den Himmel betrachtet (2). *Monument 59* zeigt einen Jaguar mit anthropomorphen Gesichtszügen (3). Auf *Monument 20*, die Skulptur eines Wals (4), folgt *Monument 60*, das ein stark erodiertes anthropomorphes Tier darstellt (5). Sehr schön ist der anschließende *Altar 4*. Eine gekrönte Person kommt aus einer Art von mit Fruchtbarkeitssymbolen umgebener Grotte hervor. Über ihr ist das stilisierte Bild des Jaguars zu sehen. Die Person hält an einem Strick einen Gefangenen, den man auf der linken Seite des Blocks erkennen kann (6). Es folgt *Monument 19*, kein Original, sondern die Kunststoffreproduktion eines Steins mit einem Flachrelief. Dieses zeigt eine Schlange, die sich um eine reichgekleidete Person mit Helm, vielleicht einen Priester, windet (7). Auf der Erde ist ein *Mosaik aus Serpentinplatten* ausgebreitet, das vielleicht eine stilisierte Jaguarmaske darstellt. Es wurde ziemlich tief eingegraben auf dem Ballspielplatz von La Venta gefunden. Das Werk ist zwischen 1000 und 800 v.Chr. entstanden und mißt 4 m × 5 m (8). Interessant ist auch das folgende *Monument 77*. Es zeigt eine vollplastische menschliche Figur im Lotussitz. Das Feder- oder Baumwollcape ist Zeichen hohen Ranges (9). Nun gelangt man zu *Estela 2*, die eine Herrschergestalt mit Kommandostab in der Hand zeigt. Sie ist von weiteren, klei-

neren Personen umgeben (10). Besonders schön ist das sich anschließende *Monument 1*, ein olmekischer Kolossalkopf. Dieser 241 cm hohe Basaltblock von 25 Tonnen Gewicht ist zwischen 1000 und 800 unserer Zeitrechnung skulptiert worden. Die Züge, die eine flache Nase und fallende Mundwinkel aufweisen, sind kennzeichnend für den klassischen Olmekenstil (11). Anschließend zeigt *Monument 63*, eine Stele, das stark verwitterte Relief eines Standartenträgers (12). Es folgt ein Skulpturenpaar. *Monument 65* ist ein sehr grober rundplastischer Menschenkopf (13). Neben ihm, jedoch ohne Numerierung, befindet sich *Monument 64*, ein weiterer, stark erodierter Kopf. Schlecht erhalten ist auch *Altar 3*, der Altar 4 (Nr. 6) ähnelt, aber gröber skulptiert ist (14). *Monument 79*, eine vollplastische Figur, möglicherweise ein stehender Mann, ist nie vollendet worden (15). *Altar 2* ähnelt wieder den bereits beschriebenen Altären: Die Person in der zentralen Nische hält vielleicht ein Kind auf den Knien, wie der berühmte Priester von Las Limas, der im Museum von Jalapa (Veracruz) zu sehen ist (16). Das anschließende *Monument 66* ist ein Skulpturfragment aus Basalt mit Liniengravur (17). Interessant ist wieder *Estela 1*, auf der im Hochrelief eine in einer Nische stehende Frau mit Lendenschurz und Helmfrisur erscheint (18). Während *Monument 67* nur ein rudimentärer Sitzblock ist (19), stellt *Monument 5* die vollplastische Skulptur einer alten Frau dar, die in kauernder Haltung eine Opfergabe darbietet (20). Sehr schön ist *Estela 3*, deren Reliefs eine magisch-religiöse Zeremonie, vielleicht aber auch den Abschluß eines Bündnisses zwischen zwei Herrschern, darstellen. Die zwei zentralen Figuren tragen eine sehr komplizierte Frisur (21). *Monument 13* ist ein rundes Flachrelief, das eine schreitende Person zeigt. Sie scheint eine Fahne zu schwenken (22). Es folgt ein Mosaik, das, ähnlich dem von Nr. 8, vielleicht eine Jaguarmaske zeigt (23). Nunmehr beachte man *Monument 71*, einen Käfig aus natürlichen Basaltschäften, der vielleicht dazu diente, einen vergöttlichten Jaguar einzuschließen. In der Endphase der Olmeken-Kultur, zwischen 500 und 400 v. Chr., richtete man darin ein reich ausgestattetes Grab ein (24). Es folgen *Monument 3*, ein stark verwitterter Kolossalkopf (25), und *Altar 6*, ein Altar mit fehlender Nische (26). *Monument 4* zeigt einen guterhaltenen Kolossalkopf (27), während *Monument 68* eine unvollendete Skulptur ist (28). Besonders interessant ist der folgende *Altar 5*. Dabei handelt es sich um einen zerbrochenen Altar, der zwischen 1000 und 800 v. Chr. aus einem Basaltmonolithen skulptiert wurde. Er zeigt schwer zu deutende Szenen, die sich vielleicht auf eine verschwundene Mythologie beziehen. Masken und helmartige Kopfbedeckungen tragende Personen halten zwergenhafte Wesen mit Kopfdeformation. Die Scheibe vor der Brust stellt einen Hämatitspiegel dar (29). Kurz vor dem Ausgang steht noch *Altar 7*, ein sehr rudimentär skulptierter Nischenaltar (30).

◁ *Villahermosa, Parque-Museo de la Venta, Monument 1 (Nr. 11)*

Umgebung

Comalcalco (52 km nw): 5 km nö der Stadt (31 000 Einw.) liegt die westlichste Ruinenstätte der Maya. Eine Besonderheit dieser in der Maya-Spätklassik (600–900) errichteten Zeremonialbauten ist, daß sie aus gebrannten Tonziegeln erbaut wurden, da in

Comalcalco (Villahermosa), Stuckmaske (MNA, Mexiko-Stadt)

der Region das üblicherweise verwandte Kalkgestein nicht vorkommt. Stil und Stuckdekor der Bauten erinnert an →Palenque. Eine hier gefundene, großartige Stuckmaske bewahrt das Anthropologische Museum von Mexiko-Stadt.

X

Xpuhil
Campeche (Mexiko)

Höhe: 50 m — S. 355 □ D2

Anreise: Busse auf dem Weg von Villahermosa bzw. Campeche halten auf dem Weg nach Chetumal in Xpuhil, außerdem Busse der 2. Klasse von Chetumal nach Xpuhil (dort Taxis für Besuch von Becan und Chicanná).

Unterkunft und Restaurant: *Ramada Village Resort* (bei Chicanná): Tel. (91) 535-24-66. – *Restaurante y Cabañas El Mirador Mirador* (schlichte Hütten; organisiert Expeditionen).

Die Ruinenstätte liegt direkt an der von Campeche nach Chetumal führenden Carretera 186. Xpuhil ist eines der klassischen Beispiele des Río-Bec-Stils. Dieser nach der Stätte **Río Bec** (nur mit Geländewagen zugänglich) benannte Bauweise zeichnet sich durch sog. »Paläste« mit flankierenden Türmen aus. Diese Türme erscheinen auf dem ersten Blick als Pyramiden mit Tempeln auf der Spitze. Bei näherem Hinsehen erweisen sich die »Pyramidenstufen« jedoch als Reliefs, über die niemand in die Höhe hätte steigen können, und der »Tempel« besitzt nur eine Scheintür. Die Türme zeigen gewöhnlich Dachkämme, die Gebäude häufig Schlangendekor. Xpuhil ist insofern einzigartig, als es neben den zwei Seitentürmen einen dritten, zentralen Turm aufweist, auf dessen Rückseite Reste von zwei riesigen Masken erhalten sind.

Umgebung

Becán (6 km w): Die ebenfalls nahe der Carretera 186 gelegene Ruinenstätte besitzt einen der größten Maya-Bauten im Staat Campeche. Becan geht auf etwa 500 v.Chr. zurück. Die etwas abseits der Südost-Plaza gelegene *Estructura VIII* bietet ein Labyrinth von unterirdischen Räumen, Gängen und Artefakten, die auf eine bedeutende zeremoniale Funktion hinweisen. Ein gewöhnlich wasserloser Graben, 15 m breit und 4 m tief, umgibt die gesamte Stätte.

Calakmul (ca. 50 km s): Nur mit Sondergenehmigung ist eine Expedition in die im gleichnamigen »Biosphäre-Reservat« gelegene ausgedehnte präklassische Ruinenstätte möglich. 6750 Strukturen haben Archäologen bis heute verzeichnet. Entdeckt wurden u.a. zwei Gräber mit Jademasken sowie eine große Anzahl von Stelen. Wenn Calakmul einmal ausgegraben und leichter zugänglich sein wird, dürfte die Stätte eine der großen Touristenattraktionen im Süden Yucatáns werden. Aber bis dahin werden wohl noch einige Jahrzehnte vergehen. Von der Spitze der *Pirámide 2* kann man die *Pirámide Danta* von **El Mirador** (Guatemala) sehen, ebenfalls eine bedeutende präklassische Ruinenstätte.

Chicanná (9 km w): Die Maya-Stätte (»Haus der Schlangenmauer«), deren Blütezeit um die Mitte des 7. Jh. vermutet wird, zeigt eine Mischung aus Río-Bec- und Chenes-Stil. Sie liegt etwa einen Kilometer abseits der Carretera 186. Sie bestand aus fünf Strukturen, die einen Hauptplatz einschlossen. Den Eingang zum Hauptpalast *(Estructura II)* umschlingt eine guterhaltene Schlangenmaske. Auf der

Kohunlich (Xpuhil), Stuckmaske ▷

Calakmul (Xpuhil), Estela 51 (MNA, Mexiko-Stadt)

anderen Seite der Plaza liegt *Estructura 1*, ein typisches Gebäude im Río-Bec-Stil mit zwei falschen Zwillingstürmen. Die einige hundert Meter südlich liegenden zwei Tempelgruppen sind weniger gut erhalten. – Schwerer zugänglich ist die sw von Chicanná gelegene Stätte **Hormiguero**, die den großartigsten Fassadenschmuck der Region Río Bec zeigt.

Kohunlich (ca. 50 km ö): Die in der späten Präklassik (ca. 100–200 n. Chr.) und der gesamten Klassik (600–900) bewohnte Stätte (67 km w von Chetumal, 8 km abseits der Carretera 186) ist zwar bislang nur teilweise restauriert (seit 1992 finden neue Grabungsarbeiten statt), lohnt aber wegen ihres einzigartigen *Templo de las Máscaras*, der dem Sonnengott der Maya geweiht war, einen Besuch. Die Pyramide wurde mit einem schützenden Strohdach versehen, um ihre vier verbliebenen riesigen, zwei bis drei Meter großen Stuckmasken zu schützen. Diese wurden offensichtlich von Stätten der späten Präklassik wie El Mirador und Nakb (Guatemala) beeinflußt. Sie blieben so gut erhalten, weil sie durch einen späteren Pyramidenbau geschützt waren, der die Basis noch bedeckt. Kohunlich wurde von Grabräubern entdeckt, doch konnte die mexikanische Regierung einschreiten, bevor alle Göttermasken gestohlen waren. Die Augäpfel der Göttermasken zeigen sternenförmige Einschnitte (das Zeichen *kin* für Sonne), die Nasen tragen Pflöcke, den Mund zieren Schnurrbärte (Schlangen?) und T-förmige Schneidezähne. Die Gesichter schauen aus dem Maul der Himmelsschlange hervor; das Maul besteht aus zwei senkrechten Kiefern, die mit einem Himmelsband verbunden sind.

Y

Yaxchilán
Chiapas (Mexiko)

Höhe: 320 m — S. 354 □ C3

Anreise: Mit Cessna-Flugzeugen von Palenque, Ocosingo und San Cristóbal de las Casas. Organisierte Landexpeditionen mit Jeep und Bootsfahrt. Vor Ort einfache Hütten bzw. Schutzdächer (für Hängematten) vorhanden.

Die neben →Palenque bedeutendste Ruinenstätte im Süden Mexikos, mitten im unberührten Regenwald gelegen, ist auch die unzugänglichste des Landes. Einigermaßen bequem (und dementsprechend teuer) erreicht man sie nur per Kleinflugzeug, dessen abenteuerlicher Zustand allerdings ein gerüttelt Maß an Fatalismus voraussetzt. (Der Autor flog mit einem Piloten, der mit der rechten Hand den Steuerknüppel und mit der linken die Tequilaflasche umklammerte.) Dazu kommt, daß die Aufenthaltszeit mit zwei bis drei Stunden äußerst knapp bemessen ist, was vor allem damit zu tun hat, daß sich am frühen Nachmittag zumeist eine Wolkenwand auftürmt und anschließend heftige Regenfälle auf die Ruinenstätte niederprasseln, die den Piloten veranlassen, rechtzeitig das Weite zu suchen. Wer diese vielleicht faszinierendste Ruinenstätte Mexikos in Ruhe besuchen möchte – und dies sei hier nachdrücklich empfohlen –, kommt um eine beschwerliche Expedition zu Land und zu Wasser nicht herum, die zwei Tage dauert, wobei zumeist auch →Bonampak (wo der Fluggast nur eine Stunde verweilt) in einem 20 km langen Fußmarsch besucht wird. *Warnung:* Der lacandonische Urwald ist malariagefährdet. Begegnen Sie außerdem den dort tätigen Holzfällern mit großer Vorsicht. Die *Selva lacandónica* ist im übrigen seit 1994 Rückzugs- und Operationsgebiet der zapatistischen Guerilla-Bewegung. Holen Sie daher unbedingt vor einem Besuch der Ruinenstätte vor Ort aktuelle Informationen ein. Touristische Stätten sollen angeblich von den Aktivitäten der Zapatisten nicht betroffen sein. Die neutralste Information erhält man in der *Casa Na Bolom* in → San Cristóbal de las Casas.

GESCHICHTE

Yaxchilán (»Ort der grünen Steine« taufte der deutsch-österreichische Forschungsreisenden Teobert Maler die Ruinenstätte) war die größte und bedeutendste Stadt am Río Usumacinta, der einen der wichtigsten Handels- und Verkehrswege zwischen dem Maya-Hochland und dem Tiefland darstellte. Aufgrund seiner hervorragenden Lage am Südufer des Flusses, der hier eine fast geschlossene Schleife bildet, war Yaxchilán in idealer Weise geschützt. Von dieser sicheren Basis aus regierten die Könige von Yaxchilán ihren mächtigen und unabhängigen Staat. Die Fortschritte in der Entzifferung der Maya-Hieroglyphen haben zu einer erheblichen Erweiterung unserer Informationen über die Geschichte von Yaxchilán geführt, die unabdingbar für das Verständnis der hier auf Stelen und besonders

Yaxchilán, Río Usumacinta

Türstürze gemeißelten Reliefs von einzigartiger Schönheit sind. Diese nämlich berichten von den wichtigsten Ereignissen im Leben der Herrscherfiguren: Geburt, Thronbesteigung, Kriegshandlungen und Tod. Urvater der Dynastie von Yaxchilán war dessen frühklassischer Gründer mit dem Namen Yat Balam, d.h. Jaguar-Penis, der offenbar im Jahre 320 n.Chr. inthronisiert wurde. Eine Reihe von rund zehn Herrschern folgte ihm in einem Zeitraum von 300 Jahren, der nicht lückenlos dokumentiert ist. Jedenfalls stieg Yaxchilán in dieser Zeit zur beherrschenden Macht in der Usumacinta-Region auf und schloß wichtige und dauerhafte Bündnisse mit den Herrscherhäusern seiner Nachbarn, so etwa mit Piedras Negras, → Tikal (beide Guatemala) und →Bonampak. Über die Spätzeit von Yaxchilán sind wir weit ausführlicher informiert. Während der langen Regierungszeiten von Itzam Balam (Schild-Jaguar; 681–742) und dessen Sohn Yaxun Balam (Vogel-Jaguar; 752–784) erreichte Yaxchilán den Höhepunkt seiner Macht und Größe. Schild-Jaguar versäumt

Yaxchilán, Laberinto

es nicht, auf seinen Denkmälern die außerordentlich lange Regierungszeit von 61 Jahren und die große Anzahl von Kriegsgefangenen herauszustellen. Sein Geburtsdatum ist nicht bekannt. Wenn das Jahr 647 n.Chr. – wie Proskouriakoff vermutet – stimmt, würde das bedeuten, das Schild-Jaguar 90 Jahre alt war, als er 742 n.Chr. starb. Zwischen dem Tod von Schild-Jaguar und der Amtseinführung von Vogel-Jaguar im Jahre 752 n.Chr. gab es eine Interimsperiode, in der vielleicht die Witwe des Herrschers regierte, bis Vogel-Jaguar, seine in einer Reihe von Skulpturen und Texten dokumentierten Thronansprüche durchsetzen konnte. Der Kampf Vogel-Jaguars um die Macht bestimmte wohl auch seine Hochzeit mit einer hochgestellten Frau aus Yaxchilán namens Chak Kimi (Groß-Schädel-Null), was ihm zweifellos die Unterstützung ihrer adligen Sippe einbrachte. Aus dieser Verbindung ging ein Sohn hervor, der kurz vor Vogel-Jaguars Amtsantritt im Jahre 752 n.Chr. zur Welt kam und schließlich sein Nachfolger wurde. Um der Rechtmäßigkeit seines Herrschaftsanspruches Ausdruck zu verleihen, die Amtsnachfolge seines Sohnes zu sichern und die Oberschicht in ihrer Loyalität zu bestärken, setzte Vogel-Jaguar das ehrgeizigste Bauprogramm in der Geschichte von Yaxchilán in Gang. Er ließ fast den gesamten Stadtkern umbauen, vergrößerte aber auch die Hauptstadt weiter flußaufwärts, wie mehrere neue Tempel dort bezeugen. Vogel-Jaguar war auch jenseits der Grenzen ein gerngesehener Gast. So wohnte er 757 n.Chr. den auf einem schön gearbeiteten Relief aus Piedras Negras dargestellten Feierlichkeiten einer Machtübergabe in diesem Ort bei. Mit der Thronnachfolge seines Sohnes war jedoch der Gipfelpunkt der Entwicklung von Yaxchilán bereits überschritten. Um 808 n.Chr. brechen die Inschriften ab, stummes Zeugnis für den Untergang des Herrscherhauses von Yaxchilán.

Der Besuch der Ruinenstätte fällt stets viel zu kurz aus, um auch nur annähernd alle wichtigen Gebäude besuchen zu können. Über 60 Türstürze wurden bisher gefunden.

Yaxchilán, Zylindrischer Opferstein vor Edificio 19

Einige wurden ins *Anthropologische Museum* von Mexiko-Stadt verbracht (eine vorhergehende Besichtigung ist dringend zu empfehlen), andere sind heute in ausländischen Museen (bes. *British Museum*) ausgestellt. Die gängigen Motive sind Szenen von Machtübergaben, Blutopfern, Gefangennahme von Feinden. Kein Besucher wird alle diese Oberschwellen in Augenschein nehmen können; die Wärter, denen der knappe Zeitplan vertraut ist, machen auf die wichtigsten aufmerksam. Die hier gelieferten ausgewählten Interpretationen einiger Türstürze und Stelen, die ein komplexes ikonographisches und ideologisches Programm beinhalten, lehnen sich an die Deutungen der amerikanischen Mayalogen Linda Schele und David Freidel an. Bei allem Enthusiasmus für die Maya-Kultur sollte man nicht übersehen, daß sich Yaxchilán im letzten noch intakten Fleckchen des ehedem so großen mexikanischen Regenwaldes befindet. Dementsprechend reich ist die Flora und Fauna. Besonders die Brüllaffen machen ihrem Namen alle Ehre. Am anderen Ufer des Usumacinta türmt sich bereits der hier noch weitgehend unberührte guatemaltekische Regenwald der Provinz Petén auf.

Edificio 19 (Laberinto): Von der holprigen Landepiste führt ein Urwaldweg zu diesem etwa quadratischen Gebäude mit vier Eingängen, dessen finsteren, von unzähligen Fledermäusen bewohnten labyrinthischen Innenraum man durchquert, um das Zentrum des Zeremonialbezirks *(Plaza Central)* zu erreichen. Es empfiehlt sich der direkte Weg, denn das System der durch Treppen und Korridore auf zwei Ebenen miteinander verbundenen Kammern hat manchen unbedachten Besucher schon zur Verzweiflung gebracht. An der dem Hauptplatz zugewandten Frontfassade des Daches, das von den Resten eines Dachkammes *(cresteria)* überragt wird, sind fünf hohe Nischen angebracht, in denen einst Skulpturen standen. Einer der drei zylindrischen Opferaltäre vor dem Gebäude zeigt schöne Bilder- und Glyphenreliefs.

Yaxchilán, Palacio del Rey

Edificio 33 (Palacio del Rey): Das architektonische Glanzstück von Yaxchilán, das »Gebäude 33« oder »Palast des Königs« genannte Bauwerk, steht auf einer vom Hauptplatz aus über Treppen zu erreichenden Anhöhe und gehört zu einer Baugruppe, die »Große Akropolis« genannt wird. Der Bau ist etwa 22 m lang und 5 m breit. Ohne den gewaltigen, noch einmal gut 6 m hohen, am oberen Rand abgebröckelten Dachkamm ist der Palast 7 m hoch. Die Mayalogen sehen Gebäude 33 als das große Inthronisationsmonument des auf Legitimierung seiner Herrschaft bedachten Vogel-Jaguar. Insgesamt 13 Relieftafeln schmücken als Setzstufenelemente die Hieroglyphentreppe unmittelbar vor den drei Eingängen. Die Tafel im Zentrum zeigt Vogel-Jaguar beim Ballspiel; sie ist breiter als die anderen und sowohl daran wie auch an ihrer Position unschwer als Mittelpunkt der Gesamtkomposition zu erkennen. Die eingemeißelte Szene zeigt, wie ein zum Ball zusammengeschnürter Gefangener eine Hieroglyphentreppe hinabgerollt wird, an deren Fuß ihn ein kniender Spieler erwartet. Der umrahmende Hieroglyphentext zieht eine Parallele zwischen dem abgebildeten Spiel und Ereignissen in mythischer Vergangenheit. Auf dem ersten Bild links von seinem eigenen Ballspiel ließ Vogel-Jaguar seinen Vater darstellen, wie er am Fuß einer Hieroglyphentreppe kniend einen herabrollenden menschlichen Ball erwartet; auf der Tafel unmittelbar rechts der Mittelplatte tut Vogel-Jaguars Großvater das gleiche. Die Setzstufen 1, 2 und 3 zeigen jede eine Frau (eine ist Schild-Jaguars Mutter, Frau Pacal), mit einer Visionsschlange in den Armen in der Ausführung eines Rituals begriffen, das möglicherweise der Auftakt zu einem Ballspielritual war.

Besonders sehenswert sind die fein gemeißelten Türstürze der drei Eingänge. *Türsturz 1* (linker Eingang) zeigt Vogel-Jaguar, der im Rahmen des Inthronisationsritus am 3. Mai 752 das Figurinenzepter präsentiert. Neben ihm steht seine kleiner dargestellte

Yaxchilán, Hauptplatz ▷

Yaxchilán, Palacio del Rey, Relieftafel mit Ballspielszene

Ehefrau Groß-Schädel-Null mit Bündeln in den Händen in Erwartung des Visionsritus. Der über dem Mitteleingang angebrachte *Türsturz 2* zeigt Vogel-Jaguar und seinen Sohn während der Jubiläumsriten der Inthronisation (7. April 757). Der kleiner dargestellte Sohn assistiert seinem Vater beim Vogelstabritual. Beide tragen kreuzförmige Zepter, auf denen ein Vogel mit langen Federn ruht. Der über dem rechten Eingang angebrachte *Türsturz 3* zeigt wieder zwei reichgekleidete männliche Personen, wobei die rechte eine untergeordnete Stellung einnimmt. Wieder handelt es sich um Vogel-Jaguar, diesmal mit einem hohen Würdenträger, der bei dem Zeremoniell des Periodenendes, das der König feiert, assistiert. Beide halten *Maniquin*-Stäbe mit den Darstellungen einer Sonnengottheit und einer Schlange in der Hand. Das eingemeißelte Datum entspricht dem 12. April 756.

In den Tempelkammern ist auf einer niedrigen Steinbank der rundplastische Torso einer anthropomorphen Figur zu sehen, die man als »König« (Rey) bezeichnet. Die Glyphen scheinen auf eine Darstellung von Schild-Jaguar hinzudeuten. Der Kopf wurde im 19. Jh. von Waldarbeitern auf der Suche nach Gold abgeschlagen und kommt separat zu liegen. Dies führte zu Entstehung eines bei den lokalen Lacandonen sehr verbreiteten Mythos, nach dem die Rückkehr des Kopfes auf seinen angestammten Platz den Untergang der Welt besiegeln würde. Noch vor wenigen Jahrzehnten kamen die Lacandonen hier zusammen, um dieser Figur, die sie für ihren Gott Hachakyum hielten, Opfer darzubringen.

Das mittlere Mauerstück des Dachaufsatzes war ursprünglich mit einem Fries dekoriert, von dem sich Reste erhalten haben. An jeder Seite sind drei Nischen zu sehen, in denen einst Steinfiguren saßen. Reste der Dachfriesdekoration sind erhalten. Der besonders schöne Dachkamm, der in zwei parallelen Wänden hochgemauert wurde, weist heute noch – von einem Mittelstück abgesehen – fünf von früher insgesamt acht waagrechten Reihen auf, die immer noch von über 100 viereckigen Öffnungen durchbrochen wer-

Yaxchilán, Palacio del Rey, Türsturz 1

den. In der Mitte sind die Reste der 2,50 m großen Statue einer Herrschergestalt mit prächtigem Kopfschmuck zu sehen.

Edificio 20: Wieder auf den tiefer gelegenen Hauptplatz zurückgekehrt, besucht man an dessen Südseite das *Gebäude 20*, irrtümlicherweise auch »Tempel der Vogelopfer« genannt. Es zeigt an einem der drei Eingänge den kunstvollen *Türsturz 14*, auf dem zwei Personen zu sehen sind, eine weibliche namens Frau Groß-Schädel-Null und eine männliche mit demselben Familiennamen. Diese Frau sollte in der Folge die Mutter von Vogel-Jaguars Sohn und Erben werden. Der Mann, der als ihr Bruder identifiziert wird, war zur fraglichen Zeit vermutlich das Oberhaupt einer politisch äußerst einflußreichen Familie. Die Frau und ihr Bruder tragen eine Visionsschlange, die sie durch gemeinsames Blutopfer zur Erscheinung gebracht haben. (Das Durchstechen der Zunge führte zu unverzüglichem Blutverlust im Gehirn, was Ohnmachtsanfälle zur Folge hatte, ohne daß gefährlich viel Blut verlorenging.) Die Frau hält überdies eine Opferschale mit einer Obsidianklinge und blutgetränktem Papier darin, der Mann hingegen stützt den Kopf der Schlange, aus deren Rachen ein weiblicher Ahne hervortritt. Möglicherweise war dieses Blutopfer Teil des Hochzeitszeremoniells, mit dem die Ehe zwischen Vogel-Jaguar und Frau Groß-Schädel-Null geschlossen wurde. Jedenfalls war die Solidarität dieser Frau und ihrer Sippschaft für Vogel-Jaguar von unersetzlichem Wert und womöglich der Schlüssel zum Erfolg in seinem Kampf um das Erbe seines Vaters. *Türsturz 13* zeigt wieder ein Blutentnahmeritual, diesmal anläßlich der Geburt des Thronerben von Vogel-Jaguar. Der König von Yaxchilán ist zusammen mit Frau Schädel-Null, der Mutter des Neugeborenen, abgebildet. Sie hält in der einen Hand das personifizierte Blutentnahmestilett und in der anderen die Blutauffangschale. Gegen ihren Brustkorb preßt sie den Schwanz der Visionsschlange, die sich quer durch den leeren Raum windet, um sich in der Hand des Kindvaters niederzulassen. *Türsturz 12*

Yaxchilán, Edificio 20

schließlich zeigt Vogel-Jaguar und einen anonymen Würdenträger bei der rituellen Zurschaustellung von vier Gefangenen. Die Forschung datiert dieses Monument vorläufig auf den 13. November 757.

Edificio 21: In diesem unweit von Gebäude 20 gelegenenen Tempelgebäude ist eine Stele zu sehen, welche die auf *Türsturz 14* des vorhergehenden Gebäudes abgebildete Blutentnahmezeremonie in veränderter Perspektive zeigt. Im Blickfeld steht hier Vogel-Jaguars Mutter, Frau Abendstern, die eine papiergefüllte Blutopferschale in der einen und ein Schädel-Schlange-Gebilde in der anderen Hand hält; hinter ihr richtet sich die Visionsschlange mit skelettierten Zügen zu voller Höhe auf. Auf der Rückseite der Stele zieht sich Frau Abendstern eine Schnur durch die perforierte Zunge. Auch die (im Londoner *British Museum* bewahrten) Türstürze sind schön gestaltet. Der einst über dem mittleren Eingang angebrachte *Türsturz 16* zeigt die am 10. Februar 752 erfolgte Gefangennahme einer hochgestellten Persönlichkeit namens Yax-Cib-Tok durch Vogel-Jaguar: ein wichtiger Schritt auf dem Weg zur Thronbesteigung. Der triumphierende Vogel-Jaguar steht in vollem Kriegsornat vor dem Gefangenen, der auf dem Boden kniet und sich – entweder aus Angst oder als demonstrative Geste der Unterwerfung – in den Daumen beißt. *Türsturz 17* (einst über dem rechten Eingang) schildert ein am 18. Februar 752 vollzogenes Blutentnahmeritual Vogel-Jaguars zur Feier der Geburt des Erben. Der sitzende Thronprätendent ist im Begriff, sein Geschlechtsteil zu perforieren, während eine seiner Ehefrauen über einer mit blutgetränktem Papier gefüllten Schale eine Schnur durch ihre perforierte Zunge zieht. Der einst über dem rechten Eingang angebrachte *Türsturz 15* zeigt den Visionsritus einer der Ehefrauen Vogel-Jaguars, Frau Sechs-Tun, am 28. März 755.

Edificio 22: An der Uferterrasse ließ Vogel-Jaguar unmittelbar neben *Edificio 23* am neunten Tag der Feierlichkeiten anläßlich seiner Thronbesteigung diesen Tempel weihen. Für den wesentlich früher begonnenen Neubau wurden vier sehr alte Türstürze wiederverwendet, die man vermutlich vor Beginn des Umbaus aus dem wesentlich älteren Vorgängerbau entfernt hatte. Neu meißeln ließ Vogel-Jaguar jedoch den Türsturz über dem mittleren Eingang. Auf ihm erinnert der Herrscher an die Weihe des Vorgängerbaus, die am 16. Oktober 454 stattgefunden hatte. Sein erster Erbauer, König Mond-Schädel, der siebte Thronfolger seit Gründung der Dynastie, hatte dem Gebäude den Namen Chan-Ah-Tz'i gegeben. Mit dem Einschluß der älteren Hieroglyphen sollte ein magischer Zusammenhang zwischen der Handlung des königlichen Ahnen und Vogel-Jaguars Weihe des neuen Chan-Ah-Tz'i hergestellt werden, die am 12. Mai 752 stattfand.

Edificio 23: Dieser von Schild-Jaguar errichtete Tempel besaß drei der berühmtesten Türstürze von Yaxchilán. Diese zeigen drei Blutentnahmeakte von Frau Xoc. *Türsturz 26* befindet sich heute im Anthropologischen Museum in Mexiko-Stadt, *Türsturz 24* im British Museum. Über der linken Türöffnung *(Türsturz 24)* zieht sich Frau Xoc eine dornenbewehrte Schnur durch die soeben perforierte Zunge, in der Mitteltür *(Türsturz 25)* materialisiert sich vor ihren Augen die Visionsschlange, und im Eingang rechts *(Türsturz 26)* assistiert sie ihrem Herrn und Gemahl beim Anlegen des prunkvollen Kriegsornats.

Estela 1: Die im Zentrum der zweiten Sektion des Hauptplatzes *(Plaza Central)* aufgestellte Stele ist auf ihren beiden Hauptseiten bearbeitet; nur eine befindet sich in gutem Zustand. Die geschilderte Szene unterteilt sich in zwei Sektionen; der untere Teil zeigt eine sitzende Gottheit, vielleicht die Verkörperung der Sonne. Die Hauptszene nimmt den größten Raum der Stele ein und zeigt zwei Personen. Der Kopf der höhergestellten, prächtig gekleideten Person ist zerstört. Unter den Glyphenkolonnen erscheinen der Name Vogel-Jaguar und das Datum 762 n. Chr. Ganz oben sieht man eine weitere Darstellung der auf einem Himmelsbalken sitzenden Sonnengottheit, die von zwei Frauen flankiert wird. Diese hat man als Mondgöttinnen identifiziert.

Yaxchilán, Edificio 20, Türsturz 14

Yaxchilán, Estela 1

Yaxchilán, Estela 11

Estela 11: An der äußersten Ostseite der dritten Sektion des Hauptplatzes liegt, von ihrem ursprünglichen Ort *(Edificio 40)* entfernt, die berühmte Stele 11, die 1964 zusammen mit weiteren Stelen und Türstürzen nach Mexiko-Stadt geschafft werden sollte. Das Flugzeug war jedoch mit dem Gewicht der besagten Stele überfordert. So brachte man sie, nachdem sie zwei Jahre lang ungeschützt am Flußufer verwittert war, nach Yaxchilán zurück, wo sie heute unter einer Überdachung liegt. Die im unteren Teil in zwei Stücke zerbrochene riesige Steinplastik ist auf vier ihrer sechs Seiten bearbeitet. Mit ihr versuchte Vogel-Jaguar seinen Herrschaftsanspruch zu legitimieren. Auf ihrer Vorderseite ist ein vom 26. Juni 741 datierender Klappenstab-Ritus zu sehen, eine Zeremonie, die gewöhnlich in der Zeit kurz nach der Sommersonnenwende abgehalten wurde. Auf dem Stelenbild stehen der kleinere Schild-Jaguar und sein Sohn einander gegenüber; über ihren Köpfen schwebt eine doppelköpfige Schlange, die den Himmel repräsentiert, und darüber sind wieder um Vogel-Jaguars Vorfahren zu sehen. Die Szene ist unten und an den Seiten von Hieroglyphen umgeben, die Vogel-Jaguars Thronerhebung am 3. Mai 752 protokollieren, so daß Bild und Text sich zu der Aussage summieren, daß der Vater die Zeremonie gemeinsam mit dem Sohn vollzogen habe, um diesen als seinen legitimen Nachfolger auf dem Thron zu präsentieren. Die nicht sichtbare Rückseite bildet Vogel-Jaguar in Triumphhaltung über drei gefesselten Gefangenen ab.

Edificios 39, 40, 41: Diese drei Gebäude liegen auf der höchsten Ebene von Yaxchilán; sie sind von *Edificio 33* aus über eine Treppe in etwa 15 Minuten zu erreichen.

Edificio 44: Diese entweder zu Beginn oder am Ende eines Rundganges besuchte Struktur gehört zur sog. »Kleinen Akropolis«, auf der während der Trockenzeit jährliche Freilegungskampagnen stattfinden. Die drei Eingänge des Gebäudes zeigen hervorragend reliefierte Türstürze, sogar die Treppenstufen sind mit Reliefs überzogen. Der Ruinenwärter zeigt die neuesten Entdeckungen.

Umgebung

Piedras Negras: Die tief im Urwaldtal des Río Usumacinta verborgene Ruinenstätte (flußabwärts von Yaxchilán) ist nur mit einer teuren Floßexpedition aus zu erreichen (schwierige Stromschnellen auf dem Rückweg), für die man mehrere Tage einkalkulieren und sämtliche benötigten Vorräte mitnehmen müßte. Piedras Negras liegt am guatemaltekischen Ufer des Usumacinta. Die Stätte wurde 1895 von Teobert Maler erforscht und 40 Jahre später teilweise von der University of Pennsylvania ausgegraben. Mittlerweile hat der Urwald die Stätte wieder weitgehend überwuchert. Die meisten Stelen und Türstürze wurden in verschiedene Museen verbracht (viele befinden sich im *Museo de Antropología y Etnología* von Guatemala-Stadt), so daß sich die Mühe der Expedition in erster Linie wegen ihres abenteuerlichen Charakters lohnt.

Yaxchilán, Edificio 23, Türsturz 26 (MNA, Mexiko-Stadt) ▷

Kunstschätze der Maya
im Museo Nacional de Antropología von Mexiko-Stadt (MNA)

Die hervorragendsten Kunstschätze der Maya wurden im Lauf der letzten hundert Jahre über die ganze Welt verstreut. Die frühen Entdecker ließen Stelen, Türstürze, Keramik und Jadeschmuck in »schützende« europäische und nordamerikanische Museen verbringen. Vieles landete auch im Privatbesitz wohlhabender Sammler, von denen heute in Mittelamerika eine ganze Zunft von Grabräubern lebt, die in den oft mangelhaft bewachten, isolierten Urwaldstätten den Archäologen oft um zwei Nasenlängen voraus sind. Einige der schönsten Mayafunde aus Chiapas und Yucatán sind heute im Anthropologischen Museum von Mexiko-Stadt zu besichtigen. Da die Hauptstadt Mexikos ohnehin für viele Besucher Mittelamerikas ein Etappenziel ist, kann man sich in diesem Museum hervorragend auf die faszinierende Welt Mesoamerikas einstimmen. Die hier beschriebenen Schätze der *Sala Maya* nehmen nur einen großen Saal des Museums ein, das einen Überblick über die prähispanischen Kunstwerke Mexikos bietet, von der geheimnisvollen frühen Kultur der Olmeken bis hin zu den Azteken.

Am Eingang der Sala Maya präsentiert ein *Reliefkarte* das Mayagebiet (Yucatán, Chiapas, Guatemala). Gleich links stößt man dann auf den *Jüngling von Kumpich*, dessen primäre Geschlechtsmerkmale, nach den vorhandenen Resten zu schließen, äußerst großzügig gestaltet gewesen sein müssen. Zu seiner Rechten befindet sich die *Stele von Izapa* aus Chiapas, die im Basrelief das Bild des skelettartigen Totengottes zeigt. Aus seinem Bauch schießt eine nabelschnurartige Darstellung, die einer (weitgehend verwitterten) Figur Leben einhaucht: Symbol für Tod und Wiedergeburt (um 100 v.Chr.–300 n.Chr.). Auf einer weiteren Altarstele aus Izapa (*Estela 1*) erscheint eine Wassergottheit mit dem Kopf eines mythologischen Tieres. Wendet man sich weiter nach rechts, so fällt sofort *Türsturz 26* (Dintel 26) aus Yaxchilán ins Auge. Er stammt aus dem berühmten *Templo 23*, dessen drei Türstürze drei Blutentnahmeakte von Frau Xoc zeigen, der Hauptfrau des Herrschers Schild-Jaguar. Leider sind die drei zusammengehörenden Szenen heute auseinandergerissen (Türsturz 24 befindet sich im *British Museum* in London). Türsturz 26 zeigt Frau Xoc, die nach der bereits beendeten Opferhandlung (zu erkennen an dem noch blutverschmierten Mund, durch dessen Zunge sie eine Dornenschnur gezogen hat) ihrem Gemahl in die Kriegerrüstung hilft und den Jaguarhelm bereithält. Schräg gegenüber befindet sich an der Wand ein sehr schöner *Stuckkopf* aus Palenque (Ende 7.Jh. n.Chr.). Deutlich zeigt sich das Schönheitsideal der Maya im tropischen Tiefland: künstlich deformierter Schädel mit fliehender Stirn, mandelförmige Augen, hängende Unterlippe und ein zurücktretendes Kinn. Die Skulptur datiert vom Ende des 7.Jh. n.Chr. Daneben befindet sich die *Stele von Januta* aus Tabasco. Sie stammt aus klassischer Zeit und zeigt einen knienden Priester mit Kopfschmuck aus Papageienfedern und einem phallischen Symbol auf der Brust, der ein Vogelopfer darbringt. An der gegenüberliegenden Wand, neben einer modernen Darstellung der Maya-Hierarchien, befindet sich ein großartiger gekrönter *Stuckkopf*, der in Comalcalco bei Villahermosa (Tabasco), in eine Mauer eingebettet, gefunden wurde. Er stellt eine hochgestellte Mayaperson mit Bart und Schnurrbart dar. Die 44 cm hohe Plastik, die in einem den Stuckwerken von Palenque nahestehenden Stil gearbeitet ist, stammt aus einer Zeit zwischen 700 und 800 n.Chr. Es folgt der *Türsturz Nr. 53* aus Yaxchilán. Er stammt aus *Templo 55* und zeigt Herrscher Schild-Jaguar, der im Beisein von Frau Abendstern, die ein Bündel hält, das Figurinenzepter präsentiert. Das Werk datiert vermutlich vom 9.16.15.0.0 (19. Februar 766 n.Chr.). Als nächstes folgen in einer Vitrine sehr schöne *Terrakotta-Figurinen*, einige noch mit Resten polychromer Bemalung. Sie illustrieren die verschiedenen Trachten und Kopfputze der Maya aus klassischer Zeit. Anschließend ist *Estela 15* aus Yaxchilán zu sehen (ca. 600 n.Chr.), die einen Krieger mit einem Gefangenen zeigt. Mitten

◁ *Unvollendeter Türsturz aus Yaxchilán (MNA, Mexiko-Stadt)*

im Raum steht ein großer polychromer Terrakottazylinder mit dem *Abbild des Sonnengottes*. Er wurde im Tempel des Kreuzes von Palenque, der von 692 n.Chr. datiert, entdeckt. Daneben ist in einer Vitrine eine interessante Steinscheibe oder *Ballspielmarkierer* zu sehen, die aus Chinkultik (Chiapas) nahe der guatemaltekischen Grenze stammt. Das schöne kreisrunde Flachrelief von 55 cm Durchmesser, das aus dem Jahr 590 unserer Zeitrechnung datiert, zeigt einen Spieler mit dem Gürtel und der klassischen Ausrüstung, die für das Ausüben dieses heiligen Sports nötig war: Schutz am rechten Vorderarm und Knieschutz am rechten Bein. Der Athlet ist in der Stellung abgebildet, in der er den links sichtbaren gewaltigen Kautschukball zurückschlägt. Frei im Raum aufgestellt folgen zehn kleine Vitrinen, die schöne *Keramik* zeigen, darunter eine polychrome Scheibe aus Yucatán, die eine Jagdszene schildert, Figurinen kauernder Personen, eine weitere polychrome Scheibe aus Jaina und zwei polychrome Vasen aus Yucatán. An der Wand befinden sich drei weitere *Türstürze* aus Yaxchilán (Nr. 48, 47 und 18) mit hieroglyphischen Motiven. Eine der schräg gegenüberliegenden Vitrinen zeigt faszinierende *Terrakotta-Figurinen*, unter anderem aus Jaina, Januta und Nebaj. Man beachte zum Beispiel eine vielfarbige Statuette, die einen auf einem kreisförmigen Thron sitzenden großen Herrn darstellt. Das Gesicht weist Narbenverzierungen auf. Ein Bart schmückt das Kinn der Person, sie trägt einen Federschmuck und sehr üppige Kleidung. Eine weitere, sehr schöne, nur 16 cm hohe Jaina-Arbeit stellt einen nachdenklichen jungen Mann mit anmutiger Gebärde dar. Interessant ist auch ein Ballspieler mit einem Knie auf der Erde und ausgestrecktem rechten Arm, um das Gleichgewicht zu bewahren. Der Leib ist durch den schweren Gürtel geschützt, von dem soeben der dicke Kautschukball abgeprallt ist. Eine andere polychrome Jaina-Statuette porträtiert eine adlige Maya-Dame in ihrem schönsten Staat, mit einem eindrucksvollen Turban als Kopfbedeckung. Auch hier schmücken Narbenverzierungen oder Tätowierungen das Gesicht. Besonders schön ist auch ein sitzender großer Mayaherr. Die Verlängerung des Oberkörpers und die Verkürzung der Beinlänge verleiht ihm eine vollendete Würde. Der Adlige trägt Bart und Schnurrbart, die Bekleidung ist auf einen einfachen Lendenschurz beschränkt. Den Rest der Wand nimmt die *Fassade einer Maya-Pyramide* aus dem Bundesstaat Campeche ein. Die Stuckmotive verraten den Einfluß von Teotihuacán. In der Mitte prangt eine große Maske des Sonnengottes, darunter die des Regengottes. An den Seiten sind Darstellungen des alten Feuergottes zu sehen. Daneben sind informative Modelle der Ruinenstätten von Uaxactún (Guatemala) und Copán (Honduras) zu sehen, gefolgt von *Estela 18* aus Yaxchilán und einem Modell der Ruinenstätte Yaxchilán am Río Usumacinta. In diesem Teil des Raumes stehen weitere Türstürze und Stelen, darunter *Estela 51* aus Kalakmul (Campeche). Sie zeigt einen Priestergott im Kriegergewand, der seinen Fuß auf einen besiegten Feind stellt (731 n.Chr.). Der aus *Templo 54* (Yaxchilán) stammende *Türsturz 54* zeigt Herrscher Vogel-Jaguar, der mit seiner Gemahlin, Frau Groß-Schädel-Null, eine Bündel-Zeremonie vollzieht. Von besonderem Interesse ist auch der berühmte *Tablero aus dem Templo de la Cruz* von Palenque, eine Wand aus zusammengefügten Steinplatten, die mit Darstellungen von Herrschern und Göttern sowie Glyphenzeichen reliefiert ist. Dargestellt sind die anläßlich der Maisaussaat gefeierten Kulthandlungen (642 n.Chr.).

Über eine Tür geht es hinaus in den Garten. Hier befindet sich die *Nachbildung des Maya-Tempels von Hochob* (Campeche), ein Bauwerk im Chenes-Stil, der sich in Yucatán in spätklassischer Zeit entwickelte (um 800/900 n.Chr.). Er zeichnet sich durch verschwenderische Dekorierung mit Masken des rüsselnasigen Regengottes Chac und Eingänge aus, die als Schlangenrachen gestaltet sind. Zur Rechten wurde der Tempel von Bonampak nachgebaut, in dem Rina Lazo die berühmten Wandmalereien nachempfunden hat, leider mittlerweile durch Graffiti zahlloser Besucher verunstaltet. Nachdem man in den Saal zurückgekehrt ist, geht man eine Treppe hinunter, um zur *Nachbildung des berühmten Grabes von Palenque* zu gelangen. Hier sind die in der Weihnachtsnacht 1985 gestohlenen und glücklicherweise wieder aufgetauchten Grabbeigaben zu besichtigen. Besonders

Stele aus Januta (MNA, Mexiko-Stadt) ▷

»Jüngling von Kumpich« (MNA, Mexiko-Stadt)

kostbar ist die in einer Vitrine aus schwerem Panzerglas ausgestellte *Totenmaske aus Jademosaik* mit Perlmuttaugen, Obsidianregenbogenhaut und gemalter Pupille, die das vorher entfleischte Skelett des in der Krypta der »Pyramide der Inschriften« von Palenque begrabenen hohen Maya-Würdenträgers bedeckte. Die Maske war dem Gesicht des Toten direkt aufgelegt, also nicht auf einen Holzkern montiert, wie bei anderen Mosaikmasken üblich. Das Werk, das nach dem Tod des Herrschers von Palenque im Jahr 695 n.Chr. geschaffen wurde, ist von den mexikanischen Archäologen unter Leitung von Alberto Ruz restauriert worden. Es ist 24 cm hoch und zählt nicht weniger als 200 Elemente. Im Mund ist das T-förmige, mit dem Regengott verbundene Symbol zu erkennen, das ein Fortlebensamulett ist. Außerdem sind weitere Schmuckstücke zu bewundern, zum Beispiel eine kleine, aus einer Anzahl von genau einander angepaßten Stücken zusammengesetzte Jademaske. Sie zierte den Gürtel des Verstorbenen. Die 8 cm hohe Jadestatuette stellt den Sonnengott dar. Sie lag im Sarkophag der Krypta von Palenque. Beachten Sie auch die zwei besonders schönen Stuckmasken, die man in der Grabkammer gefunden hat.

Wieder in den Saal zurückgekehrt, sind noch zahlreiche nachklassische Funde aus dem nördlichen Yucatán zu besichtigen. Zu nennen sind eine *Skulptur im Puuc-Stil* aus Oxkintoc, die eine Person mit hervortretendem Bauch zeigt, des weiteren der berühmte *König von Kabáh*, eines der seltenen Zeugnisse der Rundplastik im yukatekischen Gebiet. Sehr schön ist auch eine Skulptur aus dem oberen Tempel der Wahrsagerpyramide von Uxmal. Die 80 cm hohe Rundplastik stellt einen Priester mit tätowiertem Gesicht dar, der aus den stilisierten Kiefern einer großen Schlange herauskommt. Das Werk datiert wahrscheinlich aus dem 9. Jh. und zeigt die Einführung des Gottes Quetzalcóatl ins Mayaland an. Der vom Hochland stammende Gott wird mit der toltekischen Invasion zum berühmten, in Chichén Itzá verehrten Kukulkán. Man beachte auch den großen Chac Mool von Chichen Itzá sowie einige Steinatlanten aus dem Kriegertempel von Chichén Itzá, die den Hauptaltar des Heiligtums stützten. Unter den Keramikexponaten ist besonders eine Türkismosaikscheibe mit Federschlangenverzierung aus Chichén Itzá hervorzuheben. Das Stück von 24 cm Durchmesser legt von der Feinheit des Kunsthandwerks Zeugnis ab, deren die Maya-Tolteken des 11. Jh. n.Chr. fähig waren.

Fiestas und Märkte in Guatemala und Südmexiko

Der Haupttag mehrtägiger Fiestas ist halbfett hervorgehoben.

Mexikanische Bundesstaaten: Campeche (Cam.) – Chiapas (Chis.) – Quintana Roo (Q.R.) – Tabasco (Tab.) – Yucatán (Yuc.)

Guatemaltekische Departamentos: Chimaltenango (Chim.) – Chiquimula (Chiq.) – El Progreso (El Prog.) – Escuintla (Esc.) – Guatemala, Ciudad de (Guat.) – Huehuetenango (Hue.) – Izapa (Iz.) – Jalapa (Jal.) – Jutiapa (Jut.) – Petén (Pet.) – Quezaltenango (Quez.) – El Quiché (Quiché) – Retalhuleu (Ret.) – Sacatepéquez (Sac.) – Sololá (Sol.) – Suchitepéquez (Such.) – Totonicapán (Toto.) – Zacapa (Zac.).

Januar
San Andrés Chamula, Chis. (**1.**). – San Juan Chamula, Chis. (**1.**) – Santa María de Jesús, Sac. (1.–5.; **2**) – Fraijanes, Gua. (1.–4.) – Tizimín, Yuc. (erste Woche) – San Gaspar Ixchil, Hue. (3.–6.) – El Tumbador, San Marcos (3.–8.) – San Pedro Ayampuc, Gua. (beweglich) – Lerma, Cam. (**6.**) – Sibilia, Quez. (9.–15.; **13.**) – Santa María Chiquimula, Toto. (10.–16.) – Taxisco, Sta. Rosa (12.–15.) – La Libertad, Hue. (12.–16.) – Mentón, Hue. (13–16.) – Esquipulas, Chiq. (Wallfahrt; **15.**) – Flores, Pet. (12.–15.; **15.**) – Chinique, Quiché (12.–15.; **15.**) – Colomba, Quez. (12.–16.) – Cuyotenango, Such. (11.–18.) – El Progreso, El Prog. (**15.**) – San Antonio Ilotenango, Quiché (15.–17.; **17.**) – San Sebastián Coatan, Hue (18.–20.) – Cabañas, Zac. (19.–21.; **19.**) – Tenosique, Chis. (**19.**) – Chiapa de Corzo, Chis. (**20./21.**) – Zinacantán, Chis. (**20./21.**) – El Tejar, Chim. (18.–20.; **20.**) – Santa Lucía La Reforma, Toto. (19–21.) – Dzitas, Yuc. (**21.**) – Ipala, Chiq. (20.–26.; **23.**) – Rabinal, Baja Verapaz (19.–25.; **23.**) – San Pablo La Laguna, Sol. (22.–26.; 25.) – San Pablo, San Marcos (23.–27.) – Jacaltenango, Hue. (28.1.–2.2.) – Tamahú, Alta Verapaz (22.–25.) – Mixco, Guat. (letzter So) – Temax, Yuc. (letzter So)

Februar
Ocosingo, Chis. (**2.**) – Chiantla, Hue. (28.1.–2.2.; **2.**) – Cunén, Quiché (**2.**). – San Pedro Pinula, Jal. (1.–4.; **4.**) – Monjas, Jal. (5.–10.; **7.**) – Ostuncalco, Quetz. (**8.**) – Santa Eulalia, Hue. (8.–13.; **8.**) – Patzité, Quiché (6.–10.; **8.**) – Comitán, Chis. (**11.**) – Río Hondo, Zac. (24.–28.; **26.**) – Villahermosa, Tab. (**27.**) – Villahermosa, Tab.; San Juan Chamula, Chis.; Mérida, Yuc., Campeche, Cam., Chetumal, Q.R.; Pasaco, Jut.; Huite, Zac.; Mazatenango, Such.; Santa Cruz Muluá, Ret. (Karneval).

März
Chiapa de Corzo, Chis. (**1.**) – Oratorio, Sta. Rosa (**3.**) – Jerez, Jut. (3.–5.; 5.) – Esquipulas, Chiq. (**9.**) – Myuta, Jut. (12.–15.) – Olapa, Chiq. (12.–15.) – San José, Pet. (10.–19.) – Villa Canales, Guat. (6.–14.; **10**) – San Manuel Chaparrón, Jal. (**10.**) – Moyuta, Jut. (13.) – Coatepeque, Quez. (11.–19.; **15.**) – Morales, Iz. (15.–21.; **15.**) – Olopa, Chiq. (**15.**) – San Pedro Pinula, Guat. (16.–20.; **19.**) – San José del Golfo, Guat. (18.–20.; **19.**) – San José El Rodeo, San Marcos (14.–20.; **19**) – Tecoh, Yuc. (**20.**) – Chichén Itzá (**21.**) – Puerto San José, Esc. (16.–22.). – Antigua Guatemala, Sac.; Palestina de Los Altos, Quez.; San Marcos, San Marcos (1. Freitag der Fastenzeit) – Chajul, Quiché; La Democracia, Hue.; Santo Domingo Suchipéquez, Such. (2. Freitag der Fastenzeit) – Masagua, Esc. (3. Freitag der Fastenzeit: – Cabricán, Quez. (4. Freitag der Fastenzeit) – San Pedro Necta, Hue. (5. Freitag der Fastenzeit) – Jocotán, Chiq. (Palmsonntag) – Ocós, San Marcos; San José Chacayá, Sol.; La Democracia, Hue. (Gründonnerstag) – San Cristóbal de las Casas, Chis.; Ciudad Hidalgo, Chis.; Antigua Guatemala, Sac.; Santiago Atitlán, Sol.; Guatemala-Stadt; Esquipulas, Chiq. (Semana Santa)

April
San Cristóbal de las Casas, Chis. (1.–7.) – Hopelchén, Cam. (13.–17.) – Villahermosa, Tab. (2. Hälfte April) – San Jorge La Laguna, Sol. (**24.**) – San Marcos (22.–28.; **25.**) – San Marcos La Laguna, Sol. (**25.**) – La Unión, Zac. (22.–25.; **25.**) – Dörfer rund um San Cristóbal, Chis., bes. Amatenango del Valle und Zinacantán (**29.**) – Palencia, Gua.

(26.–30.; **30.**) – Zacualpa, Quiché; Aguacatán, Hue. (Pfingsten)

Mai

Poptún, Pet. (27.4.–1.5.; **1.**) – San Benito, Pet. (1.–9.) – Hopelchén, Yuc. (**3.**) – San Juan Chamula (**3.**) – Amatitlán, Gua. (1.–7.; **3.**) – Cajolá, Quez. (1.–3.; **3.**) – Chiquimulilla, Sta. Rosa (**3.**) – Comitancillo, San Marcos – Jalapa, Jal. (2.–5.; **3.**) – La Esperanza, Quez. (30.4.–4.5.; **3.**) – Santa Cruz Verapaz, Alta Verapaz (1.–4.; **3**) – Santa Cruz Barillas, Hue. (**3.**) – Los Amates, Iz. (**3.**) – Mitontic, Chis. (**8.**) – Tucurú, Alta Verapaz (4.–9.; **8.**) – Gualán, Zac. (5.–9.; 8.) – Uspantán, Quiché (6.–10.; **8**). – Santa Cruz La Laguna, Sol. (8.–10.; **10.**) – Santa Cruz Balanya, Chim. (**10.**) – Chankán Veracruz, Q.R. (12.–18.) – Huistán, Chis. (**15.**) – Becal, Cam. (**20.**) – Patzún, Chim. (**20.**) – San Bernardino, Such. (**20.**) – Melchor de Mencos, Pet. (15.–22.; **22.**) – Dolores, Pet. (23.–31.; **28.**)

Juni

Sayaxché, Pet. (6.–13.). – Acatenango, Chim. (**11.**) – Zimojovel, Chis. (**13.**) – Cárdenas, Tab. (**13.**) – San Antonio Palopó, Sol. (12.–14.; **13.**) – San Antonio Huista (**13.**) – Senahú (9.–13.; **13.**) – Purulhá, Baja Verapaz (10.–13.; **13.**). – Ciudad del Carmen (**14.–16.**) – Usumatlán (23.–26.) – San Juan Chamula, Chis. (**24.**) – San Juan Sacatepéquez, Gua. (**24.**) – San Juan Ixcoy, Hue. (21.–24.; **24.**); – San Juan Chamelco (21.–24.; **24**); – Olintepeque, Quez. (21.–25.; **24.**); – San Juan Alotenango, Sac. (**24.**) – San Juan Cotzal, Quiché (22.–25.; **24.**); – San Juan Atitán, Hue (22.–26.; **24.**); – Comalapa, Chim. (**24.**) – San Juan La Laguna, Sol. (23.–26.; **24.**) – Cozumel, Q.R. (26.–30.) – Panaba, Yuc. (26.–30.) – Soloma, Hue. (26.–30.; **29.**) – San Pedro Sacatepéquez, Guat. (24.–30.; **29.**) – Yepocapa, Chim. (27.–30.; **29.**); – San Pedro Jocopilas, Quiché (27.–29.; **29.**) – San Pedro La Laguna, Sol. (27.–30.; **29.**); – San Pedro Carchá (24.–29.; **29.**); – Chisec, Alta Verapaz (25.–30.; **29.**); – Almolonga, Quez. (28.–30.; **29.**). – Patzún, Chim.; San Antonio Aguas Calientes, Sac. (Fronleichnam)

Juli

Edzná, Cam. (beweglich) – Santa María Visitación, Sol. (1.–4.; **2.**). – Tajamulco, San Marcos (**3.**) – Comitán, Chis. (**7.**) – Huehuetenango, Hue. (12.–17.) – Santa Ana, Pet. (18.–26.) – Puerto Barrios, Iz. (16.–22.; **19.**) – Las Margaritas, Chis. (**20.7.**) – San Cristóbal Verapaz (21.–26.) – Jocotán, Chiq. (22.–26.) – Esquipulas, Chiq. (23.–27.) – San Cristóbal de las Casas, Chis. und umliegende Dörfer (**25.**) – Momostenango, Toto. (21.7.–4.8.; **25.**) – Tejutla, San Marcos (22.–27.; **25.**) – Santiago Atitlán, Sol. (23.–27.; **25.**) – Antigua Guatemala, Sac. (**25.**) – Coatepeque, Quez.(**25.**) – Santiago Sacatepéquez, Sac. (**25.**) – San Cristóbal Totonicapán, Toto. (22.–27.; **25.**) – Chimaltenango, Chim. (22.–27.; **26.**) – Malacantacito, Hue. (23.–26.; **26.**) – Santa Ana Huista, Hue. (25.–27.; **26.**) – Patzicía, Chim. (22.–27.; **27.**) – Palin, Esc. (24.–30.; **30.**) – Ixchiguan, San Marcos (29.–31.; **31.**)

August

Mixco, Guat. (**4.**) – Sacapulas, Quiché (1.–4.; **4.**) – Cobán, Alta Verapaz (31.7.–6.8.; **4.**) – Mitontic, Chis. (**6.**) – Champerico, Ret. (4.–8.; **6.**) – Zinacantán, Chis. (**10.**) – San Lorenzo, San Marcos (**10.**) – Santa Clara La Laguna, Sol. (10.–13.; **12.**) – Oxkutzcab, Yuc. (10.–16.) – Guatemala-Stadt (**15.**) – Joyabaj, Quiché (9.–15.; **15.**); – Sololá, Sol. (11.–17.; **15.**); – Nebaj, Quiché (12.–15.; **15.**), – Colotenango, Hue. (12.–15.; **15.**), – Cantel, Hue. (12.–15.; **15.**), – Tacaná, San Marcos (12.–15.; **15.**) – Jocotenango, Sac (**15.**) – Chiquimula, Chiq. (11.–18.; **15.**); – Asunción Mita, Jut.(**15.**) – Tactic, Alta Verapaz (11.–16.; **15.**) – Santa Cruz del Quiché (14.–18.; **18.**) – Tapachula, Chis. (22.–29.) – Venustiano Carranza, Chis. (**24.**) – San Bartolo, Toto (18.–25.; **24.**); – Sipacapa, San Marcos (22.–25.; **24.**) – San Bartolomé Jocotenango, Quiché (**24.**) – San Bartolomé Milpas Altas, Sac (**24.**) – San Luis Jilotepeque, Jal. (**25.**) – San Luis, Pet. (16.–25.; **25.**). – Lanquín, Alta Verapaz (22.–28.; **28.**); – Chajal, Alta Verapaz (23.–28.) – Sibinal, San Marcos (27.–30.; **29.**), – San Juan Ermita, Chiq.(**29.**) – San Juan Chamula, Chis. (**30.**) – Santa Rosa de Lima, Sta. Rosa (**29.**)

September

Cahabón, Alta Verapaz (4.–8.; **6.**) – Dzan, Yuc. (11.–14; **14.**) – Quezaltenango, Quez. (12.–18.; **15.**) – Feiern in ganz Chiapas (14.–16.) – Sansare, El Prog. (22–24.; **24.**) –

Feria de Asunción (Guatemala-Stadt)

San Mateo, Quez. (**21.**) – Chichén Itzá (**21.**) – San Mateo Ixtatán, Hue. (17.–21.; **21.**) – Totonicapán, Toto (24.–30., **29.**) – San Miguel Chicaj, Baja Verapaz (25.–29.; **29.**) – Huistán, Chis. (**29.**) – Maxcanu, Yuc. (**29.**) – San Miguel Acatán, Hue. (25.–30.; **29.**) – San Jerónimo, Baja Verapaz (**30.**)

Oktober
Mérida, Yuc. (erste Woche) – Amatenango del Valle, Chis. (**3.**) – Tecpán, Chim. (26.9.–5.5.; **4.**); – San Juan Chamula, Chis. (erster Sonntag im Oktober) – Zinacantán, Chis. (erster Sonntag im Oktober) – San Francisco el Alto (1.–4.; **4.**); – Panajachel, Sol. (2.–6.; **4.**); – San Francisco, Pet. (1.–4.; **4.**) – Izamal, Yuc. (18.–28.; **28.**) – San Lucas Tolimán, Sol. (15.–20.; **18.**); – San Lucas Sacatepéquez, Sac. (**18.**) – Iztapa, Esc. (20.–26.; **24.**)

November
Todos Santos Cuchumatán, Hue. (29.10–1.11.) – Santiago Sacatepéquez, Sac. (**1.**) – Chiapa de Corzo, Chis. (**2.**) – Tekax, Yuc. (8.–13.) – San Martín Jilotepeque, Chim. (7.–12.; **11.**) – San Martín Sacatepéquez, Quez. (**11.**) – Jutiapa, Jut. (10.–16.; **13.**) – Malacatancito, Hue. (14.–18.; **18.**) – Estanzuela, Zac. (**22.**) – Santa Catarina Pinula, Gua. (20.–28.; **25.**) – Nahualá, Sol. 23.–26.; **25.**) – Santa Catarina Ixtahuacán, Sol. (24.–26.; **25.**) – Santa Catarina Palopó, Sol. (**25.**) – Siquinalá (23.–26.; **25.**). – Cuilco, Hue. (27.11.–1.12.; **28.**) – San Andrés Semetabaj, Sol. (27.11–1.12; **30.**) – San Andrés Chamula, Chis. (**29.**) – San Andrés Itzapa, Chim. (27.11–1.12; **30.**) – San Andrés Xecul, Toto. (27.11–1.12; **30.**) – San Andrés, Pet. (21.–30.; **30.**).

Dezember
Kantunilkin, Q.R. (3.–8.) – Chinautla, Gua. (4.–9.; **6.**) – Retalhuleu (6.–12.; **6.**) – Izamal, Yuc. (**8.**) – Champotón, Cam. (**8.**) – Santa Barbara, Hue. (1.–4.; **8.**) – Zacapa (4.–9.; **8.**) – Huehuetenango (5.–8.; **8.**) – Concepción Huista, Hue. (5.–8.; **8.**) – Escuintla, Esc. (6.–15.; **8.**) – Santa Cruz El Chol, Baja Verapaz (6.–8.; **8.**) – Concepción, Sol. (7.–9.;

Chichicastenango, Marktszene

8.) – Villa Nueva, Gua. (6.–11.; **11.**) – Tuxtla Gutiérrez, Chis. (**12.**) – San Cristóbal de las Casas, Chis. (**12.**) – La Libertad, Pet. (9.–12.; **12.**) – Malacatán, San Marcos (9.–14.; **12.**) – Amatenango del Valle, Chis. (**13.**) – Santa Lucía Utatlán, Sol. (11.–15.; **13.**) – Santa Lucía Milpas Altas, Sac. (**13.**) – San Luis Jilotepéque, Jal. (13.–16.; **15.**) – Pijijiapan, Chis. (17.–22.) – Chicacao, Such. (18.–21.; **19.**) – Chichicastenango, Quiché (13.–21.; **21.**) – Santa Lucía Cotzumalguapa, Esc. (**25.**) – Cuilapa, Sta. Rosa (22.–27.; **25.**). – Chiché, Quiché (25.–28.; **28.**) – Livingston, Iz. (24.–31.) – Parramos, Chim. (**28.**) – La Democracia, Esc. (**31.**) – San Carlos, Ret. (**31.**)

MARKTTAGE IN GUATEMALA

Montag: Antigua Guatemala, Sac.; Chimaltenango, Chim.; Zunil, Quez.

Dienstag: Comalapa, Chim.; Patzún, Chim.; San Lucas Tolimán, Sol.; Santa Clara La Laguna, Sol.; Sololá, Sol.; Tucurú, Alta Verapaz.

Mittwoch: Momostenango, Toto.; Palín, Esc.; Patzicía, Chim.; Sacapulas, Quiché.

Donnerstag: Antigua Guatemala, Sac.; Chimaltenango, Chim.; Chichicastenango, Quiché; Nebaj, Quiché; Patzún, Chim.; Sacapulas, Quiché; San Mateo Ixtatán, Hue.; San Miguel Ixtahuacán, San Marcos; Santa Cruz del Quiché, Quiché; Tecpán, Chim.; Totonicapán, Toto.; Tucurú, Alta Verapaz.

Freitag: Comalapa, Chim.; Palín, Esc.; San Andrés Itzapa, Chim.; San Lucas Tolimán, Sol.; San Pedro Sacatepéquez, Guat.; San Francisco El Alto, Toto.; San Juan Sacatepéquez, Guat.; Sololá, Sol.

Samstag: Patzicía, Chim.; Santa Cruz del Quiché, Quiché; Santa Clara La Laguna, Sol.; Santiago Sacatepéquez, Sac.

Sonntag: Chichicastenango, Quiché; Momostenango, Toto.; Nebaj, Quiché; Nahualá, Sol.; Panajachel, Quiché; Patzún, Chim.; San Juan Sacatepéquez, Guat.; San Cristóbal Totonicapán, Toto.; San Mateo Ixtatán, Hue; Santa Eulalia, Hue.; Santa Cruz del Quiché, Quiché; Santiago Atitlán, Sol.; Tecpán, Chim.; Tacaná, San Marcos.

Register der Fachausdrücke

A

Adobe: Luftgetrockneter Ziegel aus Lehm.
Ahau (auch Ahaw): Höchster Herrschertitel der klassischen Maya.
Alameda (span.): Stadtpark oder Promenade, auch große Plaza.
Aldea (span.): Kleine Siedlung, Dorf.
Altiplano (span): Mexikanisches Hochland.
anthropomorph: Bezeichnung für menschengestaltige Objekte.
Artesonado (span.): Kassettierte Holzdecke.
Atlatl (náhuatl): Speerschleuder.
Atole (náhuatl): Dickflüssiger Trunk aus zermahlenen Maiskörnern und Wasser, mit Salz oder Honig gewürzt.
Ayuntamiento (span.): Rathaus.
Azulejos (span.): Farbige, glasierte Fliesen.

B

Balché: Leicht alkoholisches Getränk aus Wasser und der Rinde des Balché-Baums, das vergoren und mit Honig gesüßt wurde. Zu rituellen Anlässen wird es heute noch getrunken.
Bayman (engl.): Früher weißer Siedler in Belize.
Brasero (span. »Kohlebecken«): Steinerne oder tönerne Gefäße unterschiedlicher Größe, die zum zeremoniellen Abbrennen von Kopalharz verwendet wurden.
Brujo (span. »Zauberer«): Schamane der Indígenas.

C

Cakchiquel: Maya-Stamm im westlichen Hochland von Guatemala zwischen Guatemala-Stadt und Lago Atitlán.
Ceiba: Der höchste Baum der Urwälder des Maya-Gebietes und heiliger Baum der Maya (von ihnen Yaxché genannt), der das Vorbild des die Achse des Kosmos darstellenden Weltenbaums ist.
Cenote (yucatek. Maya *ts'onot*): Dolinen in Nordyucatán, die den durch Einbruch der Kalksteindecke entstanden sind. Dadurch wurden die unterirdisch fließenden Ströme zugänglich.
Chac Mool (maya: »roter Jaguar«): So bezeichnete Auguste Le Plongeon aus unerfindlichen Gründen 1875 die Skulpturen halb liegender, lebensgroßer toltekischer Krieger; der Begriff hat sich seither für diesen Skulpturtypus eingebürgert.
Chac: Regengott der Maya, als zoomorphe Maske mit rüsselförmiger Nase dargestellt.
Chenes (yucatekisches Maya *ch'e'en* = Brunnen): Nach dieser Region im Bundesstaat Campeche so bezeichneter Baustil der Endklassik. Charakteristisch sind Eingänge, die als große Schlangenrachen gestaltet sind. Wichtigste Orte sind Hochob, Dzibilnocac, Santa Rosa Xtampak und El Tabasqueño.
Chicle: Kaugummi, der aus dem Saft des Sapodilla-Baums gewonnen wird.
Chultún: Künstlich angelegte Zisterne der Maya.
Churrigueresk: Ausufernder spätbarocker Stil, der nach dem spanischen Architekten José Churriguera (1665–1723) benannt wurde.
Claustro (span.) Kreuzgang.
Codex: Prähispanisches Faltbuch aus Rindenbastpapier. Die Seiten wurden mit einer Gipsschicht grundiert und dann bemalt. Behandelt wurden religiöse, astronomisch-kalendarische, administrative und historische Themen.
Cofradía (span.): Religiöse Bruderschaft, die sich dem Schutz eines bestimmten Heiligen verschrieben hat. Cofradías bilden die Basis der religiösen Hierarchie in der traditionellen Gesellschaft des Hochlandes und verbinden katholische und heidnische Riten.
Comedor (span.): Einfaches Restaurant, das meist nur ein oder zwei sehr billige Gerichte anbietet.
Convento (span.): Kloster.
Corte: Traditioneller Frauenrock in Guatemala.
Crestería (span.): Dachaufsatz in Form einer durchbrochenen Mauer auf Tempeln und Palastbauten, besonders der Maya.

E

Ejido: Gemeinschaftlich bewirtschaftetes Farmland.
Emblemglyphe: Titel, der Herrscher als »Göttliche Könige« über ein bestimmtes Gebiet ausweist.
Encomienda (span.): Kolonialpraxis des 16. Jh., Indígenas als Leibeigene unter die »Obhut« spanischer Landbesitzer *(encomenderos)* zu stellen.

F

Feria (span.): Religiöser oder weltlicher Jahrmarkt, der oft mehrere Tage dauert.

Finca (span.): Farm oder Plantage in Mexiko und Mittelamerika.

G

Galerie: Ein langgestreckter Raum; oft werden Arkadengänge auch Galerie genannt.

Garifuna: Nachfahren der »schwarzen Kariben«, die Ende des 18. Jh. von den Briten von der Karibikinsel Saint Vincent nach Roatán (Honduras) deportiert wurden und sich in Belize ansiedelten.

Glyphe (auch Hieroglyphe): Prähispanisches Einzelzeichen einer Bilderschrift, den Wortinhalt angebend (ideographisch) oder den Wortlaut schreibend (phonographisch).

Gringo: Jeder nichthispanische Weiße, besonders Nordamerikaner. Die Bezeichnung kann, muß aber nicht beleidigend sein. Der Begriff soll von den »green coats«, den grünen Uniformen, herrühren, die Mitte des 19. Jh. von nordamerikanischen Invasionstruppen in Mexiko getragen wurden, oder von dem Lied, das die Soldaten sangen: »Green grow the rushes oh! ...«

Guayabera: Besticktes Männerhemd, das über der Hose getragen wird und in heißen Tropenregionen Anzug und Kravatte ersetzt.

H

Haab: Das 365 Jahre umfassende Sonnenjahr der Maya, das in 18 Monate zu 20 Tagen und eine fünftägige Jahresendperiode (»gefährliche Tage«) unterteilt wurde.

Hacha (span. »Axt«): Dünne und oft durchbrochen gearbeitete axtförmige Steinklinge, meist mit menschlichen Gesichtern. Nachbildung der hölzernen oder ledernen Ausrüstungsgegenstände der Ballspieler in der Golfregion.

Hacienda (span.): Großes Anwesen.

Henequén: Hanffaser in Yucatán, die hauptsächlich zur Herstellung von Seilen aus einer Agavenart gewonnen wird.

Hieroglyphe: →Glyphe.

Huipil (maya): Traditionelle, mit Stickereien verzierte lange Frauenbluse der Maya.

I

INAH: Instituto Nacional de Antropología e Historia, die mexikanische Altertumsbehörde.

Indígena (span.): »Politisch korrekte« Bezeichnung für einen Angehörigen oder eine Angehörige der indianischen Stämme Amerikas. Die Bezeichnungen »Indianer« oder »Indio« gelten heute in Lateinamerika als diskriminierend.

Initialserie: →Lange Zählung.

Itzamná (»Haus des Himmels«): Schöpfergott der Maya. Wird als alter Mann mit gebogener Nase dargestellt.

Ixchel (»Regenbogenfrau«): Maya-Göttin der Heilkunst, der Fruchtbarkeit und der Webkunst.

Ixil: Hochlandstamm der Maya in Guatemala, der im sog. »Ixil-Dreieck« lebt, das von den Ortschaften Nebaj, Chajul und San Juan Cotzal gebildet wird.

K

Kartusche: Zierrahmen, mit dem Wappen, Initiale oder Inschriften eingefaßt sind.

Katún: Zeiteinheit der Maya von 20 Jahren zu 360 Tagen, die besonders für Prophezeiungen wichtig war.

Kazike: Indianischer Häuptling oder Dorfoberer.

Klassik: Blütezeit der Mayakultur (etwa 300–900 n. Chr.).

Kin: »Tag«, »Sonne«, die Grundeinheit des Maya-Kalenders.

Konquistador (span. conquistador): Spanischer Eroberer des 16. Jh. in Lateinamerika.

Kopal: Harz verschiedener tropischer Bäume, das zu rituellen Zwecken als Weihrauch verbrannt wurde.

Kraggewölbe: Raumdeckenkonstruktion, bei der zwei parallele Mauern ab einer bestimmten Höhe durch auf beiden Seiten nach innen zunehmend vorkragende Steinlagen einander angenähert werden, bis deren Zwischenraum durch Decksteine überbrückt werden konnte.

Kukulkán: Bei den postklassischen Maya von Chichén Itzá Bezeichnung des Federschlangengottes Quetzalcóatl.

L

Ladino: Der etwas schwammige Begriff grenzt in Guatemala Personen spanischer oder gemischtrassiger Herkunft von »reinrassigen« →Indígenas ab. In erster Linie bezeichnet er einen Menschen, der nach dem Vorbild der »westlichen« Kultur lebt und sich danach kleidet, schließt also auch Indígenas ein, die ihre traditionelle Lebensweise abgelegt haben.

Lange Zählung: Zählung aller Tage seit der Erschaffung der Welt, dem Nullpunkt des Maya-Kalenders (3114 v.Chr.), auch Initialserie genannt.
Logogramm: Schriftzeichen, das ein Wort bezeichnet.

M

Malecón: Seepromenade.
Mam: Maya-Stamm, der in der Umgebung von Huehuetenango lebt, im Westen des westlichen Hochlands von Guatemala.
Marimba: An ein Xylophon erinnerndes Musikinstrument, das vom afrikanischen Balaphon abstammt.
Maximón: »Böser« Heiliger im Hochland von Guatemala, eine Art Mischung aus hl. Simon, Judas Ischariot und Pedro de Alvarado, der u.a. in Santiago Atitlán (Lago Atitlán), Chichicastenango und Zunil (bei Quezaltenango) verehrt wird und als Feind der Kirche gilt. Ostern trägt man den Heiligen, der Schnaps, Zigarren und Geldscheine liebt, mit großem Pomp durch die Gassen des Dorfs.
Maya: Allgemeine Bezeichnung für die Indígenastämme, die seit Tausenden von Jahren in Guatemala, Honduras, Südmexiko und Belize leben.
Medaillon: Meist runde oder ovale Rahmung eines Ornaments oder Freskos (aus Stuck, Stein u.ä.).
Mesoamerika: Ein wissenschaftlicher Ausdruck, mit dem 1943 Paul Kirchhoff das kulturelle prähispanische Gebiet vom Río Sinaloa in Mexiko bis zur Südgrenze des Maya-Gebietes in Honduras und El Salvador definierte.
Metate: Flacher Stein, der zum Zerreiben der eingeweichten Maiskörner dient, um aus der Mehlmasse dann Tortillas backen zu können.
Milpa: Durch Brandrodung gewonnene Fläche, auf der neben Mais auch Bohnen, Kürbisse und Chili-Pfeffer angebaut werden.
Mirador (span.): Aussichtspunkt.
Mordida (span. »Biß«): Bestechungsgeld, das je nach Wunsch Amtshandlungen beschleunigt oder verzögert.
Mudéjarstil (span.-arab.): Nach den Mudejaren, den unter christlicher Herrschaft lebenden Mauren, benannter spanischer Mischstil (maurische und gotische Elemente).

N

Náhuatl: Sprache der uto-aztekischen Gruppe, die u.a. von den Tolteken und Azteken gesprochen wurde.

O

Obsidian: Dunkelfarbiges vulkanisches Glas, mit dem scharfe Werkzeuge sowie Schmuck hergestellt wurden.
Olmeken: Geheimnisvolles Volk, das in präklassischer Zeit an der mexikanischen Golfküste lebte und Monumentalskulpturen schuf. Um 1000 v.Chr. erreichte die olmekische Kultur ihren Höhepunkt.

P

Palacio (span.): Herrenhaus oder Palast, nicht notwendigerweise königlich.
Palapa: Palmdach.
Palma (span. »Palme«): Feingearbeitete dreieckige Keile, die als Schutzpolster seitlich an oder auf dem →*yugo* getragen wurden. Nachbildung der Ausrüstungsgegenstände der Ballspieler in der Golfregion.
Paseo (span.): Breiter Boulevard, Promenade
Patio (span.) Innenhof.
Peristyl: Einen Hof umgebende Säulenhalle.
Pipiles: Indígena-Stamm, der in der pazifischen Küstenregion Guatemalas lebte und rätselhafte Monumentalskulpturen hinterließ, die an die Kultur der →Olmeken (Golfküste von Mexiko) erinnern.
plateresk (span): Reich ornamentierter spanischer Architekturstil im Übergang von der Spätgotik zur Frührenaissance. Gekennzeichnet durch kleinteilige Dekorationsformen in der Art von Silberschmiedearbeiten (*platero* = Silberschmied). In Mexiko und Guatemala oft durch indianische Symbolik bereichert.
polychrom: Vielfarbig ausgeführt.
Postklassik: Epoche zwischen dem Niedergang der Mayakultur und der Ankunft der spanischen Konquistadoren (etwa 900 bis 1530 n.Chr.).
Präklassik: Archäologische Epoche, die der Blütezeit der Mayakultur (→Klassik) vorausging (etwa 1500 v.Chr.–300 n.Chr.).
Puuc (yucatekisches Maya *pu'uk* = »Hügelkette«): Nach einer gebirgigen Gegend in Yucatán benannter spätklassischer Maya-Stil. Wichtigste Orte sind Uxmal, Kabáh, Labná, Sayil und Oxkintok.

Q

Quetzal: Heute nahezu ausgestorbener Vogel der Hochwälder Guatemalas und Südmexikos, dessen grüne Schwanzfedern bei den Adligen als Kleider- und Kopfschmuck begehrt waren.

Quiché: Größter Maya-Stamm des Hochlands von Guatemala. Zentrum ist die Stadt Santa Cruz del Quiché.

R

Rebozo (span.): Rechteckiger Schal, der als Tragetuch für Kleinkinder verwendet wird.

Relief: Bildhauerarbeit, bei der die Figuren halbplastisch aus der Fläche herausgeschnitten (Holz) oder gemeißelt (Stein) sind. Je nach der Stärke der Erhebung spricht man von Flach-, Halb- oder Hochrelief.

Retablo (span.): Altaraufsatz.

Río Bec: Spätklassischer Maya-Stil im südlichen Yucatán, für den Scheintürme und nicht begehbare Treppen charakteristisch sind. Wichtigste Orte sind Río Bec, Xpuhil, Chicanna und Hormiguero.

S

Sacbé (Plural *sacbeob*): Auf einem aufgeschütteten Damm verlaufende Maya-Straße.

Sarape: Traditionelle Wolldecke der Indígenas.

Sierra (span.): Bergkette.

Stele: Steinerner monolithischer Pfeiler, zumeist mit Reliefs geschmückt. Für die Maya waren Stelen beseelte Objekte, die sie »Baum-Steine« nannten.

T

Talud-Tablero-Stil: Ein schräger Sockel (Böschung) wird unterbrochen, abgedeckt durch einen hervorragenden Sims (Tafel).

Tlaloc (»Er, der sprießen läßt«): Mesoamerikanischer Regengott, an seinen typischen kreisrunden Brillenaugen zu erkennen. Bei den Maya erscheint das Gesicht Tlalocs immer dann, wenn von der Venus und vom Krieg die Rede ist.

Tolteken: Volk, das in der Endklassischen Periode in Zentralmexiko siedelte und von dort aus einen starken Einfluß auf die Maya ausübte.

Tzolkin: Ritualkalender der Maya, der ein Ritualjahr zu 260 Tagen beschreibt.

Tzompantli (náhuatl): Schädelmauer.

Tzut: Traditioneller Schal, der als Kopfbedeckung getragen wird.

Tzutuhil: Maya-Stamm, der am Südufer des Lago Atitlán lebt.

V

Visionsschlange: In der Ikonographie der Maya wurden Visionen als Schlangen dargestellt, aus deren Rachen die Köpfe der angerufenen Vorfahren blicken.

Volute: Windungen oder spiralförmige Gebilde in der Ornamentik.

Xibalba: »Ort der Furcht«, Unterwelt der Maya.

Y

Yugo (span. »Joch«): Hufeisenförmige, bis zu 30 kg. schwere reichverzierte Steinplastiken. Sie stellen Nachbildungen der Ausrüstungsgegenstände der Ballspieler aus der Golfregion dar.

Z

Zócalo (span. »Sockel«): Hauptplatz mexikanischer Städte und Dörfer. Ursprünglich wurde nur der Hauptplatz von Mexiko-Stadt so genannt (nach einem dort aufgestellten Denkmal, von dem nur der Sockel fertig wurde).

Zoomorph: Bezeichnung für tiergestaltige Objekte.

Weiterführende Literatur

Geschichte und Kultur der Maya

Adams, Richard E.W. (Hg.): *The Origins of Maya Civilization*, Albuquerque/New Mexico 1977.
Arnold, Paul: *Das Totenbuch der Maya. Das geheime Wissen der indianischen Hochkultur*, Freiburg u.a. 1993.
Baudez, Claude-François/Bequelin, P.: *Les Mayas*, Paris 1984 (dt. *Die Maya*, München 1985).
Baudez, Claude-François/Picasso, Sydney: *Les cités perdues des Mayas*, Paris 1988 (dt. *Versunkene Städte der Maya*, Ravensburg 1990).
Baudez, Claude-François: *Maya sculpture of Copán. The iconography*, Norman/Okla. 1994
Benson, Elizabeth (Hg.): *City-states of the Maya – Art and architecture*, Denver/Col. 1986.
Coe, Michael D.: *The Maya scribe and his world*, New York 1973.
Coe, Michael D.: *Tikal – A handbook of the ancient Maya ruins*, Philadelphia 1967.
Coe, Michael D.: *Die Maya*, Bergisch Gladbach 1977.
Eggebrecht Eva und Arne/Grube, Nikolai (Hg.): *Die Welt der Maya. Archäologische Schätze aus drei Jahrtausenden*, Mainz 1992 (Ausstellungskatalog).
Fash, William L.: *Scribes, warriors and kings – The city of Copán and the ancient Maya. New aspects of antiquity*, London 1990.
Fasquelle, Ricardo Agurcia/Valdés, Juan Antonio: *Copán y Tikal. Secretos de dos ciudades mayas*, San José/Costa Rica 1994.
Gendrop, Paul: *Los estilos Río Bec, Chenes y Puuc en la arquitectura maya*, Mexiko-Stadt 1983.
Hammond, Norman: *Ancient Maya Civilization*, Cambridge 1982.
Hartung, Horst: *Die Zeremonialzentren der Maya*, Graz 1972.
Hellmuth, Nicholas M.: *Monster und Menschen in der Maya-Kunst – Eine Ikonographie der alten Religionen Mexikos und Guatemalas*, Graz 1987.
Kelley, David H.: *Deciphering the Maya script*, Austin/Tex. 1976.
Kurbjuhn, Kornelia: *Maya – The complete catalogue of glyph readings*, Kassel 1989.
Löwer, Hans. J.: *Wir sind noch nicht gestorben. Inka, Maya, Azteken. Einst – Jetzt. Reportagen*, Nürnberg 1992.
Maler, Teobert: *Auf den Spuren der Maya*, Graz 1992.
Miller, Mary E.: *Murals of Bonampak*, Lawrenceville/New Jersey 1986.
Morley, Sylvanus u.a.: *The ancient Maya*, Stanford/Calif.[4] 1983.
Parsons, Lee A.: *The origins of Maya art*, Washington D.C. 1986.
Pollock, Harry E.D., *The Puuc – An architectural survey of the hill country of Yucatán and northern Campeche*, Mexico, Cambridge/Mass. 1980.
Proskouriakoff, Tatiana: *A study of Classic Maya sculpture*, Washington D.C, 1950.
Proskouriakoff, Tatiana: *An album of Maya architecture*, Norman/Okla. 1964.
Rätsch, Christian (Hg.): *Chactun. Die Götter der Maya. Quellentexte, Darstellungen und Wörterbuch*, München[3] 1994.
Riese, Berthold: *Geschichte der Maya*, Stuttgart 1972.
Rössig, Wolfgang: *Azteken und Maya – Das Vizekönigreich Neu-Spanien/Mexiko*, in: Rössner, Michael (Hg.): *Lateinamerikanische Literaturgeschichte*, Stuttgart 1995, S.10–28.
Ruz Lhuillier, Alberto: *La civilización de los antiguos mayas*, Mexiko-Stadt 1972.
Sabloff, Jeremy: *Die Maya – Archäologie einer Hochkultur*, Heidelberg 1991.
Schele, Linda/Freidel, David: *A forest of kings – The untold story of the ancient Maya*,

New York 1990 (dt. *Die unbekannte Welt der Maya – Das Geheimnis ihrer Kultur entschlüsselt*, München 1991).
Schele, Linda/Miller, Mary Ellen: *The blood of kings – Dynasty and ritual in Maya art*, Austin/Tex. 1986.
Sharer, Robert J.: *Quiriguá – A Classic Maya center and its sculptures*, Durham/North Carolina 1990.
Sharer, Robert J./Sedat, David W.: *Archaeological investigations in the northern Maya highlands, Guatemala*, Philadelphia 1987.
Stierlin, Henri: *Maya – Guatemala, Honduras, Yukatan. Architektur der Welt*, Fribourg 1964.
Stierlin, Henri: *L'art maya des Olmèques aux Maya-Toltèques*, Paris 1981 (dt. *Die Kunst der Maya*, Stuttgart 1983).
Thompson, John Eric S.: *Maya hieroglyphic writing – An introduction*, Washington D.C. 1950.
Thompson, John Eric S.: *The rise and fall of Maya civilization*, Norman/Okla. 1957 (dt. *Die Maya – Aufstieg und Niedergang einer Indianerkultur*, Essen 1975).
Thompson, John Eric S.: *Maya history and religion*, Norman/Okla. 1970.
Westphal, Wilfried: *Die Maya. Volk im Schatten seiner Väter*, Bindlach 1991.
Wilhelmy, Herbert: *Welt und Umwelt der Maya – Aufstieg und Untergang einer Hochkultur*, München 1990.

Chroniken und Reiseberichte

Díaz del Castillo, Bernal: *Wahrhafte Geschichte der Entdeckung und Eroberung von Mexiko*, Hg. Georg A. Narciß, Frankfurt/Main 1982.
Gage, Thomas: Travels in the New World, Norman/Okla. 1985.
Huxley, Aldous: Beyond the Mexique Bay, London 1984 (zuerst 1934).
Kisch, Egon Erwin: *Entdeckungen in Mexiko*, München 1984.
Landa, *Diego de: Bericht aus Yucatán. Lebensweise und Kultur der Maya*, Hg. Carlos Rincón, Leipzig 1990.
Lizana, Bernardo de: *Historia de Yucatán*, Mexiko 1893.
Stephens, John Lloyd: *In den Städten der Maya – Reisen und Entdeckungen in Mittelamerika und Mexiko 1839–1842*, Köln 1980.
Wright, Ronald: *Time among the Maya. Travels in Belize, Guatemala and Mexico*, London 1989.

Literatur

Asturias, Miguel Angel: *Legenden aus Guatemala*, Frankfurt/Main 1973.
Asturias, Miguel Angel: *Der Herr Präsident*, Zürich 1984.
Asturias, Miguel Angel: *Maismenschen*, Bornheim-Merten 1983.
Castellanos, Rosario: *Das dunkle Lächeln der Catalina Díaz*, Zürich 1993.
Fuentes, Carlos: *Chac Mool – Erzählungen*, Reinbek 1990.
Las Casas, Bartolomé de: *Kurzgefaßter Bericht von der Verwüstung der Westindischen Länder*, Hg. Hans Magnus Enzensberger, Frankfurt/Main 1981.
Menchú, Rigoberta: *Me llamo Rigoberta Menchú y así me nació la conciencia*, Mexiko-Stadt 1985.
Paz, Octavio: *Das Labyrinth der Einsamkeit*, Frankfurt/Main 1974.
Popol Vuh. *Das Buch des Rates. Schöpfungsmythos und Wanderung der Quiché-Maya*, erläutert von Wolfgang Cordan, Köln[6] 1990.

Ortsregister

Bel. = Belize;
Gua. = Guatemala;
Hon. = Honduras;
Mex. = Mexiko

Abkürzungen

Ave	Avenue
Ave.	Avenida
bes.	besonders
Blvd	Boulevard
c/	Calle
d.Ä.	der Ältere
d.J.	der Jüngere
d.Gr.	der Große
d.h.	das heißt
ehem.	ehemalig(e)
eigentl.	eigentlich(e)
Hl., hl.,	Heilige(r)
Hll.	heilige(r)
Jh.	Jahrhundert
Jtd.	Jahrtausend
km	Kilometer
km^2	Quadratkilometer
l	links
m	Meter
m^2	Quadratmeter
mex.	mexikanisch
Min.	Minute
MNA	Museo Nacional de Antropología e Hisoria (Mexiko-Stadt)
MNAE	Museo Nacional de Arqueología y Etnología (Guatemala-Stadt)
N	Norden, Nord-
n	nördlich
Nº	Número
O	Osten, Ost-
ö	östlich
r	rechts
Rd	Road
S	Süden, Süd-
s	südlich
sog.	sogenannt(e)
span.	spanisch
Squ	Square
St	Saint, Street
St.	Sankt
Std.	Stunde
Str.	Straße
u.a.	und andere, unter anderem
urspr.	ursprünglich
usw., etc.	und so weiter
v.	von, vom, vor
vgl.	vergleiche
W	Westen, West-
w	westlich
z.B.	zum Beispiel
z.T.	zum Teil
z.Zt.	zur Zeit

A
B
C
1
2
3
4
20°
15°
Golf von Mexiko
Celes
Isla de Jaina
Campeche
Fuerte San Miguel
Champotón
Golf von Campeche
Sabancuy
Isla de Aguada
Zacatal
Ciudad del Carmen
Escárce
Campech
Frontera
Paraíso
Comalcalco
Tabasco
Coatzacoalcos
M E X I K
Minatitlán
Acayucan
Heróica Cárdenas
Villahermosa
Nueva Coahuila
Chablé
Playas de Catazajá
R. Grijalva
Veracruz
Istmo
de
Tehuantepec
Oaxaca
Teapa
Palenque
Pakalná
Tenosique de Pino Suárez
Misol-Ha
Agua Azul
Raudales de Malpaso
Río Usumacinta
Piedras Negras
Chiapas
Presa Netzahualcóyotl
Cañón del Sumidero
San Juan Chamula
Tenejapa
Ocosingo
Toniná
Yaxchilán
Lacanjá
Bonampak
Tuxtla Gutiérrez
Chiapa de Corzo
Zina-cantán
San Cristóbal de las Casas
San Pedro Tapanatepec
Arriaga
Tonalá
Presa de la Angostura
Comitán
Chinkultic
Golf von Tehuantepec
Pijijiapan
Ciudad Cuauhtémoc
s. Seite 356
G U A
Cob
Huehuetenango
Escuintla
Pazifischer Ozean
Huixtla
Chichicastenango
Tapachula
Quezaltenango
Pto. Madero
Lago Atitlán
Ciudad d
Guatemal
Antigua Guatemala

D
E
F
1
2
3
4
90°
20°
Progreso
Dzibilchaltún
Mérida
Motúl
Izamal
Aké
Río Lagartos
Tizimín
Chiquilá
Cancún
Puerto Juárez
Grutas de Balankanché
Valladolid
El Ideal
Puerto Morelos
Playa del Carmen
Cobá
Cozumel
San Gervasio
Isla de Cozumel
Akumal
Xel-há
Tulúm
Tihosuco
Chichén Itzá
Mayapán
Sotuta
Yucatán
Maxcanu
Muna
Ticul
Maní
Uxmal
Grutas de Lol-tún
Kabáh
Labná
Sayil
Xlapak
Peto
Hopelchén
Halbinsel Yucatán
Polyuc
Felipe Carillo Puerto
Quintana Roo
Hochob
Becán
Xpuhil
Chicanná
Hormiguero
Kohunlich
Calakmul
Chetumal
Corozal
Cerros
Cuello
Orange Walk
Indian Church
Lamanai
Altun Ha
Belize City
R. Belize
Belmopan
El Mirador
Nakbé
Río Azul
Uaxactún
El Zotz
Tikal
San Ignacio
Cahal Pech
Xunantunich
El Cruce
Petén Itzá
BELIZE
Dangriga
Caracol
Dolores
El Ceibal
Big Creek
Golf von Honduras
Punta Gorda
Karibisches Meer
Livingston
Sebol
Modesto Méndez
Río Dulce
Puerto Barrios
Puerto Cortés
Lago de Izabal
San Pedro Sula
El Progreso
Los Amates
Quiriguá
Zacapa
Chiquimula
Copán
HONDURAS
Sta. Rosa de Copán
El Progreso
Esquipulas
Legende
im Text beschriebene Hauptorte
im Text beschriebene Umgebungsorte (farblich dem jeweiligen Hauptort zugeordnet)
Autobahn oder autobahnähnliche Straße
Fernverkehrsstraße
Hauptstraße
Nebenstraße, Piste
Eisenbahn
Flughafen
Staatsgrenze
Verwaltungsgrenze
Maßstab 1 : 4,5 Mio
0
50
100 km

356
A
354
B
Legende
im Text beschriebene Hauptorte
im Text beschriebene Umgebungsorte (farblich dem jeweiligen Hauptort zugeordnet)
Autobahn oder autobahnähnliche Straße
Fernverkehrsstraße
Hauptstraße
Nebenstraße, Piste
Eisenbahn
Flughafen
Verwaltungsgrenze
Maßstab 1 : 1,3 Mio
0
15
30 km
San Mateo Ixtatán
Xolcol
Barillas
Río Xacibal
1
San Miguel Acatán
Solomá
Huehuetenango
Todos Santos Cuchumatán
Parque Nacional Los Cuchumatanes
Chajul
Nebaj
San Juan Cotzal
Colotenango
Chiantla
Aguacatán
Zaculeu
Huehuetenango
Cunén
Sacapulas
354
San Marcos
GUATEMALA
Quiché
Río Chixoy o Negro
Canillá
Tejutla
Comitancillo
Totonicapán
Santa Lucía La Reforma
Baja Verapaz
Cubulco
Rabinal
2
Momostenango
Santa Cruz del Quiché
Zacualpa
15°
San Francisco El Alto
Utatlán
Chiché
Joyabaj
355
San Marcos
San Andrés Xecul
Totonicapán
Patzité
Chichicastenango
Olintepeque
Río Grande o Motagua
Granados
S. Juan Ostuncalco
Salcajá
San Cristóbal Totonicapán
Concepción Chiquirichapa
Quezaltenango
Nahualá
Los Encuentros
Mixco Viejo
San Martín Sacatepéquez
Almolonga
3671
Sololá
Sololá
Concepción
Chimaltenango
Guatemala
Vol. Chicabal
Zunil
San Jorge La Laguna
Panajachel
Iximché
San Juan Comalapa
San Martín Jilotepeque
Quezaltenango
Santa Cruz La Laguna
Sta. Catarina
San Juan Sacatepéquez
San Pablo La Laguna
Lago Atitlán
Palopó
Patzún
San Juan La Laguna
San Pedro La Laguna
S. Antonio Palopó
Chimaltenango
San Pedro Sacatepéquez
Santiago Sacatepéquez
Ciudad Guatemala
Patzicía
Santiago Atitlán
San Lucas Tolimán
San Andrés Itzapa
Jocotenango
3
San Sebastián
S. Felipe de Jesús
Antigua Guatemala
San Antonio Aguas Calientes
Retalhuleu
Mazatenango
Chicacao
Ciudad Vieja
San Luis Obispo
Santa María de Jesús
Retalhuleu
Sacatepéquez
Suchitepéquez
Lago de Amatitlán
Río Bravo
Palín
Finca El Baúl
Volcán de Pacaya
Pueblo Nuevo Tiquisate
Santa Lucía Cotzumalguapa
Siquinalá
Escuintla
Río Samalá
La Democracia
Guanagazapa
Nueva Concepción
Masagua
El Tulate
Río Madre Vieja
Escuintla
San Rosa
La Gomera
Río Coyolate
Taxisco
Nueva Venecia
El Semillero
4
Tecojate
Iztapa
Sipacate
Puerto San José
Pazifischer Ozean
Monterrico
A
B
C
91°

Knaurs Kulturführer
in Farbe
Griechische Inseln

Knaurs Kulturführer
in Farbe
Großbritannien und Irland

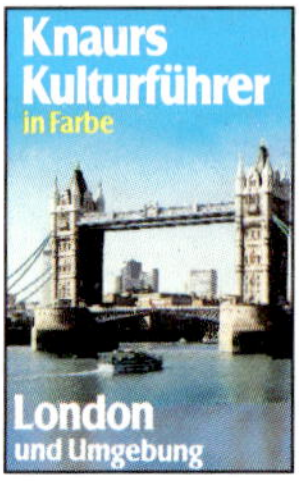
Knaurs Kulturführer
in Farbe
London
und Umgebung

Knaurs Kulturführer
in Farbe
Heiliges Land

Knaurs Kulturführer
in Farbe
Holland

Knaurs Kulturführer
in Farbe
Italien

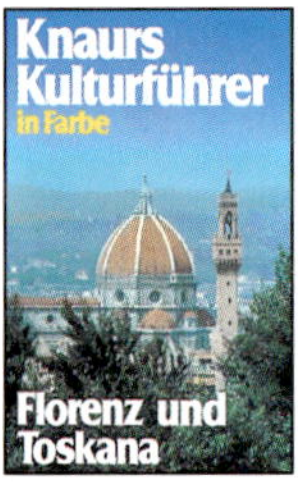
Knaurs Kulturführer
in Farbe
Florenz und Toskana

Knaurs Kulturführer
in Farbe
Rom und Latium

Knaurs Kulturführer
in Farbe
Sizilien

Knaurs Kulturführer
in Farbe
Südtirol

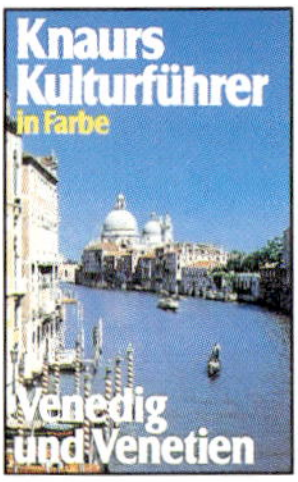
Knaurs Kulturführer
in Farbe
Venedig und Venetien

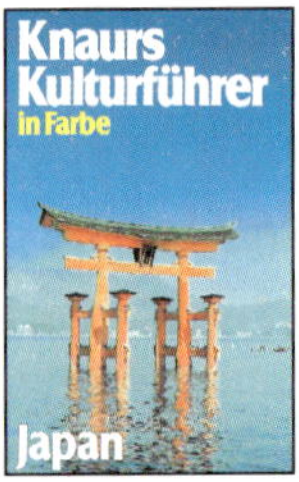
Knaurs Kulturführer
in Farbe
Japan

Knaurs Kulturführer
in Farbe
Marokko

Knaurs Kulturführer
in Farbe
Mexiko

Knaurs Kulturführer
in Farbe
Norwegen

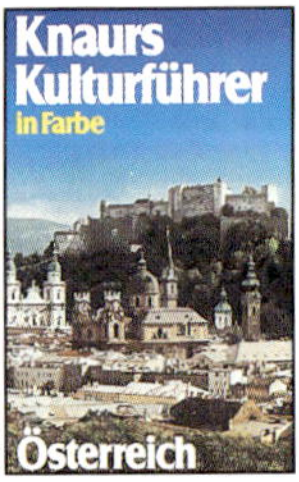
Knaurs Kulturführer
in Farbe
Österreich

Knaurs Kulturführer
in Farbe
Kärnten

Knaurs Kulturführer
in Farbe
Tirol

Knaurs Kulturführer
in Farbe
Wachau
Nibelungengau · Waldviertel

Knaurs Kulturführer
in Farbe
Salzburg
Salzburger Land